Abraham Ascher
Geschichte Russlands

Abraham Ascher

Geschichte Russlands

Aus dem Amerikanischen übertragen
von Hans-Bernd Seppi

Magnus Verlag

Die Originalausgabe erschien 2002 unter dem Titel
»Russia. A Short History« bei Oneworld Publications,
Oxford, England.

Für die deutsche Ausgabe:
© 2005 Magnus Verlag, Essen
Alle Rechte vorbehalten
Kartographie: Peh & Schefcik, Eppelheim
Umschlaggestaltung und Satz: Hans Winkens, Wegberg
Umschlagfoto: Walsh-Ducke/Superbild
ISBN 3-88400-432-8

Inhalt

Vorwort

Ein Buch zu schreiben, ist immer schwer, aber eine Geschichte Rußlands von seinen Anfängen im 9. Jahrhundert bis zu den jüngsten Ereignissen unter Präsident Wladimir Putin in etwa 90 000 Wörtern zu schreiben, erwies sich als eine weit größere Herausforderung, als ich gedacht hatte. Bedeutende Ereignisse und Entwicklungen, die es verdienen, auf mehreren Seiten abgehandelt zu werden, mußten oft in wenige Sätze zusammengedrängt werden, und einigen Themen, höchst bedeutsamen kulturellen und geistigen Tendenzen, wurde weit weniger Platz eingeräumt, als mir gefiel. Ich bin mir schmerzlich bewußt, daß dies dem Buch zum Mangel gereicht, aber ich hoffe gleichzeitig, daß ich mein Hauptziel erreicht habe, nämlich einen zusammenhängenden Bericht über Rußlands politische, gesellschaftliche und wirtschaftliche Einrichtungen vorzulegen, wie sie sich über tausend Jahre herausgebildet haben, um dem Leser so ein besseres Verständnis des gegenwärtigen Rußland zu verschaffen. Für Leser, deren Interesse geweckt wurde und die mehr über die in diesem Buch behandelten Themen wissen wollen, habe ich eine ausführliche Bibliographie zusammengestellt, die zahlreiche der ergiebigsten Untersuchungen der russischen Geschichte enthält, die in englischer Sprache verfügbar sind.

Ich wäre nicht in der Läge gewesen, dieses Buch zu schreiben, wenn ich nicht über eine mehr als vierzigjährige Erfahrung verfügt hätte, Russische Geschichte zu lehren. In meinen Kursen haben Studenten oft schwierige Fragen aufgeworfen, und ich bin ihnen dankbar, weil sie mich dazu angeregt haben, meine Kenntnis bestimmter Aspekte der russischen Geschichte zu erweitern. Ebenso dankbar bin ich der Earhart Foundation für ihre finanzielle Unterstützung, die mir erlaubte, zwei Sommer auf das Buch zu verwenden. Die Korrektorinnen bei Oneworld, Victoria Warner und Rebecca Clare, waren ebenso wie der Lektor, Anthony Nanson, in jeder Phase, da ich dies Buch verfaßte, eine große Hilfe. Der anonyme Manuskriptbearbeiter gab wertvolle Anregungen, die ich bei der Überarbeitung des Manuskripts berücksichtigt habe. Zum Schluß möchte ich meinem Freund Marc Raeff, der das Buch mit gewohnter Sorgfalt las und viele Verbesserungsvorschläge machte, besonders danken. Für alle verbliebenen Fehler und Mängel bin natürlich ich allein verantwortlich.

Abraham Ascher
New York, im Dezember 2001

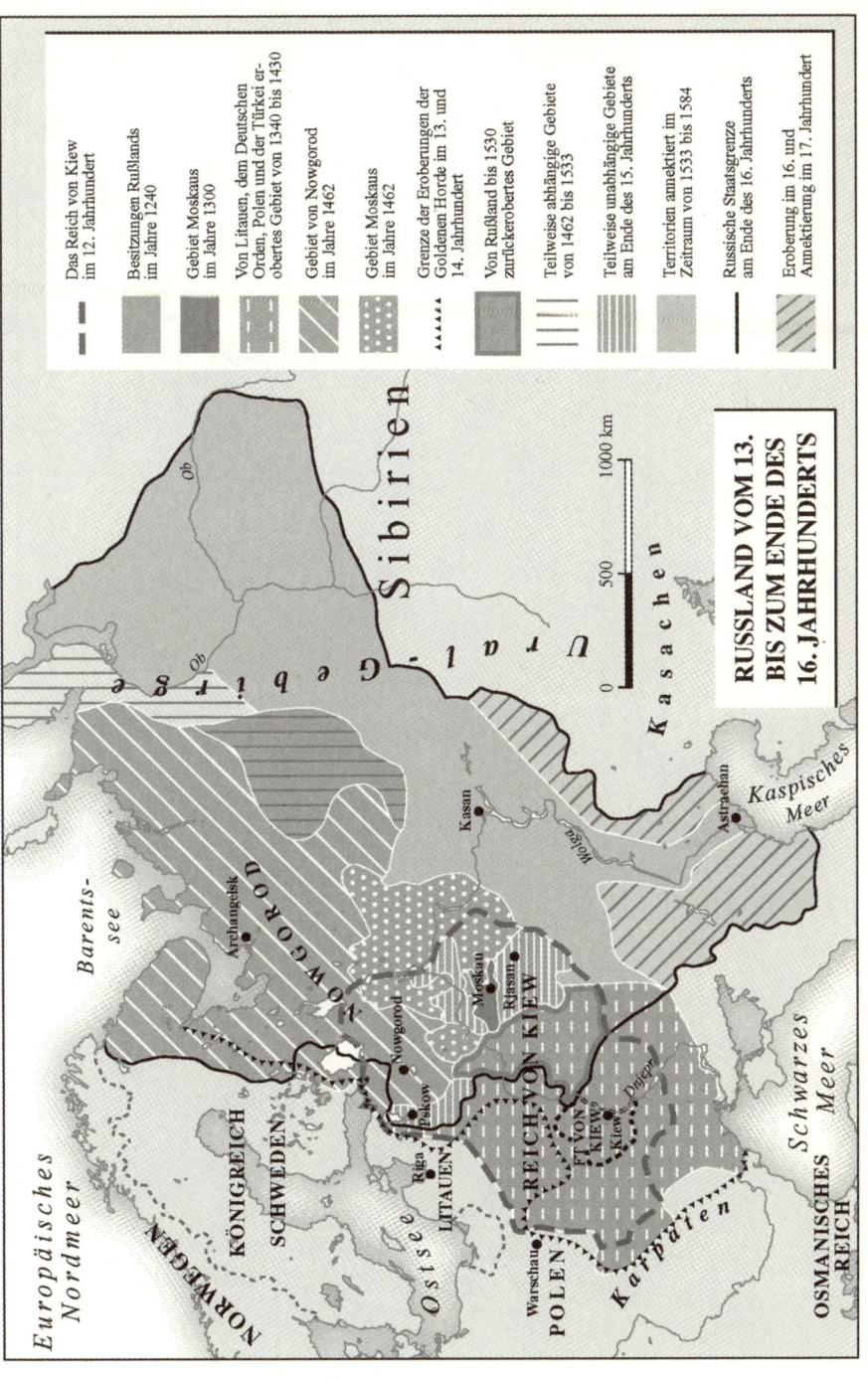

Legende

- Das Reich von Kiew im 12. Jahrhundert
- Besitzungen Rußlands im Jahre 1240
- Gebiet Moskaus im Jahre 1300
- Von Litauen, dem Deutschen Orden, Polen und der Türkei eroberetes Gebiet von 1340 bis 1430
- Gebiet von Nowgorod im Jahre 1462
- Gebiet Moskaus im Jahre 1462
- Grenze der Eroberungen der Goldenen Horde im 13. und 14. Jahrhundert
- Von Rußland bis 1530 zurückerobertes Gebiet
- Teilweise abhängige Gebiete von 1462 bis 1533
- Teilweise unabhängige Gebiete am Ende des 15. Jahrhunderts
- Territorien annektiert im Zeitraum von 1533 bis 1584
- Russische Staatsgrenze am Ende des 16. Jahrhunderts
- Eroberung im 16. und Annektierung im 17. Jahrhundert

RUSSLAND VOM 13. BIS ZUM ENDE DES 16. JAHRHUNDERTS

0   500   1000 km

Europäisches Nordmeer

Barents-see

Sibirien

Ural-Gebirge

Ob

Ob

Kasachen

Kaspisches Meer

Astrachan

Kasan

Wolga

Archangelsk

NOWGOROD

Nowgorod

Moskau

Rjasan

Pskow

REICH VON KIEW

FT. VON KIEW

Kiew

Dnjepr

Riga

Ostsee

LITAUEN

Warschau

POLEN

Karpaten

Schwarzes Meer

OSMANISCHES REICH

KÖNIGREICH SCHWEDEN

NORWEGEN

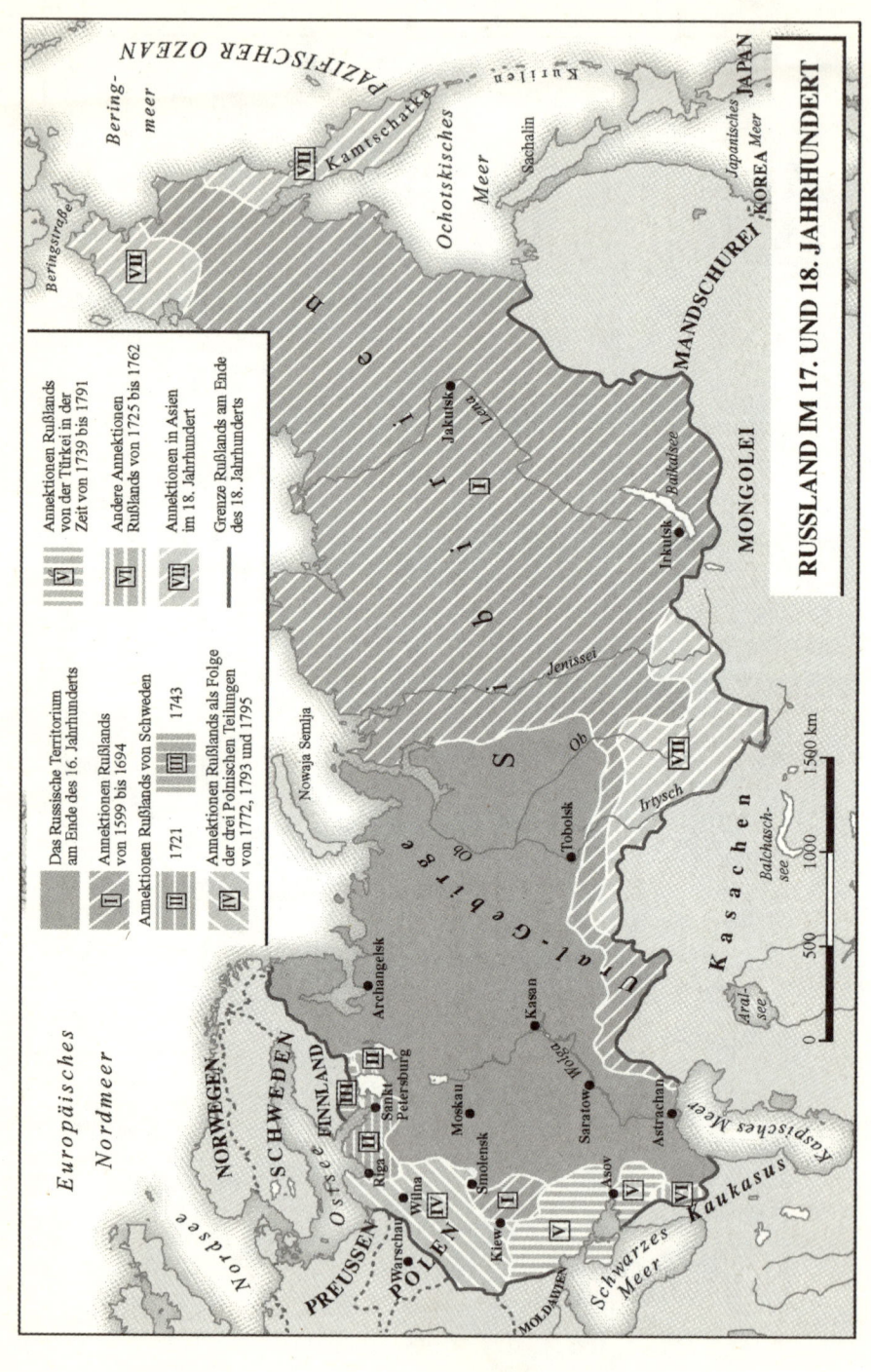

Europäisches

Nordmeer

PAZIFISCHER OZEAN

Bering-
meer

Ochotskisches
Meer

Kamtschatka

Kurilen

Sachalin

Japanisches Meer

JAPAN

KOREA

MANDSCHUREI

MONGOLEI

Baikalsee

Irkutsk

Jakutsk

Lena

S i b i r i e n

Jenissei

Nowaja Semlja

Ob

Irtysch

Tobolsk

Kasachen

Aral-
see

Balchasch-
see

1500 km

1000

500

0

Kaspisches Meer

Kaukasus

Schwarzes Meer

Astrachan

Asow

Saratow

Wolga

Kasan

Ural-Gebirge

Ob

Archangelsk

Sankt Petersburg

Moskau

Smolensk

Kiew

MOLDAUIER

Wilna

Warschau

POLEN

PREUSSEN

Riga

FINNLAND

Ostsee

SCHWEDEN

NORWEGEN

Nordsee

VII

VII

VII

I

V

V

VI

II

II

II

III

III

IV

I

RUSSLAND IM 17. UND 18. JAHRHUNDERT

Das Russische Territorium
am Ende des 16. Jahrhunderts

Annektionen Rußlands
von 1599 bis 1694 II

Annektionen Rußlands von Schweden

III 1721   III 1743

Annektionen Rußlands als Folge
der drei Polnischen Teilungen
von 1772, 1793 und 1795 IV

Annektionen Rußlands
von der Türkei in der
Zeit von 1739 bis 1791 V

Andere Annektionen
Rußlands von 1725 bis 1762 VI

Annektionen in Asien
im 18. Jahrhundert VII

Grenze Rußlands am Ende
des 18. Jahrhunderts

I Die Anfänge

Mehr als anderthalb Jahrhunderte lang haben Schriftsteller und Wissenschaftler mit Interesse an Rußland streng zwischen den wesentlichen charakteristischen Merkmalen der wirtschaftlichen, gesellschaftlichen und politischen Einrichtungen des Landes und seiner Kultur unterschieden. Lange stand die Frage im Mittelpunkt der Debatte, ob Rußland Teil der westeuropäischen oder der asiatischen Zivilisation sei oder aber irgendwie vermischte Grundmerkmale von beiden in sich trage. Daß dies keine Auseinandersetzung war, die auf die leichte Schulter genommen wurde, stellte sich spätestens 1836 heraus, als der Philosoph P. Ja. Chaadajew den ersten seiner »Philosophischen Briefe« herausgab, in welchem er Rußlands kulturelle Absonderung beklagte und sein Versäumnis, einen bemerkenswerten Beitrag zur Weltkultur zu leisten. Weder »des Ostens noch des Westens«, besaß Rußland laut Chaadajew keine großartigen eigenen Überlieferungen; »als einzige in der Welt haben wir der Welt nichts gegeben, haben wir sie nichts gelehrt ... wir haben zum Fortschritt des Menschengeistes nichts beigetragen, und was wir von diesem Fortschritt entlehnt haben, haben wir entstellt ... wir haben zum allgemeinen Nutzen der Menschheit nichts hervorgebracht«. Chaadajews drastisches und schroffes Urteil hatte in den Worten des politischen Denkers und Aktivisten Alexander Herzen die Wirkung »eines Pistolenschusses mitten in der Nacht«. Zar Nikolaus I. erklärte Chaadajew für geisteskrank und stellte ihn unter Hausarrest. Unter Rußlands gebildeten Ständen sorgten Chaadajews Beurteilungen auf verschiedene Weise für Aufregung. Intellektuelle nahmen Chaadajews Sicht der Dinge ernst und leiteten eine leidenschaftliche Debatte ein, die sie schnell in zwei Gruppen teilte, die Slawophilen und die Westler, und in der einen oder anderen Form finden ihre historischen und philosophischen Dispute bis heute statt. Ein Beobachter der gegenwärtigen Zustände in Rußland berichtet in der *Times Literary Supplement* vom 19. November 1999 aus Moskau: »Im intellektuellen Leben Rußlands hat ein Diskurs, der nach der bolschewistischen Revolution unterbrochen und umgekehrt wurde, wieder Fahrt aufgenommen. Sein Hauptthema: Osten, Westen, woher, und Rußland wohin?«

Die Slawophilen und Westler des frühen 19. Jahrhunderts standen nicht in allen öffentlichen Fragen in Widerspruch zueinander. So glaubten etwa beide, daß solch tiefverwurzelte Wesenszüge der russischen Gesellschaft wie Leibeigenschaft und behördliche Zensurmaßnahmen abgeschafft gehörten. Doch darüber hinaus waren sie verschiedener Meinung. Die Slawophilen waren tiefreligiös und verehrten die russische Orthodoxie, ein Glaube, der ihnen weit spiritueller als das westliche Christentum schien, das sie als vorgeblichen Knecht eines kalten Rationalismus geringschätzten. Auch verachteten sie westliche Rechtsauffassungen als verderblich für die sozialen Bindungen, die die Gesellschaft zusammenhielten. In Rußland, behaupteten die Slawophilen, legten die Menschen ihre Konflikte nicht per Rechtsstreit bei, sondern indem sie ihre Differenzen in freundlicher und unaufgeregter Manier einvernehmlich diskutierten. Von der Wirksamkeit einer verfassungsmäßigen Regierung, für die man im Wesen damals allgemein eintrat, waren die Slawophilen ebenfalls nicht überzeugt, obwohl sie die Bürokratie, die willkürlich in das Leben der russischen Bevölkerung eingriff, verurteilten. Und die Slawophilen förderten nicht die Einführung von Privatbesitz für die Bauernschaft, sondern zogen statt dessen die Tradition von Landbesitz innerhalb der Gemeinde vor, die sich in vielen ländlichen Gegenden Rußlands herausgebildet hatte. Sie beharrten darauf, daß alle Versuche von Reformern, beginnend bei Zar Peter dem Großen im frühen 18. Jahrhundert, westliche Einrichtungen und Werte in Rußland einzuführen, abzulehnen seien, weil sie die lobenswerten Merkmale der russischen Zivilisation unterhöhlten.

Im Gegensatz dazu hatten die Westler, eine Gruppierung mit unterschiedlichen Auffassungen davon, wie die Verhältnisse in Rußland zu verbessern seien, die Neigung, Säkularisierer zu sein. Sie standen dem historischen Pfad, den ihr Land eingeschlagen hatte, höchst kritisch gegenüber. Obwohl sie nicht weniger patriotisch als die Slawophilen waren, beharrten sie darauf, daß Rußland ein rückständiges Land mit der Notwendigkeit eines grundlegenden Wandels sei. Einige Westler waren Sozialisten, einige waren Liberale, aber alle achteten sie die Errungenschaften Europas auf dem Gebiet der Wissenschaften und, allgemeiner, des Bildungswesens, und sie traten dafür ein, die zaristische Autokratie durch eine verfassungmäßige Regierung zu ersetzen.

Für den scharfen Meinungsunterschied hinsichtlich Rußlands Vergangenheit gibt es gute Gründe. Die Geschichte dieses Landes ist hochkomplex und die Beweislage bei zahlreichen grundlegenden Entwicklungen so dürftig, daß ein Konsens schwer zu erreichen ist. Natürlich enthält die Geschichte aller Länder Ungewißheiten. Aber in Rußlands Fall hat ein weiterer Faktor die Kontroverse angeheizt. Seit dem 9. Jahrhundert n. Chr. war das Land ständig einer großen Zahl verschiedener Einflüsse ausgesetzt, deren Wirkung sich schwer abschätzen läßt. Bis zur Mitte des 13. Jahrhunderts bargen die wirtschaftlichen, gesellschaftlichen und politischen Einrichtungen von Rus, unter welchem Namen das Land damals bekannt war, bestimmte Ähnlichkeiten mit denen in Mittel- und Westeuropa. Aber der Mongoleneinfall von 1237, der den Beginn einer 200jährigen Fremdherrschaft markierte, verstärkte die Abschottung der Rus von Westeuropa, die bereits im späten 12. Jahrhundert begonnen hatte, und beeinflußte auf verschiedene Weise bestimmte kulturelle Richtungen. Abgeschnitten vom Westen, verharrte Rußland weitgehend unberührt von der protestantischen Reformation des 16., der wissenschaftlichen Revolution des 17. und der Aufklärung des 18. Jahrhunderts, alles Bewegungen, die den Individualismus und Rationalismus begünstigten.

Auch in mehreren anderen Beziehungen unterschied sich Rußland von den meisten europäischen Ländern. Die Industrielle Revolution, die, beginnend in der Mitte des 18. Jahrhunderts, im Westen riesige wirtschaftliche und soziale Veränderungen hervorrief, faßte in Rußland erst spät im 19. Jahrhundert Fuß. Mehr noch schlug die Leibeigenschaft, eine Einrichtung, die in Mittel- und Westeuropa bis zum 16. Jahrhundert größtenteils verschwunden war, 1649 in Rußland feste Wurzeln, als ein neuer Gesetzeskodex die nachgeordnete Rolle der bäuerlichen Bevölkerung nochmals bestätigte. Erst 1861 wurde die Leibeigenschaft aufgehoben. Darüber hinaus blieb das autokratische Prinzip, im Westen seit langem in Frage gestellt und durch die Französische Revolution von 1789 ernstlich beschädigt, in Rußland bis 1917 das führende Regierungsprinzip. Anfänglich wies das Wort »Autokrat« in den russischen Ländern auf einen Herrscher hin, der unabhängig von jeder fremden Macht war. Doch im späten 15. und sogar mehr noch im 16. Jahrhundert deutete der Begriff auf einen Führer mit unbeschränkter Macht hin. Nicht alle Befürworter der Autokratie verstanden unter ihr genau das gleiche, aber alle neigten dazu, eine Definition ähnlich der zu bevorzugen, welche 1832 als Erster Artikel des *Grundgesetzes des Russischen Reiches* erschien (der erste Band der Auswahl, die alle noch in Wirkung befindlichen Gesetze umfaßte): »Der Kaiser aller Reußen ist ein Souverän mit autokratischen und unbegrenzten Gewalten. Den Befehlen nicht nur aus Furcht zu gehorchen, sondern sich den Geboten seines Gewissens zu unterwerfen, ist von Gott selbst so gewollt.« Kurz, die kaiserliche Macht war grenzenlos, und in der Theorie konnte der Zar machen, was er wollte, weil er nur Gott allein verantwortlich war. Der Zar legte die Politik fest, er machte die Landesgesetze und war für ihre Umsetzung verantwortlich. Im frühen 20. Jahrhundert war diese Sicht der Regierungsautorität die einzige Frage, die in den politischen Auseinandersetzungen, die dem Zusammenbruch des Zarismus vorausgingen, höchst umstritten war.

Bis dahin hatte sich die Zusammensetzung des russischen Staates, der ursprünglich überwiegend von Slawen bewohnt wurde, dramatisch verändert. Die stetige Ausdehnung der Russen nach Osten, Süden und Westen, die im 16. Jahrhundert begann und bis weit ins 19. Jahrhundert andauerte, hatte das Land in ein multinationales Kaiserreich verwandelt, in dem 55 Prozent der Bevölkerung ethnisch keine Slawen waren. Unter anderem verhinderte diese Entwicklung die Enstehung eines Nationalstaates, einer politischen Einheit mit einer verhältnismäßig homogenen Bevölkerung, die einen Nationalsinn teilt. Die Minderheiten, von denen es mehr als 150 gab, hatten ihre eigenen Sprachen, bewahrten ihre eigenen kulturellen Überlieferungen und waren oftmals Erben einer langen und stolzen Geschichte. Obwohl das Christentum orthodoxer Glaubensrichtung Staatsreligion war, mit mehr Anhängern als jeder andere Glaube, gab es im 19. Jahrhundert mehrere christliche Konfessionen mit beträchtlicher Anhängerschaft, wie es auch beim Islam und Judentum der Fall war.

Geographisches

Bis ins frühe 20. Jahrhundert erschien Rußland zahlreichen Angehörigen der gebildeten Stände wie ein schwerfälliger Riese[1]. Ein gewaltiges Reich, das ein Sechstel der Erdoberfläche umfaßte und sich vom Eismeer und Nordpolarmeer zum Schwarzen und Kaspischen Meer, nach Persien, Afghanistan, Indien und China und von der Ostsee zum Pazifischen Ozean erstreckte, war es fast dreimal so groß wie die Vereinigten Staaten. Das Fehlen natürlicher Grenzen inmitten dieses riesengroßen Territoriums hatte innere Wanderungen ebenso wie äußere Expansion erleichtert, zugleich fehlten dem Land damit aber natürliche Hindernisse gegen Eindringlinge, eine häufige Bedrohung im Laufe der Jahrhunderte. Im frühen 20. Jahrhundert von 130 Millionen Menschen bewohnt, war das Land im Überfluß mit Naturschätzen gesegnet, wenn diese auch ungleichmäßig verteilt waren. In einem groben Dreieck vom Ladogasee über Kasan bis zum Süden der Pripjetsümpfe (nahe Kiew) herrschte Mischwald vor. Dies ist die Gegend im Zentrum des späteren Moskauer Staates; das Klima ist streng und das Land meist dürr, undankbar zu bestellen. Roggen war das

Hauptgetreide dieser Zone, doch wurde auch Gerste, Hafer und Weizen angebaut. Nahe Nowgorod wurde einiges an Flachs und Hanf gezogen. Aufgrund der klimatischen Bedingungen hatte die Region regelmäßig Dürren und verheerende Hungersnöte zu erleiden.

Eine andere Zone, die als die Taiga bekannt ist, besteht großenteils aus Nadelwald, reicht im Norden bis zur Tundra und im Osten Hunderte von Meilen weit bis zum Pazifik. Der Untergrund der Tundra, die sich entlang der Küste der Arktis und landeinwärts zwischen den Niederungen erstreckt und um die 15 Prozent der russischen Landmasse umfaßt, liegt im Dauerfrost. Pflanzenwuchs gibt es hier nur drei Monate im Jahr. Die Wirtschaft hängt stark vom Pelzhandel ab und in geringerem Maße von der Fischerei und der Gewinnung von Teer, Pech, Pottasche, in letzter Zeit auch von Kohle und Mineralien. An der Eismeerküste gibt es reichlich Salz. Sibirien, das einen großen Teil dieser Region bedeckt, war hauptsächlich für seine Pelze und sein Gold bekannt.

Eine dritte Zone, die Steppen südlich der oben erwähnten Zonen, macht etwa 12 Prozent der russischen Landmasse aus. Eine baumlose Weite von der Westgrenze bis zum Altaigebirge in Zentralasien, schloß sie den sogenannten Brotkorb des Kaiserreiches ein, eine Auswahl reicher Schwarzerdeböden mit warmen, trockenen Sommern, in mancherlei Hinsicht ideal zum Anbau von Getreide. Doch selbst hier fällt nicht viel Regen, manchmal auch zuwenig, ein weiterer Grund für die periodisch auftretenden Hungersnöte in Rußland.

Das ausgedehnte und kunstvoll ausgebaute System natürlicher Wasserwege wie die Flüsse Wolga, Dnjepr und Don, das Kaspische und Schwarze Meer, die Ostsee, der Ladoga- und Baikalsee hat Handel und innere Wanderungsbewegungen überaus erleichtert. Doch ein gravierender Nachteil hat den Handel behindert. Lediglich Murmansk, 1915 im äußersten Nordwesten des Landes nahe Finnland gegründet, grenzt an das offene, eisfreie Meer und kann daher das ganze Jahr über angelaufen werden. Andererseits sind Rußlands natürliche Ressourcen gewaltig. Kein anderes Land verfügt über eine derartige Auswahl an Mineralien, und nur die Vereinigten Staaten sind reicher an Bodenschätzen. Das Zarenreich gebot über ungefähr 20 Prozent der Weltkohlevorräte, die sich hauptsächlich im Donezbecken (Ukraine) und im Kusnezbecken in Mittelsibirien befanden. Seine ungeheuren Öl- und Gasvorräte mögen mehr als die Hälfte der Weltgesamtvorräte betragen haben. Und dann gab es noch riesige Eisenerz-, Mangan-, Kupfer- (von vergleichsweise niedriger Qualität), Blei-, Zink-, Aluminium-, Nickelvorkommen sowie Gold, Platin, Asbest und Pottasche. Von der Natur gut bedacht, schien es Rußlands Bestimmung zu sein, für lange Zeit weltweit die Führung zu übernehmen.

Aber weil es versäumte, sein archaisches gesellschaftliches und politisches System abzustreifen, vermochte Rußland keine Vorteile aus den Fortschritten der modernen Wissenschaft und Technologie zu ziehen, die vom 17. Jahrhundert an die Gesellschaften des Westens beständig bereicherten und wandelten. Im 19. Jahrhundert lag Rußland in der wirtschaftlichen Entwicklung, dem Lebensstandard und der Fähigkeit seiner Bevölkerung, lesen und schreiben zu können, weit hinter vielen Ländern Europas zurück. Um diese Rückständigkeit zu verstehen, ist es notwendig, seine Geschichte zu betrachten, aber man sollte nicht voraussetzen, daß sich alle Historiker darüber einig sind, warum Rußland sich so entwickelte, wie es das tat. Die Frage rührt an den hochempfindlichen Gegenstand der nationalen Identität und ist selbst von den gelehrtesten Wissenschaftlern häufig in aufgeladener Sprache behandelt worden, die hinsichtlich der Natur von Rußlands Vergangenheit und Bestimmung eher Unstimmigkeit als Übereinstimmung in sich birgt.

Der Aufstieg Kiews

Das erste Problem, dem sich der Historiker gegenübersieht, ist der Ursprung des russischen Staates. Glaubt man den »Normannisten«[2], dann kann der Beginn des slawischen Gemeinwesens auf das Jahr 862 n. Chr. zurückgeführt werden, als die Stämme, die als »Warägische Russen« bekannt sind, eine dringende Bitte um Hilfe an skandinavische Fürsten sandten: »Unser Land ist groß und reich, aber es ist keine Ordnung darin. Kommt, um über uns zu herrschen!« Der älteste von drei skandinavischen Fürsten, Rurik, siedelte sich in Nowgorod, im Norden, an, das angeblich das »Land Rus« wurde. Von seinen jüngere Brüdern sagt man, sie seien nach »Bjelusero« und »Isborsk« gegangen, um dort zu herrschen. Wie die »Normannisten« behaupten, prägte Rurik die Kultur und die politischen Einrichtungen Rußlands, das während seiner ersten beiden Jahrhunderte einen entschieden skandinavischen Charakter bewahrte, von Grund auf.

Obwohl archäologische Beweise die Anwesenheit von Skandinaviern in Rus im 9. Jahrhundert erhärten, ist die normannistische Deutung allgemein in Frage gestellt worden und wird in ihrer ursprünglichen Form nicht länger akzeptiert. Andere Historiker[3] haben dargelegt, daß lange bevor Rurik auf der Szene erschien, Slawen in Kiew die kulturellen Errungenschaften zahlreicher Völker aufgenommen hätten, die seit dem 6. Jahrhundert in Südrußland lebten, darunter die Kimmerer, die Skythen, Sarmaten, Goten und Khasaren. Im

Kontakt mit hellenistischen, byzantinischen und orientalischen Kulturen hatten diese Völker ihre eigene maßgebliche Kunst, Kultur, ihr eigenes Brauchtum entwickelt, die denen der Skandinavier nicht nachstanden. Obwohl die Russendynastie, die im 9. Jahrhundert ihren Anfang nahm, normannisch war und skandinavische Einflüsse auf Rußland bedeutsam waren, war Rußlands Kultur im wesentlichen einheimisch.

Was immer die Differenzen über die Ursprünge Rußlands ausmacht, so sind sich alle Historiker heute einig, daß der Kiewer Staat oder die Kiewer Rus, welche sich im 9. Jahrhundert herausbildete und für vier Jahrhunderte Bestand hatte, der erste große und mächtige Slawenstaat war und den Lauf der Geschichte Rußlands stark beeinflußte. Das Kiewer Zeitalter kann in drei recht deutlich unterscheidbare Perioden aufgeteilt werden. Während der ersten, von 878 bis 972, breiteten sich die Fürsten von Nowgorod, Nachfolger Ruriks, in den Süden aus und schufen ein riesiges Reich, das sich von der Ostsee bis zum Schwarzen Meer und von den Karpaten bis zum Kaspischen Meer erstreckte. Die Ausbreitung war im wesentlichen wirtschaftlich begründet, um die Kontrolle über ein ausgedehntes Netz von Wirtschaftsstraßen in der pontischen und kaspischen Region zu erlangen. Fürst Oleg, auf den die Expansion 878 oder 879 zurückging, führte beständig Krieg, und als er die Magyaren besiegt hatte (die in das heutige Ungarn auswichen), erwarb er von Kiew bis zum Schwarzen Meer die Kontrolle über den gesamten Dnjepr. Während seiner Herrschaft ließen sich die Russen auf einen ausgedehnten Handel mit den Griechen ein, dessen Erträge die Grundlage für den Wohlstand Kiews wurden.

In der zweiten Periode, von 972 bis 1139, suchten die Kiewer Fürsten ihr neues Staatsgebilde zu stabilisieren, hauptsächlich, indem sie das Christentum annahmen. Augenscheinlich kam Fürst Wladimir (977? -1015) zu dem Schluß, daß, wenn Kiew eine größere Macht werden wollte, es das Heidentum abstreifen und Rußlands religiöse Absonderung beenden müsse. Über die Religion der Russen bis zu dieser Zeit wissen wir nicht viel, aber es liegen stichhaltige Beweise vor, daß die Kiewer die Ahnherren ihrer Sippe verehrten, die als Behüter und Beschützer angesehen wurden. Ebenso gibt es Beweise, daß die Slawen Flüsse, Nymphen und andere Geister wie Bäume, Wälder und Wassergeister verehrten. Zusätzlich beteten sie Götter des Blitzes und des Donners, die große Göttin Mutter Erde und Weles an, der den Handel schützen sollte. Nur die oberen Schichten beteten, wie es scheint, in Tempeln, in denen Priester agierten.

Wie und warum Kiew zur Annahme des Christentums kam, bleibt unklar. Der Legende nach sandte Fürst Wladimir einen Boten zu den Führern der wichtigsten Bekenntnisse, um die Glaubenslehre eines jeden zu prüfen. Schließlich wies er angeblich den Islam zurück, weil er den Alkohol verbot, der »die Freude des Russen ist«, und das Judentum, weil es die Religion eines verstreuten Volkes ohne Land war. Wahrscheinlicher ist, daß politische Erwägungen Wladimir veranlaßten, sich für das Christentum zu entscheiden. Um 987/88 bat der byzantinische Kaiser Basilios Wladimir um militärische Unterstützung, um die Angriffe äußerer Feinde abzuwehren. Als Gegenleistung bot Basilios Wladimir die Hand seiner Schwester Anna an, ein Angebot, das mit einem alten byzantischen Hofbrauch gegen Heiraten mit Ausländern brach. Hochgeehrt und von Würdenträgern seines Hofes, die bereits zum Christentum übergetreten waren, gedrängt, nahm Wladimir das Angebot an, das seine Taufe zur Bedingung hatte. Im Februar 988 wurde Wladimir getauft und nahm den christlichen Namen Basilios an. Der Kaiser von Byzanz verhielt sich nun höchst unchristlich und weigerte sich, seinen Teil des Handels zu erfüllen. Wutentbrannt griff Wladimir Byzanz an und erreichte nach mehreren Siegen sein Ziel, eine christliche Prinzessin zu heiraten.

Wie es bei Konvertiten oft der Fall ist, wurde Wladimir ein glühender Verehrer des neuen Glaubens. Entschlossen, das Heidentum mit Stumpf und Stiel auszurotten, ordnete Wladimir die Zerstörung aller Standbilder heidnischer Götter an, verfügte, daß die gesamte Einwohnerschaft von Kiew, Nowgorod und anderen Städten sich vor Ort in Flüssen taufen lassen sollte, und ließ im ganzen Reich christliche Kirchen bauen. Er schuf auch eine Amtskirche sowie Kirchenschulen, um die Kinder der höheren Stände im Sinne der christlichen Lehre zu erziehen. Kiew, wo eine stattliche Kathedrale gebaut wurde, stellte sich bald als das kirchliche Zentrum von Rus heraus. Der Erzbischof, durch den Patriarchen von Konstantinopel geweiht, residierte in der Stadt, die nun auch als politische Mitte des Reiches diente.

Für die Russen und für viele Menschen in der übrigen Welt war der Übertritt des Landes zum Christentum ein Zeichen, daß es nun Teil der zivilisierten Welt war, nicht nur, weil seine Einwohner sich dem Monotheismus zugewandt hatten, sondern auch, weil die Bekehrung das entscheidende Moment brachte, die Schriftsprache, das Kyrillische, dauerhaft einzuführen, und zwar die frühe Form, die in der Mitte des 9. Jahrhunderts von den Heiligen Kyrillos und Methodios entwickelt worden war. Für die nachfolgenden Jahrhunderte war das Christentum der entscheidende Faktor bei der Bildung einer nationalen Kultur. Es war von entscheidender Bedeutung, daß das russische Christentum nicht aus Rom, sondern aus Byzanz kam, wo die Kirche dem weltlichen Herrscher klar unterstellt war. Im Westen behauptete die Kirche ihre Unabhängigkeit und beanspruchte von Zeit zu Zeit sogar ihr Supremat über die fürstlichen Machthaber, aber in Rußland neigte die Kirche dazu, den Anspruch des jeweiligen Herrschers auf die höchste Gewalt zu untermauern.

Als Wladimir 1015 starb, war das Ansehen der Kiewer Rus beträchtlich gewachsen, doch war sie, geplagt von periodisch auftretenden Ausbrüchen blutiger Zusammenstöße zwischen den Würdenträgern, nichtsdestotrotz ein politisch labiles Fürstentum. Das diesem Umstand zugrundeliegende Problem war das Fehlen einer klar definierten Nachfolgeregelung; nach dem Tode eines Fürsten bekriegten seine Söhne sich häufig untereinander, und erst nachdem einige von ihnen gestorben waren, konnte der Anschein von stabilen Verhältnissen aufs neue hergestellt werden. So folgte zum Beispiel Jaroslaw (1015-54) Wladimir nach, wurde aber erst 1036 Alleinherrscher, als sein Bruder Mstislaw starb. Trotz dieser mangelnden Stabilität entwickelte sich Kiew zu einem bemerkenswert wohlhabenden Staat mit politischen Einrichtungen, die in mancher Hinsicht ebenso anspruchsvoll und leistungsfähig waren wie jene in Mittel- und Westeuropa.

Kiews Wirtschaft

Kiews wirtschaftliches Wohlergehen hing von der Landwirtschaft und dem Handel ab, was durch die Existenz von 300 Städten im 12. Jahrhundert belegt wird, in denen etwa eine Million der Gesamtbevölkerung von sieben bis acht Millionen Einwohnern lebte. Von den Stadtbewohnern lebten 400 000 in den drei Großstädten Kiew, Nowgorod und Smolensk. In den südlichen Gebieten des Fürstentums war das Land sehr fruchtbar; so üppig, daß es nach einmaligem Pflügen für einige Jahre ohne weitere Feldbestellung ausgezeichnete Ernten hervorbrachte. In der Landwirtschaft wurde vorwiegend die Hacke gebraucht, aber Pflüge wurden ebenso umfangreich eingesetzt, um Dinkel, Weizen, Buchweizen, Hafer und Gerste anzubauen. Apfel- und Kirschgärten waren auf dem Gebiet der heutigen Ukraine weitverbreitet. Ebenso widmeten die Kiewer sich der Rinder- und Pferdezucht. In der Hauptsache oblag die landwirtschaftliche Arbeit auf einer der drei Arten von Großgütern, die den Fürsten, Bojaren (Altadligen) oder der Kirche gehörten, Sklaven, Freien und Vertragsarbeitern.

Die Kiewer betrieben einen lebhaften Binnen- und Außenhandel. Der Norden hing von den Getreidelieferungen des Südens ab, wofür der Süden im Gegenzug Eisen und Salz erhielt. Gleichzeitig kauften die Städte landwirtschaftliche Erzeugnisse und gaben Werkzeuge und andere handwerkliche Erzeugnisse ab. Der Außenhandel lief größtenteils entlang des Dnjepr und dann über das Schwarze Meer nach Konstantinopel, das der Hauptumschlagplatz für russische Handelsgüter wie Pelze, Honig, Wachs und Sklaven im Süden wurde (nach dem 10. Jahrhundert gaben die Russen den Verkauf von christlichen Sklaven auf). Die russischen Händler brachten im Austausch Wein, Seidenfabrikate, Kunstobjekte (besonders Ikonen), Juwelen, Früchte und Glaswaren zurück. Kiew war auch in einem ausgedehnten Direkthandel mit dem Orient begriffen, wohin es Pelze, Honig, Wachs, die Stoßzähne von Walrössern, Wollkleider und Leinen exportierte und woher es Gewürze, Edelsteine, Samt- und Seidenfabrikate, Waffen aus Damaszenerstahl sowie Pferde importierte. Die Einnahme Konstantinopels 1204 durch die Ritter des Vierten Kreuzzugs setzte dem Schwarzmeerhandel ein Ende, aber die Flaute wurde durch den Überlandhandel zwischen Kiew und Mitteleuropa, der sich im 12. Jahrhundert entwickelt hatte, teilweise wettgemacht. Die Russen belieferten Europa mit Pelzen, Wachs, Honig, Flachs, Hanf, Wergsackleinen, Hopfen, Talg, Schaffelljacken sowie Häuten und Importgütern wie Wollkleidern, Leinen, Seide, Nadeln, Waffen, Glaswaren und Metallen wie Eisen, Kupfer, Zinn und Blei.

Nach mittelalterlichen Maßstäben war Kiews Bruttosozialprodukt beeindruckend. Eine kleine Minderheit, meist vor allem die Fürsten der größeren Fürstentümer, kann man erfolgreiche Kapitalisten nennen, die sich eines beträchtlichen Wohlstands erfreuten. Auf der anderen Seite waren die Arbeiter keine »Arbeiter« im modernen Wortsinn. Die meisten arbeiteten als freie Bauern auf dem Land, und die meisten Hersteller waren Handwerker, die ihre Waren in kleinen Manufakturen fertigten. Sklaven, im allgemeinen in Kriegszeiten gefangene Ausländer, wurden für Hausarbeiten eingesetzt, doch war ihre Gesamtzahl gering.

Festgehalten werden sollte, daß der Feudalismus, spätestens im 11. Jahrhundert die vorherrschende gesellschaftliche und politische Ordnung in Mittel- und Westeuropa, in der Kiewer Rus keinen Fuß faßte. Als ein persönliches Verhältnis zwischen Adligen, unter denen der Suzerän, der Oberlehnsherr, dem Vasallen als Gegenleistung für dessen bestimmte militärische und ökonomische Verpflichtungen ein Lehen gewährte, war der Feudalismus das politische und wirtschaftliche System im mittelalterlichen Europa, grob gesprochen, westlich von Polen. Die Kiewer Rus war anders organisiert. Die oberen Schichten, bestehend aus dem fürstlichen Gefolge und einem Geldadel, verschmolzen in einer gesellschaftlichen Gruppe, bekannt als die Bojaren, deren Ansehen und Macht sich von ihrem großen Grundbesitz herleiteten. Bis zum frühen 13. Jahrhundert hatte die Zahl der Fürsten, viele mit relativ kleinem Grundbesitz, beträchtlich zugenommen, und sie wurden nun als die oberen Zehntausend des Bojarentums betrachtet. Obwohl höchst einflußreich, bildeten die Bojaren keine eigenständige gesellschaftliche Ordnung aus. Durch hervorragenden Dienst in einem fürstlichen Gefolge konnte ein einfacher Mann in die Position eines Bojaren aufsteigen, aber das kam nicht sehr häufig vor. Auch erfreuten die Bojaren sich keines gesetzlichen Klassenprivilegs. So waren sie beispielsweise nicht die einzigen, die Landbesitzer werden konnten. Mancher Bojar bewahrte auch enge Bindungen zur einen oder anderen Stadt.

Die Mittelklasse innerhalb der Kiewer Rus war recht groß, sie war verhältnismäßig größer als in den Städten Westeuropas der gleichen Zeit und bestand ebenso aus Kaufleuten wie aus einer unabhängigen Bauernschicht, der es relativ gut ging. Die unteren Klassen teilten sich in verschiedene Gruppen auf. Deren zahlenstärkste waren die *Smerdy*, Kleinbauern oder Lohnarbeiter, die persönlich frei waren, Steuern zahlten und in Kriegszeiten Militärdienst leisteten. Doch erfreuten die *Smerdy* sich keiner vollen Eigentumsrechte an ihrem Besitz. So erbten beim Tod eines *Smerds* die Söhne seine Habe, aber wenn er keine Söhne hatte, fiel sein Besitz dem Fürsten zu, der ermächtigt war, unverheirateten Töchtern einen Anteil zuzuweisen. Aber ungleich den Leibeigenen im Westen waren die *Smerdy* nicht per Gesetz an die Scholle gebunden und dem Gutdünken des Grundbesitzers ausgeliefert.

Am besten kann das politische System der Kiewer Rus als eine Mischung dreier Merkmale, des monarchischen, des aristokratischen und, in Ermangelung eines besseren Worts, des »demokratischen«, betrachtet werden. Obwohl diese eng miteinander verknüpft waren, ist es aus didaktischen Gründen am besten, jedes Merkmal getrennt zu erörtern.

Ursprünglich darauf angelegt, Zwietracht zu vermeiden, hatte sich das politische System spätestens im 11. Jahrhundert eine unglaublich komplizierte Struktur zugelegt, die dazu neigte, endlose Konflikte zu verursachen. Ihr grundlegendes System, bekannt als das Senioratsprinzip, war, daß jeder Angehörige des Hauses Rurik ein Anrecht auf einen Anteil am allgemeinen vorväterlichen Erbteil, den zehn Ländern des Königreichs Kiew, hatte. Der höchste Fürst sollte den Thron von Kiew besetzen, und die übrigen Throne sollten nach dem Rang eines jeden Fürsten in einem sorgfältig ausgearbeiteten Familienstammbaum verteilt werden. (Die einzige Ausnahme war Nowgorod, wo der Fürst im allgemeinen von der fürstlichen Familie gewählt wurde.) Nach dem Tod des höchsten Fürsten sollten alle anderen Throne neu verteilt werden. Auf dem Papier schien dieses Programm ideal zu sein, aber als sich die Zahl der Fürsten vervielfachte, geriet das System hoffnungslos durcheinander. Beispielsweise wurde im Einklang mit den offiziellen Regeln der älteste Sohn des ersten Bruders innerhalb einer Fürstengeneration als seinem dritten Onkel (also dem vierten Bruder) gleichgestellt betrachtet. Unvermeidlich erwuchsen daraus Auseinandersetzungen über Ansprüche auf besondere Throne, die in wachsendem Maße mit dem Schwert geklärt wurden.

Anfangs hatte sich jeder Angehörige von Ruriks Stamm jedem anderen Sippenmitglied als gesellschaftlich und politisch ebenbürtig betrachtet. Doch der Fürst von Kiew, der als »Vater« auf die jüngeren Fürsten herabblickte, erfreute sich bestimmter Vorrechte, die ihm einen besonderen Status verliehen. Er nahm den Titel eines »Suzeränfürsten« oder »Großfürsten« an, und in dieser Eigenschaft wies er den minderen Fürsten ihre Provinzen zu, entschied Streitigkeiten zwischen ihnen und diente, was am wichtigsten war, als Wächter für das gesamte Reich Rus. Mußten größere Entscheidungen getroffen werden – wenn Kiew sich etwa Angriffen äußerer Feinde gegenübersah –, hatte der Fürst von Kiew einen Familienrat aus allen Fürsten einzuberufen. Spätestens am Ende des 12. Jahrhunderts wirkte das Wahlsystem nicht länger wie vorgesehen. Zunehmend behandelte der Großfürst die kleineren Fürsten als Vasallen, und das Prinzip der genealogischen Anciennität wurde oftmals mißachtet.

Obwohl ziemlich mächtig, konnten die Fürsten nicht gänzlich unabhängig handeln. Bei der Regierung des Reiches, der Durchführung gesetzlicher Maßnahmen, der Kodifizierung von Gesetzen und dem Abschluß internationaler Verträge brauchten die Fürsten die Zustimmung des Bojarenrats, der den Adel vertrat, die zweite Sprosse des politischen Aufbaus. Bei Gelegenheit fungierte der Bojarenrat als oberste Instanz. Die genaue Vorgehensweise des Rates wurde grundsätzlich mehr durch die Gewohnheit als durch das Recht bestimmt. Bezeichnenderweise waren die Bojaren nicht verpflichtet, irgend einem Fürsten zu dienen und konnten ihn verlassen, um für den Beherrscher eines anderen Fürstentums zu arbeiten. Selbst wenn ein Bojar Land von einem Fürsten erhielt, verpflichtete ihn das nicht, seinem Wohltäter für immer zu dienen. Das Land wurde Privatbesitz des Bojaren, der nicht als Vasall eines beliebigen Fürsten angesehen wurde.

Die *Wetsche* (Volksversammlung) vertrat das dritte, »demokratische« Element im politischen System der Kiewer Rus. Alle Stadtfreien konnten an ihren Beratungen und Abstimmungen teilnehmen, und Bewohner nahegelegener Städte konnten ebenfalls die Versammlung besuchen, obwohl im allgemeinen nur die Männer in der Hauptstadt zu sehen waren. Die Sitte schrieb vor, daß alle Beschlüsse einstimmig zu fassen seien, aber manchmal waren die Meinungsverschiedenheiten so groß, daß die *Wetsche* zu keinem Entschluß kam. Fürsten, Bürgermeister oder Bürgergruppen konnten Zusammenkünfte der Versammlung einberufen, die dazu neigte, in Sachen Gesetzgebung und Verwaltung den Winken der Fürsten und Bojaren zu folgen. Aber in der zweiten Hälfte des 12. Jahrhunderts wuchs mancher Versammlung eine größere Unabhängigkeit zu, die nun sogar in der Auswahl von Fürsten eine Rolle spielte und manchmal so weit ging, daß die Abdankung eines Herrschers verlangt wurde.

Auf diese Weise war die sozioökonomische und politische Ordnung der Kiewer Rus ziemlich einzigartig, nicht zu verwechseln mit der Feudalordnung, die im Westen vorherrschte. Diese Ordnung funktionierte etwa zwei Jahrhunderte lang vergleichsweise effizient, aber in den Jahren von 1139 bis 1237 begann sie zu stocken. Konkurrenzkämpfe zwischen Fürsten sowie zwischen Städten und Fürstentümern wurden schärfer und führten zu immer lockereren russischen Staatenbünden. Das Anwachsen örtlichen Handelsverkehrs schwächte die Bande zwischen den Fürstentümern weiter. Kiew konzentrierte sich auf den Handel mit Byzanz und, wie bereits erwähnt, ab 1204 mit Mitteleuropa; Smolensk und Nowgorod richteten ihre Aufmerksamkeit verstärkt auf den Handel in der baltischen Region; Rjasan und Susdal suchten ihren Handel mit dem Orient auszuweiten. Die Bojaren in den einzelnen Fürstentümern wurden stärker und waren immer weniger geneigt, die enge Bindung mit ihren Nachbarn aufrechtzuerhalten. Obwohl die verschiedenen Russenstaaten ihre Nachbarn nicht ganz als »Ausländer« betrachteten, begannen sie, auf sie als »Außenseiter« herabzusehen. Daß das Band der Einigkeit verschlissen war, wurde 1237 offenkundig, als die Russen sich als unfähig erwiesen, ihre Reihen gegen die anrückenden Mongolen (auch als Tataren bekannt) zu schließen, die Rus erreicht hatten und bald das gesamte Reich bedrohten. Die Mongolen hatten 14 Jahre zuvor für eine deutliche Warnung über ihre Absichten gesorgt, als sie 1223 in das Gebiet im Südosten einfielen, das damals von den Polowzern (oder Kumanen) bewohnt war. Die Kumanen baten die russichen Fürsten um Hilfe, aber von denen entschlossen sich nur wenige, den Kampf aufzunehmen. In einem grimmigen Gefecht am Fluß Kalka errangen die Mongolen einen großen Sieg, aber aus irgend einem Grund zogen sie ab, jedoch nur, um 1237 mit einer größeren Streitmacht wiederzukommen.

Der Aufstieg des Mongolischen Weltreichs

In mancherlei Hinsicht bleibt das Mongolische Reich, eines der größten der Weltgeschichte, den Historikern ein Rätsel. Wie läßt es sich erklären, daß eine Million Menschen eine Herrschaft über 100 Millionen innerhalb eines riesenhaften Gebildes aufrichten konnten, das sich vom Pazifischen Ozean bis zur Adriaküste, von China nach Ungarn erstreckte? Obwohl die Mongolen Rußland für nahezu zweieinhalb Jahrhunderte, von 1240 bis etwa 1480, beherrschten, gibt es unter Wissenschaftlern immer noch keine Übereinstimmung über das Ausmaß, in dem sie den Verlauf der russischen Geschichte beeinflußten. Daß diese lange Vormundschaft der Mongolen sich auf Rußland in dieser Zeit auswirkte, kann schwerlich bestritten werden. Die kritische Frage ist, ob die Eroberer in den politischen, kulturellen und gesellschaftlichen Einrichtungen Rußlands einen bleibenden Eindruck hinterließen.

Im 12. Jahrhundert waren die Mongolen lediglich einer von zahlreichen Stämmen und Sippenverbänden, die im östlichsten Teil der heutigen Mongolei lebten, und daß sie sich als beherrschende Macht erwiesen, war im wesentlichen das Werk eines Mannes, Dschingis-Khan (Großer Kaiser), dessen ursprünglicher Name Temudschin war. Um 1165 geboren, kam Temudschin in jungen Jahren zu der Überzeugung, daß es seine Bestimmung sei, Größe zu erlangen. Eine Quelle dieser Überzeugung war wohl die Legende, einer seiner Vorfahren sei einige Zeit nach dem Tod des Ehemanns der Mutter geboren worden. Die Frau behauptete, die Vision gehabt zu haben, wie ein göttliches Wesen sie des Nachts besucht habe. Es wurde behauptet, dies sei eine Adaption der Geschichte der Jungfrau Maria gewesen, was plausibel ist, denn der Nestorianismus hatte Anhänger unter den Mongolen. Jedenfalls wurde Temudschin, ein kluger und listiger junger Mann, ein außerordentlicher Krieger, der sich bei Togrul, dem Herrscher der Kerait, einem der mächtigeren mongolischen Stämme, einschmeichelte.

Als Togruls Ratgeber gelang es Temudschin, die Herrschaftsverhältnisse der Steppe, die der Bildung einer dauerhaften Ordnung entgegenstanden, zu verändern. Unter den vorherrschenden Regeln dauerte die Treue der Gefolgsleute zu ihrem Suzerän nur so lange, wie es beiden Seiten nützlich erschien. Mit anderen Worten stand es jedem Vasallen frei, seinen Lehensherrn zu verlassen, um in den Dienst eines anderen zu treten. Auf diese Weise konnte keiner der Stammesführer ein großes und dauerhaftes Khanat bilden. Temudschin begann, eine große persönliche Gefolgschaft zu sammeln und bald Togrul selbst herauszufordern, der, wahrscheinlich als Ergebnis eines von

Temudschins gerissenen Plänen, getötet wurde. Nachdem er die Macht ergriffen hatte, bildete Temudschin eine Sondereinheit von 150 Leibwächtern, die ihn Tag und Nacht gegen einen Überraschungsangriff, eine unter den Mongolen bevorzugte machtpolitische Maßnahme, zu schützen hatte. Dann teilte Temudschin das ganze Heer in Tausendschaften, Hundertschaften und Zehnerschaften auf und achtete in allen Einheiten auf strenge Disziplin. Gleichzeitig sorgte er dafür, daß alle politischen und militärischen Führer ihm direkt und unmißverständlich unterstellt waren, und untersagte ihnen, ihr Treueverhältnis zu wechseln.

Nachdem er unter den Stämmen in seinem Gebiet bis 1206 seine Autorität gefestigt hatte, nahm Temudschin den Titel Dschingis-Khan an und dehnte sodann seinen Einflußbereich Schritt für Schritt aus. Er besiegte die Tanguten, ein Volk tibetanischen Ursprungs, und 1211 begann er einen vierjährigen Feldzug gegen das chinesische Kaiserreich; in vier Jahren unterwarf er Nordchina und die Mandschurei. Er vergrößerte seine Stärke enorm, indem er in sein Heer chinesische Armeeingenieure einband und gebildete Chinesen zu Staatsdienern machte. Dann eroberte er, sich westwärts wendend, Khoresmien in Westturkestan, ein Gebiet von äußerster Wichtigkeit für den internationalen Handel, denn es lag am Schnittpunkt der Straßen zwischen China und der Welt des Mittelmeerraumes und zwischen Indien und Südrußland. In den Jahren 1221-23 drangen die Mongolen in Rußland ein, von wo Temudschin sich nach seinem großen Sieg am Kalkafluß unter mysteriösen Umständen zurückzog.

Dschingis-Khan starb 1227. Seinen Nachfolgern hinterließ er ein doppeltes Vermächtnis, das sie anregte, seine Politik der militärischen Expansion fortzuführen. Einerseits hatte er geltend gemacht, von einer religiösen Verpflichtung zu universalem Frieden und einem universalen Staat angetrieben worden zu sein. Wenn er die Welt eroberte, bringe er der Menschheit Ordnung und Stabilität, für die sie im Gegenzug dem neuen Staat beständig zu dienen habe. Unter dem neuen System würden die Armen vor Unrecht und Ausbeutung durch die Reichen geschützt sein. Andererseits verherrlichte Dschingis-Khan das Militärleben als hohe, tief befriedigende Berufung. »Die höchste Freude des Mannes«, verkündete er, »liegt im Sieg: Seine Feinde zu bezwingen, sie zu verfolgen, sie von ihrem Besitz zu verjagen, das Weinen ihrer Geliebten zu hören und ihre Frauen und Töchter zu umarmen.«

Dschingis-Khan hatte seine Armee zu einer der besten der Welt gemacht. Sie bestand zum größten Teil aus einer ungemein geübten Reiterei in Verbindung mit einem fähigen Ingenieurkorps und machte sich die ausgeklügelsten

Strategien und Taktiken zu eigen, um die Widerstandskraft des Feindes zu schwächen. Lange bevor sie eine Festung angriffen, schickten die Mongolen geheime Sendboten in die Umgebung, um psychologische Kriegführung zu betreiben. Diese sollten verbreiten, daß die Mongolen Andersdenkenden religiöse Toleranz gewähren, den Armen gegen die Ausbeutung durch die Reichen helfen und reiche Kaufleute fördern würden, indem sie die Straßen für den Handel sicher machten. Aber gleichzeitig warnten die Sendboten, daß diese Verpflichtungen nur gehalten würden, wenn eine friedliche Übergabe stattfinde. Werde Widerstand geleistet, sollte die Strafe Zerstörung sein.

Hatten die Mongolen sich zum Kampf entschieden, rückten sie vor, um den Feind zu umzingeln und zu vernichten. Indem sie eine Strategie verfolgten, die als »der Ring« bekannt war, besetzten die Mongolen ein weites Gebiet rund um den Feind und näherten sich allmählich ihrem Opfer. Unheimlich ihre Fähigkeit, den Vormarsch zu koordinieren. Der Feind wurde unter ständigem Druck gehalten. Waren die feindlichen Linien nicht zu brechen, täuschten die Mongolen den Rückzug vor. Der Feind, im Glauben, die Truppen der Eindringlinge seien im ungeordneten Rückzug begriffen, stieß vor – um vom geordneten Widerstand der Mongolen überrascht zu werden. Dann kreisten die mongolischen Kolonnen die Verteidiger ein, die kein Mittel mehr fanden, aus dem Ring zu entkommen. Die Mongolen kämpften nun so lange, bis der Feind völlig vernichtet war.

Die Mongolenherrschaft

Im Jahre 1235 beschloß Ügedai, Dschingis-Khans Sohn, Europa anzugreifen. Nachdem sie die Bulgaren und andere Völker in den östlichen Teilen Rußlands geschlagen hatte, erreichte eine 120 000-Mann-Truppe unter dem Befehl seines Neffen Batu Nordostrußland und brachte den dortigen Heeren eine Niederlage nach der anderen bei. Batu schlug die Russen durch Überraschungsangriffe mitten im Winter, einer Jahreszeit, die für die Bewegung großer Heere als nicht günstig galt. Die Mongolen, an harte Winter gewöhnt, waren in warme Pelze gehüllt und ritten Pferde, die zum Galopp auf Schnee abgerichtet waren, und ihre Armeen bewegten sich schnell über die zahlreichen zugefrorenen Flüsse und Seen. Darüber hinaus profitierten die Mongolen von Fehleinschätzungen der Russen und Westeuropäer. Die Russen glaubten, die Wolgabulgaren würden starken Widerstand leisten, aber deren Streitmacht zerfiel rasch, so daß die Mongolen 1237 Rjasan nehmen konnten. Kurz darauf hatten die Mongolen Moskau in der Gewalt, und 1238 drangen sie in die Stadt Wladimir ein, die sie zerstörten. Danach vernichteten die Invasoren das Heer des Groß-fürsten Juri II., schwenkten nach Süden ab, und nachdem sie 1240 Kiew er-obert hatten, begannen sie sich gegen Polen und Ungarn zu wenden. Die West-europäer, die die Russen als Häretiker und Schismatiker geringschätzten, machten keine Anstalten, ihnen zu helfen, die Mongolen zurückzuschlagen, die 1241 in Schlesien eindrangen und um ein Haar Wien einnahmen. Nur der Tod des Großkhans Ügedai im gleichen Jahr rettete das übrige Europa vor dem Einfall. Eifrig darauf bedacht, auf die Wahl eines neuen Führers durch die Sip-penältesten Einfluß zu nehmen, kehrte Batu aus dem Westen nach Südrußland zurück.

Aber aus Rußland zog das mongolische Heer nicht ab. Vielmehr errichte-ten die Mongolen hier ein ziemlich kunstvolles Herrschaftssystem, das die Rus-sen in eine untergeordnete Lage drängte, ohne jedoch alles eigenständige poli-tische Leben der örtlichen Bevölkerung auszuschalten. Es ist diese Dualität der mongolischen Vorherrschaft, die zu zahlreichen Kontroversen hinsichtlich der Wirkung der langen Periode der Fremdherrschaft auf die Geschichte Rußlands geführt hat.

Andererseits galt die Macht des Großkhans als absolut. Einmal von den Sip-penführern gewählt, konnte dem Herrscher, der sich auf das Heer als Rückgrat der Verwaltungsstruktur des mongolischen Reiches verließ, niemand beikom-men. Der Großkhan erließ seine Befehle an Heerführer, die als Zivilgouver-neure der Bezirke fungierten, in denen ihre Heere standen. Trotzdem hielten die meisten russischen Fürsten ihre Position, waren aber klar in einer unterge-ordneten Stellung. Sie waren gehalten, sich nach Sarai zu begeben, der Haupt-stadt der Goldenen Horde, dem autonomen Staat, den die Mongolen westlich des Ural errichtet hatten, um vor dem Khan zu dienern, ihn ihrer Treue zu ver-sichern und in ihren Ämtern bestätigt zu werden. Jeder Fürst, der sich wei-gerte, sich diesem demütigenden Ritual zu unterziehen, wurde unverzüglich umgebracht.

Doch zeigten die Mongolen wenig Interesse daran, direkte Kontrolle über die russischen Länder auszuüben. Ihr Anliegen war, Steuern und Rekruten für ihr Heer einzuziehen, aber darüber hinaus gestatteten sie den russischen Für-sten, ihre Länder zu verwalten. Von diesem Ordnungsmodell gab es nur zwei Ausnahmen: In Südwestrußland (Ukraine) beseitigten die Mongolen die beste-henden Verwaltungsstrukturen vollständig und ersetzten sie durch ihre eige-nen, wohingegen mongolische Vertreter die russischen Machthaber in Now-gorod die ganze Zeit über fest an der Macht ließen. Im späten 13. und frühen

14. Jahrhundert übernahmen einige russische Fürsten und Großfürsten die Bürde des Eintreibens von Tributen für die Eroberer, was ihren Einfluß vor Ort vergrößerte und ihr Ansehen unter den Mongolen erhöhte. Schließlich wurden einige dieser Fürsten stark genug, um der Macht der Eroberer zu trotzen.

Solche Herausforderung wäre wahrscheinlich mißlungen, hätte das mongolische Reich nicht unter andauernder innerer Zwietracht gelitten. Im Prinzip war der Großkhan in der Mongolei der absolute Herrscher, aber die Entfernungen zwischen den verschiedenen Bezirken des Reiches waren so riesig und die Verbindungen zwischen ihnen so langsam, daß örtliche Khane ihren Führer oft straflos unbeachtet ließen und manchmal sogar das ganze Reich zu übernehmen versuchten. In den 60er und 70er Jahren des 14. Jahrhunderts erreichten die Streitigkeiten ein solches Ausmaß, daß die Goldene Horde praktisch gelähmt war, was russischen Fürsten erlaubte, einen Khan gegen den anderen auszuspielen und dabei ihre eigene Macht zu stärken.

Bis dahin war die Wirkung der mongolischen Herrschaft auf Rußland beträchtlich gewesen. Zum einen verursachten die Mongolen enorme physische Schäden. Eine Reihe von Städten waren ganz zerstört. Eine Folge davon war, daß die russische Industrie (Emaille, Schmuckstücke, Keramik, Glaswaren, Steinschneidearbeiten, Kunstgewerbe) einen verheerenden Rückgang erlebte, von dem sie sich erst Mitte des 14. Jahrhunderts erholte. In den ersten drei Jahren des Mongoleneinfalls, von 1237 bis 1240, wurden schätzungsweise 10 Prozent der Bevölkerung getötet. Außerdem ging wegen der Abnahme der Industrieproduktion der Binnenhandel merklich zurück, obwohl man festhalten muß, daß das Interesse der Mongolen an internationalen Handelsverbindungen den Außenhandel beflügelte.

Eine wesentliche Folge der Mongolenherrschaft war der fortgesetzte Niedergang und das schließliche Verschwinden der *Wetsche*, der »demokratischen« Einrichtung der Kiewer Rus, in der die niedrigeren Schichten ihre Meinung hatten äußern können. Ihre häufigsten Beschwerden drehten sich um Besteuerung und Wehrpflicht, die eine besondere Last für sie war. Fürsten und Bojaren, die es häufig schafften, sich mit den Herrschern aus dem Ausland zu einigen, neigten dazu, die Khane bei der Ausschaltung der *Wetsche*, einigen örtlichen Machthabern möglicherweise eine lästige Einrichtung, zu unterstützen. Spätestens in der Mitte des 14. Jahrhunderts hatte die *Wetsche* aufgehört, flächendeckend eine wichtige Institution zu sein.

Eine weitere wichtige Änderung in der Zeit der Mongolenherrschaft war, daß das Senioratsprinzip, unter dem Rußland ein einiger Staat gewesen war, durch das System der Apanage, der Abfindung mit Geld oder Landbesitz, ersetzt wurde, unter dem jede Provinz getrennter, teilbarer, ständiger Besitz eines bestimmten Fürsten wurde. Fürsten wechselten nicht länger von einer Provinz zur anderen, wenn ein Fürst, der auf der Sprossenleiter des Hauses Rurik höher gestanden hatte, gestorben war. Und jeder Fürst konnte seinen Besitz nach Belieben an seine Frau, seine Söhne, Töchter oder andere Verwandte veräußern, wie entfernt auch immer. Historiker[4] stimmen über die Gründe des Zerfalls der russischen Staaten in immer kleinere Apanagen nicht überein, es besteht aber Einigkeit über bestimmte allgemeine Faktoren, die ihn möglich machten. Obwohl die Einführung des Apanagesystems nicht von den Mongolen ausging, fanden diese es vorteilhaft, erschwerte es doch einen gemeinsamen Standpunkt der Russen ihnen gegenüber. Doch spielte die Geographie des Landes wahrscheinlich eine wichtigere Rolle. Ein auffälliges Merkmal Nordrußlands war das verzweigte Netzwerk der Flüsse und Ströme, die alle in verschiedene Richtungen flossen. Als man begann, neue Gebiete zu erschließen, folgte man naturgemäß dem Lauf der Wasserwege. Die dadurch bedingte Zerstreuung der Siedlungen führte zur Bildung kleiner Flußprovinzen, alle voneinander getrennt durch die natürlichen Grenzen praktisch unpassierbarer Wildnis. Fürsten, die die Kolonisation oftmals nahezu tagtäglich beaufsichtigten, neigten dazu, die neuen Siedlungen als ihre eigene Schöpfung und sogar als ihr Eigentum zu betrachten. Und es gab keine Würdenträger wie etwa die Bojaren, die sich diesem Ansinnen entgegengestellt hätten. Viele der Apanagefürsten waren selbst nach den Maßstäben des 15. Jahrhunderts schwerlich reich zu nennen, oft waren sie nicht wohlhabender als private Grundbesitzer. Angesichts der politischen Auflösung Rußlands ist es beachtlich, daß das mongolische Joch jemals abgestreift wurde und ein neuer, vereinigter Staat unter der Führung Moskowiens entstand.

Bevor dieses Thema behandelt wird, seien noch einige wenige Worte über das langfristige Erbe der mongolischen Vorherrschaft gesagt. Obwohl die Mongolen einen bedeutenden Teil der Verwaltung russischen Würdenträgern überließen, trugen sie bestimmend zur Untergrabung der relativ freien Gesellschaft der Kiewer Rus bei, indem sie bestimmte Elemente einer sogenannten »Dienstgebundenen Gesellschaft« einführten, obwohl der Prozeß der Bildung einer solchen Gesellschaft erst im 17. Jahrhundert abgeschlossen war. Die Folge waren einige der mongolischen Gepflogenheiten, die Rußland ihren Stempel aufdrückten: Die dem Adel auferlegte Verpflichtung, dem Staat zu dienen; das Recht des Herrschers, die Güter eines Edelmannes einzuziehen, den man des Landesverrats schuldig gesprochen hatte; die Auferlegung einer *Tiaglo* (wörtlich »Bürde«, also Steuern) auf Bauern ebenso wie auf Städter; die Einführung solch harter Gesetzespraktiken wie Todes- und Prügelstrafe. Die Folter wurde erst nach der mongolischen Eroberung regelmäßiger Bestandteil russischer Strafverfahren. Es wäre irrig, die Änderungen in den Einrichtungen und Bräuchen der Kiewer Rus allein dem Einfluß der Mongolen zuzuschreiben, aber es würde ebenso in die Irre führen, diesen Einfluß zu leugnen.

II Der Aufstieg des moskowitischen Rußland

Wenig ist über die Ursprünge Moskaus bekannt, einer Stadt, die sich innerhalb von 200 Jahren eines spektakulären Aufstiegs aus dem Dunkel der Geschichte ins Licht der Berühmtheit erfreute. Und die sich spätestens im 17. Jahrhundert zum Mittelpunkt eines riesigen Reiches entwickelt hatte, das von einem Autokraten beherrscht wurde, dessen Macht von keinem europäischen Monarchen übertroffen wurde. Nach den *Russischen Chroniken*, einer Primärquelle für die frühe Geschichte Rußlands, lud Juri Dolgoruki (Georg mit dem Langen Arm), Fürst von Susdal, 1147 Fürst Swjatoslaw von Nowgorod-Sewersk nach Moskau ein. Der Gastgeber bewirtete seinen Gast mit einem »mächtigen Mahl«, was das Vorhandensein eines Gebäudes von einiger Bedeutung nahelegt. Neun Jahre später legte Juri den Grundstein zu Moskau, indem er eine hölzerne Mauer um dieses Gebäude herum zog. Diese kleine Festung, gelegen an der westlichen Ecke des Kremlhügels (tatarisch Kreml = Festung), schloß ein Drittel bis höchstens die Hälfte des Gebietes ein, das die Zitadelle heute bedeckt.

Juris Entscheidung erwies sich als bemerkenswert scharfsinnig. Moskaus Nähe zu den Quellflüssen vierer großer Ströme – Oka, Wolga, Don und Dnjepr – erleichterte den Handel mit verschiedenen Teilen Rußlands. Wegen seiner Nähe zu verschiedenen bedeutenden Überlandrouten entwickelte sich Moskau zu einem natürlichen Sammelpunkt für Flüchtlinge aus der im Niedergang befindlichen Kiewer Region, die wiederholt von Tatarenhorden angegriffen wurde. Überdies stattete seine Lage tief innerhalb des Kiewer Staatenbunds es mit einem hohen Maß an militärischer Sicherheit aus. Der Feind mußte immer erst Städte in der Umgebung angreifen, und dann sollte er, ob mit dem Ergebnis der Plündereien zufrieden oder nicht, zurückweichen, ohne auf Moskau vorzugehen. Zwischen 1238 und 1368 wurde die Stadt nur einmal, 1293, geplündert; keine andere Stadt im Norden Rußlands entging feindlichen Attacken so lange. In dieser Zeit wurde Danilo, jüngster Sohn des sehr beeindruckenden Beherrschers von Wladimir, Alexander Newski, 1263 Herrscher von Moskau, das nun die Hauptstadt eines ständigen Fürstentums war. Danilo wird allgemein als Gründer des fürstlichen Hauses Moskaus betrachtet.

Die Fürsten von Moskau nützten diese wesentlichen Vorteile nach Kräften aus. Als jüngere Fürsten konnten sie nicht einmal nach dem Thron eines größeren Fürstentums streben; deshalb wandten sie alle Energien auf die Vergrößerung ihres väterlichen Erbgutes, gewöhnlich mit den zweckdienlichsten Mitteln. Einer der fähigsten Historiker Rußlands, W.O. Kljutschewsky, hat die frühesten Herrscher Moskaus treffend als »Räuber der schamlosesten Sorte« bezeichnet. Zusätzlich waren sie aber noch schlaue Opportunisten. Hatten sie beobachtet, daß ein benachbarter Fürst gerade schwach war, griffen sie ihn an, ohne provoziert worden zu sein. Bei anderen Gelegenheiten nahmen sie zu Verträgen oder Gelegenheitskäufen Zuflucht, um ihr Territorium zu vergrößern. Obwohl die meisten von ihnen weder schillernd noch außergewöhnlich begabt waren, schienen die Moskowiter Fürsten ihre Politik instinktiv den oft wechselnden Umständen anzupassen. Selten führten sie einen Schlag, zu dem sie zu schwach waren, und sie schreckten auch vor Bündnissen mit den heidnischen »Rohfleischfressern«, ihren mongolischen Bedrückern, nicht zurück. Kurz, Festigkeit, Vorsicht, Anpassungsfähigkeit und Mäßigung waren die Gütezeichen ihrer Politik. Wie ein Kommentator etwas bedauernd anmerkte, trieben sie nicht einmal ihre »Neigung, sich nach Tisch zu betrinken« zum Exzeß.

Niemand verkörperte diese Eigenschaften auffallender als Iwan I., Spitzname *Kalita* oder »Geldsack«, der von 1328 bis 1340 über Moskau herrschte. Einige Historiker vermuten, daß er seinen Namen wegen seiner Knauserigkeit erhielt, aber Iwan wird in vielen Volksmärchen als freigebiger Fürst geschildert, der ständig einen Geldsack mit sich führte, so daß er auf seinen Reisen milde Gaben an die Armen verteilen konnte. Was immer der Grund für seinen Namen gewesen sein mag, er war natürlich gerissen im Umgang mit Geld. Seine verschwenderischen Gaben an den Khan der Goldenen Horde waren dazu bestimmt, sein Fürstentum vor Angriffen zu bewahren.

Iwan schmeichelte sich 1327 das erste Mal bei der Goldenen Horde ein, als er ein Heer gegen den Großfürsten von Twer führte, der sich geweigert hatte, den geforderten Tribut an die Mongolen zu zahlen. Als Belohnung für seinen Sieg über Twer verlieh der Khan Kalita den Titel »Großfürst von Wladimir«, ein hoher Rang mit großem Ansehen, den die Moskowiter Herrscher 100 Jahre ohne Unterbrechung behielten. Kalita übernahm anschließend die Verantwortung für das Eintreiben des Tributs in Nordrußland. Er führte seine Aufgabe effizient und rücksichtslos durch, wobei er immer dafür sorgte, daß von den aufgebrachten Mitteln einiges in seinen Truhen blieb. Diese Gewinne dienten zum Kauf zusätzlichen Lands, das Iwan von mittellosen Fürsten, privaten Grundbesitzern und kirchlichen Einrichtungen erwarb. Der Khan, dankbar, von der Last, den Tribut selbst einsammeln zu müssen, befreit zu sein, gab Iwans unablässiger Anhäufung von Staatsgebiet seinen Segen.

Eine der wichtigsten Seiten von Iwans Herrschaft war die Verwandlung Moskaus in das geistige Zentrum der Nation. Die wiederholten mongolischen Einfälle in Kiew hatten den Metropoliten Maxim bewogen, die Stadt 1299 zugunsten von Wladimir zu verlassen. Die Wahl hatte sich jedoch als unglücklich erwiesen, denn die weltlichen Herrscher und der Metropolit hatten zu streiten begonnen, ein Umstand, der bald von Iwans Bruder Juri, damals Herrscher von Moskau, der zu Maxims Nachfolger, Pjotr, ein herzliches Verhältnis aufbaute, ausgenutzt wurde.

Während eines Besuches 1326 in Moskau starb Pjotr, ein Ereignis, das spätere Metropoliten als Zeugnis der göttlichen Wahl der Stadt als Sitz der russischen Kirche deuteten. Einer Ende des 14. Jahrhunderts verbreiteten Legende zufolge war Pjotr tatsächlich in Iwans Armen gestorben, nachdem er folgende Weissagung verkündet hatte: »Mein Sohn, wenn du wolltest hören auf mich, und wolltest bauen die Kirche der Heiligen Mutter, und wolltest mich in der Stadt zur Ruhe legen, dann wirst du gewißlich verherrlicht werden vor allen anderen Fürsten im Lande, und deine Söhne und Enkel ebenso, und diese Stadt wird verherrlicht werden vor allen anderen russischen Städten, und die Heiligen werden kommen und in ihr wohnen, und ihre Hände werden sie gegen ihre Feinde schützen. So wird es immer sein, solange meine Gebeine hier ruhen.«

Vielen Russen erschien der Vorgang glaubwürdig, weil zwei Jahre nach Pjotrs Tod Metropolit Theognost plötzlich beschloß, nach Moskau überzusiedeln. Von da an wirkten die geistlichen und weltlichen Machthaber in enger Harmonie zusammen, eine Entwicklung, die für Moskaus überragende Bedeutung in Rußland entscheidend war.

Herausforderung der Mongolenherrschaft

Iwan Kalitas Politik, Moskaus Macht und Ansehen zu heben, wurde von seinem Enkel Dimitrij Donskoi, der 1359 den Titel eines Großfürsten annahm, mit bemerkenswerter Energie weiterverfolgt. Dimitrij, ein mutiger und begabter Herrscher, beschloß, die mongolischen Oberherren herauszufordern. Von seinen Erfolgen bei der Abwehr des gemeinsamen Angriffs von Litauen und Twer in den 60ern und frühen 70ern beflügelt, begann er den Mongolen zu trotzen, indem er sich weigerte, den jährlichen Tribut zu zahlen. 1378 fügte er der Beleidigung die Kränkung hinzu, indem er die Mongolen in einem kleineren Gefecht am Fluß Wosch besiegte. Dies erzürnte den stolzen Khan Mamai, der erkannte, daß die mongolische Herrschaft über Rußland sich in nichts auflöste, wenn er den rebellischen Dimitrij nicht unterwarf. Mamai stellte ein riesiges Heer auf, und 1380 überquerte er, nachdem er ein Bündnis mit Litauen geschlossen hatte, die Wolga und rückte auf Moskau vor.

In einem Versuch, den Streit ohne Blutvergießen zu lösen, bot Mamai Dimitrij Frieden an, wenn er den Tribut in der vor 1371 üblichen Höhe wiederaufnahm. Der Großfürst antwortete darauf, indem er weitere russische Fürsten aufrief, sich zu einem Kreuzzug gegen die Tataren zusammenzuschließen. Einige entsprachen der Aufforderung, und im Sommer 1380 hatte er eine Armee von 30 000 Mann versammelt, die meisten aus seinem eigenen Fürstentum. Khan Mamais Heer hatte ungefähr die gleiche Größe, doch er erfreute sich des Vorteils einer überlegenen Reiterei.

Am 8. September standen sich die beiden Heere bei Kulikowo Pole (Schnepfenfeld), einer Ebene zwischen dem oberen Don und seinem Nebenfluß, der Nepriwada, gegenüber. Wie es beim Krieg in der Steppe üblich war, forderte einer der Tataren die Russen vor der Schlacht zum Zweikampf auf. Ein Mönch, der Dimitrijs Heer begleitete, nahm die Herausforderung an und galoppierte mit voller Geschwindigkeit auf seinen Gegner zu. Beide prallten mit solcher Wucht zusammen, daß sie auf der Stelle starben. Minuten später verbissen sich die zwei riesigen Heere auf einer Front von sieben Meilen ineinander.

Vier Stunden lang griffen Mamais Truppen die Moskowiter Armee unaufhörlich an, die am Rande des totalen Zusammenbruchs stand. Aber Dimitrij hatte klugerweise eine große Abteilung seiner besten Truppen in einem nahegelegenen Wald im Hinterhalt gehalten, und gerade als alles verloren schien, rief er seine Reserven nach vorne. Das plötzliche Erscheinen frischer Truppen flößte nicht nur der Moskowiter Armee neues Leben ein, sondern demoralisierte auch die Tataren. Das Schlachtenglück wendete sich vollständig; Mamai floh unvermittelt, sein Heer löste sich auf, und Großfürst Dimitrij brachte das mongolische Lager mit großen Mengen Beute auf. Die russische Streitmacht hatte um die Hälfte ihrer Männer verloren, einschließlich des Oberbefehlshabers und verschiedener anderer hochrangiger Offiziere. Nichtsdestoweniger war es ein großartiger Sieg – und das erste Mal, daß ein großes Mongolenheer in einer größeren Auseinandersetzung von Russen in die Flucht geschlagen wurde. Im 19. Jahrhundert deutete ein Historiker dies als nichts weniger als »ein Zeichen des Triumphes Europas über Asien«.

Nach seinem Erfolg wuchs Großfürst Dimitrijs Ansehen in Rußland ins Unermeßliche, nicht nur wegen des Vorzugs seines Sieges, sondern auch wegen seiner persönlichen Tapferkeit. »Er war der Erste in der Schlacht«, hielt ein zeitgenössischer Kampfbericht fest, »und tötete viele Tataren.« Einmal nahm er im Alleingang vier mongolische Angreifer auf sich und wurde bewußtlos geschlagen. Am Ende der Schlacht fanden ihn seine Offiziere unter einem Haufen toter Leiber. Seine Rüstung war in Stücke gehauen, aber er war nur leicht verwundet und in der Lage, wieder das Kommando zu übernehmen.

Dimitrijs Freude, die Mongolen besiegt zu haben, war kurzlebig. 1382, nur zwei Jahre nach der Schlacht bei Kulikowo, tauchte Khan Tochtamysch mit einem großen Heer in Nordwestrußland auf, entschlossen, sich zu rächen und die tatarische Autorität aufs neue geltend zu machen. Seiner Deckung entblößt, floh Dimitrij, der nichts von dem Scharfsinn und dem Mut zeigte, den er zwei Jahre zuvor an den Tag gelegt hatte, nach Norden, um ein neues Heer aufzustellen. Er schien fest davon überzeugt, daß die machtvollen Mauern des Kreml jeder tatarischen Belagerung widerstehen würden. Aber sobald er Moskau verlassen hatte, brach in der Stadt das Chaos aus. Reiche Bürger versuchten ihr Leben zu retten, indem sie die Stadt verließen, aber die einfachen Bürger verlangten, daß alle bleiben sollten, um die Verteidigung gegen den nahe bevorstehenden Angriff zu verstärken. Als die begüterten Moskowiter auf ihren Fluchtplänen beharrten, brach ein Bürgerkrieg aus. Von denjenigen, die ihr Bündel geschnürt hatten, wurden viele getötet und ihr Eigentum geplündert, als das Volk die Kontrolle in der Stadt übernahm. Weil sie dem örtlichen Adel mißtrauten, wählten die aufständischen Bauern einen Litauer, Fürst Ostei, zum Befehlshaber der Garnison. Die Moskowiter fochten tapfer, hielten Tochtamyschs Heer drei Tage lang auf und hätten einen großen Sieg erringen können, wenn der mongolische Befehlshaber nicht zu einem grausamen Täuschungsmanöver gegriffen hätte. Am vierten Tag der Belagerung sandte der Khan eine Botschaft an die eingeschlossenen Verteidiger, in der er jede Absicht, ihnen Schaden zuzufügen, leugnete. Er bat um nichts als einige »kleine Gaben« und die Möglichkeit, die Stadt zu besuchen. Naiv öffneten die Moskowiter die Tore zum Kreml und entsandten eine geistliche Prozession, angeführt von Fürst Ostei, um Tochtamysch Grüße und Geschenke zu entbieten. Sobald die letzten Teilnehmer des Zuges von den Kremltoren freikamen, stürzten sich die Soldaten des Khans auf die überraschten und wehrlosen Moskowiter und töteten den Fürsten und zahlreiche seiner Begleiter. Andere Mongolen stürmten durch die offenen Tore oder kletterten auf Leitern, die für den Angriff bereitgehalten worden waren, über die Mauern. Die nächsten Stunden waren entsetzlich. Die Mongolen metzelten wahllos die Einwohner nieder und töteten laut einer Schätzung nicht weniger als zehntausend von ihnen.

Wie es zunächst schien, hatte Tochtamysch die Vormachtstellung der Goldenen Horde über Moskau und vielleicht über ganz Rußland wiederhergestellt. Aber es wurde bald offensichtlich, daß die Mongolen wegen der endlosen mörderischen Auseinandersetzungen zwischen rivalisierenden Khanen ihren Sieg von 1382 nicht nutzen konnten. Die Tataren vermochten noch beträchtliche Schäden anzurichten, wie bei der Plünderung des Moskauer Umlandes in den Jahren 1408 und 1409 geschehen, aber eine anhaltende Kampagne gegen die Russen lag nun außerhalb ihrer Möglichkeiten. Schon war das Mongolische Reich dabei, sich langsam aufzulösen.

Wäre Moskau nicht seinerseits durch heftige Dynastiestreitigkeiten geschwächt worden, hätten die Russen die Fremdherrschaft um 50 Jahre verkürzen können. Die Entstehung der Konflikte kann zu einer Entscheidung des Großfürsten Wassili I. zurückverfolgt werden, der 1425 starb, seinen Thron nicht seinem Bruder Jurij zu hinterlassen, dem Nächsten in der Rangfolge, sondern seinem Sohn Wassili II., der damals erst 10 Jahre alt war. Jurij, der geltend machte, der rechtmäßige Erbe zu sein, erklärte Moskau den Krieg und eröffnete so den einzigen Militärkonflikt zwischen den Abkömmlingen von Iwan Kalita. Es war eine langwierige Auseinandersetzung, die 25 Jahre dauerte und von schrecklichen Brutalitäten gekennzeichnet war. In einem Geplänkel nahm Wassili II. seinen Vetter Wassili den Schieler gefangen und blendete ihn. Der Brauch, Thronanwärter zu blenden, war in Byzanz weitverbreitet, in Rußland aber war diese Art der Folter erst einmal im 12. Jahrhundert angewendet worden und erschreckte daher viele Russen. Zweifellos hatte Wassili bald Anlaß, sein brutales Vorgehen zu bereuen, denn 1446 wurde er von Dimitrij Schemjaka, dem Bruder von Wassili dem Schieler, gefangengenommen und ebenfalls geblendet. Nun bekannt als »Wassili der Dunkle«, nahm er den Kampf wieder auf, sobald er aus der Gefangenschaft entlassen worden war. Seiner Behinderung zum Trotz führte er einen neuen Aufstand an und zerschmetterte seine Feinde ein für allemal. Auch die Grenzen von Moskau dehnte er erfolgreich aus. Als er 1462 starb, umfaßte das Fürstentum um die 15 000 Quadratmeilen und war nun fünfundzwanzigmal so groß wie zur Zeit von Iwan Kalita 120 Jahre zuvor. Wassili erkannte die Goldene Horde formell als höchste Autorität in Rußland an, aber er zahlte nur einen kleinen Teil des gewöhnlichen Tributs. Die Tataren waren nicht mehr in der Lage, ihrem Willen Geltung zu verschaffen, und Moskau hatte sich seit seiner Gründung 300 Jahre zuvor zu einem bedeutenden Staat entwickelt, der sich faktischer Unabhängigkeit erfreute.

Moskau verdankte seine überragende Bedeutung in Rußland nicht allein seiner Konzentration politischer Macht. Im 15. Jahrhundert steigerte es auch seine spirituelle Bedeutung außerordentlich, indem es Konstantinopel als Zentrum der griechisch-orthodoxen Kirche ersetzte. Diese Verlagerung ging auf eine Entscheidung des Patriarchen in Byzanz 1439 zurück. In diesem Jahr verkündete er die Einheit der orthodoxen und der römisch-katholischen Kirche, um die Hilfe des Westens im Kampf gegen die vorrückenden Türken zu erlangen. Den Moskowitern galt diese Union als häretisch, und so sperrten sie ihren eigenen Metropoliten, Isidor, ohne Umschweife im Tschudow-Kloster im Kreml ein, weil er es gewagt hatte, den Namen des Papstes anzurufen, als er in der Mariä-Himmelfahrts-Kathedrale eine feierliche Messe las. Einige Jahre später wählten die russischen Bischöfe, von Wassili II. tatkräftig ermutigt, Bischof Jona von Rjasan zum Metropoliten der russischen Kirche. Das taten sie, ohne den Patriarchen von Konstantinopel zu Rate zu ziehen.

Moskaus geistliche Unabhängigkeit wurde 1453 endgültig, als Konstantinopel in die Hände der ungläubigen Türken fiel, ein Ereignis, welches die Russen als gerechte Strafe für Byzanz' häretische Beziehungen mit Rom betrachteten. Binnen weniger Jahrzehnte behauptete ein russischer Mönch namens Filofei, daß Rom wie Konstantinopel ihre Stellung in der geistlichen Welt verloren hätten, nachdem sie vom wahren Glauben abgefallen war. »Zwei Roms sind gefallen«, erklärte er, »und das dritte steht, und ein viertes wird es nicht geben.« Natürlich war Moskau das »Dritte Rom«, zur moralischen Vormachtstellung in der Christenheit berechtigt und auf Ewigkeit angelegt, weil man nur dort die Häresie vermieden hatte. Filofeis Lehre »trat rasch in die Hauptausrichtung des kirchlichen Denkens in Rußland ein«, wie Robert O. Crummey darlegte, indem sie das Ansehen des Moskowiter Fürstentums förderte.

Moskaus Expansion

Im Jahre 1462, als Wassili II. starb und von seinem Sohn Iwan III. beerbt wurde, war das Großfürstentum Moskau nur eines unter mehreren russischen Ländern. Die Großfürstentümer Twer und Rjasan waren noch ebenso unabhängig wie die Stadtstaaten von Nowgorod, Pleskau (Pskow), Wjatka, Jaroslawl und Rostow. Im Westen von Moskau standen das Smolensker Gebiet (heute Weißrußland) und ein Teil der Ukraine unter der Herrschaft Litauens. Ostgalizien war ein Teil Polens, und Karpato-Rußland gehörte zu Ungarn. Die meisten Bewohner dieser Gebiete zählten sich zu den Russen, und Iwan III., ein Mann, der gleichzeitig ehrgeizig, rücksichtslos und pragmatisch war, begann es als seine Mission zu sehen, so viele dieser russischen Lande wie möglich unter seiner Herrschaft zu vereinigen. Seine Methoden waren unterschiedlich. Einige Länder eignete er sich einfach mit Gewalt an (besonders zu nennen Nowgorod und Twer), einige kaufte er, und andere erwarb er durch Erbschaft. Zur Zeit von Iwans Tod 1505 blieben nur noch Pleskau und eine Hälfte des Fürstentums Rjasan getrennte Staaten innerhalb Großrußlands, und keiner von ihnen war stark genug, irgend eine militärische oder politische Bedrohung für Moskau darzustellen.

Iwan, der den Titel eines »Sammlers der russischen Erde« erhielt, hatte verschiedene andere Schritte unternommen, um den Staat zu zentralisieren und seinen Einfluß zu vergrößern. 1472 heiratete er die byzantinische Prinzessin Zoë Paläologa, ein Schritt, der vielen im Westen weitreichende politische Änderungen in den internationalen Beziehungen anzukündigen schien. Doch für Iwan selbst symbolisierte die Hochzeit wachsendes Ansehen als Herrscher in Rußland selbst. Im diplomatischen Schriftverkehr verwies Iwan häufig auf sich selbst als »Zar aller Russen« und »Selbstherrscher«, womit er weniger andeuten wollte, daß er in seinem Reich unbeschränkte Macht ausübte, sondern daß er von allen Ausländern unabhängig war. Er stellte ein königliches Heer auf und befreite sich so davon, in Zeiten militärischer Bedrohung vom guten Willen der anderen Fürsten abhängig zu sein, und er führte ein gewisses Maß an rechtlicher Einheitlichkeit ein, indem er einen Gesetzeskodex erließ. Ebenso wurden Hofetikette und –zeremoniell immer ausgefeilter, und ab 1490 wurde das byzantinische Wappen mit dem Doppeladler auf alle staatlichen Dokumente gesetzt. Auf diese Weise tat Iwan die Vorstellung kund, daß seine Heirat mit Zoë ihm die Stellung eines Nachfolgers der byzantinischen Kaiser übertragen hatte. Der Doppeladler blieb bis zur Revolution von 1917 das offizielle Wappen des zaristischen Rußland.

Iwans Sohn, Wassili III. (1505-33), erwies sich als würdiger Thronfolger. Auch er widmete sich der Politik äußerer Ausdehnung und der Sammlung von Herrschermacht in inneren Angelegenheiten. Überzeugt, daß die unsicheren Grenzen des Landes, besonders im Süden und Südwesten, eine Bedrohung für den Staat darstellten, beharrte Wassili darauf, die Zentralisierung der Regierungsmaschinerie zu verstärken und Gegner seiner Politik mit Härte zu behandeln. Obwohl er nicht viele hinrichten ließ, die ihm im Weg standen, ließ er eine große Zahl von ihnen einkerkern und außer Landes bringen. Ähnlich rücksichtslos war er in der Behandlung der oberen Gesellschaftsschichten der Gebiete, die er eroberte. Nachdem er Pleskau 1510 gewaltsam annektiert hatte, befahl er, die führenden Mitglieder der Gesellschaft festzusetzen und nach Moskau zu bringen. Dann schickte er ganze Familien von Moskau nach Pleskau, um jene, die er entfernt hatte, zu ersetzen. Wassili hielt diesen Bevölkerungstransfer so lange in Gang, bis die führende Schicht Pleskaus ausgetauscht war. Der Rest der jetzt führungslosen Bevölkerung war nur noch eine amorphe Masse, unfähig, seiner Befehlsgewalt zu trotzen. 1522 annektierte Wassili die übriggebliebene Hälfte von Rjasan und festigte seine Macht einmal mehr, indem er die örtliche Elite nach Moskau schickte und durch seine eigenen Vertreter ersetzte.

Die stetige Vergrößerung des Moskowiter Staates und das Wachstum der Macht seines Herrschers wurden unvermeidlich von grundlegenden Änderungen in der Regierungsarbeit begleitet. Bis zur Mitte des 15. Jahrhunderts, während der im vorigen Kapitel erwähnten Apanagezeit, bestand der Kern des Militärs aus dem großfürstlichen *Dworjanstwo* (Adel) und den Söhnen der Bojaren (dem höchsten Dienstadel). Unter dem Befehl des Großfürsten selbst stand es diesen Kriegern nichtsdestoweniger frei, im Militär zu dienen, ohne Gefahr für die Besitzrechte ihrer Landgüter. Damit bestand keine Verbindung zwischen Militärdienst und Landbesitz, wie es im Westen zur gleichen Zeit oft der Fall war. Jene, die im Heer dienten, wurden mit Stellungen in der Regierung oder Justiz belohnt, die Geldeinkommen brachten. In Kriegszeiten konnte der Großfürst auch anordnen, daß Fürsten und die Moskauer Bojaren sich mit ihrem Gefolge für Feldzüge zur Verfügung stellten. Noch in der Apanagezeit konnten die Fürsten und die Bojaren sich beide frei von einem Fürstentum ins andere bewegen. Die Großfürsten von Moskau nahmen auch die Dienste von Tatarentruppen in Anspruch, denen verschiedene Städte zugeteilt waren, um sich aus ihnen »zu ernähren« (*Kormlenje*-System), d.h. die Befehlshaber konnten den Städten Steuern auferlegen, von denen sie einen Teil behalten durften. Diese drei Gruppen waren sämtlich Kavalleristen. Die Infanterie wurde von Kaufleuten und den Kosaken (wörtlich »freie Krieger«) bestimmt, einer Schicht, die schriftlich zuerst Mitte des 15. Jahrhunderts erwähnt wurde und sich als Reiter auszeichnete.

Etwa von den 1470ern an, als Iwan III. sein Expansionsprogramm begann, wuchs der Bedarf an Truppen dramatisch. Man hat geschätzt, daß sich Moskau in der Zeit von 1492 bis 1595 ebensooft im Krieg befand, wie Frieden herrschte. Das Land befand sich in drei Kriegen mit Schweden und führte sieben Jahre Krieg mit Polen-Litauen und Livland sowie einen fast durchgehenden Kampf mit den Tataren, die noch nicht ganz besiegt waren. Um die riesigen Militärkosten zu finanzieren, führte Iwan das *Pomestje*-System ein, unter dem Männer eine Landzuteilung (*Pomestje*) als Gegenleistung für den Militärdienst sowie die Bereitstellung einer bestimmten Zahl von Reitern erhielten. Im Prinzip sollte der Besitz der *Pomestje*, ebenso wie die Verpflichtung zum Militärdienst selbst, vorübergehend sein, aber im allgemeinen wurde das Landstück dem Empfänger auf Lebenszeit zugeteilt. Doch der Besitz einer *Pomestje* war von der Erfüllung der militärischen Verpflichtungen abhängig und unterschied sich damit klar von einer *Otschina*, einem Stück Land, das von den Eltern an die Nachkommen überging.

Um das *Pomestje*-System durchzuführen, brauchte Iwan weite Strecken fruchtbaren Landes, ein Gut, das knapp war. Den Bojaren, die viel von diesem Land besaßen, konnte man ihren Besitz nicht einfach wegnehmen, weil sie die Führungsschicht in der Gesellschaft darstellten. Iwan wandte sich daher nach Nowgorod, wo er die Kirche zwang, ihm mehr als die Hälfte ihres Besitzes zu übertragen. Auch siedelte er viele Nowgoroder Aristokraten in andere Regionen des Reiches um, nachdem er sie von ihrem Land vertrieben hatte. Bis 1500 hatte Iwan allein in Nowgorod über 10 000 km² Land angehäuft. Innerhalb weniger Jahrzehnte war das *Pomestje*-System fest verankert und hatte den Charakter des Militärdienstes und in einigen wichtigen Belangen den Charakter des Moskowiter Staates verändert. Der *Pomeschnik*, der Inhaber einer *Pomestje*, konnte sich nicht nur nicht frei von einem Fürstentum zum anderen bewegen und seine Loyalität von einem Fürsten auf den anderen übertragen, sondern allmählich, im Verlauf des 16. Jahrhunderts, wurde der Staatsdienst auch für jedes Mitglied der oberen Schichten eine gemeinsame, erbliche Verpflichtung. Nur der Zar konnte einen Edelmann vom Dienst befreien. Außerdem ging die Verpflichtung, dem Staat zu dienen, vom Vater auf den Sohn über, ein Umstand, der hilft, die Entwicklung Rußlands in einen »Dienststaat« zu erklären. Knaben wurden von früh an zum Dienst erzogen, und mit 15 traten sie in den einen oder anderen Zweig des Staatsdienstes ein. Und im Laufe des 16. Jahrhunderts verwischte sich der Unterschied zwischen *Pomestje* und *Otschina* allmählich. Das hatte zur Folge, daß jeder Edelmann mit Landbesitz verpflichtet war, dem Staat zu dienen.

Eine weitere große Wirkung des *Pomestje*-Systems bestand darin, daß es die städtischen Zentren und die städtischen Industrien schwächte, denn eine große Anzahl Staatsdiener zog auf ihren Besitz auf dem Land und beraubte die Stadt vieler ihrer besten Kunden. Auch litten die Städte darunter, daß viele Landbesitzer eigene Handwerkszweige auf ihren Gütern ansiedelten. Die langsame Entwicklung der Städte im Rußland des 16. und 17. Jahrhunderts kann deshalb zum guten Teil dem *Pomestje*-System zugeschrieben werden. Zum Schluß sollte noch festgehalten werden, daß der Landadel, der seinen Landbesitz vom Herrscher erhalten hatte, politisch verläßlicher und fügsamer als die Bojaren war. Dies war offensichtlich ein bedeutender Faktor in der Bündelung der politischen Macht durch Moskauer Herrscher.

Um die Bedeutung der Machtkonzentration in den Händen der Großfürsten würdigen zu können, muß man sich erinnern, daß sich der Staat während der Apanagezeit im 14. Jahrhundert kaum von einem gutsherrlichen Besitz unterschieden hatte und die Verwaltung in erster Linie dazu gedacht war, das Vermögen des Gutshofes zu verwerten. Die in einer Apanage lebende Bevölkerung bildete keine Gemeinschaft oder eine Vereinigung von Untertanen, deren Sinn es war, die spezifischen Ziele eines öffentlichen Wohles und gesellschaftlicher Ordnung zu erreichen. Die Aufgaben der Bevölkerung bestanden darin, die Wirtschaft am Laufen zu halten und Mannschaften für das Heer zu stellen. Die Staatsmaschinerie war im Fürstenpalast untergebracht, und der Fürst blickte auf das Fürstentum als sein persönliches Patrimonium herab. So ist dieses politische System auch als »Patrimonialismus« bezeichnet worden.

Bestimmte Schlüsselfragen wie Krieg und Frieden, die Willensbildung eines Fürsten und das Arrangieren von Ehebündnissen für die Familie des Herrschers wurden in einem »Fürstenrat«, unter Vorsitz des Fürsten, erwogen. Aber dieser Rat war keine ständige Körperschaft und hatte keine klar definierte Zuständigkeit, nicht einmal feststehende Verfahrensweisen. Er war eine formlose Einrichtung, die den Fürsten beriet. Dennoch war er als Vorläufer der späteren *Bojarskaja Duma*, einer Institution, die wir weiter unten behandeln werden, von Wichtigkeit.

Obwohl der Fürst große persönliche Macht angehäuft hatte, benötigte er örtliche Beamte, die seine Weisungen ausführten, die Ordnung aufrechterhielten und Recht sprachen. In den größeren Bezirken als *Namestnik*, in den kleineren als *Wolostel* bekannt, wurden die Beamten auch als *Kormlenschtschiki* bezeichnet, ein Wort, das sich von *Kormlenje* ableitet, was »Fütterung« bedeutet. Örtliche Beamte fütterten sich ganz wörtlich selbst, indem sie der unter ihrer Jurisdiktion befindlichen Bevölkerung Steuern und Gebühren auferlegten, die sie behalten durften. Oftmals wurden bestimmte Personen zu dem besonderen Zweck für ein oder zwei Jahre auf eine Regierungsstelle befördert, sich nach der Dienstzeit im Heer oder in der Hauptstadt ein Einkommen verschaffen zu können. Es war ein System örtlicher Verwaltung, das weder vernünftig, einheitlich noch frei von weitverbreitetem Mißbrauch war.

Im späten 15. und im 16. Jahrhundert richteten Fürsten in der Hauptstadt Abteilungen *(Prikazy)* ein, die die Verwaltung des gesamten Reiches zentralisieren sollten. Damals, und auch im 16. Jahrhundert, wurde die *Bojarskaja Duma* zu einer ständigen Einrichtung, die die Arbeit der Abteilungen beaufsichtigen, aber auch Gesetze entwerfen sollte, die der Herrscher entweder genehmigte oder zurückwies. Alle ihre Mitglieder wurden vom Zaren ernannt und waren ihm so verpflichtet. Der Herrscher suchte einige wenige Mitglieder aus dem niederen Adel aus, die meisten aber wählte er in Anlehnung an ein sorgfältig ausgearbeitetes System, das als *Mestnitschestwo* (Bevorzugungskodex) bekannt war, aus den führenden Bojarenfamilien. Das System basierte auf einer Stammbaumtabelle oder »-leiter«, die den Rang jedes Adligen auf der Grundlage der Regierungsämter, die seine Vorfahren bekleidet hatten, ermittelte. Besondere Ämter führten sorgfältige Aufzeichnungen über die Dienste, die jede Familie geleistet hatte. Man dachte, daß die Auswahl der Beamten auf Grundlage dieser Aufzeichnungen Streitigkeiten zwischen Adligen über ihre Rechte auf Regierungsstellen ausschlossen. Tatsächlich hatte dieses System aber genau den gegenteiligen Effekt, denn es war oftmals unmöglich, die genaue Stellung von Würdenträgern auf der Stufenleiter der Hierarchie festzulegen, und Adlige, denen ein Statusverlust drohte, begannen fast unvermeidlich eine hitzige Verteidigung ihrer Vorrechte. Den Herrschern waren solche Auseinandersetzungen nicht ganz unwillkommen. »Statt einig gegen die Übergriffe des Absolutismus auf ihre althergebrachten Privilegien vorzugehen«, schrieb der Historiker Kljutschewsky, »kämpften die Moskauer Adligen, um die Familienehre zu wahren, einer gegen den anderen, zuweilen in körperlicher Auseinandersetzung und zum beträchtlichen Schaden ihrer ehrwürdigen Bärte«.

Iwan der Schreckliche

Das war der schwerfällige und unwirtschaftliche Staat, der Iwan IV., dem Schrecklichen, einem der sprunghaftesten, schillerndsten, selbstbewußtesten und gewissenlosesten Herrscher Rußlands, durch Erbschaft zufiel. Er war auch einer der rätselhaftesten Herrscher, ein Mann, der Gegenstand der verschiedenartigsten Bewertungen durch die Historiker war. Einige haben ihn als einen wahnsinnigen Sadisten und Lüstling dargestellt, dessen hauptsächliches Ziel im Leben war, seine niedersten Instinkte zu befriedigen, und dessen Politik letztendlich zum Zusammenbruch des Staates führte. Andere haben ihn gepriesen – ohne notwendigerweise über seine Verbrechen hinwegzusehen – als einen begnadeten Führer, der die selbstsüchtigen Adligen unterwarf und für seine Person eine Selbstherrschaft aufrichtete, die nicht nur den Staat einte, sondern auch seine Macht ausdehnte. Der sowjetische Historiker Robert Wipper, einer der meistrespektierten Vertreter seiner Schule, behauptete, daß »die gesteigerte Aufmerksamkeit auf Iwans ... Grausamkeiten, die strengen und vernichtenden moralischen Verurteilungen seiner Persönlichkeit, die Neigung, ihn als einen Menschen unausgeglichenen Gemüts zu betrachten, sämtlich dem Zeitalter der gefühlsbetonten Aufklärung und des Oberklassenliberalismus angehören«. Noch eine andere Historikergruppe hat geltend gemacht, daß Iwan trotz persönlicher Anomalien vom Volk geliebt wurde, das ihn als fromm und wohlmeinend betrachtete. Sicher scheint, daß er in seiner eigenen Zeit den Beinamen *Grosnij* erhielt (das entsprechende Adjektiv wird allgemein mit »schrecklich« übersetzt, kann aber ebensogut »ehrfurchtgebietend« bedeuten [in der deutschen Übersetzertradition heißt *Grosnij* eigentlich »der Drohende«, d. Übers.]), nicht wegen seines unmoralischen Verhaltens, sondern weil das Volk in ihm seinen Fürsprecher gegen die Feinde Moskowiens sah.

Die wenigen erhaltenen Aufzeichnungen über Iwans Regierung ergeben kein klares Bild des Menschen. Seine beständigste Eigenschaft scheint seine Unbeständigkeit gewesen zu sein. In seinem Privatleben und in Staatsgeschäften wechselte er regelmäßig zwischen »geistigen Höhenflügen und schändlichen moralischen Erniedrigungen«. So hielt er peinlich am frommen Ritual fest, oft erhob er sich um vier Uhr morgens, um zwei oder drei Stunden zu beten. Doch wenn es seinen Zwecken diente, trotzte er der Kirche und mißachtete ihre Lehren. 1568 zum Beispiel demütigte er einen beliebten Metropoliten öffentlich, der gewagt hatte, seine Lebensführung zu tadeln; ein Jahr später war der Geistliche tot, von einem der engsten Diener des Herrschers entweder erdrosselt oder lebendig verbrannt. Ähnlich war er seiner ersten Frau aufrichtig ergeben, aber binnen elf Tagen nach ihrem Tod wählte er eine Nachfolgerin. Ebenso war er seinem ältesten Sohn liebevoll zugetan, aber in einem Wutanfall verprügelte er ihn so heftig, daß der junge Mann starb.

Die widersprechenden Impulse, die in Iwans Seele wohnten, werden nirgendwo so offenbar wie in der politischen Arena. Positiv zu Buche schlägt, daß er in verschiedenen Gebieten der Regierung einfallsreiche Neuerungen einführte, die widerspenstigen Bojaren einschüchterte und eine Reihe von unglaublichen Siegen gegen die lästigen Tataren errang. Doch regierte er mit solcher Rücksichtslosigkeit und barbarischer Grausamkeit, daß sein politisch labiles Land, als er vom Thron stieg, am Rande des wirtschaftlichen Zusammenbruchs stand. Auf den bloßen Verdacht hin, Nowgorod plane, ihn zu verraten, ließ Iwan die Stadt erobern und sechstausend Männer, Frauen und Kinder töten – aber er mühte sich, Listen mit den Opfern an verschiedene Klöster zu schicken, um zu ihrem Gedenken Totenmessen zu lesen. Er machte sogar großzügige private Zuwendungen, um die Kosten dieser Feierlichkeiten zu bestreiten.

Obwohl erklärtermaßen vom göttlichen Ursprung der autokratischen Gewalt überzeugt, machte sich Iwan in der Praxis über dieses Regierungsprinzip lustig. 1575 übergab er seine Krone beispielsweise einem undurchsichtigen Tatarenfürsten, Simeon Bekbulatowitsch, und kehrte nach Moskau zurück, um als einfacher Bojar zu leben. Bekbulatowitsch tat so, als ob er regiere, hat aber anscheinend niemals wirkliche Macht ausgeübt. 1576 beendete Iwan den grotesken Spaß und bestieg den Thron aufs neue, um für weitere acht Jahre zu herrschen. All das hat sicherlich den Anstrich der Verrücktheit, aber wenn wir die Gesamtwirkung von Iwans Politik bewerten, sind wir geneigt, uns dem Historiker anzuschließen, der Iwans Herrschaftssystem mit »der Wahnsinn der Genialität« umschrieben hat.

Des Zaren Mangel an Gleichgewicht kann recht leicht erklärt werden. In Anbetracht der Erfahrungen, die er in seiner Kindheit machte, wäre es erstaunlich gewesen, wenn er zu einem ausgeglichenen Erwachsenen herangewachsen wäre. Der Tod seines Vaters, als Iwan erst drei Jahre alt war, hatte den Kreml in ein grimmiges Machtduell zweier feindlicher Parteien gestürzt. Die nächsten 14 Jahre stand das Land am Rande eines Bürgerkriegs, weil zwei Bojarenfamilien, die Schuiskis und die Belskis, rücksichtslos nach der Vorherrschaft drängten. Die Macht ging zwischen ihnen hin und her, und die Familie, die gerade die Oberhand gewann, plünderte den Staatsschatz und massakrierte Mitglieder der feindlichen Opposition, oft vor den Augen des jungen Iwan. Nominell wurde Moskowien durch eine Oligarchie regiert, aber im Reich breitete sich Unordnung, die kurz vor der Anarchie stand, aus.

Diese Erfahrungen erzeugten in Iwan eine tiefsitzende Feindschaft gegen die Bojaren und, wichtiger noch, ein anhaltendes Mißtrauen gegenüber den Menschen allgemein. Es überrascht nicht, daß die Gewalt und Bestialität, die er beobachtete, auch ihn gefühllos und sogar grausam werden ließen. Als Iwan zehn Jahre alt war, berichtet ein Biograph, war es »sein großes Vergnügen ..., Hunde von den höchsten Burgterrassen zu stürzen und sich an ihrer Qual zu weiden«. Und als er 13 war, »begann [er], über die Straßen zu gehen ... die Männer, die ihm begegneten, zu verprügeln und die Frauen zu schänden, ... immer unter dem Beifall derer, die ihn umstanden«.

Doch Iwan war nicht einfach ein Sadist. Klug, belesen und voller Ehrgeiz, fühlte er sich durch seine Rolle als Führer der Nation zu einem Platz in der Geschichte berufen. 1547 unternahm er den unerhörten Schritt, sich in der Uspenskij Sobor, der Himmelfahrtskathedrale im Kreml, in aller Form selbst zu krönen, als »Zar und Alleinherrscher aller Reußen«. Während der Krönungszeremonie war die Behauptung verbreitet worden, daß das Kreuz und Insignien auf Iwans Kopf und Schultern dem Großfürsten von Kiew im 11. Jahrhundert vom byzantinischen Kaiser Konstantin Monomachos zugesandt worden seien. Bei einer anderen Gelegenheit behauptete Iwan, daß seine Gewalt sich von einem sogar noch vornehmeren Stammbaum ableite. »Der Beginn unserer Alleinherrschaft«, verkündete er, »geht auf den heiligen Wladimir [956-1015] zurück. Wir wurden zum Zarenamt geboren und erzogen und besitzen es und haben nicht geraubt, was nicht unser eigen ist. Von Anfang an waren die russischen Alleinherrscher Herren ihrer Regierungsgewalt, und nicht der Bojarenadel.«

Als Zar sah sich Iwan unverzüglich einer Reihe von krisenhaften Erscheinungen gegenüber, und in deren Behandlung können wir beobachten, wie er sich schrittweise vom zynischen Despoten in einen klugen Politiker verwandelte. Im Juni 1547 besuchten verschiedene Bürger Pleskaus den Zaren im Dorf Ostrowka, um sich über die willkürlichen Handlungen ihres Gouverneurs zu beschweren. Iwan antwortete auf ihre Bittschrift, indem er heißen Branntwein über sie schütten und ihnen Haar und Bart durch Kerzen versengen ließ. Die unglückliche Abordnung war gerade ausgezogen und zu Boden geworfen worden, fertig zur Hinrichtung, als ein aufgeregter Bote den Vorgang durch furchtbare Neuigkeiten unterbrach. Ein neues Feuer – eines von einer ganzen Reihe, die in Moskau in den vergangenen Monaten ausgebrochen waren – wütete in der Hauptstadt, und die ganze Stadt war von der Zerstörung bedroht. Der Zar ließ die Folter abrupt abbrechen und wandte seine Aufmerksamkeit der Katastrophe zu.

Die Verwüstung in der Hauptstadt erwies sich als verheerend. 25 000 Häuser waren zerstört, und mindestens 17 000 Moskowiter waren verbrannt. Mehr als 80 000 Menschen hatten kein Dach mehr über dem Kopf, einschließlich einiger Adliger, die innerhalb der Kremlmauern wohnten. Der Zarenpalast selbst, der Palast des Metropoliten, das Zeughaus, zwei Klöster und mehrere Kirchen – alles innerhalb der Zitadelle – waren zu Asche verbrannt. Eine Zeitlang war Iwan gezwungen, den Kreml zu verlassen und im nahegelegenen Dorf Worobjewo Unterschlupf zu finden.

Die benommenen Überlebenden konnten nicht glauben, daß ein Unglück solchen Ausmaßes zufällig entstanden war, und so begannen sie nach Sündenböcken zu suchen. Binnen kurzem lief die Geschichte um, Hexenmeister hätten Leichnamen menschliche Herzen entnommen, diese in Wasserkübel getaucht und dann das Feuer sich ausbreiten lassen, indem sie die Straßen mit diesem Gebräu besprengten. Als einige Bojaren bezeugten, diese Vorgänge beobachtet zu haben, wurden umgehend Verdächtige verhaftet, gefoltert, um Geständnisse zu erlangen, und hingerichtet.

Aber die aufgeschreckten Moskowiter waren nicht zufriedengestellt. Viele deuteten das Feuer als göttliche Strafe für Iwans Sünden, und sie riefen öffentlich zum Aufstand auf. Gleichzeitig brachten einige Bojaren das Gerücht in Umlauf, daß die Glinskys, eine mächtige Familie bei Hofe, die Feuersbrunst bewirkt hätten. Diese Bojaren forderten die Volksmasse zu einer großen Versammlung gegenüber der Uspenskij Sobor auf, wo einer von ihnen zu wissen begehrte, wer die Stadt niedergebrannt habe. »Fürstin Anna Glinskaja [Iwans Großmutter mütterlicherseits] durch Hexerei«, brüllte die Menge – woraufhin die Bojaren das Volk bestürmten, Rache an der Glinsky-Familie zu nehmen.

Weil er Fürst Jurijs Mutter in Moskau nicht fand, nahm der Mob an, daß sie bei Iwan Schutz gesucht habe und nach Worobjewo gegangen sei. Die Leute weigerten sich, Iwan Glauben zu schenken, als er leugnete, Kenntnis von Anna Glinskajas Aufenthaltsort zu haben, und sie drohten schließlich, ihn zu töten, wenn er ihnen nicht behilflich war. Nach einem hitzigen Wortwechsel konnte er sie überzeugen, daß er die Wahrheit sagte, und viele begannen ihr Verhalten zu überdenken. Geschickt die Unschlüssigkeit der Menge ausnutzend, ordnete Iwan rasch die Festnahme und Hinrichtung der Rädelsführer an. Diese entschlossene Handlung ermöglichte dem Zaren, den Sturm abzuwenden, aber die Geschehnisse forderten ihren Tribut: Iwan stand am Rande eines Nervenzusammenbruchs.

Als Iwan sein Gleichgewicht wiedergewonnen hatte, schien er reifer, verantwortungsbewußter und klüger als zuvor. Er berief aufmerksame Ratgeber und führte Verfahrensweisen ein, die Moskowien Gutes verhießen. Er machte diese Verfahrensweisen ebenso wie die Prinzipien, von denen er sich als Souverän leiten lassen wollte, auf Massenkundgebungen auf dem Roten (auch ›Schönen‹) Platz, einem großen, rechteckigen Feldstück gerade außerhalb der Kremlmauern, der Öffentlichkeit bekannt. Auf einem dieser Treffen, im Jahre 1549, lud Iwan die versammelte Menge zu einem ganz und gar ungewöhnlichen Schauspiel ein, einem öffentlichen Bekenntnis durch den Herrscher selbst. Nachdem er die Bojaren der Ausbeutung seiner Untertanen beschuldigt hatte, bekannte er, seine Verfehlungen in der Vergangenheit begangen zu haben, um seine Untertanen vor »Unterdrückung und Wucher« zu schützen. Dann forderte er, indem er sich ganz mit dem einfachen Volk verbündete, eine neue Zeit der christlichen Liebe. »Fortan«, gelobte er, »will ich euer Richter und Verteidiger sein.« Diese Rede, demagogisch und brillant, trug viel dazu bei, seine Beliebtheit im Volke zu erhöhen.

Während der nächsten Jahre trugen Iwans innenpolitisches Programm und militärische Erfolge zu einer stetigen Vergrößerung seines Ansehens bei. Er bemühte sich, die Bestechlichkeit unter Regierungsbeamten abzuschaffen, führte ein gewisses Maß örtlicher Selbstverwaltung ein, modernisierte das Heer, verbesserte die Gerichtsverfahren und versuchte, Mißstände in der Kirche abzustellen. Der Hauptgrund für Iwans Beliebtheit in der Mitte des Jahrhunderts war aber zweifellos sein entschlossenes Vorgehen gegen die Tataren, deren mörderische Raubzüge ins Moskowiter Territorium ganz und gar nicht aufgehört hatten. Zusätzlich zur Plünderung russischer Städte machten die Tataren es sich zur Gewohnheit, Russen zu fangen und als Sklaven zu verkaufen. Man hat geschätzt, daß 1551 um die 100 000 Moskowiter in Kasan schmachteten, dem Moskau nächstgelegenen Tatarenkhanat. In diesem Jahr führte Iwan persönlich ein Heer von 150 000 Mann gegen Kasan, und 1552, nach einer Reihe blutiger Zusammenstöße, gelang es ihm, die Stadt zu erobern. Überglücklich rief ihn das Volk zum »Bezwinger der Barbaren – Verteidiger der Christen« aus. Vier Jahre später beseitigte Iwan eine weitere Tatarenhochburg, indem er Astrachan eroberte. Seinerzeit beherrschte Moskowien das gesamte Wolgabecken, und danach konnten Russen Land im Süden, Südwesten und Osten besiedeln. Der Weg nach Sibirien war geöffnet.

Schreckensherrschaft

Trotz seiner innenpolitischen und militärischen Leistungen blieb Iwan den Bojaren gegenüber zu mißtrauisch, um in Ruhe und Frieden regieren zu können. Mitte der 1550er Jahre saß er fest und sicher auf dem Thron, aber er konnte sich nie von der Furcht befreien, daß die Adligen ihn beim ersten Anzeichen von Schwäche verraten würden. Obwohl diese Befürchtungen wahrscheinlich übertrieben waren, gab das Verhalten der Bojaren in einer Krise sicher seinem Zweifel, daß sie viel aus den chaotischen Tagen der 30er und frühen 40er Jahre gelernt hatten, neue Nahrung.

Im Jahre 1553 zog Iwan sich plötzlich ein hohes Fieber zu. Seine Ärzte konnten kein Heilmittel finden und gaben die Hoffnung auf, sein Leben zu erhalten.

Auf dem Totenbett erklärte Iwan seinen Sohn Dimitrij, ein Kind, zu seinem Nachfolger und forderte die Bojaren auf, dem Thronfolger den Treueeid zu schwören. Verschiedene Würdenträger erhoben Einwände, weil sie eine weitere Zeit der Anarchie befürchteten, wenn das Kind den Thron bestieg. Der wahre Grund ihrer Aufsässigkeit war weniger nobel: Sie wollten einfach keine Weisungen von den einfachen Zacharini, den Verwandten von Iwans Frau, entgegennehmen, die während Dimitrijs Minderjährigkeit geherrscht hätten. Wichtiger noch, die Bojaren wünschten selbst die Macht zu ergreifen. Während Iwan in Todesqualen zu Bette lag, konnte er hören, wie die Bojaren in einem angrenzenden Raum über die Nachfolge stritten. Der Zar konnte nicht anders: Er mußte argwöhnen, daß die Bojaren, sobald er starb, seine ganze Familie niedermetzelten. Letzten Endes konnte er die meisten von ihnen dazu bringen, das Treuegelöbnis zu unterzeichnen, aber er setzte wenig Vertrauen in ihr Wort.

Wundersamerweise genas Iwan von seiner Krankheit – um einen überwältigenden persönlichen Verlust zu erleiden. Um dem Herrn für die Wiederherstellung seiner Gesundheit zu danken, unternahm er mit seiner Frau und dem kleinen Sohn eine lange und beschwerliche Pilgerreise zum Kyrillo-Belosersky-Kloster, und während die königliche Gesellschaft am Schesnafluß die Boote wechselte, ließ eine Amme das Kleinkind versehentlich ins Wasser fallen. Das Kind ertrank, und der Zar kehrte als verbitterter Mann in den Kreml zurück.

Mehrere Jahre lang beherrschte Iwan seine Wut. Dann ereigneten sich verschiedene Dinge, die ihn völlig durcheinanderbrachten. Zuerst starb 1560 seine geliebte Frau, Anastasia, ein Verlust, dessen Bedeutung kaum zu hoch angesetzt werden kann. Sie hatte einen besänftigenden Einfluß auf den Zaren ausgeübt, der seine gewalttätigsten Instinkte im Zaum hielt. Kurz nach ihrem Tod entließ er zwei seiner besonnensten Ratgeber, Sylvester und Adaschew. Beide waren aus gewissen Gründen Anastasias Feinde gewesen, und Iwan war zu der Überzeugung gelangt, die beiden hätten ihren Tod verursacht, indem sie es absichtlich versäumt hätten, ihr die notwendigen Arzneien zu beschaffen. Vier Jahre später lief Fürst Andrei Kurbsky, einer von Iwans besten Heerführern, zu den Litauern über, anscheinend aus der Furcht heraus, daß der Zar sich auch gegen ihn wenden würde. Die Nachricht von diesem Abfall machte Iwan rasend und verstärkte sein Mißtrauen gegenüber den Bojaren. Nachdem er über diese Ereignisse mehrere Monate lang gebrütet hatte, setzte er eine Reihe von Maßnahmen in Gang, die zu den befremdlichsten in der russischen Geschichte gehören.

Eines Tages gegen Ende 1564 verließen Iwan und seine Familie heimlich den Kreml. Ihr Ziel war das Dorf Alexandrowsk, man hatte die persönlichen

Vermögenswerte des Zaren ebenso wie seine geweihten Bilder, Kreuze und Schatzkisten bereits dorthin gebracht. Inzwischen waren in Moskau zwei königliche Proklamationen erlassen worden. Die erste erinnerte die Untertanen an das brutale Vorgehen der Bojaren in Iwans Kindheit, sprach geringschätzig von ihrer Treue zu Zar und Kirche und kündigte die traurige Entscheidung des Landesherrn an, abzudanken. Die zweite, die sich an die einfachen Bürger im Reich wandte, ließ darauf schließen, daß Iwan nicht wirklich erwartete, daß seine Abdankung ernstgenommen wurde. Ihre Beteuerungen, sich um des Volkes Wohlergehen zu sorgen, waren klar erkennbar darauf angelegt, einen so lauten Aufschrei über die Abdankung des Zaren zu provozieren, daß dieser in die Lage gesetzt würde, mit größerer Autorität als je zuvor an die Macht zurückzukehren.

Iwan hatte die Stimmung im Volke mit bemerkenswertem Scharfsinn beurteilt. Wie ein Historiker festhielt: »Alles war wie versteinert. Läden waren geschlossen, Ämter verlassen, und die Stimmen verstummt. Dann brach die Stadt, in Angst in Schrecken, in immer größere Klage aus und flehte den Metropoliten, die Bischöfe und bestimmte Bojaren an, nach Alexandrowsk zu gehen und den Zaren zu bitten, sein Reich nicht zu verlassen.«

Als die Moskauer Abgesandten in Alexandrowsk eintrafen, hielt Iwan eine vorbereitete Erklärung parat. Er erklärte sich einverstanden, die Bürde des Amtes wieder zu übernehmen, aber nur, wenn die Bevölkerung bestimmte Bedingungen akzeptierte, die er zu einem späteren Zeitpunkt ausarbeiten wolle. Die Emissäre spürten, daß sie diese neuartige Übereinkunft nicht zurückweisen konnten, und kehrten nach Moskau zurück, um der Wünsche des Zaren zu harren. Als Iwan im Februar 1565 in den Kreml zurückkehrte, hatte seine Erscheinung sich verändert. Entweder aus echter Gewissensqual, ob es ratsam sei, die Herrschergewalt wieder aufzunehmen, oder aus Angst, daß seine Kriegslist auf ihn zurückfallen könne – der 55jährige Zar war in der kurzen Zeit von acht Wochen ein alter Mann geworden: »Seine kleinen, grauen, stechenden Augen waren glanzlos geworden, sein bisher lebhaftes, liebenswürdiges Gesicht war eingefallen und trug nun einen menschenfeindlichen Ausdruck, und nur ein paar vereinzelte Überbleibsel erinnerten an die einstige Fülle von Haar und Bart.« Die Veränderung war, wie sich bald herausstellte, mehr als nur physisch. Iwan hatte sich zu einem völlig neuen Regiment entschlossen, unter dem alle Verräter ausnahmslos hingerichtet und alle Bojaren, die er für illoyal hielt, vom Hof verbannt wurden. Tatsächlich bedeutete die neue Ordnung nichts weniger als eine ungeheuerliche Polizeidiktatur.

Um Aufwiegelung von vornherein unmöglich zu machen, gründete er die sogenannte *Opritschnina*, einen abgetrennten Staat mit eigener, ihm direkt unterstellter Regierung. Die andere Hälfte, die *Semschtschina*, blieb unter ihrer bisherigen Struktur. In dem neuen Staat wurden Tausende gezwungen, ihre Behausungen zu räumen, und durch treue Anhänger ersetzt, ein Enteignungsprozeß, der weiterging, bis die *Opritschnina* fast die Hälfte des Staates umfaßte. Zusätzlich schuf Iwan eine spezielle Polizeiabteilung, die »Schwärze der Hölle«, deren Mitglieder schwarz gekleidet waren, schwarze Pferde ritten und als Abzeichen einen Hundekopf und einen Besen trugen. Ihre Aufgabe war, mit Landesverrätern und Feinden des Zaren aufzuräumen.

Iwan entfesselte ein Terrorregime. Viele Unschuldige wurden unter dem nichtigsten, oft auch unter gar keinem, Vorwand hingeschlachtet. In einem zeitgenössischen Bericht beschreibt Heinrich von Staden, ein deutscher Abenteurer, der in der *Opritschnina* Dienst genommen hatte, wie Iwan aus einem Impuls heraus einen von Moskaus führenden Bojaren, Iwan Petrowitsch Tscheljadin, ermordet und in eine schmutzige Grube wirft. »Der Großfürst«, so von Staden weiter, »ging dann mit seinen *Opritschniki* hin und brannte alle die [Landgüter] ... im Lande nieder, welche jenem Iwan Petrowitsch gehörten. Die Dörfer wurden verbrannt mit ihren Kirchen und allem, was darin war, Ikonen und Kirchenschmuck. Männer und Frauen hieß man sich nackt auszuziehen und zwang sie, wie sie waren, auf dem Feld Hühner zu fangen.« Die meiste Zeit begnügten die *Opritschniki* sich nicht damit, Frauen solcherart zu demütigen; ein Lieblingsspaß war Vergewaltigung, und Zar Iwan billigte das nicht nur, sondern nahm auch noch daran teil.

Nach wenigen Jahren wandte Iwan sich gegen die führenden *Opritschniki*, wahrscheinlich weil er annahm, daß auch sie Landesverrat begangen hatten. Er rechtfertigte die Aktion durch die falsche Behauptung, sie hätten seinen Befehlen, Grausamkeiten zu begehen, nicht Folge geleistet. Das Hinschlachten der *Opritschniki* ging so vor sich, wie sie selbst es gewöhnt waren. So wurde, nach von Staden, ein Fürst »von den Arkebusieren mit Äxten und Hellebarden zu Tode gehackt. Fürst Andrei Owtsyn wurde in der Arbatskajastraße der *Opritschnina* gehenkt. Ein lebendes Schaf wurde neben ihn gehängt. Marschall Bulat ... wurde getötet und seine Schwester von 500 Arkebusieren vergewaltigt. Der Hauptmann der Arkebusiere, Kuraka Unkowskij, wurde getötet und unter das Eis gestoßen.« Iwan befahl sogar, daß der gutaussehende junge Fedor Basmanow, mit dem der Zar homosexuelle Beziehungen unterhalten hatte, brutal zu Tode gebracht wurde. Vor ihrer Hinrichtung wurden diese Würdenträger öffentlich auf dem Marktplatz ausgepeitscht und gezwungen, all ihr Geld und Land der Krone zu übereignen.

Es ist nicht bekannt, wie viele Menschen in der Zeit der *Opritschnina* umgekommen sind, aber die Zahl geht mit Sicherheit in die Tausende. Soweit der Terror darauf angelegt war, die mächtigen Aristokraten zu schwächen und separatistische Gefühle auszumerzen, gelang dies ohne Zweifel, und mit diesem Vorgehen wurde der späteren Entwicklung der unbeschränkten Alleinherrschaft in Rußland die Grundlage geschaffen. Iwan selbst stand nach dem Blutbad als ein Herrscher da, dessen Autorität niemand anzutasten wagte.

Andererseits schwächte das Terrorregime der *Opritschnina* das Land militärisch so stark, daß Iwan 1571 ein Tatarenheer nicht abwehren konnte, das einen großen Teil der Hauptstadt plünderte. Er war auch zu schwach, um einen seiner liebevoll gehegten Träume, die Annexion Livlands, die Moskau Kontrolle über die Ostsee verliehen hätte, Wirklichkeit werden zu lassen. Wieder und wieder versuchte er, das Gebiet zu erobern, aber zum Schluß mußte er sein Scheitern einsehen.

Seine letzten drei Jahre verbrachte Iwan im Zustand seelischer Not, dies vor allem wegen seiner Unfähigkeit, sein Wesen zu zügeln. Im November 1581 tötete er unabsichtlich seinen Sohn und Erben, was ihn der Hysterie nahebrachte. Dem glaubhaftesten Bericht zufolge wurde der tragische Vorfall durch eine vorangegangene Begegnung mit seiner Schwiegertochter ausgelöst, die damals schwanger war. Iwan stieß auf sie, wie sie nur mit einem Nachthemd bekleidet war, und war über ihre Schamlosigkeit erschüttert. Er verlor die Beherrschung und schlug die Frau so hart, daß sie am nächsten Tag eine Fehlgeburt erlitt. Als der Zarewitsch sich bei seinem Vater beschwerte, verlor Iwan wieder die Beherrschung und schlug seinen Sohn heftig mit einem Stock mit eiserner Spitze, den er immer bei sich trug. Unglücklicherweise traf der Schlag den Zarewitsch an der Schläfe und streckte ihn zu Boden, wo er heftig blutend liegen blieb. Trotz der heldenhaften Bemühungen der Hofärzte und der glühenden Gebete des Souveräns starb der 27jährige Thronerbe vier Tage später.

In tiefer Verzweiflung kam Iwan zu der Überzeugung, daß der Tod seines Sohnes Gottes Strafe für seine Sünden sei. Nun rief er seine Bojaren zusammen und bat sie, einen Nachfolger zu wählen, da er selbst unwürdig sei, zu herrschen. Eine Falle, um ihre Treue zu prüfen, argwöhnend, flehten die Bojaren ihn an, im Amt zu bleiben. Der gramgebeugte Zar ließ sich in die Pflicht nehmen, doch war er ein gebrochener Mann, die meiste Zeit unfähig zur wirksamen Führung. Er starb nach schwerer Krankheit im Frühjahr 1584 und hinterließ seinen Zeitgenossen ein größeres Reich, aber eines, das beträchtlich geschwächt war durch den Aufruhr, den der Herrscher selbst über das Land gebracht hatte.

III Zeiten der Mühsal und der Größe, 1584-1725

Mit dem Tode von Iwan IV. trat Rußland in eine Periode noch nie dagewesener Turbulenzen ein. Einige Jahre schien es so, als werde das Land, voll von Unzufriedenheit, sich auflösen und in zahlreiche unabhängige Gebiete zerfallen, regiert von Usurpatoren und Abenteurern. Mit den Worten von Giles Fletcher, einem englischen Besucher Rußlands 1588, »hat [des Zaren] niederträchtige Politik und tyrannische Ausführung (wiewohl sie nun beendet) das Land seitdem so beunruhigt und mit solchem Widerwillen und tödlichem Haß erfüllt, daß dieser nicht gestillt sein wird (wie es jetzo erscheint), bis es wieder in Bürgerkriegsglut brennt«. Fedor, Iwans Sohn, der den Thron 1584 einnahm, war völlig unfähig, die Führung zu übernehmen, geschweige denn mit einem Staat in Auflösung fertig zu werden. In seiner Kindheit war Fedor ein »zu klein geratenes, weißgesichtiges Bürschchen, das zur Wassersucht neigte und eine wackelige, an Altersschwäche erinnernde Gangart besaß«. Er wuchs zu einem dümmlichen Erwachsenen heran, der sich weit mehr für geistliche Belange als für Staatsgeschäfte interessierte. Wenn er ausländische Würdenträger empfing, konnte er sich weder enthalten, zu »schmunzeln, noch zuerst auf sein Zepter, dann auf den Reichsapfel zu starren«. Nichts verschaffte ihm größeres Vergnügen, als von einer Kirche zur anderen zu laufen, die Glocken zu läuten und die Messe feiern zu lassen. Wie Iwan selbst traurig bemerkt hatte, benahm Fedor sich mehr wie ein Küster als wie der Sohn eines Zaren.

Unmittelbar nach dem Tod seines Vaters begannen die bojarischen Würdenträger, um Einfluß über den schwachsinnigen Zaren zu kämpfen. Der Streit dauerte vier Jahre und war zeitweilig von blutigen Straßenkämpfen begleitet. Schließlich, 1588, setzte sich der 34jährige Boris Godunow, ein Bojar angeblich tatarischen Ursprungs, die Titelfigur von Mussorgskys berühmter russischer Oper, als Hauptratgeber des Zaren durch. Obwohl er kaum lesen und schreiben konnte, war Godunow ein kluger und ungewöhnlich vernünftiger Mann, der das Land praktisch unangefochten für 10 Jahre regieren konnte.

Englische Besucher Moskaus betrachteten Boris als so mächtig, daß sie von ihm als dem »Statthalter des Kaiserreichs« und »Lordprotektor von Rußland« sprachen. Seine scharfsichtige und maßvolle Politik war insoweit erfolgreich, als sie dem Reich ein gewisses Maß an Ruhe verschaffte. Er vermied gewagte außenpolitische Abenteuer, unternahm ernsthafte Anstrengungen, den Ärmsten der Armen zu helfen und versuchte, die Lasten zu verringern, die den Bauern auferlegt waren. Durch eine Reihe schlauer, wenn auch nicht immer sauberer Manöver gelang es ihm, die Moskauer Metropolitankirche zum Patriarchat erheben zu lassen. Dieser Wandel steigerte das Ansehen der Moskowiter Kirche, aber auch das des Zaren und Godunows selbst beträchtlich. Vor allem waren die Jahre zwischen 1588 und 1598 eine Zeit der inneren Ruhe, ein willkommener Wechsel nach dem Tumult von Iwans Regierung.

Die Ruhe endete 1598, als Fedor starb, ohne einen einzigen Verwandten zu hinterlassen, der einen legitimen Anspruch auf den Thron erheben konnte. Der Metropolit nahm es auf sich, eine *Zemskij Sobor*, eine Nationalversammlung, zu ernennen, die einen neuen Zaren wählen sollte. Boris war natürlich der führende Kandidat, aber zu jedermanns Überraschung wies er jede Vorstellung, um das Amt zu kämpfen, hartnäckig zurück. Der schlaue Bojar konnte es eigentlich kaum erwarten, Zar von Moskowien zu sein, aber er wollte der *Zemskij Sobor* für ihre Wahl nicht verpflichtet sein, noch wünschte er, daß diese Wahl als Präzedenzfall diente. Sollte er Zar werden, beabsichtigte er, eine neue Dynastie zu gründen, damit seine Kinder ihm auf dem Thron nachfolgen könnten. Unfähig, sich auf einen anderen Kandidaten zu einigen, wandte sich die Versammlung Godunow zu und nahm alle seine Bedingungen an. Aber als Herrscher von eigenen Gnaden erging es Boris nicht so gut wie zuvor. Sicher führte er seine aufgeklärte Politik, die in mancher Beziehung den Neuerungen Peter des Großen später im 17. Jahrhundert zuvorkam, in weiten Teilen fort. Er erkannte auch die Notwendigkeit für die Russen, die Technologie und die technischen Fertigkeiten des Westens zu beherrschen, und versuchte daher, in Moskau eine Universität zu gründen. Aber die Geistlichkeit, die die Einführung häretischen Gedankenguts aus nichtorthodoxen Ländern fürchtete, stellte sich dem Vorhaben entgegen. Statt dessen sandte Godunow 18 junge Männer zum Studium nach Westen, ein gewagter Schritt, der auf Rußland keine Wirkung hatte, denn nicht einer der Studenten kam zurück.

Ein härterer Schlag gegen sein Reformprogramm wurde Godunow jedoch von der Natur versetzt. Im Herbst 1601 litten weite Teile Rußlands unter einem sehr frühen Frost, der den Großteil der Ernte vernichtete. Viele Menschen hungerten, und um den Bedürftigen Arbeit zu verschaffen, führte Godunow so etwas wie ein öffentliches Arbeitsprogramm ein: den Bau einer Wasserleitung von der Moskwa zum Kreml. Diese wohlmeinende Maßnahme verschlechterte die Lage in der Hauptstadt jedoch, denn sobald die Leute von dem Hilfsprojekt hörten, strömten sie in die Hauptstadt. Das Wetter besserte sich in den nächsten zwei Jahren nicht, und die Nahrungsmittelknappheit wurde sogar noch schlimmer. Man nimmt an, daß zwischen 1601 und 1603 in Moskau 100 000 Menschen Hungers starben; einige Hunderttausend mehr kamen in anderen Teilen des Landes um.

Das Volk hielt Godunow für schuld an seiner Qual und glaubte schnell den Schauergeschichten, welche die gegnerischen Bojaren sich in Umlauf zu bringen beeilten. Sie warfen ihm rücksichtslosen Ehrgeiz, Korruption und Verbrechen vor, etwa Moskau durch eine fremde Macht ausgeplündert zu haben, um von inneren Schwierigkeiten abzulenken. Er wurde sogar beschuldigt, Zar Fedor vergiftet zu haben. Doch die schrecklichste Anklage von allen war, daß er den Mord am letztem Kind von Iwan dem Schrecklichen, dem neunjährigen Dimitrij, bewerkstelligt habe, um den Weg für die eigene Machtübernahme zu ebnen. Die Ereignisse um den Tod Dimitrijs im Jahr 1591 waren wirklich so bizarr und die Schilderungen darüber so widersprüchlich, daß sie mit Recht als eine der faszinierendsten Kriminalgeschichten Rußlands betrachtet werden können.

Dimitrij wurde 1582 von Iwans vierter Frau, Maria Nagaja, geboren, aber da die Kirche einem Mann normalerweise nur drei Eheschließungen gestattete (eine Ausnahme war gemacht worden, um Iwan eine vierte Ehe zu ermöglichen), hatte der Jüngste von Rechts wegen keinen Anspruch auf die Krone. Von wildem Ehrgeiz erfüllt, wollte Dimitrijs Mutter auf den Anspruch ihres Sohns auf das, was sie als sein väterliches Erbe ansah, nicht verzichten. Um Maria daran zu hindern, sich gegen Zar Fedor zu verschwören, wurde sie mit ihrer ganzen Familie nach Uglitsch verbannt, einer Stadt, die Iwan Dimitrij als Apanage hinterlassen hatte. Dort impften Maria und ihre Verwandten den Jungen mit Haß auf Fedor und Godunow, so sehr, daß Dimitrij seine Spielkameraden anzuweisen pflegte, Standbilder der verachteten Führer aus Schnee zu bauen, denen er dann den Kopf sowie Arme und Beine abhackte. Zweifellos hörte Godunow durch seine Spitzel von diesen Spielen, ebenso wie er von den häufigen Besuchen hörte, die Maria Wahrsagern abstattete, um herauszufinden, wie lange Zar Fedor und seine Zaritza leben würden. Godunow erfuhr wahrscheinlich auch, daß Marias Sippschaft 1590 eine wohldurchdachte Verschwörung organisiert hatte, die darauf angelegt war, die Macht für ihren Sohn zu erringen.

Wenige Monate später starb Dimitrij 1591 plötzlich an mysteriösen Messerstichwunden. Die Nagajas verloren keine Zeit, um die Regierung des Mordes an dem Knaben anzuklagen, und als die Geschichte ruchbar wurde, setzten die Einwohner von Uglitsch eine gewalttätige Rebellion gegen die Beamten des Zaren in Gang. Gleichzeitig brachen in Moskau von Brandstiftern im Auftrag der Nagajas gelegte Feuer aus. Der Plan war, die Regierung in Verruf zu bringen und einen nationalen Aufstand zu schüren, aber Zar Fedors Truppen schlugen die Unruhen innerhalb weniger Tage nieder. Maria wurde gezwungen, den Schleier zu nehmen, und zahlreiche Mitglieder ihrer Familie wurden in abgelegene Provinzstädte verbannt.

Godunow setzte daraufhin eine Kommission ein, um den Tod Dimitrijs zu untersuchen, den diese schließlich als Unfall beurteilte. Doch als die Mordanklage zwölf Jahre nach dem Unglück wiederaufgenommen wurde, glaubten viele, Godunow habe wirklich angeordnet, das Kind zu ermorden. Angesichts dieser Verleumdungen und Intrigen verlor Boris die Beherrschung und setzte ein Terrorregime in Gang, das geeignet war, jeden zu entsetzen, der sich die Grausamkeiten von Iwan dem Schrecklichen ins Gedächtnis rief. Unvermeidlich erhielten Godunows Gegner wachsende Unterstützung, aber noch konnten sie ihn nicht verdrängen. Die Ränkeschmiede, zu denen augenscheinlich Mitglieder der Romanow-Familie gehörten, dachten sich daher einen anderen Plan aus. In einer plötzlichen Wendung behaupteten sie, der Mordversuch sei fehlgeschlagen und Dimitrij, der »legitime Anwärter« auf den Thron, lebe und brenne darauf, seine rechtmäßige Stellung einzunehmen. 1604 tauchte ein Anwärter, bekannt als der Falsche Dimitrij, in Polen auf und wurde in halbprivater Audienz von König Sigismund empfangen, der die potentielle Nützlichkeit des Hochstaplers bei der Unterwerfung Moskowiens erkannte. Auch der Papst und die Jesuiten unterstützten den Prätendenten, der zum Katholizismus übergetreten war, in der Hoffnung, er werde die Moskowiter der römisch-katholischen Kirche zuführen.

Im Oktober 1604 führte der Prätendent ein gemischtes Heer aus 3000 Polen, Ukrainern und Donkosaken nach Moskowien hinein. Das Heer blieb mit geringem Erfolg bis zum April 1605 zusammen, als Boris plötzlich starb, vielleicht weil er vergiftet wurde. Sein Sohn Fedor folgte ihm auf dem Thron, aber nur, um wenige Wochen später abgesetzt zu werden. Bojaren wie einfache Bürger liefen in großer Zahl zum Falschen Dimitrij über, und im Juni 1605 zog der Hochstapler im Triumph in den Kreml ein und metzelte die Godunows nieder. Die Eindringlinge verschonten Xenia, Boris' Tochter, aber nur, weil der Prätendent sie zur Frau haben wollte. Einige Bojaren zitierten dann Maria Nagaja, die Mut-

ter des echten Dimitrij, von ihrem Frauenkloster in den Kreml, und in einer unglaublichen Scharade bezeichnete sie den Hochstapler als ihren lange verlore-
nen Sohn. Sie gab später zu, gelogen zu haben, weil sie um ihr Leben fürchtete.

Die nächsten acht Jahre von 1605 bis 1613 sind als die »Zeit der Wirren«
bekannt, eine Epoche, in der das Land buchstäblich in die Anarchie gestürzt
wurde. Der Prätendent befremdete seine neuen Untertanen, indem er zahlreiche Polen nach Moskau einlud und russische Bauern vom Kremlgelände
aussperrte. Die Bojaren, immer einfallsreich, wenn ihre Interessen auf dem
Spiel standen, behaupteten, der neue Zar sei überhaupt nicht der wirkliche
Zar, und stellten ein russisches Heer unter Führung des Fürsten Wassilij
Schuisky auf, um die Polen in der Zitadelle in die Flucht zu schlagen. Der Falsche Dimitrij versuchte zu fliehen, indem er aus dem Palastfenster sprang,
um seinerseits ein neues Heer aufzustellen, verletzte sich aber beim Sprung,
wurde von Schuiskys Männern ergriffen und unverzüglich getötet. Im Mai
1606 versammelte sich eine Schar Bojaren und Bürger auf dem Roten Platz,
um Schuisky zum russischen Zaren auszurufen.

Zu der Zeit hatten die Verhältnisse im Land sich dermaßen verschlechtert,
daß der neue Herrscher unmöglich die Ordnung wiederherstellen konnte. Gewalttätige Klassenkämpfe wüteten in verschiedenen Gebieten des Staates, Raub
und Plünderungen breiteten sich epidemieartig aus, und Polen wie Schweden
mischten sich in russische Angelegenheiten ein. Während der nächsten zwei
Jahre erschien eine Menge neuer Prätendenten; jeder von ihnen sammelte
seine Unterstützung unter unzufriedenen Moskowitern aus verschiedenen gesellschaftlichen Schichten.

1607 bescherte der Fall des zweiten Prätendenten, des erfolgreichsten der
ganzen Gesellschaft, der polnischen katholischen Geistlichkeit ein amüsantes
moralisches Dilemma. Die Geistlichkeit suchte ihren Anspruch auf den mos-
kowitischen Thron zu untermauern, indem sie Marina Mnischek, die Frau des
Falschen Dimitrij, bewog, in jenem ihren Ehemann zu erkennen, aber dieser
zweite Hochstapler war körperlich so wenig anziehend, daß sich Marina, als sie
ihn sah, vor Ekel geschüttelt haben soll. Nichtsdestoweniger wurde sie endlich
überzeugt, ihre Abscheu zu überwinden, ein Stimmungsumschwung, der teils
durch ihren Ehrgeiz, Zaritza zu werden, und teils durch den Wunsch ihres
Vaters, dem Sitz der Macht nahe zu sein, veranlaßt wurde. Obwohl die Priester
und ihr Vater sich nicht im geringsten durch ihre Lügen über die Persönlichkeit des Prätendenten stören ließen, konnten sie es nicht über sich bringen,
Marina die Sünde begehen zu lassen, mit jemandem zusammenzuleben, von
dem sie wußten, daß er nicht ihr Ehemann war. Eine öffentliche Heirat hätte

die ganze Aufführung als Betrug hingestellt, und so konnte das Dilemma nur durch eine geheime Hochzeitszeremonie gelöst werden.

Von seiner Frau anerkannt, zog der neue Prätendent im Juni 1608 in Moskowien ein und schlug sein Lager in Tuschino, neun Meilen von der Hauptstadt entfernt, auf. Dort richtete der »Brigant von Tuschino«, so sein Spitzname, eine Regierung ein und legte einen Belagerungsring um Moskau. Zwei Zaren wetteiferten nun um die Vorherrschaft, und viele Edelleute, die gegen Schuisky einen Groll hegten, zogen in die »zweite Hauptstadt«, um den Briganten zu unterstützen. Um diese Zeit tauchte dort eine beträchtliche Bojarenschar auf, bekannt als die *Pereleti*, die regelmäßig zwischen den beiden Zentralen pendelte; die Treue der *Pereleti* hing jeden Augenblick von der Anziehungskraft der Versprechungen, Vorrechte und Landschenkungen ab, die die »Herrscher« machten. Aber der Brigant blieb nicht lange in Tuschino. Seine unablässige Ausplünderung der Gegend brachte das Volk gegen ihn auf, und im Dezember 1609 wurde er aus der Stadt vertrieben. Wenige Monate später wurde er von einem Tatarenoffizier aus Rache für seinen angeblichen Mord am Beherrscher von Kasimow getötet.

Um die Verwirrung voll zu machen, setzte eine aufständische Streitmacht 1610 Schuisky ab und bot die Krone Wladislaw, dem Sohn König Sigismunds von Polen, unter der Voraussetzung an, zur Orthodoxie überzutreten. Nach den *Russischen Chroniken* war Wladislaw »einem neuen Leben wiedergegeben, wie ein Blinder, der sein Augenlicht wiedergewonnen hat«. Die einzige Schwierigkeit war, daß Sigismund die Krone selber wollte. Er marschierte mit einer Streitmacht gegen Moskowien, eroberte Smolensk, und dann verschanzte er sich im Kreml, nachdem er einen Großteil Moskaus niedergebrannt hatte. Gleichzeitig besetzten die Schweden Nowgorod und stellten einen ihrer Fürsten als Kandidaten für den Thron auf. Wie ein Historiker es ausdrückt, war der Moskowiter Staat spätestens 1611 in »allgemeiner und vollkommener Zerrüttung« begriffen[5].

Die Rettung kam von unerwarteter Seite. In Nischni Nowgorod nahm ein begüterter Metzger und Kaufmann namens Kusma Minin es auf sich, eine Nationalbewegung zu bilden, um den Feind zu vertreiben. Ein tüchtiger Organisator und gemeinsinniger Bürger, überredete er die Stadtgemeinde, neue Steuern für die Bildung einer Befreiungsarmee zu erheben. Andere Städte schlossen sich den Anstrengungen an, und viele Kleinadlige, die unter der Unordnung gelitten hatten, drängten zu seiner Unterstützung. Minin war auch so klug, den fähigen Fürsten Dimitrij Posharsky zum Befehlshaber der Streitmacht zu ernennen.

Nach vier Monaten Vorbereitungszeit verbanden sich Minin und Posharsky mit einer Kosakentruppe unter dem Fürsten Trubetskoi und rückten auf die Hauptstadt vor. Ihr 10 000-Mann-Heer stand polnischen Streitkräften gegenüber, die 15 000 zählten, aber die Russen belagerten die Stadt klugerweise drei Monate lang, bevor sie im Oktober 1612 zum Angriff bliesen. Die Sturmattacke gab ihnen die gesamte Stadt in die Hand, außer dem Kreml, wo die Polen weiter aushielten. Aber vom Nachschub abgeschnitten, konnten die Verteidiger nicht hoffen, lange zu widerstehen, und als die Nahrungsknappheit unter den Polen akut wurde, verlegten sie sich, so wird berichtet, auf Kannibalismus. Nach fünf Tagen ergaben sie sich, und das kritische Stadium des Befreiungskampfes war vorüber. Der heroischen Anstrengungen von Minin und Posharsky wird durch ein Standbild beider Männer am Rande des Roten Platzes gedacht.

Gesellschaftliche Gegebenheiten

Um die Regierungsgewalt im Land wiederherzustellen, mußte ein Mann gefunden werden, den das Volk als Souverän anerkannte. Anfang 1613 wurde die *Zemskij Sobor* zusammengerufen, und nach langem Hin und Her einigten sich die Vertreter auf den sechzehnjährigen Michael Romanow, der mit der alten Dynastie entfernt verwandt war. Die Familienbande verliehen Michael den Mantel der Legitimität, aber die Bojaren, die die Wahl unterstützten, wurden auch von einer anderen Überlegung geleitet. Fedor Scheremetjew, Mitglied einer alten und vornehmen Familie, enthüllt in einem zu dieser Zeit geschriebenen Privatbrief: »Laßt uns Mischa [Michael] Romanow wählen, er ist jung und noch nicht weise, er wird uns sehr angenehm sein.« Obwohl die Versammlung ihn einstimmig zum Zaren wählte, wies Michael die Ehre anfangs zurück, weil seine Mutter meinte, er sei zu jung, um mit der aufgewühlten Lage, in der das Land sich befand, fertig zu werden. Erst nachdem eine Abordnung der *Zemskij Sobor* ihr versichert hatte, die Nation stünde bereit, Michael zu gehorchen und den Bürgerkrieg zu beenden, erklärte er sich einverstanden, dem Land zu dienen. Am 11. Juli 1613 wurde Michael in aller Form in der Uspenskij Sobor gekrönt. Er begründete damit eine Dynastie, die Rußland für 300 Jahre beherrschen sollte.

Obwohl keiner der drei Romanows, die Rußland den Großteil des 17. Jahrhunderts regierten – Michael (1613-45), Alexej (1645-76) und Fedor (1676-82) –, ein inspirierter Führer war, gewann das Land, erschöpft vom Chaos der »Zeit der Wirren«, seine Einheit und eine gewisse Stabilität zurück. Das bedeutet nicht, daß Rußland frei von grundlegenden Veränderungen und tiefen Konflikten geblieben wäre. Zweifellos ergab sich die wichtigste Änderung im gesetzlichen Status des Bauernstands, der mindestens 80 Prozent der Bevölkerung ausmachte. Ungefähr in der Zeit, als die Leibeigenschaft in Westeuropa zu Ende ging, wurde sie in Rußland zur festen Einrichtung. Diese Entwicklung verstärkte nicht nur die Unterschiede zwischen Rußland und dem Westen, sondern beeinflußte auch den Kurs der russischen Geschichte in den nächsten drei Jahrhunderten.

Im Laufe des 16. Jahrhunderts wurden die Bewegungsfreiheit der Moskowiter Bauern sowie ihre Freiheit von der Dienstverpflichtung bei den Gutsbesitzern schrittweise unterhöhlt, obwohl noch unklar ist, wie dies genau vor sich ging. Wir wissen, daß die Regierung mit dem Anwachsen des nationalen Aufwands für die zahlreichen Kriege die Steuerbelastung der Bauern erhöhte und sie von der freizügigen Abwanderung in entlegene Gebiete, wo sie der Aufspürung durch die Steuereintreiber entgehen konnten, abzubringen versuchte. Wir wissen auch, daß Bauern von den Gutsbesitzern eine Anleihe (*Ssuda*) zu erhalten pflegten, um ihr Land bestellen zu können, und da sie ihre Schulden (üblicherweise über viele Jahre) abzahlen mußten, stand es ihnen nicht frei, sich in andere Teile des Landes zu bewegen. Gleichzeitig wurden Adlige mit *Pomestje* zunehmend abhängiger von einer zuverlässigen Dienerschaft, seit regelmäßige Kriege dem Adel eine wachsende Militärdienstlast auferlegten, die ihn von seinen Gütern, fernhielt. Die weniger wohlhabenden Grundbesitzer sahen sich dem zusätzlichen Problem gegenüber, daß ihre Landarbeiter von den Gütern reicherer Grundbesitzer angezogen wurden. Der Arbeitskräftemangel wurde im 17. und zu Beginn des 18. Jahrhunderts so ernst, daß es unter Gutsbesitzern nicht unüblich war, sich auf »Bauernabwerbungen« einzulassen. Ein Gutsbesitzer zahlte einem anderen Gutsbesitzer die Schulden eines Bauern und erwarb sich so die Dienste dieses Bauern. Diese »Abwerbungen« gaben Anlaß zu beträchtlichem Streit unter Gutsbesitzern, und um den zu vermeiden, sollten Würdenträger vor Ort und kleine Landbesitzer zu solch extremen Mitteln greifen wie die Bauern in Ketten zu legen, übertriebene Kündigungsgebühren gegen sie zu verhängen oder sie mit Gewalt am Weggang zu hindern. Nicht selten brachen über der Frage, ob Bauern von einem Gutsbesitzer zum andern wechseln durften, Krawalle aus.

Dies waren die üblichen Umstände auf dem Land zu der Zeit, da die Leibeigenschaft Fuß faßte, aber unglücklicherweise haben wir so gut wie keine Dokumente darüber, wie die Einrichtung sich herausbildete. Eine Historikerschule[6] behauptet, daß das entscheidende Ereignis der Erlaß eines *Ukas* durch Zar Fedor (1584-98) war, der Bauern daran hinderte, das Land zu verlassen, welches sie bewohnten. Andere Historiker[7] weisen diese Theorie zurück, weil sie zuviel Gewicht auf ein Dekret lege, das niemals ausfindig gemacht wurde, um eine Entwicklung zu erklären, die mehrere Jahrzehnte gebraucht habe. Am wahrscheinlichsten ist wohl, daß die Leibeigenschaft sich allmählich als Antwort auf den wirtschaftlichen Druck ergab, der auf hohen Staatsbeamten und Adligen ruhte, die fest entschlossen waren, auf dem Lande eine ständige Versorgung mit Landarbeitern aufrechtzuerhalten. Was wir wissen ist, daß 1649, als der Allgemeine Gesetzeskodex (Uloschenje) herausgegeben wurde, die Leibeigenschaft als Einrichtung bindend eingeführt wurde und die gesetzlichen Umstände, unter denen eine Mehrheit der Russen lebte, in einzelnen Punkten schriftlich fixiert wurden. Vor der näheren Beschreibung dieser Umstände ist es wert, festzuhalten, daß etwa 20 Prozent der Bauern zu der Kategorie der »Staatsbauern« gehörten, die auch an die Scholle gefessel, aber in wirtschaftlicher und in anderer Hinsicht besser als die Leibeigenen gestellt waren. Ihre Zahl nahm stetig zu, und bis zur Mitte des 19. Jahrhunderts gab es in Rußland mehr Staatsbauern als Bauern der Gutsbesitzer.

Rußlands Leibeigenschaft ist nicht leicht zu definieren, weil sie einerseits ihrem westlichen Gegenstück ähnelte und gleichzeitig doch bestimmte Züge derjenigen Form der Sklaverei in sich trug, unter der menschliche Wesen ganz und gar das Eigentum ihrer Herren waren. Russische Bauern waren insofern Leibeigene, als sie sich nicht ohne ausdrückliche Erlaubnis von einem Ort zum anderen bewegen durften. Als Gegenleistung für ein Stück Land hatten Leibeigene in Rußland entweder eine Abschiedsgebühr (*Obrok*) oder in Form einer Arbeitsleistung für den Gutsbesitzer für eine bestimmte Zahl von Tagen (normalerweise zwei oder drei) pro Woche zu zahlen (*Barschtschina*, der *corvée* vergleichbar). Anders als ein Sklave behielt der russische Leibeigene jedoch ein gewisses Maß an bürgerlicher Individualität. Er war ein Steuerzahler, er war auf ein Stück Land eingetragen, er konnte nicht willkürlich zu einem Bediensteten im Haushalt gemacht werden, und er konnte nicht »mit Gewalt« seiner persönlichen Habe beraubt werden. Unter bestimmten Umständen war der Leibeigene gesetzlich berechtigt, bei den Behörden wegen der Abgaben oder der Arbeitsleistung, die der Gutsbesitzer ihm auferlegte trachteten, Beschwerde einzulegen.

Aber der Kodex von 1649 enthielt einige Bestimmungen, die es dem Gutsherrn erlaubten, den Leibeigenen als Eigentum zu behandeln. Wenn ein Edelmann oder einer seiner Verwandten oder Bediensteten beispielsweise den Bauern eines anderen Adligen tötete, hatte das Oberhaupt der schuldigen Partei als Wiedergutmachung den »besten Bauern« seiner Herrschaft zusammen mit dessen Frau, Kindern und Besitz zu übergeben. Wichtiger noch, Gutsherren sicherten sich letztlich das Recht, ihre Leibeigenen mit oder ohne Land und ohne die Familie des Leibeigenen zusammenzuhalten an einen anderen Gutsherrn zu verkaufen. Der Gutsherr bestimmte auch darüber, ob seine Leibeigenen heiraten durften oder nicht, und wirkte auf seiner Domäne als Richter, der die Macht hatte, anzuordnen, daß seine Leibeigenen geprügelt, eingekerkert oder nach Sibirien verbannt wurden. Leibeigenschaft in Rußland war eine strenge Einrichtung und kam der Sklaverei nahe, aber sie war nicht dasselbe wie die Sklaverei.

Das wirtschaftliche und gesellschaftliche Leben vieler Bauern wurde durch die Gemeinde (*Mir*) bestimmt, eine Einrichtung, die auf Rußland beschränkt war und dunkel in ihren Ursprüngen ist. Offenbar im 14. Jahrhundert von Bauerngruppen gegründet, die glaubten, daß die genossenschaftliche Bewirtschaftung am rationellsten sei, kam es mit der Zeit dazu, daß die Kommune oder Gemeinde die Angelegenheiten der Dörfer vor Ort regelte. Ihre Amtswalter, die von ansässigen Bauern gewählt wurden, teilten die Nutzung anbaufähigen Landes ein und übernahmen die Verantwortung für das Einsammeln der vom Staat auferlegten Steuern. Etwa 80 Prozent der Gemeinden verteilten das Land regelmäßig unter den Dorfbewohnern neu, um die Gleichheit der für die Bauernfamilien, deren Größe über die Jahre naturgemäß variierte, bestimmten Zuteilung beizubehalten.[8] Somit gab es unter der Mehrheit der Landbevölkerung keine Tradition privaten Landbesitzes, und solange den Bauern das Land, das sie bearbeiteten, nicht gehörte, fehlte ihnen der Ansporn, die Leistungsfähigkeit zu steigern. Dieser Umstand sowie die Launen des russischen Klimas können den geringen Produktivitätsgrad und den niedrigen Lebensstandard der breiten Mehrheit der Bevölkerung erklären.

Es überrascht kaum, dass es unter der bäuerlichen Bevölkerung infolgedessen häufig zu Unruhen kam. Einer der dramatischsten Gewaltausbrüche fand um 1670 in den südöstlichen Wolgaregionen statt, als es Stenka Rasin, der aus einer alten, angesehenen Kosakenfamilie stammte, gelang, eine große Zahl armer Bauern dazu zu bewegen, mit ihm gegen die Bojaren und reichen Gutsbesitzer zu ziehen. Rasin, ein charismatischer Führer, brachte ein Heer von 6000 Männern hinter sich, das den Regierungstruppen verschiedene Niederlagen beibrachte und noch im gleichen Jahr die Stadt Astrachan besetzte, wo die Aufständischen nach Belieben plünderten und viele Gutsbesitzer niedermetzelten. Dann zog Rasins Heer die Wolga entlang, wo sich mehrere Städte, darunter Saratow und Samara, die von den Grausamkeiten gehört hatten, die die Renegaten in Astrachan anrichteten, ohne jeden Widerstand ergaben. Im Sommer 1670 schien es, als werde Rasin sich auf den Weg nach Moskau machen. Jetzt erst nahm die Regierung den Aufstand ernst. Sie entsandte ein großes Heer, darunter viel Artillerie, in die Kriegszone, und nach einigen anfänglichen Rückschlägen besiegten die Regierungstruppen Rasin in einer größeren Schlacht nahe Simbirsk. Rasin gelang es, zu entkommen und den Kampf, der sich nun zu einem richtiggehenden Bürgerkrieg auswuchs, fortzusetzen, aber im Frühjahr 1671 wurde er gefaßt. Regierungstruppen brachten ihn nach Moskau, offenbar mit dem Hals an ein Schafott gekettet, das an der Hinterseite des Wagens aufgerichtet war. Der Zar verhörte ihn selbst und befahl seinen Beamten dann, ihn zu foltern. Laut dem Historiker Paul Avrich wurde Rasin »mit der Knute geschlagen, seine Glieder wurden ausgerenkt, ein heißes Eisen wurde über seinen Körper gezogen, sein Scheitel kahlgeschoren und kaltes Wasser Tropfen für Tropfen darübergeträufelt, ›was ihm soll große Peyn bereitet haben‹«. Gegen die Aufständischen ging die Regierung ebenfalls mit großer Härte vor, es wurden, nach einer zeitgenössischen Quelle, etwa 100 000 von ihnen getötet. Die behördliche Grausamkeit sollte den Bauern eine Lehre sein, aber sie verhütete künftige Aufstände nicht, von denen einige ebenso gewaltig und blutig wie der Rasins waren.

Die Bauern waren nicht die einzige gesellschaftliche Gruppe, deren Rechte von der Uloschenje von 1649 gesetzlich festgelegt und eingeengt wurden. Die Absicht des Kodex, ein von Grund auf konservatives Dokument, war es, alle Untertanen dem Staat unterzuordnen. Vor allem darum besorgt, der Armee einen stetigen Nachschub an Rekruten zu sichern und dem Schatzamt einen ausreichenden Zufluß an Mitteln, teilte die Regierung die Bevölkerung in erbliche Klassen ein, von denen jede einen besonderen Status und besondere Pflichten hatte. Die Bürger waren gesetzlich verpflichtet, in den Städten zu verweilen, in denen sie lebten; ihnen war ein Monopol über Industrie und Handel verliehen. Der Adel (*Dworjanstwo*) war die einzige Gesellschaftsgruppe mit dem Recht, Güter zu besitzen, die durch Sklavenarbeit bewirtschaftet wurden, ein hochgeschätztes Vorrecht, welches die Wirkung hatte, die Zahl der Leute, die ein *Pomestje* erhalten konnten, zu begrenzen. Der Sinn dieser Vorschrift war, den Wettbewerb um Land, das knapp war, zu beschneiden. Gleichzeitig wurde den Adligen, von denen viele weit entfernt davon waren, reich zu sein, untersagt, sich selbst in die Knechtschaft zu verkaufen. Der Sinn dieser Maßnahme war, einen angemessenen Nachschub an Soldaten und Staatsdienern sicherzustellen. Dies alles führte dazu, daß Moskowien nun ein Staat war, in dem es, wie der Reformer Michail Speransky Anfang des 19. Jahrhunderts festhielt, nur zwei Stände gab: »Sklaven des Souveräns, und Sklaven der Gutsbesitzer. Die ersteren verdienen nur in Hinblick auf die letzteren frei genannt zu werden.«

Religionskonflikte

Es war auch ein Staat, der allen Reformgedanken hartnäckig Widerstand leistete. Als der Patriarch Nikon, damals ein Günstling des Zaren Alexej, 1653 kleine Änderungen in religiösen Riten und Texten einzuführen suchte, brachen gesellschaftliche Erschütterungen aus, die zu beständigem Zwist in der russischen Orthodoxie führten. Nikons Absicht war ebenso politisch wie geistlich: Er hoffte, die russische Liturgie und die Gebräuche in Einklang mit denen Konstantinopels zu bringen, um die vorgesehene Annäherung zwischen Moskowien und der Ukraine zu erleichtern, wo die Kirche griechischen Riten treu geblieben war. So schlug er zum Beispiel vor, daß die Schreibweise von »Jesus«, die in Moskowiter Texten falsch wiedergegeben wurde, verbessert werden sollte; daß beim Schlagen des Kreuzes lieber drei statt zwei Finger gebraucht werden sollten; daß das »Halleluja« im Gottesdienst dreimal statt zweimal einsetzen sollte; und daß Kirchenprozessionen sich in Richtung der Sonne statt in der Gegenrichtung bewegen sollten.

Wegen des niedrigen Bildungsstandes der russischen Bevölkerung und Geistlichkeit war der religiöse Ritus für beide weit mehr als ein Glaubenssatz. In ihren Augen lief die geringste Abweichung von den bestehenden Praktiken, so wie die von Nikon vorgebrachten Neuerungen, auf Ketzerei hinaus. Der Protopope Awakum, der den Widerstand gegen die Änderungen anführte, erinnerte sich an seine erste Reaktion darauf: »Wir [die Zeloten der Kirche] versammelten uns, um es zu überdenken. Wir sahen, daß Winter über uns kommen würde. Unsere Herzen wurden kalt, und unsere Beine zitterten.«

Die Opposition begann eine Kampagne gegen die Neuerungen, auf die der Patriarch und die Regierung ihrerseits mit einer rücksichtslosen Kampagne antworteten. Einige der Zeloten, darunter Awakum, wurden nach Sibirien verbannt, andere wurden mit dem Bann belegt, und es wurde eine fieberhafte Jagd nach Ikonen eröffnet, die auf irgendeine Weise vom byzantinischen Muster abwichen. Wohnungen wurden nach anstoßerregenden Bildern durchsucht, die dann öffentlich zerstört wurden, zuweilen durch den Patriarchen selbst. Spätestens ab 1660 hatte das *Raskol*, oder das Große Schisma, die Kirche auseinandergerissen, in seinem Kielwasser eine Gruppe von Abweichlern, die als *Raskolniki* oder Altgläubige bekannt wurden.

Zwischenzeitlich hatten persönliche Differenzen das gute Verhältnis zwischen Patriarch Nikon und Zar Alexej beendet. Die überhebliche und ungestüme Art des Patriarchen und seine Überzeugung, daß kirchliche Macht die weltliche Macht ablöse, entfremdete ihn dem Zaren gründlich. Auf einem Kirchenkonzil, das Alexej 1666/67 in seinem Palast im Kreml abhielt, klagte er Nikon unzähliger Verstöße gegen das Moskowiter Recht und Beleidigungen des Souveräns sowie der Bojaren an. In einem Schritt, der das Supremat des weltlichen Herrschers über die Kirche offiziell bekräftigte, enthob das Konzil Nikon seines Amtes und verbannte ihn aus Moskau. Doch die Neuerungskampagne ging weiter und wurde sogar noch verstärkt. Das Konzil belegte alle Abweichler in aller Form mit Fluch und Bann, und der Zar ordnete an, daß zwei Aufsässigen die Zungen herausgeschnitten wurden, eine Strafe, die damals als für Gotteslästerung angemessen galt. Diese Eingriffe des Staates in grundlegende kirchliche Angelegenheiten beschleunigten den Prozeß der Unterjochung der russisch-orthodoxen Kirche durch weltliche Machthaber weiter.

Die Altgläubigen meinten, daß der Staat den Weg zum ewigen Heil erschwere, eine Überzeugung, die den Fanatismus in ihren Reihen verstärkte. Viele von ihnen versanken über den Stand der Dinge in solche Verzweiflung, daß sie zu der Überzeugung kamen, das Ende der Welt sei nahe. Sie verkündeten, die Apokalypse werde 1666 oder 1669 anbrechen, und als beide Jahre verstrichen, ohne daß das Unglück eingetreten war, sagte sie das Ende für das Jahr 1698 voraus. Sie behaupteten sogar, genau zu wissen, wie die letzte Katastrophe vor sich gehen werde: »Die Sonne verblaßt, die Sterne fallen vom Himmel, die Erde wird auflodern, und am Tage des Gerichts wird der letzte Trompetenstoß durch den Erzengel Gerechte und Ungerechte zusammenrufen.« Überzeugt von der Genauigkeit ihrer Prophezeiung, hielten manche es für sinnlos, auf Erden zu verweilen und Gefahr zu laufen, von der Ketzerei angesteckt zu werden. Vor allem wollten sie trotz starken Drucks von seiten der Regierung nicht widerrufen. Als Folge fanden zwischen 1672 und 1691 37 entsetzliche Massenopfer statt, in denen sich mehr als 20 000 Raskolniki aus freien Stücken selbst verbrannten. Zusätzlich verbrannte die Regierung viele Altgläubige auf dem Scheiterhaufen, unter ihnen den Protopopen Awakum.

Weit davon entfernt, die russische Orthodoxie zu einen, erzeugten Nikons Reformen unversöhnliche Konflikte im Volk. Man schätzt, daß es 1889 um die 13 Millionen Raskolniki gab, darunter die frommsten Anhänger der Orthodoxie, bei einer Gesamtbevölkerung von etwa 90 Millionen. Darüber hinaus stärkte das Schisma dieser Jahre die Gewohnheit der regierungsamtlichen Verfolgung religiöser Minderheiten, ein Vorgehen, das mehr oder weniger ein ständiges Kennzeichen der russischen Staatspolitik bis zum Ende des 20. Jahrhunderts blieb.

Peter der Große

Das 17. Jahrhundert, welches Zeuge einer Ansammlung unvorhergesehener Unglücke gewesen war, endete mit der Herrschaft einer Persönlichkeit, die in vielerlei Beziehung der eindrucksvollste und innovativste Zar der russischen Geschichte war. Peter der Große, wie er genannt werden sollte, forderte, daß Rußland, wenn es sich zu einer mächtigen und aufgeklärten Nation entwickeln wolle, manche alten Sitten und Gebräuche ablegen und den Einrichtungen des Landes eingehende Reformen nach westeuropäischem Muster auferlegen müsse. Es war dies eine würdige und sogar vornehme Vision der Modernisierung und Einführung der westlichen Kultur, aber Peter verstand, zu Rußlands Unglück, wenig von der menschlichen Natur, und es kam ihm niemals in den Sinn, sein Volk, in dem es viel Unwissenheit und Aberglauben gab, mit anderen Mitteln als durch Zwang von der Attraktivität eines schnellen Wechsels zu überzeugen. Am Ende scheiterte sein Versuch, »Rußland mit der Knute zu zivilisieren«, und er konnte nicht »eine Nation, der es an Zusammenhalt fehlte, zusammenbinden«. Nichtsdestoweniger muß man aber sagen, daß kaum eine Einrichtung von nationaler Bedeutung von seinen Initiativen unberührt blieb. Er legte die Fundamente des modernen Rußland.

Peter war physisch und auch sonst eine gewaltige Persönlichkeit. Über zwei Meter groß, besaß er große körperliche Kraft und ein bemerkenswertes handwerkliches Geschick, und seine Interessen waren erstaunlich breit gestreut. Er behauptete von sich, vierzehn Gewerbe ebensogut wie die Wund- und die Zahnheilkunde zu beherrschen. Wenn Höflinge und Diener krank wurden, suchten sie das Peter zu verheimlichen, denn wenn er meinte, daß medizinische Hilfe vonnöten sei, nahm er seine Instrumente und bot seine Dienste an. Zu seiner persönlichen Habe zählte Peter einen Sack mit Zähnen, Zeugnisse seiner blühenden zahnärztlichen Kunst. Peter war auch ein Mann mit einem starken sadistischen Zug. Er ergötzte sich beispielsweise daran, alle seine Gäste, auch die Damen, zu zwingen, den Wodka, wie er es liebte, pur und in großen Mengen zu trinken. Johann Korb, von 1698 bis 1699 Sekretär des österreichischen Botschafters in Moskau, beschrieb einen besonders grausigen

Zwischenfall bei einem dieser festlichen Anlässe: »Bojar Golowin hatte von Geburt an eine natürliche Abscheu vor Salat und Essig; so bedeutete der Zar Oberst Chambers, ihn festzuhalten, und zwang ihm Salat und Essig in Mund und Nase, bis ihm als Erfolg des gewaltsamen Hustens das Blut aus den Nüstern floß.«

Peters Persönlichkeit war wie die von Iwan dem Schrecklichen (den er sehr bewunderte) zum großen Teil durch traumatische Kindheitserfahrungen geformt worden. Seine Mutter, Natalja Naryschkina, war die zweite Frau des Zaren Alexis, des zweiten Herrschers aus dem Hause Romanow. Vom ersten Augenblick früh im Jahre 1671 an, da sie den Kreml betrat, hatte sie mit der Feindseligkeit der Miloslawskys zu kämpfen, Verwandten von Alexis' erster Frau, die 1669 gestorben war. Ein Ergebnis war, daß Peter, geboren 1672, seine ersten vier Jahre in einer gespannten Atmosphäre verlebte. Die Angelegenheit wurde gütlich geregelt, als Alexis 1676 starb; Fedor, Peters Halbbruder, folgte auf dem Thron nach, und die Miloslawakys übernahmen die Kontrolle über den Kreml.

Der neue Herrscher war jedoch kränklich, und sein Tod im Jahre 1682 entfachte eine ernste Nachfolgekrise. Peters anderer Halbbruder, Iwan, hatte ein Anrecht auf den Thron, aber jedermann wußte, daß er nicht wirklich regieren konnte. Abgesehen davon, daß er schwachsinnig war, war er so gut wie blind und litt unter Sprachstörungen und epileptischen Anfällen. Die Adligen sahen daher über seinen Anspruch hinweg und riefen den zehnjährigen Peter unter der Voraussetzung zum Zaren aus, daß seine Mutter während der Zeit seiner Minderjährigkeit die Regentschaft übernahm. Aber die Miloslawskys wehrten sich dagegen, beiseitegeschoben zu werden, und wandten sich an die *Strelitzen* (besonders ausgebildete Musketiere), die einen dreitägigen Tumult zu ihrer Unterstützung inszenierten. Einige der dramatischsten Szenen fanden vor dem Ehrenportal im Kreml statt, dem Eingang zum königlichen Palast, der bei festlichen Anlässen mit scharlachroten Teppichen verhängt wurde. In der Hoffnung, die Strelitzen zu beruhigen, erschien Natalja mutig zusammen mit Peter und Iwan oben an der Treppe. Aber die Soldaten weigerten sich, ihre Rebellion zu beenden; sie forderten, die Zaritza solle ihnen ihren Pflegevater, den betagten Artamon Matwejew, ausliefern. Als sie dem Ansinnen Folge leistete, jagten sie ihn auf den Platz, wo er vor den Augen Peters, der die blutrünstigen Einzelheiten ohne die geringste Regung beobachtete, in Stücke gehauen wurde. Die Strelitzen setzten ihr Wüten fort und ermordeten mit großer Brutalität mehr als ein Dutzend Menschen. Die entsetzliche Unordnung wurde erst beendet, als man übereinkam, Sofia Miloslawsky, Peters Halbschwester, zur Regentin und Peter und Iwan zu Mitzaren zu machen, eine neuartige Anordnung, von der Sofia behauptete, sie sei göttlich inspiriert. Nach diesem Triumph der Miloslawskys zogen Peter und Natalja in das Dorf Preobraschenskoje, drei Meilen vom Zentrum Moskaus entfernt. Die Schrecken von 1682 blieben unauslöschlich in Peters Gedächtnis eingraviert. Sie scheinen in ihm eine sittliche Gefühllosigkeit hervorgerufen zu haben, die sogar noch stärker hervortrat, als er heranwuchs.

In Preobraschenskoje erhielt Peter lediglich eine rudimentäre Erziehung, aber er war hochintelligent, hatte ein gutes Gedächtnis und eine beachtliche Neugier, besonders in bezug auf mechanische Dinge, und bildete sich auf denjenigen Feldern fort, die ihm gefielen. Handwerklich begabt, erwarb er schnell eine gewisse Fertigkeit im Zimmer- und Maurerhandwerk sowie als Metallarbeiter. Segeln und Schiffbau interessierten ihn ebenfalls, aber seine größte Leidenschaft war das »Spielen« mit lebenden Soldaten. Mit elf beschaffte er sich Gewehre, Pulver, Blei und Schrotkugeln für seine Soldaten, und innerhalb weniger Jahre baute er sein eigenes 600-Mann-Heer auf, der Kern der späteren kaiserlichen Garden.

Eines Nachts im Sommer 1689 erhielt Peter die alarmierende Nachricht, Sofia plane, sich selbst zur Zaritza zu krönen, und habe mehrere Kompanien Strelitzen in Bewegung gesetzt, um ihn gefangenzunehmen. Ohne sich damit aufzuhalten, sich anzukleiden, sprang Peter auf ein Pferd und hetzte zur Klosterfestung Zur Heiligen Dreifaltigkeit, 40 Meilen von Preobraschenskoje entfernt. Sofia, die in Wirklichkeit an Beliebtheit unter den Strelitzen eingebüßt hatte, sah sich nicht in der Lage, diese zur Unterstützung ihres Griffes nach der Macht zu mobilisieren. Folglich schafften es Peter und eine Gruppe loyaler Soldaten, die Verschwörung zu unterdrücken, ohne einen Schuß abzugeben. Peter schickte Sofia in ein Nonnenkloster, verbannte einige ihrer Ratgeber, einen davon hängte er auf. Er erlaubte seiner Mutter, sieben Jahre zu regieren, und erst 1696 übernahm er die Bürde der Macht.

Bis dahin war er ein regelmäßiger Besucher der sogenannten »Deutschen Vorstadt« gewesen, die zwischen Preobraschenskoje und dem Kreml gelegen war. Zwischen 1689 und 1694 verbrachte er auch viel Zeit mit holländischen und englischen Kaufleuten, die er nach Informationen über die neuesten mechanischen Geräte und politischen Entwicklungen in Europa befragte. Hier war es, wo sein Interesse für den Westen zuerst ernsthaft geweckt wurde.

Der Westler

Als Souverän war Peters hervortretendste Charaktereigenschaft sein Aktivismus; in auswärtigen wie in inneren Angelegenheiten führte er fortwährend neue Grundsätze ein. Obgleich kein tiefgründiger Denker, hatte er die Fähigkeit, schwierige Probleme zu verstehen und sich Lösungen auszudenken. Seine außerordentliche Energie und sein Schwung können vielleicht am besten durch die Tatsache veranschaulicht werden, daß er kaum länger als drei Monate an ein und demselben Platz verharrte; er bestand darauf, im Mittelpunkt der Handlung zu stehen, ob es nun das Schlachtfeld war, der Verhandlungstisch, die Folterkammer oder eine Schiffswerft. Er stellte an sich und sein Volk hohe Anforderungen, aber nicht in erster Linie zum Zwecke persönlicher Verherrlichung. Anders als seine Vorgänger setzte er sich nicht mit dem Staate gleich, sondern betrachtete sich als dessen ersten Diener, und er rechtfertigte seine anspruchsvollen Programme damit, daß sie die Interessen Rußlands beförderten. In Hinblick auf diese außerordentlichen Anstrengungen ebenso wie auf seine häufigen Ausschweifungen soll sich auf der linken Seite seines Gesichts ein nervöses Zucken entwickelt haben, das sich manchmal zur Grimasse verzerrte.

Peter war auch sehr exzentrisch, ein Wesenszug, den er 1697 höchst dramatisch dokumentierte, als er den Westen besuchte, für einen Moskowiter Monarchen ein beispielloses Unterfangen. Eines seiner Ziele war, unter den europäischen Königen Verbündete für einen militärischen Kreuzzug gegen die Türkei zu gewinnen, aber sein Hauptgrund war, die westliche industrielle Technik, besonders den Schiffbau, zu studieren sowie geschickte Handwerker und Seeoffiziere zu verpflichten, um sie nach Rußland zu holen. Weil der Zar sich in den industriellen Einrichtungen, die er besuchte, frei bewegen wollte, reiste er unter dem Namen Pjotr Michailow, ein Pseudonym, von dem sich fast niemand täuschen ließ.

Peters fünf Monate in Holland waren mit verschiedenartigen Betätigungen ausgefüllt: Er besuchte Fabriken, Werkstätten, Hospitäler, Schulen, Militäreinrichtungen und eine Sternwarte. Überall stellte er ausführliche Fragen, und wo es möglich war, nahm er, zumindest für eine kleine Weile, an der Arbeit teil. Er besuchte sogar Vorlesungen berühmter Anatomen und bestand darauf, ihnen beim Sezieren der Leichen zuzusehen.

Anfang 1698 reiste er nach England weiter, wo er, nach einer herzlichen Begrüßung durch König Wilhelm III., erneut seine Runden machte, einschließlich eines Besuches im Oberhaus. Als er den Bericht des Dolmetschers über die

Debatten hörte, erklärte er: »Wenn Untertanen solchermaßen dem Souverän die Wahrheit sagen, ist es gut anzuhören. Laßt uns darin von den Engländern lernen.« Das war natürlich reines Gerede, aber die englischen Schiffbauverfahren studierte Peter ernsthaft, und zu diesem Zweck siedelte er für ein paar Wochen nach Deptford über, das in der Nähe einer Regierungswerft lag. Im Frühjahr kehrte Peter auf das Festland zurück und kam im Mai 1698 in Wien an. Von hier aus wollte er nach Venedig weiterreisen, doch Nachrichten über eine neue Verschwörung seiner Halbschwester und eine weitere Rebellion, die von vier Strelitzenregimentern angeführt wurde, bewogen ihn, seine Pläne zu ändern. Er war jetzt fünfzehn Monate im Ausland gewesen und fürchtete mit Recht, daß er, wenn er noch länger abwesend blieb, die Macht verlieren könnte. Jedenfalls hatte er allen Grund, mit seinen Leistungen zufrieden zu sein, denn zusätzlich zu der grundlegenden Verbesserung seines technischen Wissens hatte er 750 Fachleute im Marinewesen, in der Technik und Medizin angeworben sowie eine eindrucksvolle Auswahl von Militärgütern der verschiedensten Art erstanden.

Schon am Tage seiner Rückkehr erschreckte Peter seine Moskowiter Untertanen, indem er in eigener Person führenden Adligen die Bärte ebenso wie die langen Ärmel ihrer Übergewänder abschnitt. Etwas später gab er Dekrete heraus, in denen er alle außer den Bauern und den Geistlichen verpflichtete, glattrasiert zu erscheinen und unter Strafandrohung einer jährlichen Steuer ungarische oder deutsche Kleidung zu tragen. Eine weitere Maßnahme, die das Volk erschreckte, war die Änderung des Kalenders nach westlichem Muster: das neue Jahr mußte am 1. Januar statt am 1. September gefeiert werden, und mit Beginn des neuen Jahrhunderts sollten die Jahre nicht vom angenommenen Datum der Erschaffung der Welt, sondern von Christi Geburt an gezählt werden. So wurde aus dem Jahre 7208 das Jahr 1700. Peter glaubte, daß nur durch jene scheinbar belanglosen Neuerungen die Russen sich von ihren rückständigen »asiatischen« Gebräuchen losreißen und energische, unternehmungslustige Bürger werden könnten.

Das Volk, besonders die unteren Schichten, stand Peters Reformen nicht gerade freundlich gegenüber. Besonders der Bart trug bedeutend dazu bei, das »Ebenbild Gottes« zu bewahren, nach dem der Mann, wie sie glaubten, erschaffen worden war. Sie glaubten, wenn man ihn abnahm, würde man auf die Stufe von Katzen und Hunden herabgesetzt und der ewigen Verdammnis anheimgegeben werden. Die Tiefe der Gefühle der Untertanen wird durch den folgenden Vorfall komisch beleuchtet. 1705 wandten sich zwei junge Männer an den Metropoliten von Rostow um Rat. Sie klagten, sie würden lieber die Köpfe verlieren als ihre Bärte. Der Prälat konterte mit einer rhetorischen Frage: »Welches von beiden, frage ich euch, wird wohl leichter wieder nachwachsen?«

Ein weiterer Grund zur Bestürzung unter Peters Untertanen war seine brutale Behandlung der rebellischen Strelitzen. Peter verlor keine Zeit und strengte eingehende Untersuchungen an, aber keine konnte alle Fragen zu seiner Zufriedenheit beantworten. Folglich begann er an jedermanns Treue zu zweifeln und fing an, wahllos Untertanen auf dem Roten Platz hinzuschlachten. Einigen Berichten zufolge nahm der Zar in eigener Person an den Hinrichtungen teil. Bei einer Gelegenheit soll er 84 Rebellen mit dem Schwert den Kopf abgeschlagen haben. Alles in allem wurden über 1 200 Strelitzen niedergemetzelt, und von vielen von ihnen wurden die Köpfe über den Winter in den Straßen Moskaus gelassen, um die Bevölkerung abzuschrecken. Ohne Frage war Peter ein Tyrann, der schon zu Beginn seiner Regierung keinen Zweifel daran lassen wollte, daß er auf absolutem Gehorsam seinem Wort gegenüber bestehen werde. Örtliche Aufstände, einige recht schwer, warfen von Zeit zu Zeit Zweifel an der Treue einiger seiner Untertanen auf, aber nach 1698 war seine Autorität gefestigt genug, um ihm zu gestatten, sich auf Militärbelange und innenpolitische Reformen, seine Hauptinteressen, zu konzentrieren.

Rußland führte, zumeist auf Peters Betreiben hin, den größten Teil der 36 Jahre seiner Regierung Krieg. In der Zeit von 1689 bis 1725 erfreute sich das Land nur ein volles Jahr und 13 vereinzelte Monate des Friedens. Entschlossen, allen russischen Völkern die politische Einheit zu bringen und die ungeschützten Grenzen der Nation im Süden und Westen zu korrigieren, verstrickte Peter sich in militärische Auseinandersetzungen mit Schweden, der Türkei und zuletzt Persien. Gelegentlich erlitt er schmerzliche Niederlagen, aber alles in allem ging Rußland aus den Zusammenstößen als eine weit stärkere Nation als zuvor hervor.

Sein am teuersten erkaufter und lohnendster Krieg, der mit Schweden, dauerte von 1700 bis 1721 und ist als der Große Nordische Krieg bekannt. Schweden war damals eine der führenden Mächte Europas, und seine Heere wurden bis 1718 von dem brillanten und kühnen Strategen König Karl XII. befehligt. Als Peter die Schweden 1709 in der berühmten Schlacht von Poltawa schlug, bewahrte er Rußland nicht nur vor der Eroberung, sondern stellte das Land auch in die vorderste Reihe der europäischen Politik. Als der Krieg 12 Jahre später zu Ende war und der Vertrag von Nystad unterzeichnet wurde, war Schweden ganz bescheiden. Rußland gewann die Kontrolle über die Ostseeküste von Riga bis Vyborg, nachdem es sich den Besitz der Provinzen Livland, Estland und Ingermannland gesichert hatte, und einen Teil von Karelien. Mit diesem Gebietszusammenschluss hat Rußlands Position als eine bedeutende europäische Macht bis heute überdauert.

Peter feierte den Sieg in großem Stil. Er beorderte die führenden Adligen für sieben Tage zur Feier ins Senatsgebäude. Er selbst, »halb wahnsinnig vor Freude, den Kampf zu einem glücklichen Ende gebracht zu haben, seiner Jahre und der Gicht vergessend ... tanzte auf den Tischen [und] sang Lieder«. Dann, angeblich als Antwort auf die dringenden Bitten des Senats, willigte er ein, die Titel eines Kaisers und »Landesvaters« anzunehmen. Das markierte die offizielle Geburt des russischen Kaiserreichs.

Diese Festlichkeiten fanden nicht im Kreml statt, sondern in Peters neuer Hauptstadt, St. Petersburg, die er sein »Paradies« und seinen »Liebling« nannte. Drei Erwägungen veranlaßten ihn, eine Stadt in die Sümpfe an der Spitze des Finnischen Meerbusens nahe der Mündung der Newa zu bauen: Seine Liebe zur See, der Wunsch, daß die Erinnerung an ihn überdauern möge, und Haß auf den Kreml. Von 1703 an wurden 20 Jahre lang die königlichen Schatullen geplündert, um dieses »große Fenster für Rußland, um nach Europa hinauszuschauen« zu schaffen oder, wie manche es nannten, Rußlands »Fenster zum Westen«. Die durch den Vertrag von Nystad ratifizierten Eroberungen sicherten die Hauptstadt von Land her ab, worauf Peter so hartnäckig hingearbeitet hatte.

Wegen des kalten, feuchten Klimas rund um St. Petersburg war Peter stark auf Zwangsarbeit angewiesen, um die zermürbende Aufgabe zu vollenden, eine neue Hauptstadt zu errichten. Es gab viel Gemurre unter den Arbeitern, die unter verschiedenen Krankheiten, besonders der Ruhr, litten, aber Peter ließ sich nicht abschrecken. Der Historiker Kljutschewsky übertrieb nicht, als er schrieb, daß »es ... schwierig sein [würde], in den Annalen der Militärhistorie eine Schlacht zu finden, die mehr Leben gefordert hat, als die Zahl der Arbeiter betrug, die in [= beim Bau von] St. Petersburg gestorben sind«. Und die Kosten gingen in die Millionen Rubel. Peter verpflichtete den angesehenen französischen Architekten Jean Baptiste Leblond und weitere Fachleute aus dem Westen, um die Stadt und ihre Paläste zu gestalten, und zahlte allen außergewöhnlich hohe Geldsummen. Leblonds Hauptwerk war die Stadtresidenz des Zaren in Peterhof. Ihre planmäßig angelegten Gärten, Terrassen, Fontänen und Wasserfälle ähnelten den Schloßgärten zu Versailles. St. Petersburg wurde 1718 die offizielle Hauptstadt Rußlands und bis zum heutigen Tag eine der schönsten Städte der Welt.

Peter griff zu neuartigen Maßnahmen, um die militärische Stärke des Landes abzusichern. Er baute eine ansehnliche Flotte, eine bedeutende Neuerung, denn Rußland hatte niemals zuvor angestrebt, eine Seemacht zu sein. Die Flotte trug mit ihren 800 Schiffen maßgeblich zur Niederlage Schwedens bei, obgleich erwähnt werden sollte, daß die Flotte als wirksame Streitmacht Peter nicht lange überlebte. Dauerhafter war die Bildung eines stehenden Heeres, das 1725 eine Truppenstärke von ungefähr 20 000 Mann hatte. Seine Wirksamkeit wurde durch Peters Beharren auf gründlicher Ausbildung nach dem neuesten Stand, dem Einsatz modernster Waffen und dem Anwerben ausländischer Offiziere noch gesteigert.

Keines von Peters ehrgeizigen Projekten kam ohne Geld aus, das immer knapp war. Von 1705 bis 1707 überschritten die Ausgaben der Regierung ihre Einnahmen um 20 Prozent. Um diesem Problem beizukommen, revidierte Peter das Steuersystem wiederholt, indem er die Steuerlast des einfachen Volkes regelmäßig erhöhte, und 1724 erhob er auf alle Männer der nichtprivilegierten Schichten eine Seelensteuer. Diese Steuer, die die Leibeigenschaft de facto ausdehnte, indem sie die gesetzliche Trennung zwischen Leibeigenschaft und anderen Formen der Sklaverei abschaffte, war ein fiskalischer Triumph: Direkte Steuern brachten nun 4 500 000 Rubel statt 1 800 000 ein. Durch die Gewährung verschiedener Befreiungen und Privilegien kurbelte Peter zudem während des ersten Jahrzehnts des 18. Jahrhunderts die Entwicklung der Industrie an, aber trotz anfänglicher Gewinne waren viele dieser Unternehmungen bis zur Mitte des Jahrhunderts wegen der niedrigen Qualität ihrer Erzeugnisse nicht mehr konkurrenzfähig.

Zu den Reformen Peters, die am längsten Bestand hatten, gehörte die Einrichtung der Rangtafel. Sie spiegelt beispielhaft Peters Überzeugung wider, daß der Dienst am Staate des Untertanen höchste Pflicht sei, die Pflicht über allem stehe und die Leistung anzuspornen sei. Nach der Rangtafel sollte es 14 Ränge in drei Dienstbereichen geben – dem Militär, dem Staat, dem Hof – und, zumindest in der Theorie, oft auch in der Praxis, sollten die Verdienste sowie die Länge der Dienstzeit als Kriterium für das Avancement dienen. Alle, die in den Staatsdienst eintraten, sollten ihre Laufbahn ganz unten, auf Rang 14, beginnen, und Gemeine, die Rang 8 erreichten, sollte die Ehre zuteil werden, in den erblichen Adelsstand aufgenommen zu werden, was hieß, daß ihre Kinder von Adel sein würden. In der Festsetzung eines stufenweisen Aufstiegs und geregelter Bezahlung der Staatsbeamten war Peters Absicht zu erkennen, alle Beamten zum Dienst auf Lebenszeit zu ermuntern. Das gleiche Anliegen veranlaßte Peter, Adlige, die öffentliche Ämter übernahmen, daran zu hindern, regelmäßig auf ihre Güter zurückzukehren, um diese zu bewirtschaften.

Zuletzt ordnete Peter die Verwaltungsstruktur des Staates neu. Er billigte

Stadtgemeinden ein gewisses Maß an Selbstverwaltung zu, ersetzte die trägen Zentralabteilungen nach schwedischem Vorbild durch »Kollegien« und richtete einen Senat als höchstes Justiz- und Verwaltungsorgan ein, der regieren sollte, wenn der Zar sich nicht in der Hauptstadt aufhielt. Um die Effizienz zu steigern, teilte er das Land in Provinzen auf, die ihrerseits aus Distrikten bestanden. 1721 schloß er den Prozeß der Unterwerfung der Kirche unter den Staat ab, indem er das Patriarchat durch den »Allerheiligsten Dirigierenden Synod« ersetzte, eine Körperschaft aus zehn Geistlichen, die der Zar ernannte. Der Oberprokurator, ein Laie, der die Arbeit des Synod überwachte, wurde ebenfalls durch den Monarchen ernannt. Bemerkenswert ist, daß Peter bei der Formulierung vieler dieser Reformen auf den Rat von Gottfried Wilhelm von Leibniz, dem deutschen Mathematiker und Philosophen, angewiesen war, der den Zaren als Gegenleistung für ein großzügiges Jahreshonorar mit zahlreichen genauen Vorschlägen versah.

Obwohl sie keineswegs alle erfolgreich waren und viele vor allem bei der privilegierten Schicht ihre Spuren hinterließen, sagt man den Petrinischen Reformen allgemein nach, daß sie die Qualität der russischen Regierung verbesserten. Ihre lange Gültigkeit – manche überdauerten zwei Jahrhunderte – legt dies nahe. Darüber hinaus war es Peter, der die Vorstellung der Verwestlichung auf die Tagesordnung der historischen Entwicklung Rußlands brachte. Von nun an würde der Wert dieses Gedankens, so wie der jedes anderen auch, von jenen Russen debattiert werden, die Überlegungen über die Zukunft ihres Landes anstellten.

So sehr er auf seine Errungenschaften stolz war, so sehr lebte Peter in ständiger Furcht wegen einer Frage, die er nie zu seiner eigenen Zufriedenheit beantworten konnte: Würde ihm ein Mann nachfolgen, der fähig war, sein Werk fortzusetzen? Sein rechtmäßiger Erbe, Alexej, 1690 von seiner ersten Frau Eudoxia geboren, stellte sich als träge und völlig gleichgültig gegenüber den Staatsgeschäften heraus. Jedenfalls verschlechterte sich das Verhältnis zwischen Peter und Alexej hin zur offenen und bitteren Feindschaft. 1718 beschuldigte Peter seinen Sohn, sich zu seinem Sturz durch einen *coup d'état* verschworen zu haben. Die Beweislage zur Unterstützung der Anschuldigung war weit davon entfernt, schlüssig zu sein, aber das hielt Peter nicht davon ab, gegen zahlreiche Untertanen zu ermitteln und sie zu foltern. Alexej selbst wurde des Hochverrats für schuldig befunden und durch einen besonderen Rat von 127 Beamten, den der Zar einberufen hatte, zum Tode verurteilt. Doch bevor der Urteilsspruch vollstreckt werden konnte, starb Alexej in der Festung St. Peter und Paul in St. Petersburg, wahrscheinlich an den Wunden, die ihm die Folterknechte zugefügt hatten. Die Regierung verlautbarte, er sei einem Schlaganfall erlegen, aber es wurde allgemein angenommen, er sei ermordet worden.

Alexej Ableben verschob das Nachfolgeproblem nur. Im Mai 1719 starb Peters jüngerer Sohn im Alter von drei Jahren, und der Zar mußte über die Zukunft seines Reiches nachdenken. 1722 schaffte Peter die bestehenden Nachfolgeregelungen ab und verfügte, daß der Throninhaber hinkünftig seinen Erben selbst bestimmen könne. Allerdings versäumte Peter selbst, so zu verfahren, und das Ergebnis war, daß die Nachfolge nach seinem frühen Tod 1725 Gegenstand genau der Art leidenschaftlicher Auseinandersetzung wurde, die er gehofft hatte, zu vermeiden.

IV Verfall und Erneuerung im 18. Jahrhundert

Für nahezu 40 Jahre nach Peters Tod im Jahre 1725, während der »Ära der Palastrevolutionen«, wurde Rußland von eher mäßigen Souveränen regiert. Die meisten Herrscher gelangten durch Palastrevolution, ausgelöst durch das Gardekorps, eine privilegierte Schicht der regulären Armee, auf den Thron. Intrigen, Komplotte und Korruption herrschten bei Hofe vor, während Favoriten, oftmals Ausländer, das Land regierten. Es wurde gesagt, daß in der Regierungszeit von Kaiserin Anna (1730-40) und ihrer Nachfolgerin, Elisabeth (1741-62), »Liebhaber Rußland beherrschten«.

Darüber hinaus war das Hauptanliegen der meisten Herrscher in dieser Epoche ihr privates Amüsement, das oft bizarre Formen annahm. Nach dem Historiker Michail Florinsky waren während der Regierung Annas »die kaiserlichen Residenzen nicht nur mit Vögeln und Tieren gefüllt, besonders solchen, die auf Kunststücke abgerichtet waren, sondern auch mit Riesen und Zwergen, Buckligen und Krüppeln, Bettlern und Narren, während ein großes Gefolge von Frauen, die besonders nach ihrer Fähigkeit zu plappern ausgewählt waren, Stunden damit verbrachte, Geschichten zur Unterhaltung der Kaiserin auszuspinnen«. Im Jahre 1740 unterhielt sie sich damit, eine umständliche Hochzeitszeremonie auszudenken, in der Fürst A. M. Golizyn, Abkömmling einer der berühmtesten Familien Rußlands, mit einer »Kalmückenfrau von auffallender Häßlichkeit« in einem »Haus aus Eis« verheiratet wurde.

Kaiserin Elisabeth war geringfügig besser. Der Tochter von Peter dem Großen widerfuhr 1727 eine schreckliche Enttäuschung, als ihr Verlobter, der Bischof von Lübeck, kurz vor der Hochzeit starb. Elisabeths Kummer war augenscheinlich echt, aber trotzdem fällt es schwer, sie sich als treuergebene Ehefrau eines Geistlichen vorzustellen, denn mit einer Zielstrebigkeit, die an ihren Vater gemahnte, lebte sie ihre Neigungen aus. Sie benahm sich so skandalös, daß der spanische Botschafter in St. Petersburg bemerkte, daß die Kaiserin »schamlos Neigungen nachgeht, die selbst den Sittenlosesten erröten ließen«. Ihre Beschäftigung mit amourösen Abenteuern ließ Elisabeth wenig Zeit für andere Aktivitäten, und russische Staatsmänner und ausländische Diplomaten mußten immer einen günstigen Augenblick abpassen, um sie dazu zu bewegen, wichtige Dokumente zu unterzeichnen.

Sie nahm jedoch die Frage der Nachfolge ernst. Da sie keine Kinder hatte, lud sie den Sohn ihrer Schwester Anna ein, nach Rußland zu kommen, um sich auf die Krone vorzubereiten. Der Junge mit dem Namen Peter war Anna und ihrem Gemahl, dem Herzog von Holstein, 1728 geboren worden. Anna starb, als Peter erst ein paar Wochen alt war, und deshalb war seine Erziehung vollständig seinem Vater zugefallen. Als der Herzog 13 Jahre später ebenfalls starb, unternahm Peter die lange Reise nach St. Petersburg. Als er ankam, kannte er nur die deutsche Sprache und deutsche Sitten, aber nach einem Jahr trat er zur Orthodoxie über und war gezwungen, Rußland als seine Heimat zu akzeptieren.

Nachdem sie ihren unmittelbaren Nachfolger ausgewählt hatte, suchte Kaiserin Elisabeth als nächstes ihrer Familie die ständige Bewahrung der Krone zu ermöglichen. Zu diesem Zweck begann sie über eine Braut für den späteren Peter III. nachzudenken; 1744 setzte sie auf Sophie Auguste Friederike von Anhalt-Zerbst, deren Vater, ein unbedeutender deutscher Fürst, der in Stettin als Generalmajor diente, von den Aussichten auf eine so glänzende Partie entzückt war. Mutter und Tochter brannten darauf, die anstrengende Reise nach Rußland zu unternehmen, und nachdem die 15jährige zum orthodoxen Glauben übergetreten und auf den neuen Namen Katharina getauft worden war, wurde sie Peter 1745 in einer glanzvollen Zeremonie in der Kirche Unserer Lieben Frau von Kasan in St. Petersburg angetraut.

Die Ehe sollte nicht glücklich werden. Die beiden paßten überhaupt nicht zueinander. Katharina war ernsthaft, intelligent, ein wenig intellektuell angehaucht, willensstark, energisch und vor allem ehrgeizig. Peter dagegen war kränklich, langweilig, eigensinnig und »phänomenal unwissend«. Er erwarb keine Reife, wie Kljutschewsky bemerkte: »Ernste Dinge betrachtete er als langweilig; langweilige Dinge behandelte er mit dem Ernst eines Erwachsenen.« Er kannte kein größeres Vergnügen, als mit seinen Puppen und Zinnsoldaten zu spielen, eine Zerstreuung, die ihn auch nach seiner Heirat gefangennahm. Seine einzige musische Errungenschaft, das Geigespielen, wußte Katharina, die unmusikalisch war, nicht zu würdigen; aber jene, die in der Lage waren, seine Leistungen zu beurteilen, konnten bezeugen, daß das in diesem besonderen Fall ihr großes Glück war. Äußerlich war Peter wenig einnehmend. Mit vierzehn hatte er die Physiognomie eines Zehnjährigen. Dazu bekam er als

Jüngling die Pocken, die sein Gesicht entstellten. Man hält es für möglich, daß die Ehe zwischen Katharina und Peter niemals vollzogen wurde. Etwa um 1750 hatte sie die erste einer langen Reihe von Liebesaffären, die in St. Petersburg Stadtgespräch wurden. Zu dieser Zeit hatte sie sich Peters und der Kaiserin Elisabeth entfremdet, und es schien, als sollte sich ihr Ehrgeiz, eine größere Rolle in den Staatsgeschäften zu spielen, nicht erfüllen.

Erst Ende 1762, als Kaiserin Elisabeth plötzlich starb, drehte sich das Glücksrad endlich zu Katharinas Gunsten. Peter III. folgte auf dem Throne nach, aber seine Amtsführung erregte bei so vielen Anstoß, daß nur wenige Russen in einflußreicher Position erwarteten, er werde sich lange an der Macht halten.

Einige von Peters Taten wurden günstig aufgenommen, besonders von den privilegierten Schichten. Weil sich Rußland nach Peter dem Großen langer Friedensperioden erfreut hatte – es gab in den Jahren von 1725 bis 1733 und von 1743 bis 1757 keinen Krieg –, waren die Dienste, die die Adligen dem Staate leisteten, nicht mehr so notwendig, wie sie einmal gewesen waren. Jetzt erhielten die Adligen ein Zugeständnis nach dem anderen, das ihre Lasten minderte, aber gleichzeitig ihre Macht über die Leibeigenen wachsen ließ. So erhielten Gutsbesitzer 1760 das Recht, Leibeigene, die straffällig geworden waren, nach Sibirien zu deportieren. Darüber hinaus wurden die deportierten Leibeigenen der Quote der Rekruten, welche die Gutsbesitzer der Armee zu stellen hatten, gutgeschrieben. Das Kernstück dieser Maßnahmen war 1762 die sogenannte Emanzipation des Landadels. Von da an schuldeten Adlige dem Staat keine Dienstleistungen mehr und konnten sich, außer in Kriegszeiten, von der Armee und der Staatsverwaltung zurückziehen. Sie hatten jetzt auch das Vorrecht, frei ins Ausland zu reisen, und konnten in die Dienste fremder Mächte treten. Aber es wäre falsch, daraus zu schließen, daß Adlige nun »Bürger« in der westlichen Bedeutung des Wortes waren. Die Machthaber konnten immer noch körperliche Strafen gegen sie verhängen und unter dem Schutz der Staatsmacht ihre Erbgüter einziehen. Zar Peter erließ jedoch verschiedene andere Dekrete, die das autokratische Regime liberalisierten. Er schaffte die Geheimpolizei ab, hob den Arrest für politische Dissidenten auf und ordnete eine nachsichtigere Behandlung der Altgläubigen an; viele durften aus fremden Ländern zurückkehren, in die sie geflohen waren, um Elisabeths Verfolgungen zu entgehen.

Aber Peter machte sich auch viele Praktiken und Gewohnheiten zu eigen, die wichtige Adelskreise befremdeten. Zum einen setzte er die Autorität des Senats, dessen Mitglieder seit der Zeit von Peter dem Großen ein beträchtliches

Maß an Macht ausgeübt hatten, wesentlich herab. Wichtiger aber war, daß Peters Besessenheit für deutsche Belange die Mitglieder seines Hofes empörte. Weil er Friedrich den Großen von Preußen verehrte, zog er sein Land jäh aus dem Krieg zurück, den es gegen den deutschen Staat geführt hatte, unter Bedingungen, die deutlich zum Nachteil für Rußland waren. Zu jedermanns Erstaunen erschien er oft in einer preußischen Uniform in der Öffentlichkeit, und einmal, auf einem Staatsbankett, unterbrach er das Protokoll, indem er sich von seinem Sitz erhob und sich vor der Büste Friedrichs »Hals über Kopf niederwarf«. Als sei das nicht genug, setzte Peter unter seinen Adligen genau festgelegte preußische Drillübungen durch und bevorzugte die »Holsteiner Garden«, Soldaten, die aus Deutschland gekommen waren, vor den russischen Garden. Wieder und wieder sprach er von Rußland als »einem verwünschten Land«.

Sein Verhalten im Privatleben vermittelte keinen besseren Eindruck. Kaum ein Tag verging, an dem er zur Schlafenszeit noch nüchtern war. Da er in Anspruch nahm, ein fähiger Schauspieler zu sein, unterhielt er Gäste in seinem Palast, indem er sein Gesicht auf verschiedenerlei Arten verzog. Als sie eine der Aufführungen des Zaren sah, rief eine Dame bei Hofe aus, daß »wonach immer er ausgesehen hat, als er ... [seine Gesichter] machte, er nicht wie ein Zar ausgesehen hat«. Andrei Bolotow, ein Chronist jener Epoche, faßte die Gefühle des Volkes treffend zusammen: »Die Russen knirschten vor Wut mit den Zähnen.« Politisch von Grund auf ungeschickt, machte Peter sich nicht nur eine gesellschaftliche Gruppe nach der anderen zum Feind; er demütigte Katharina auch öffentlich und bot so der wachsenden Opposition einen natürlichen Führer, um den sie sich versammeln konnte. Katharina zog Vorteil aus der politischen Isolation des Zaren, und am 9. Juli 1762 führte sie, während Peter außerhalb St. Petersburgs seine Holsteiner Garden drillte, einige Tausend Soldaten und Adlige in die Kirche Unserer Lieben Frau von Kasan, um vom Erzbischof von Nowgorod formell zur Kaiserin von Rußland gekrönt zu werden. Drei Tage später ging sie nach Peterhof, dem kaiserlichen Palast, und nahm ihn ohne Widerstand in Besitz. Peter erkannte die Hoffnungslosigkeit seiner Lage und dankte in aller Stille ab. Er beendete seine sprunghafte und eigenwillige Regierung von sechs Monaten in einem Schloß in Ropscha, wenige Meilen von St. Petersburg entfernt. Aus dem Gefängnis ersuchte er Katharina, großmütig zu sein, aber am 16. Juli starb er, anscheinend von Soldaten ermordet. Ob Katharina bei der Tat eine Rolle spielte oder nicht, ist eine offene Frage, aber viele Zeitgenossen waren überzeugt, daß sie beim Tod des Zaren die Hand im Spiel hatte. Horace Walpole, Sohn von Großbritanniens berühmtem Premierminister, sprach von ihr als »Katharina Zarentod«. Viele Experten in Europa, die wußten, daß sie kein gesetzliches Recht auf den Thron hatte, bezweifelten, daß sie die Macht behalten würde. Aber Katharina erwies sich als weit hartnäckiger, als man vermutet hatte; schnell warf sie mehrere Verschwörungen nieder, und indem sie dies tat, zeigte sie ihre Entschlossenheit, mit eiserner Hand zu herrschen.

Katharina II.

In der öffentlichen Meinung außerhalb Rußlands hat Katharinas lange Herrschaft, von 1762 bis 1796, wegen ihres phänomenal langen Lebens traurige Berühmtheit erlangt. Ihre amourösen Abenteuer waren fraglos bemerkenswert, aber es wäre ein Fehler, sie als einen Souverän abzutun, dessen einziges Interesse in seinem Privatvergnügen lag. Es wäre auch ungenau, sie als eine ichsüchtige Frau zu betrachten, die Männer nur benutzte, um ihre fleischlichen Gelüste zu befriedigen. Sicher hatte sie von 1752 bis zu ihrem Tod nicht weniger als 21 Liebhaber, gewöhnlich Männer in der Blüte ihrer Jahre mit beeindruckender Körperlichkeit. Auch stimmt es, daß, je älter sie wurde, die Männer, die sie wählte, umso jünger waren. Als sie beispielsweise Anfang sechzig war, nahm sie einen 22jährigen Liebhaber. Sie war jeder ihrer Liebschaften leidenschaftlich ergeben, solange die Liaison anhielt, und für alle behielt sie nachher eine gewisse Zuneigung. »Gott ist mein Zeuge«, erklärte sie 1774, »daß ich sie nicht aus einer Lockerheit heraus nahm, für die ich keine Neigung habe. Wenn das Schicksal mir in der Jugend einen Ehegatten gegeben hätte, den ich hätte lieben können, so wäre ich ihm immer treu geblieben. Die Schwierigkeit ist, daß mein Herz nicht willens ist, eine Stunde ohne Liebe zu bleiben.«

Zwei von Katharinas Liebhabern übten beträchtlichen politischen Einfluß aus – sie half Stanislaus Poniatowski sogar, den polnischen Thron zu erlangen, lange, nachdem ihre Affäre geendet hatte –, und alle wurden von der Kaiserin großzügig belohnt. Einer, Grigorij Potemkin, der ihr ein wertvoller Gehilfe wurde, erhielt angeblich die phantastische Summe von 50 Millionen Rubeln, von den insgesamt 92 Millionen, die sie an Liebhaber verschwendete.

Doch trotz ihrer zeitraubenden Beschäftigung mit sinnlichen Vergnügungen war Katharina ein hingebungsvoller und hart arbeitender Souverän. Seit Peter dem Großen war Rußland nicht mehr von solch einem energischen, aufopfernden und erfolgreichen Herrscher regiert worden. Sie übte entscheidende

Macht aus, indem sie die Staatspolitik in inneren wie äußeren Angelegenheiten festlegte und ausführte.

Sie hatte in der Tat große Dinge mit Rußland vor, aber die Durchführung blieb oft hinter ihren Plänen zurück. Ende der sechziger Jahre verkündete die Kaiserin beispielsweise: »Friede ist wichtig für dieses riesige Reich; was wir brauchen, ist eine größere Bevölkerung, keine Verwüstung ... Der Friede wird uns größere Wertschätzung bringen als die stets ruinösen Unwägbarkeiten des Krieges.« Aber die Erfordernisse des Handelns und ihre Sehnsucht nach Ruhm bewogen sie, mehrere aggressive Schritte zu unternehmen. 1763 beispielsweise befahl sie ihren Truppen, das Herzogtum Kurland zu besetzen, das später dem Reich einverleibt wurde. Dreimal war sie behilflich, die Teilung Polens in die Wege zu leiten, und jedesmal annektierte sie einen Teil dieses unglücklichen Landes. Ihre bedeutendsten Gewinne wurden auf Kosten der Türkei erzielt, gegen die sie unter Mißachtung ihrer Generäle, die fürchteten, sie würde das Militär des Landes überschätzen, einen erbitterten Krieg führte. Doch das russische Heer setzte sich gegen die Türken durch, die im Vertrag von Küçük Kaynarca (1774) riesige Zugeständnisse machten. Rußland erhielt das Asowsche Meer ebenso wie Landstreifen an der Schwarzmeerküste sowie das Recht für seine Handelsflotte, sich im Schwarzen Meer frei zu bewegen. Dazu gab die Türkei die Krim auf, die Rußland neun Jahre später annektierte. In späteren Kriegen mit der Türkei (1787-92) nahm Rußland Otschakow und die Küsten des Schwarzen Meeres bis zum Dnjestr in Besitz. Rußland kontrollierte nun, was allgemein als seine natürlichen Grenzen im Süden betrachtet wurde.

Katharina gelang es nicht, das Osmanische Reich zu zerstören, wie sie gehofft hatte, aber sie schwächte es natürlich erheblich und erhöhte Rußlands Macht beträchtlich. Unter ihrer Herrschaft vergrößerte sich Rußland um 200 000 Quadratmeilen, und die Bevölkerung wuchs von 19 auf 36 Millionen. Die außenpolitischen Erfolge brachten Katharina, mehr als alle anderen Leistungen, den Titel »die Große« ein. Aber es sollte auch festgehalten werden, daß sich Rußlands Expansion auf lange Sicht als ein zweischneidiges Schwert erwies – denn sie erhöhte in Rußland die Zahl der unzufriedenen Untertanen. So umfaßte das Reich eine beträchtliche polnische Bevölkerung, wahrscheinlich über 2 Millionen, wovon die meisten sich nach einem unabhängigen polnischen Staat sehnten. Im 19. Jahrhundert war die »polnische Frage« für die russischen Führer ein ewiges Problem, zweimal (1831 und 1863) erhoben sich die Polen in blutigen Aufständen, die unter hohen Verlusten niedergeschlagen wurden. Auch gehörte durch die Annexion Polens erstmals eine größere Anzahl Juden zum Russischen Reich, etwa 500 000, eine Zahl, die Anfang des

20. Jahrhunderts auf ungefähr 5 Millionen angewachsen war. Von vielen Russen als fremdes Volk mit sonderbaren religiösen Überzeugungen beargwöhnt und nicht bereit, sich anzupassen, wurden die Juden zahlreichen wirtschaftlichen, gesellschaftlichen und politischen Restriktionen unterworfen, die im Gegenzug viele von ihnen der vorherrschenden Ordnung feindselig gegenüberstehen ließen.

Es gab auch im Bereich der Innenpolitik einen Widerspruch zwischen den erklärten Zielen der Kaiserin und ihren Handlungen. Sie behauptete, eine aufgeklärte Regierungsform, die auf »europäischen Prinzipien« gegründet war, zu favorisieren, und suchte ihre Vorliebe für fortschrittliche Neuerungen zu demonstrieren, indem sie regelmäßig mit Voltaire und anderen Vorreitern der französischen Aufklärung korrespondierte. Sie bewunderte ihre Schriften aufrichtig und war der ehrlichen Überzeugung, ihre Jüngerin zu sein, aber sie wußte auch, daß der Kontakt mit den *philosophes* ihren Ruf als gütige und nachdenkliche Herrscherin befördern würde. Als sie hörte, daß Denis Diderot, Herausgeber der gelehrten *Encyclopédie*, in finanziellen Schwierigkeiten steckte, zahlte sie ihm für seine Bibliothek (die, solange er lebte, in Paris blieb) 15 000 Francs und ernannte ihn zu deren Bibliothekar mit einem jährlichen Gehalt von eintausend Francs. Zudem bot sie, als die französische Regierung die Publikation der *Encyclopédie* wegen der liberalen Ansichten in vielen ihrer Einträge verhinderte, an, sie in Riga zu drucken.

In ihrem Eifer, die *philosophes* zu beeindrucken, verfiel Katharina bei Gelegenheit auf unrealistische Beschreibungen der Verhältnisse in Rußland. Sie teilte Voltaire mit, »es gibt keinen einzigen Bauern in Rußland, der nicht Huhn essen kann, sofern es ihm beliebt, obwohl er in letzter Zeit Truthahn dem Huhn vorgezogen hat«, weil sie ihrem Volk so niedrige Steuern auferlege. Sie versicherte ihm auch: »Es gibt keinerlei Mangel; das Volk verbringt seine Zeit mit Erntedankmessen, Tanz und Jubel.«

Katharinas Schriften waren keineswegs zur Selbstglorifizierung bestimmt. In ernsthafter Manier schrieb sie ausführlich über gesellschaftliche, pädagogische und historische Themen, verfaßte, durch Shakespeare angeregt, Tragödien sowie Libretti für Musikkomödien. Ihre *Anmerkungen zur russischen Geschichte*, die sich mit der Zeit vom 9. bis zum 13. Jahrhundert befassen, sind ein umfangreiches, sechsbändiges Werk, in dem sie zu zeigen versucht, daß ein Vergleich von Rußlands Entwicklung mit der westlicher Staaten vorteilhaft für ersteres ausfällt und daß der monarchische Absolutismus einen günstigen Beitrag dazu geleistet hat. Trotz orthographischer und grammatikalischer Schwächen und obwohl es ihnen an Originalität mangelte, beeindruckten Katharinas

Schriften die *philosophes* als Ausführungen eines denkenden Menschen und daher einer verwandten Seele.

Sie waren über die Worte hinaus von den Aufmerksamkeiten geschmeichelt, mit denen eine begabte und mächtige Monarchin sie überschüttete. Selbst als Diderot 1773 Rußland besuchte und somit die Gelegenheit hatte, einige der Behauptungen der Kaiserin über die Verhältnisse in ihrem Land zu überprüfen, kompromittierten weder er noch die meisten seiner Kollegen sie in der Öffentlichkeit. Diderot überhäufte sie im Gegenteil als eine Herrscherin, die der Gewissensfreiheit Bahn brach, mit Lob und beschrieb sie als eine Verbindung von »der Seele des Brutus mit dem Zauber der Kleopatra«. Voltaire rief aus: »Lang lebe die entzückende Katharina!«, und einmal verglich er sie vor lauter Begeisterung mit der heiligen Katharina, ein Anspruch, den sie die Bescheidenheit und die Vernunft hatte, zurückzuweisen.

Selbst eine oberflächliche Untersuchung von Katharinas Innenpolitik wirft Fragen hinsichtlich der Tiefe ihres Reformwillens auf. Mit einigem Wirbel rief sie 1767 eine Gesetzgebungskommission zum Zwecke eines neues Gesetzeskodex auf der Grundlage der fortschrittlichsten Gesetzeslehren zusammen. Um die Kommission anzuleiten, schrieb sie eine umfangreiche *Instruktion*, die sich aus 653 Abschnitten zusammensetzte, in der sie ihren Ansichten über jedes denkbare Thema Ausdruck gab. Obwohl sie sich stark an die Schriften von Montesquieu, Beccaria und Baron J. F. Bielefeldt anlehnte, drei wohlbekannten Autoren mit aufgeklärter Sicht auf Fragen der Gesetzgebung, erwies ihr Gesellschaftsprogramm sich als ziemlich konservativ. Sie war nicht bereit, die Vorrechte des Adels zu verringern, und obwohl sie eine Besserung des Loses der Bauern vorschlug, trat sie nicht für die Abschaffung der Leibeigenschaft ein, das größte Übel Rußlands. Auf jeden Fall war die Gesetzgebungskommission so groß und ihre Vorgehensweise so schwerfällig, daß sie sehr wenig leistete. Sie vermochte nicht, einen neuen Kodex zusammenzustellen, aber sie versorgte die Regierung mit Bescheiden, die zu den Verwaltungsreformen führten, welche nach der Niederlage Pugatschows verordnet wurden.

1775 verfügte Katharina eine Reform der Provinzverwaltung, die bis 1864 in Kraft blieb. Sie teilte die bestehenden Provinzen in neue Einheiten mit 300 000 bis 400 000 Einwohnern auf und bildete eine Subkategorie von Landkreisen mit 20 bis 30 000 Einwohnern. Die Zentralregierung wurde ermächtigt, die Provinzgouverneure zu ernennen, die als Ausführungsorgane mit Regierungs- und Gesetzgebungsgewalt in ihren Gebieten amtierten. Gouverneure konnten direkt mit dem Souverän in Verbindung treten. So hatte ihre Stimme in der Verwaltung der Provinzen besonderes Gewicht.

Die anderen erwähnenswerten Reformen waren die Adelscharta und die Städtecharta, beide 1785 erlassen. Die erste setzte fest, daß kein Adliger seiner Ehre, seines Lebens, seines Besitzes oder Titels beraubt werden durfte ohne ein Verfahren seitens seiner Standesgenossen. Wenn ein Adliger eines ernsten Verbrechens schuldig befunden wurde, sollte sein Vermögen nicht, wie das die Praxis gewesen war, eingezogen werden, sondern an seine Erben gehen. Weiterhin wurden Adlige von körperlicher Züchtigung, der Kopfsteuer und der Verpflichtung, Truppen im Hause einzuquartieren, ausgenommen. Schließlich konnten die Adligen einer Provinz jetzt eine Körperschaft unter Leitung einer Generalversammlung und eines Provinzmarschalls für den Adel bilden. Die Versammlungen, die alle drei Jahre zusammentreten sollten, waren berechtigt, Gesuche an die Krone, den Senat und verschiedene Beamte zwecks Wiedergutmachung von Mißständen und besonderer administrativer Maßnahmen zu richten, aber die Gesuche waren auf Angelegenheiten, die den örtlichen Adel betrafen, zu beschränken. Die Machthaber in St. Petersburg trafen bewußt keinerlei Vorkehrungen für eine Organisation der Adligen auf nationaler Ebene, die möglicherweise die Zentralregierung infrage stellen konnte.

Die zweite Reform gab den Städten eine gemeinsame Rahmengesetzgebung. Sie schrieb städtische Verwaltungsorgane vor, die von reichen Kaufleuten beherrscht werden sollten, aber ihre Befugnisse waren so begrenzt, daß das, was sie hervorbrachten, als unwesentlich betrachtet wurde.

Daß Katharinas Überzeugung von den Prinzipien der Aufklärung nur ein Lippenbekenntnis war, ergibt sich beispielhaft aus ihrer Reaktion auf Pugatschows Rebellion, einem der blutigsten Bauernaufstände in der Geschichte Rußlands. Emilian Pugatschow, ein ungebärdiger Donkosak, der mehrere Jahre in der kaiserlichen Armee verbracht und in zahlreichen Schlachten in Polen und der Türkei gekämpft hatte, war wegen seiner Weigerung, in der Armee zu bleiben, nachdem er sich eine schwere Krankheit zugezogen hatte, eingekerkert worden. Er entfloh zu den Kosaken, in ein Gebiet östlich der Wolga, dessen Bewohner einige Male den Kampf aufgenommen hatten, um ihre Unabhängigkeit zu bewahren. Pugatschow erhielt von diesen Kosaken Unterstützung und versicherte sich dann der Dienste weiterer unzufriedener Gruppen, vorzugsweise Bauern und Altgläubige. 1773 proklamierte er sich selbst zu Zar Peter III., Katharinas Gatten. Dann fuhr er fort, eine Gefolgschaft hinter sich zu versammeln, annähernd 30 000 Mann, aus denen er ein wildes, aber zerlumptes Heer machte. Die Ziele, die er nannte, waren einfach: Die Beseitigung der Herrschaft von Gutsbesitzern und Regierungsbeamten, ein Ende der Leibeigenschaft und die Abschaffung von Steuern und Militärdienst. Im Namen dieser Ziele verwüsteten Pugatschow und seine irregulären Truppen das Land und führten eine wahre Schreckensherrschaft ein. Wer sich widersetzte, riskierte, von seinen gnadenlosen Anhängern getötet zu werden.

Als Katharina zuerst von dem Aufstand erfuhr, war sie erschüttert, aber sie weigerte sich, etwas gegen die Insurgenten zu unternehmen. Sie unterdrückte alle Nachrichten über die Erhebung, weil sie fürchtete, daß Berichte über zivile Unruhen ihrem guten Ruf als aufgeklärte Herrscherin eines glücklichen Landes schaden würden. Was würden Voltaire und Diderot denken, wenn sie von Pugatschow erfuhren? Aber im Juli 1774 griff der Prätendent die wichtige Stadt Kasan an, und obwohl er sie nicht eroberte, brannte er einen großen Teil der Stadt nieder. Zu diesem Zeitpunkt hielt Pugatschow einen großen Landstreifen im östlichen Rußland, und es schien wahrscheinlich, daß er Moskau selbst angreifen würde. Katharina konnte ihn nicht länger ignorieren. Sie versammelte ein riesiges Heer, dem die disziplinlosen Marodeure des Rebellen nicht gewachsen waren, und das im Herbst 1774 die Aufständischen vernichtete. Pugatschow, von seinen Genossen verraten, wurde gefangengenommen und in einem Käfig nach Moskau befördert. Die Minister der Kaiserin drängten diese, an dem machthungrigen Kosaken ein Exempel zu statuieren und ihn verschiedenen Folterungen zu unterwerfen, aber das hätte ihren erklärten Prinzipien widersprochen. Statt dessen befahl sie, ihm im Kremlpalast den Prozeß zu machen. Er wurde für schuldig befunden und am 11. Januar 1775 hingerichtet. Dann wurde er an einen Pfosten gebunden, und Teile seines zerstückelten Leichnams wurden öffentlich ausgestellt, bevor sie verbrannt wurden.

Nur einige wenige Rebellenführer wurden hingerichtet. Die Regierung zog es vor, die meisten von ihnen zu brandmarken, ihnen die Nasenlöcher aufzuschlitzen und sie dann zu Zwangsarbeit zu verurteilen. Die Vergeltungsmaßnahmen gegen die aufständischen Bauern waren die grausamste Erscheinung von Katharinas Politik. Die Armee behandelte sie so schonungslos, daß ihr Bemühen um Frieden, wie sich herausstellte, ebensoviele Menschenleben kostete wie der Aufstand selbst. Alles in allem forderte die Rebellion das Leben von 20000 Aufständischen und 3000 Beamten und Adligen. »Die Pugatschow-Revolte«, hielt der Historiker Nikolai Rjasanowsky fest, »diente dazu, einmal mehr eindringlich und tragisch auf die Kluft zwischen französischer Philosophie und russischer Wirklichkeit hinzuweisen.« Die Pugatschow-Revolte wurde in der russischen Geschichte und Folklore bewahrt, von vielen Bauern und Radikalen verehrt und vom Rest der Gesellschaft mißbilligt.

Von da an stand Katharina dem Liberalismus sogar noch mißtrauischer gegenüber, obwohl sie ihre wahren Gefühle unter einem Schwall hochfliegender Verkündigungen zu verheimlichen suchte. Als sie aber vom Fortgang der Französischen Revolution hörte, die auch auf Gedankengut zurückging, wie sie es vertreten hatte, konnte sie nicht länger ruhig bleiben. »Man weiß nie«, schrieb sie im Januar 1791, »ob man mitten unter Morden, Gemetzeln und Aufruhr der Höhle der Diebe lebt, die in Frankreich die Regierung übernommen haben und es bald in Gallien verwandeln werden, wie es zu Zeiten Caesars war. Aber Caesar wirft sie nieder! Wann wird dieser Caesar kommen! Oh, kommen wird er, da gibt es keinen Zweifel.« Die Hinrichtung von Ludwig XVI. zwei Jahre später versetzte sie in einen Anfall der Angst und Wut: »Der Name Frankreich sollte ausgetilgt werden! Gleichheit ist ein Ungeheuer. Sie würde gern Königin sein!«

In Rußland selbst lehnte Katharina es ab, Ideen zu tolerieren, die ihr mißfielen. 1790 sorgte beispielsweise Alexander Radistschew, ein empfindsamer und mutiger Mann, für eine Sensation, als er seine *Reise von Petersburg nach Moskau* veröffentlichte, eine Aufdeckung der Schrecken der Leibeigenschaft, des Despotismus und der Käuflichkeit der Ämter. Die Kaiserin erkannte an, daß Radistschew ein Mann der »Vorstellungskraft« und »Gelehrsamkeit« sei, aber sie konnte ihm nicht verzeihen, daß er die Übel aufgedeckt hatte, die es in Rußland gab. »Der Zweck dieses Buches«, erklärte sie, »tritt auf jeder Seite klar zu Tage: Sein Verfasser, angesteckt von und angefüllt mit dem französischen Wahnsinn, versucht, auf jede nur erdenkliche Weise den Respekt vor der Autorität niederzureißen ... im Volk Empörung gegen die ihm Vorgesetzten und die Regierung zu stiften.« Radistschew wurde verhaftet, der Aufwiegelung angeklagt und zum Tode verurteilt. Der harte Urteilsspruch wurde, wahrscheinlich auf Katharinas Empfehlung, in zehn Jahre Verbannung nach Sibirien umgewandelt.

Man muß der Kaiserin zugute halten, daß ihre Regierungszeit sicherlich erfolgreich war. Ihr größter Ehrgeiz – in gebildeten Kreisen beliebt zu sein und den Ruf zu erlangen, Ruhm und Macht Rußlands vermehrt zu haben – wurde erfüllt. Doch in ihren letzten Lebensjahren wurde sie von dem Gedanken gepeinigt, daß der Thron an ihren labilen Sohn Paul übergehen würde, mit dem sie nie gut ausgekommen war. Obwohl Pauls Abstammung niemals unzweifelhaft feststand, setzte er voraus, daß Peter III. sein Vater gewesen war und glaubte sich daher berechtigt, anstelle seiner Mutter zu herrschen. Wohl aus dem Bewußtsein heraus, daß viele Russen seinen Anspruch für gerechtfertigt hielten, hatte Katharina Paul immer in Schach gehalten und sogar verschiedenen ihrer Favoriten erlaubt, ihn zu demütigen. Auch ihre erklärte Absicht, ihn zu enterben, konnte nur zu seiner Feindschaft ihr gegenüber und seinem Ärger über die Schwäche seiner Position beitragen. Aus unbekannten Gründen versäumte es Katharina, ihren geliebten Enkel Alexander zu ihrem Nachfolger zu ernennen, und als sie 1796 starb, wurde der kaiserliche Hof wiederum zum Zentrum zahlloser Intrigen.

Paul I.

Der 42jährige Paul, der den Thron bestieg, war weder dumm noch ungebildet, aber es fehlte ihm die Veranlagung zu regieren. Voller Haß auf seine Mutter verfolgte er eine Politik oftmals nur, weil sie sich von der ihren unterschied. Aber zusätzlich machte seine Persönlichkeit ihn ungeeignet zur Führerschaft. Er war ungestüm, äußerst reizbar, rachsüchtig und zutiefst unbeständig. Sicherlich hatte er einige erhabene Ideale und führte tatsächlich einige wichtige Reformen ein, aber gleichzeitig glaubte er fest an den Absolutismus. Nach Pauls Ansicht sollte der Herrscher das Land patriarchalisch regieren und die Verhältnisse des Volkes bessern, indem er sich für Bildung und soziale Wohltaten stark machte. Aber er bewunderte auch Lebensführung und Gepflogenheiten von Peter dem Großen und hob die erhabene Stellung des Herrschers hervor. Er soll gesagt haben, daß in seinem Reich »keiner groß ist außer dem einzigen, mit dem ich spreche, und das auch nur, solange ich mit ihm spreche«.

Paul begann seine Herrschaft wie so viele Zaren vor ihm in großzügigem Geiste. Er suchte keine Rache an den Mördern seines Vaters, er befreite Radistschew und mehrere andere politische Gefangene aus der Verbannung und behielt die meisten Ratgeber seiner Mutter. Eine seiner wichtigeren und dauerhaften Maßnahmen war 1797 die Aufhebung des Erlasses von Peter dem Großen, der den Souverän ermächtigt hatte, seinen Nachfolger zu bestimmen. Weil er viel zur politischen Unbeständigkeit des 18. Jahrhunderts beigetragen hatte, wurde Peters Erlaß als schlecht durchdacht betrachtet. Paul verfügte, daß die Nachfolge erblich in Übereinstimmung mit dem Grundsatz der Primogenitur (Erbfolgerecht des Erstgeborenen) sein sollte. Nur Männer sollten für die Thronbesteigung in Frage kommen. Der Erlaß sorgte im letzten Jahrhundert der Romanow-Dynastie an der Spitze der politischen Strukturen für Stabilität.

Auf dem Gebiet der Außenpolitik beendete Paul fürs erste die kriegerischen Ambitionen seiner Mutter, die Rußland in zahlreiche Kriege verwickelt und die

Kassen geleert hatte. Er führte Rußland aus dem gegen Frankreich gerichteten Bündnis heraus, aber kurz danach versetzten ihn einige von Napoleons Aktionen und wiederaufgenommenen Feindseligkeiten in Wut. Pauls Vorgehensweise gegenüber den Bauern, der größten Mehrheit im Volke, war ebenso widersprüchlich. Er machte geltend, das Los der Leibeigenen erleichtern zu wollen und stellte deren Recht, Gesuche an die Krone zu richten, wieder her; im April 1797 verbot er den Gutsherrn in einem Erlaß, Leibeigene am Sonntag zur Arbeit zu zwingen. Gleichzeitig jedoch dehnte er das Recht der Kaufleute, Leibeigene zur Arbeit in Industrieunternehmen zu kaufen, aus, erhöhte die Verpflichtungen, die Bauern in bestimmten Gebieten auferlegt waren, und machte eine halbe Million Staatsbauern zu Leibeigenen, indem er sie privaten Gutsbesitzern übereignete. Und Bauernaufstände wurden mit der üblichen Härte unterdrückt.

Pauls Verderben war nicht so sehr seine Widersprüchlichkeit als vielmehr seine unfreundliche Haltung gegenüber dem Adel. Er hob die Adelscharta nicht auf, aber in der Praxis beschnitt er die Privilegien der Adligen, von denen nun verlangt wurde, eine Steuer auf ihre Liegenschaften wie auch andere Steuern zu zahlen. Mehr noch übte er starken Druck auf Adlige aus, dem Staat zu dienen, und Adlige, die eines schweren Verbrechens überführt waren, durften wieder geprügelt werden. In der Armee bestand Paul auf strengerer Disziplin, größerer Effizienz und der Beseitigung der Korruption. Nach etwa drei Jahren auf dem Thron wurde Paul vollends zum Unterdrücker. Er verbot ausländische Bücher, Zeitungen und sogar ausländische Musik, und er führte die Einschränkungen der Reisen ins Ausland wieder ein. Die Zensur des gedruckten Wortes wurde verschärft und selbst auf den privaten Briefwechsel ausgedehnt. Unzufrieden mit der Leistung seiner Beamten, entließ Peter einen nach dem anderen, oft ohne triftigen Grund.

Hohe Würdenträger bei Hofe und eine Gruppe Adliger verschworen sich, Paul zu stürzen und seinen Sohn, Großfürst Alexander, als Zaren einzusetzen. Es ist sicher, daß Alexander dem *coup d'état* seine Zustimmung gegeben hat, obwohl nicht bekannt ist, ob er den Mord an seinem Vater guthieß. Es kann sein, daß die Verschwörer, Armeeoffiziere, nicht wirklich vorhatten, Paul zu töten, als sie den Raum im Michailowschen Palais betraten, um die Abdankung zugunsten seines Sohnes zu fordern. Dem glaubhaftesten Bericht zufolge hörten die Verschwörer im Laufe der Begegnung mit dem Zaren Fußtritte und fürchteten, daß Männer Paul zu Hilfe kämen. Um ihre Verschwörung nicht scheitern zu lassen, erdrosselten die Eindringlinge den Zaren. Es war Rußlands letzte Palastrevolution.

V Rußland als Großmacht, 1801-55

In der ersten Hälfte des 19. Jahrhunderts änderte sich der Status des Russischen Reiches auf der internationalen Bühne dramatisch. Nach 1812 erreichte es den Höhepunkt an Ansehen und Einfluß, doch Mitte der fünfziger Jahre erlitt Rußland eine militärische Niederlage, welche die innere Schwäche des Landes enthüllte und seine Bedeutung als Großmacht in Zweifel zog. Die Zaren Alexander I. (1801-25) und Nikolaus I. (1825-55) sonnten sich in Rußlands erhöhtem Status, aber beide schienen zu spüren, daß politische und gesellschaftliche Veränderungen notwendig waren, um diesen Status zu bewahren. Von Zeit zu Zeit erwogen sie tatsächlich eine ganze Reihe von Reformen und führten einige wenige sogar durch, aber es war keine darunter, die die Gesellschaftsstruktur grundlegend verändert hätte. Am Ende unterschied sich Rußland 1855 politisch und gesellschaftlich nicht nennenswert vom Rußland des Jahres 1801.

Man ist versucht, das Versäumnis der Zaren, weitreichende Reformen eingeführt zu haben, einem Mangel an Einsicht sowie Charakterschwäche zuzuschreiben. Vielleicht hätten weitsichtigere und stärkere Herrscher mehr bei der Umwandlung Rußlands in einen modernen Staat erreichen können als Alexander und Nikolaus, aber man sollte sich vergegenwärtigen, daß die Zaren sich hartnäckigen Problemen gegenübersahen. Wie in den vorangegangenen Kapiteln angedeutet, behielt Rußland Einrichtungen bei – die Autokratie, die Leibeigenschaft, eine starre Gesellschaftsstruktur –, die Veränderungen äußerst schwierig machten. Die Zaren und viele ihrer Ratgeber zitterten bei dem Gedanken, daß jede grundlegende Änderung in den Einrichtungen ihres Landes Aufstände hervorrufen würde, wie sie sich im 17. und 18. Jahrhundert ereignet hatten. Furcht vor einem Zusammenbruch der gesamten Autoritätsstruktur lähmte die Zaren bei allen Versuchen, mit einigen der kritischen Probleme fertig zu werden, denen die Nation sich gegenübersah. Das Ergebnis war Stillstand und ein langsames, aber stetiges Anwachsen der Unzufriedenheit im Volk mit dem *status quo*.

Zar Alexander I. schwankte so häufig in der Verfolgung seiner innen- und außenpolitischen Ziele, daß Zeitgenossen oftmals auf ihn als der »rätselhafte Zar«, die »Sphinx« und der »gekrönte Hamlet« anspielten. Erzogen am Hof Katharinas der Großen durch den Schweizer Republikaner César La Harpe, erhielt Alexander ein gutes Grundwissen über die Ideen der Aufklärung, von denen er sich lange angezogen fühlte. Als junger Mann sprach er oft von der Notwendigkeit, Rußland zu liberalisieren, und selbst als Souverän bemühte er sich um Erneuerung. Er ging so weit, anzudeuten, er ziehe eine Monarchie vor, die auf dem Gesetz statt auf der Laune eines Einzelnen gegründet sei, und daß er wünsche, die Lage der Bauern merklich zu verbessern. Gleichzeitig hing Alexander leidenschaftlich den militärischen Werten, Disziplin und Reglement, an. 1812, im Alter von 35 Jahren, geriet er zunehmend unter den Einfluß eines religiösen Mystizismus, der seine politischen Ansichten beeinflußte. Nun trat er für eine Umstrukturierung der Welt in Anlehnung an die christliche Morallehre ein, eine verschwommene Vorstellung, die seinem Eintreten für die Heilige Allianz nach 1815 zugrunde lag. Zu dieser Zeit trat sein Liberalismus weit geringer in Erscheinung als sein Mystizismus und seine Vorliebe für autoritäre Herrschaft. Doch Alexander war auch ein schlauer Mann, ein erfahrener Heuchler, und daher selbst dann noch erfolgreich in der Überzeugung vieler Zeitgenossen, daß sein Liberalismus aufrichtig sei, als er eine Politik verfolgte, die konservativ, bisweilen auch reaktionär war.

In auswärtigen Angelegenheiten beanspruchte er, den Frieden zu hegen und zu pflegen, und führte doch aggressive Kriege gegen Persien, die Türkei und Schweden, die es ihm ermöglichten, sich entlang des Schwarzen und Kaspischen Meeres auszudehnen, Bessarabien zu annektieren und Finnland dem Russischen Reich als ein gesondertes Großherzogtum einzuverleiben. Aber sein bemerkenswertester Erfolg war der Triumph über das außerordentlichste militärische Genie seiner Zeit, Napoleon Bonaparte, der 1804 Kaiser von Frankreich geworden und entschlossen war, Europa zu beherrschen. Niemand hätte solch einen Triumph vorhergesagt. Tatsächlich verkündete Alexander in den europäischen Kriegen dieser Zeit Rußlands Neutralität, aber spätestens 1805 war der Zar durch Napoleons Landhunger und die hochmütige Behandlung seiner Gegenspieler verärgert. Alexander verbündete sich jetzt mit Österreich und Preußen, um den Vormarsch des französischen Anführers zum Stillstand zu bringen, aber innerhalb zweier Jahre (1805–07) erlitt Rußland drei vernichtende Niederlagen, in den Schlachten von Austerlitz, Jena und Friedland. Als Napoleon Frieden anbot, war der Zar bereit, in Verhandlungen einzutreten. Im Juli 1807 trafen sich die beiden Kaiser auf einem prächtig geschmückten Floß mitten auf dem Njemen nahe der Stadt Tilsit und kamen zu einer Übereinkunft, die Frankreich erlaubte, Westeuropa, und Rußland, Osteuropa zu dominieren. Die Vereinbarung kam Napoleon zumindest zeitweise entgegen, weil sie ihm die Möglichkeit bot, sich auf den Kampf mit Großbritannien zu konzentrieren, dem einzigen großen Land, das er nicht hatte unterwerfen können.

Die nächsten paar Jahre hofierte Alexander Napoleon, aber die franko-russische Allianz war zur Kurzlebigkeit verdammt. Einerseits drängten die russischen Adligen den Zaren, die Beziehungen zu Frankreich abzubrechen, weil sie fürchteten, daß »das Kind der Revolution«, als das der Franzosenkaiser bekannt war, gefährliche liberale Ideen exportieren würde, die Rußland zu guter Letzt anstecken könnten. Wichtiger aber war, daß die Interessen beider Nationen auf einem Gebiet nach dem anderen kollidierten. Einerseits würde Napoleons Plan, ein unabhängiges Polen zu schaffen, Rußland Territorien rauben, die es während der jüngsten Teilungen dieses Landes erworben hatte. Ein anderer wichtiger Reibungspunkt war Rußlands Unmut über die Kontinentalsperre, die Wirtschaftsblockade, welche Napoleon gegen Großbritannien verhängt hatte und von der er erwartete, daß weitere europäische Staaten sich ihr anschließen würden. Diese Einrichtung war für russische Exporteure und Gutsbesitzer so schädlich, daß sie sie beharrlich mißachteten, aber Napoleon war nicht der Mann, tatenlos da zu stehen und zuzusehen, wie seine Pläne untergraben wurden. Es gibt auch Vermutungen, daß der Kaiser der Franzosen in diesem Zeitraum an Anfällen von Größenwahn litt. Er sprach selbstsicher davon, Moskau zu erobern und dann weiter nach Indien zu marschieren. Im Taumel seiner vielen militärischen Siege ließ er 1807 seinen Bruder wissen: »Ich kann jetzt alles fertigbringen.«

Napoleons Einfall in Rußland

Am 24. Juni 1812 führte Napoleon, ohne sich damit aufzuhalten, den Krieg zu erklären, seine Grande Armée über den Njemen auf russisches Staatsgebiet und löste so den folgenschwersten Kampf seiner Laufbahn aus. In einem verzweifelten Versuch, Feindseligkeiten zu vermeiden, ersuchte Zar Alexander seinen Widersacher, sich zurückzuziehen, aber der Eindringling ließ sich nicht abschrecken. Der französische Kaiser hatte eine gewaltige Streitmacht von 600 000 Mann für den Feldzug versammelt, und obwohl er keinen genauen Plan gehabt zu haben scheint, drängte er vorwärts. Sollte Napoleon die Bitte des Zaren persönlicher Schwäche zugeschrieben haben, dann sollte er bald eines besseren belehrt werden, denn es stellte sich heraus, daß Alexander angesichts einer ernsten Herausforderung eine Zähigkeit und Courage entwickeln konnte, die seine Untertanen ebenso erschreckte wie seine Feinde. Wie einer seiner Minister treffend bemerkte: »Alexander ist zu schwach, um zu herrschen, und zu stark, um beherrscht zu werden.«

Mehr als anderthalb Jahrhunderte wurde allgemein angenommen, daß die russischen Generäle als Antwort auf die Invasion einer »Skythenstrategie« folgten, den Feind also absichtlich in ein verwüstetes Land lockten und dabei genau wußten, daß seine Bewohner es ablehnen würden, den Eindringlingen die dringend benötigte Verpflegung zur Verfügung zu stellen. Diese Lesart gründet sich unter anderem auf eine Erklärung, die Zar Alexander Armand de Caulaincourt, dem französischen Botschafter in St. Petersburg und einem Vertrauten Napoleons, gab: »Ihr Franzose ist tapfer; aber lange Entbehrungen und schlechtes Wetter zermürben und entmutigen ihn. Unser Klima, unser Winter werden sich mit uns verbünden. Bei Ihnen ereignen sich Wunder dort, wo der Kaiser persönlich anwesend ist; und er kann nicht überall sein, er kann nicht Jahr um Jahr abwesend von Paris sein.« Ungeachtet dieser Bemerkungen gab es aber niemals eine wirkliche Rückzugsstrategie.

In Wirklichkeit zog das russische Heer sich zurück, weil seine Generäle richtig annahmen, ihre Streitkräfte seien zu schwach, um die Franzosen aufzuhalten. Die Verteidiger konnten bestenfalls 150 000 Mann aufbieten, was bedeutete, daß sie vierfach unterlegen waren. Ein zusätzlicher Schwachpunkt der russischen Armee war einem Kenner der Materie zufolge die »Ignoranz und militärische Inkompetenz vieler Offiziere, auch Generäle«. Überdies hatte wegen der weitverbreiteten Korruption unter den Offizieren und der barbarischen Disziplin, die den einfachen Soldaten aufgezwungen wurde, eine allgemeine Demoralisierung eingesetzt. »Reger Gebrauch wurde von der Bastonade gemacht. Der Grundsatz war: Prügele zwei zu Tode, drille den Dritten.« Die einfachen Soldaten fanden ihre brutale Behandlung so unerträglich, daß viele Selbstmord begingen, um ihr zu entkommen.

Im Hinblick auf diese Nachteile hatte General Barclay de Tolly, der für die russische Armee im ersten Teil des Feldzugs die meisten Entscheidungen traf, kaum eine andere Wahl als den Rückzug. Solchermaßen hinderte er Napoleon an der Erreichung seines ersten Angriffsziels in jedem vorangegangenen Krieg: der frühen Vernichtung der gegnerischen Streitmacht. Mit jedem Tag besetzte der Franzosenkaiser mehr Territorium, konnte aber keinen Sieg aufweisen. Noch konnte er sich auch nur einen Moment ausruhen: Der Feind könnte sich plötzlich entschließen, zu kämpfen.

Ungefähr sechs Wochen nach Beginn des Feldzugs warnten mehrere seiner Marschälle Napoleon, daß er im Begriff sei, in eine Falle zu geraten. Sie wiesen darauf hin, daß seine Streitmacht bereits die Belastung des langen Marsches zu spüren begann: Beim Vormarsch von Wilna nach Witebsk waren beispielsweise 8000 der 22 000 Pferde einer Armee eingegangen. Zusätzlich hatten die zurückweichenden Russen bedeutenden Flurschaden angerichtet. Folglich konnten Napoleons Truppen nicht, wie sie es gewöhnt waren, aus dem eroberten Land leben, und den Nachschub den ganzen Weg von Polen heranzuschaffen, warf gewaltige Logistikprobleme auf. Aber das bedrohlichste Anzeichen für die Franzosen war, daß Alexander es trotz seiner Landverluste ablehnte, um Frieden nachzusuchen. Nichtsdestoweniger setzte Napoleon die Verfolgung fort. »Falls notwendig«, beschied er einen seiner Ratgeber, »werde ich bis nach Moskau gehen, die heilige Stadt Moskau, um die Schlacht zu suchen.« An diesem Punkt würde Alexander gezwungen sein, zu kapitulieren, »denn eine Hauptstadt vom Feind besetzen lassen ist gleichbedeutend mit einem Mädchen, das seine Ehre verliert«.

In der Zwischenzeit gab es in der russischen Öffentlichkeit heftige Kritik an den Generälen, weil sie es versäumten, zu kämpfen. Ende August gab der Zar dem Druck seiner Ratgeber nach und ernannte den 67 Jahre alten Michail Kutusow zum Oberbefehlshaber, obwohl ihn der Souverän eigentlich leidenschaftlich ablehnte. Kutusow war ein hochgeachteter Offizier, und in der Hoffnung, die nationale Einheit wiederherzustellen und die Moral im Heer zu stützen, ließ Alexander seine persönlichen Gefühle beiseite. Als einer der wenigen, die den Rückzug als die aussichtsreichste Strategie betrachteten, kündigte Kutusow prompt an, daß er beabsichtige, die alte Zitadelle und frühere Hauptstadt, den Kreml, ohne Kampf aufzugeben. Aber laut General Karl von Clausewitz, dem berühmten deutschen Strategen, der das russische Heer begleitete, schrien »der Hof, das Heer und ganz Rußland« nach der Schlacht. Deshalb beschloß Kutusow, aus im wesentlichen politischen Gründen, standzuhalten und Moskau zu verteidigen.

Am 7. September traf eine russische Streitmacht von 112 000 Mann bei Borodino, ungefähr 75 Meilen südwestlich von Moskau, auf ein französisches Heer von 130 000 Mann. Obwohl der Kampf nur einen Tag dauerte, war es ein grausames Blutvergießen. Die Russen verloren 58 000, die Franzosen 50 000 Mann einschließlich 47 ihrer besten Generäle. Der Ausgang kann nur als unentschieden bezeichnet werden, denn obwohl die Russen wieder zurückwichen, war ihre Moral hoch und ihr Rückzug geordnet. Obwohl der Anspruch vieler Russen, einen entscheidenden militärischen Sieg errungen zu haben,

übersteigert ist, gibt es keinen Zweifel, daß die Schlacht von Borodino ein gro-
ßer moralischer Triumph für Rußland war. Die Franzosen bespöttelten diesen
Anspruch, aber nachdem Napoleon abgesetzt worden war, erkannte er selbst
Borodinos Bedeutung an: »Die schrecklichste von allen meinen Schlachten war
jene vor Moskau. Die Franzosen erwiesen sich als würdig zum Sieg, und die
Russen als würdig, unbesiegbar zu sein.«

Einige Generäle drängten Kutusow, sich mit den Franzosen vor Moskau erneut auf einen Kampf einzulassen, aber der Befehlshaber bestand darauf, abzu-
ziehen. »Sie fürchten einen Rückzug durch Moskau«, teilte er einer Versammlung seiner höchsten Offiziere mit, »aber ich betrachte ihn als umsichtig, weil
er das Heer retten wird. Napoleon ist wie ein reißender Sturzbach, den wir bis
jetzt nicht aufhalten können. Moskau wird der Schwamm sein, der ihn auf-
saugt.« Es war keine leichte Entscheidung, die Kutusow traf. Er verstand, daß
Moskaus Fall auf seine Landsleute demütigend und niederdrückend wirken
würde. Als er sein Privatquartier betrat, brach er in unkontrolliertes Weinen
aus, aber er sollte seinen Entschluß nicht ändern.

Napoleon marschierte im Triumph in Richtung Moskau, und am Morgen
des 14. September 1812 erreichte er die Sperlingshügel, von wo aus er die Stadt
überblicken konnte. Er beauftragte Joachim I. Napoleon, König von Neapel,
eine Abordnung der Würdenträger der Stadt für ihn am Moskauer Haupttor
zusammenzubringen. Sie sollten ihm die Stadtschlüssel übergeben, wie es
in jeder größeren Stadt, die Napoleon besetzt hatte, der Brauch gewesen war.
Zum Erstaunen des Kaisers kam Joachim nach kurzer Zeit wieder zurück,
um zu berichten, daß er »so gut wie keinen wichtigen Bewohner entdeckt
[habe]«. Schnell stellte sich heraus, daß von einer Bevölkerung von 250 000 nur
etwa 12 000 geblieben waren. »Moskau ist leer!« schrie der Kaiser ungläubig
auf. »Unglaublich! Wir müssen hinein. Geh und bring einige der Bojaren.«
Eigensinnig wartete er noch einige Stunden. »Endlich drang ein Offizier, entweder besorgt, ihm zu gefallen, oder überzeugt, daß alles, was der Kaiser wünsche, stattzufinden habe, in die Stadt ein, fing fünf oder sechs Tagediebe und
brachte jene, sie vor seinem Pferd hintreibend, vor das Angesicht des Kaisers,
als bringe er eine Abordnung.«[9] Diese Aktion verletzte den Stolz des Herrschers nur noch mehr, denn »aus den Antworten der Unglücklichen ersah
Napoleon, daß er lediglich einige jämmerliche Tagelöhner vor sich hatte«.

Gegen Abend betrat Napoleon endlich die Stadt, nicht in einer Atmosphäre
der Hochstimmung, wie er es sich vorgestellt hatte, sondern in düsterer Laune.
Früh am nächsten Morgen ritt er zum Kreml, und der Anblick der Festung hob
seine Lebensgeister. »Diese Stadt ist so groß wie Paris«, schrieb er seiner Frau.

»Es gibt hier 1600 Kirchtürme und mehr als tausend schöne Paläste; die Stadt ist mit allem versehen.« Er nahm den königlichen Palast in Beschlag und quartierte sich dort ein, um die Ruhe zu finden, die er dringend benötigte. Aber bevor er auch nur eine Nacht geschlafen hatte, war der Kaiser genötigt, um sein Leben zu fliehen.

Am 15. September brach um acht Uhr abends in einer der Vorstädte ein Feuer aus, ausgelöst vermutlich durch die unachtsamen französischen Soldaten, die die Stadt plünderten. Befehle wurden erteilt, um es zu löschen, und die kaiserliche Gesellschaft zog sich für die Nacht zurück. Zweieinhalb Stunden später wurde Caulaincourt durch seinen Kammerdiener geweckt, der ihm mitteilte, daß die Flammen sich über einen großen Teil der Stadt ausbreiteten. »Ich brauchte nur meine Augen zu öffnen«, erinnerte sich Caulaincourt, »um zu erkennen, daß dem so war, denn das Feuer gab soviel Licht ab, daß es hell genug war, um mitten in der Nacht zu lesen.« Ein starker Nordwind trieb die Flammen in Richtung Stadtmitte; die hölzernen Häuser brannten wie Zunder.

Weitere Feuer brachen in anderen Stadtbezirken aus, und bis 4 Uhr morgens hatte die Feuersbrunst so große Teile der Stadt ergriffen, daß der Kaiser geweckt werden mußte. Innerhalb weniger Stunden war selbst der Kreml bedroht. »Die Luft war so heiß, und das Kiefernholz sprühte derart viele Funken, daß die Balken, welche die Eisenplatten stützten, die das Dach des Zeughauses bildeten, sämtlich Feuer fingen«, erinnerte sich Caulaincourt. Es wurde für Napoleon bald zu gefährlich, im Kreml zu bleiben, und in Begleitung seiner Leibwache und der engsten Ratgeber floh er vor dem Feuer. Er schlug sein Hauptquartier in einem Landhaus nahe Moskau auf. Die Metropole brannte noch zwei Tage lang, und als sich die Flammen schließlich legten, waren etwa 90 Prozent der Stadt zerstört. Die meisten Kremlbauten blieben jedoch unversehrt, und zum Glück für die Franzosen entgingen die Futter- und Getreidehandlungen entlang der Kais ebenfalls den Flammen, so daß die Versorgung der Armee für sechs Monate gesichert war.

Der Brand von Moskau verblüffte und entmutigte Napoleon, der nun von den Russen als »Skythen« und »Barbaren« sprach. Er konnte seinen Ärger nicht bezwingen: »Das übersteigt alle Vorstellungskraft. Dies ist ein Vernichtungskrieg. Solche Zerstörungstaktiken haben in der Zivilisationsgeschichte keine Parallelen ... Seine eigenen Städte zu verbrennen! ... Ein Dämon erfüllt diese Leute! Welch ein Volk! Welch ein Volk!« Sobald das Feuer sich totgelaufen hatte, führte die französische Führung eine Untersuchung durch. Sie kam zu dem Schluß, daß Graf Fjodor Rostoptschin, der Generalgouverneur von Moskau, den Brand und die Räumung der Stadt geplant habe. Die Ermittler machten geltend, daß alle Löschfahrzeuge entweder entfernt oder beschädigt waren und in zahlreichen Gebäuden, darunter dem kaiserlichen Schlafzimmer im Kreml, Zündschnüre gefunden worden seien. Zum Schluß behaupteten die Franzosen, 400 Brandstifter entdeckt zu haben, die ohne viel Federlesens abgeurteilt und hingerichtet wurden.

Die Beweislage dieser Erklärung ist weit davon entfernt, schlüssig zu sein, und Historiker erörtern immer noch die Frage der Verantwortung. Rostoptschin selbst trug nicht dazu bei, diesen Punkt zu klären: Anfangs, als er glaubte, der Brand von Moskau erfreue sich einiger Beliebtheit, nahm er ihn für sich in Anspruch; später, als er erkannte, daß das Volk die Aktion bedauerte, stritt er jede Verbindung dazu ab. Natürlich diente es den Interessen der Franzosen, die Verantwortung den Russen zuzuschieben, und wenn es nur darum ging, sie selbst nicht übernehmen zu müssen. Denn wenn die Russen geglaubt hätten, Napoleon habe ihre heilige Stadt absichtlich verwüstet, dann würden sie den Eindringling mit noch größerer Heftigkeit als zuvor gehaßt haben. Trotz der eingehenden Untersuchungen des Kaisers geschah genau das. In Wirklichkeit ist es ziemlich wahrscheinlich, daß niemand die Feuer mit Absicht gelegt hat und sie, wie Leo Tolstoi in *Krieg und Frieden* behauptet hat, zufällig ausbrachen. Weil die Stadt leer war, wurden sie von niemandem gelöscht und sprangen durch den Wind über.

Nachdem Moskau zerstört war, konnte Napoleon durch die Besetzung der Stadt keinen Druck mehr auf Alexander ausüben, um Frieden nachzusuchen. Ganz im Gegenteil hielt der Zar die Franzosen für verantwortlich für das Unglück, und er wurde unerbittlicher denn je in seinem Widerstand, mit ihnen zu verhandeln. »Es ist Napoleon oder ich, entweder er oder ich – wir können nicht länger gleichzeitig regieren! Ich bin ihm auf die Schliche gekommen, und er kann mich nicht nochmals täuschen.« Melodramatisch gelobte Alexander, er werde eher »mit dem geringsten meiner Bauern in den Weiten Sibiriens Kartoffeln essen«, als mit dem »Ungeheuer, das das Unglück der ganzen Welt ist« in Verhandlungen einzutreten.

Niemals zuvor waren Napoleons Pläne so vollständig fehlgeschlagen. Niemals zuvor hatte er den Charakter eines Gegenspielers so falsch beurteilt. Napoleon hatte die ehemalige Hauptstadt eingenommen, aber er hatte Rußland nicht besiegt. Zudem sah er bald ein, daß er in Moskau nicht länger bleiben konnte. Wenn erst der Winter einsetzte, würde es schwierig, wenn nicht unmöglich werden, die Verbindung mit dem übrigen Kaiserreich aufrechtzuerhalten und ausreichenden militärischen Nachschub zu sichern. Seine immer längere Abwesenheit von Westeuropa konnte gut offenen Widerstand in den eroberten Ländern hervorrufen. Letzten Endes begann auch die Disziplin innerhalb der Grande Armée, die nur zu einem Drittel aus Franzosen bestand, abzunehmen; zahlreiche Soldaten desertierten, und viele andere zeigten größeres Interessse am Plündern als daran, die französische Kontrolle über russisches Staatsgebiet zu erhalten.

Zum ersten Mal in seiner Laufbahn war Napoleon unschlüssig. Er erwog einen 400-Meilen-Marsch nach St. Petersburg, gab den Gedanken aber auf, als seine Marschälle ihn überzeugten, daß er zu gewagt sei, besonders weil unfreundliches Wetter die Bewegungen eines großen Heeres bald erschweren könnte. Aus purer Verzweiflung machte er Alexander drei getrennte Friedensangebote, aber der Zar ließ sich nicht einmal herab, darauf zu antworten. Am 18. Oktober fügte Kutusow den Franzosen in einem kleineren Geplänkel beträchtliche Verluste zu, und einen Tag später, nach fünf Wochen in Moskau, befahl Napoleon seiner Armee, den Rückmarsch nach Westen anzutreten.

So groß war Napoleons Zorn auf Alexander, daß er beschloß, den Kreml zu zerstören. Drei Tage lang mußten Russen in Schlössern, Kirchen und anderen Gebäuden Minen legen. Sobald das Heer aufgebrochen war, wurden die Explosionen ausgelöst und richteten im Zeughaus und Teilen der Kremlmauer und mehreren ihrer Türme beträchtlichen Schaden an. Ein zufälliger Regen ließ die meisten Zündschnüre nicht brennen, doch wenn die Natur nicht eingegriffen hätte, hätte Napoleons barbarische Tat wahrscheinlich zur Zerstörung fast des ganzen Kreml geführt.

Die Natur trug auch zur Vernichtung der auf dem Rückzug befindlichen Grande Armée bei. Knapp an Lebensmitteln und militärischem Nachschub, für den russischen Winter nicht ausgerüstet, von Kutusows Truppen und Freischärlern bedrängt, löste die riesige Militärmaschine sich rasch auf. Die Pferde gingen in Scharen ein, hauptsächlich, weil sie unpassend beschlagen waren und auf dem Eis keinen Halt fanden. »Über Dutzende von Meilen«, erfahren wir, »waren die Straßen mit Kadavern bedeckt. Soldaten bauten Unterkünfte mit den Leichnamen ihrer Kameraden, sie wie Klötze stapelnd.« [10] Man hat geschätzt, daß nicht mehr als 30 000 Mann den Feldzug überlebt haben, das ist jeder zwanzigste. Die verheerende Niederlage bedeutete den Anfang vom Ende von Napoleons großem Plan, den gesamten europäischen Kontinent zu unterwerfen. Für Alexander kennzeichnete sie den Beginn der ruhmreichsten Phase seiner Laufbahn; während der nächsten Jahre war er nicht nur einer der einflußreichsten, sondern auch der beliebtesten Monarchen Europas.

Reform der Innenpolitik

In der Zwischenzeit waren Alexanders Pläne für innenpolitische Reformen jedoch steckengeblieben, und sein Ruf als Liberaler hatte einige Kratzer bekommen. Um seine Distanz zu Zar Pauls rückschrittlicher Politik zu zeigen, hatte Alexander in den ersten Jahren seiner Herrschaft eine Reihe fortschrittlicher Dekrete erlassen. Er hob die Beschränkungen der Auslandsreisen auf, erlaubte die Einfuhr ausländischer Druckerzeugnisse, liberalisierte den Handel, erklärte einige der härteren Züge der Strafmaßnahmen für ungesetzlich und schaffte die Geheimpolizei ab. Der Zar gab auch seinen Widerwillen gegen die Willkür zu erkennen und versprach, ein Regierungssystem einzurichten, das auf dem Fundament des Gesetzes basierte. Zu diesem Zweck ernannte er ein »nichtamtliches Komitee« liberaler Adliger, das Rußlands Innen- und Außenpolitik untersuchen und Vorschläge für eine Reform unterbreiten sollte. Das Komitee beriet auf eher unsystematische Weise zwei Jahre lang (von 1801 bis 1803), und am Ende kam nichts von Bedeutung heraus. Aber die Berufung des Komitees war ein Zeichen, daß der Zar versuchte, Teilen der Gesellschaft die Hand zu reichen, die Rußland modernisieren wollten.

Ein noch spektakuläreres Zeichen war 1808 die Beförderung des begabten Michail Speransky in eine hohe Position im Justizministerium durch Alexander. Als Sohn eines Dorfpriesters war Speransky auf einem theologischen Seminar erzogen worden, trat in die Beamtenlaufbahn ein, und durch harte Arbeit und scharfen Verstand kam er auf der Sprossenleiter rasch nach oben. Alexander war sehr von ihm angetan und verließ sich mehrere Jahre in politischen Angelegenheiten stark auf seinen Rat. 1808 bat er Speransky, einen Plan für eine Verfassungsreform auszuarbeiten, eine Arbeit, die der stellvertretende Justizminister im Oktober 1809 abschloß. Wissenschaftler diskutieren noch heute, wie radikal Speranskys politische Ansichten waren; einige behaupten, daß er im wesentlichen ein aufgeschlossener Konservativer war, während andere vorbringen, er habe eine grundlegende Neuordnung der staatlichen Einrichtungen Rußlands im Blick gehabt. Tatsache ist, daß Speranskys Vorschläge auf eine weitreichende Änderung abzielten, ohne einen sofortigen Umsturz der politischen Struktur oder der gesellschaftlichen Einrichtungen zu fordern. So sollte, obwohl die Monarchie beizubehalten war, in Übereinstimmung mit dem Gesetz regiert werden. Speransky empfahl die Gewaltenteilung zwischen der Exekutive, der Legislative und den Zweigen der Judikative. Die Legislative sollte auf der Grundlage eines Wahlrechts gewählt werden, das durch Eigentumsvoraussetzungen gebildet werden sollte, aber ihre Macht sollte begrenzt werden.

Sie sollte beispielsweise nicht die Macht haben, Gesetze vorzulegen; sie sollte jedoch das Recht haben, gegen vom Zaren eingeleitete Maßnahmen ihr Veto einzulegen, und das hätte zu einer deutlichen Einschränkung der Vorrechte des Herrschers geführt. In der Frage der Leibeigenschaft wählte Speransky einen vorsichtigen Zugang. Er bevorzugte die Abschaffung, aber wegen des Widerstands mächtiger gesellschaftlicher Gruppen drängte er darauf, daß dies schrittweise geschehen müsse. In der Übergangszeit sollte den Leibeigenen keine Rolle bei der Regierung des Landes zugestanden werden.

Zar Alexander studierte Speranskys Empfehlungen für eine Verfassung mit großer Sorgfalt und schien sie zu billigen, aber aus Gründen, die er nie deutlich aussprach, versuchte er nicht, sie durchzuführen. Er akzeptierte jedoch zwei von Speranskys anderen Anregungen, beide blieben bis zur Revolution von 1917 in Kraft. Der Zar ordnete die einzelnen Bereiche der Exekutive neu, machte jedem detailliert seine Aufgaben klar und untersagte ihnen, eine direkte Rolle in Angelegenheiten der Legislative und Judikative zu spielen. Zweitens definierte Alexander die Funktionen des Staatsrats um, einer Körperschaft, die von ihm ernannt wurde. Er beauftragte ihn, gesetzgeberische Projekte zu entwerfen und dem Herrscher in allen Angelegenheiten beratend zur Seite zu stehen. Obwohl der Zar nicht verpflichtet war, den Anregungen des Rates zu folgen, gab es jetzt wenigstens neben dem Hof des Alleinherrschers oder persönlichen Ratgebern eine weitere Einrichtung, die sich mit gesetzgeberischen Vorschlägen befaßte.

Alles in allem brachten Speranskys Bemühungen bescheidene Ergebnisse hervor, und der Widerstand von seiten der herrschenden Schichten gegen ihn wurde bis 1812 so stark, daß Alexander ihn fallenließ und verbannte, erst nach Nischni Nowgorod und dann nach Perm. Viele Adlige waren neidisch auf ihn, weil er sich aus armen Verhältnissen zu einer Position von höchstem Einfluß hochgearbeitet hatte, aber der eigentliche Grund für ihre Feindseligkeit ihm gegenüber war die Furcht, daß seine Neuerungen ihre gesellschaftlichen und politischen Privilegien untergraben könnten. Auch verdächtigten sie Speransky, ein Bewunderer Napoleons und daher ein Landesverräter zu sein. Mit Speranskys Weggang begann Alexanders Interesse an Reformen abzunehmen. Gewiß, 1818 beauftragte er Nikolai Nowosiltzew, einen hohen Beamten und engen Freund, einen neuen Plan für eine Verfassung auszuarbeiten. Nowosiltzews Verfassung war konservativer als die Speranskys, zum Teil, weil die Beendigung der Leibeigenschaft keine Erwähnung fand, aber auch sie blieb nur totes Papier.

Alexanders bemerkenswerteste und sicher umstrittenste Neueinführung im militärischen Sektor, die Schaffung von Militärkolonien, ist gleichzeitig als reaktionär gebrandmarkt und als fortschrittlich gefeiert worden. 1810 zuerst eingerichtet, erschienen die Kolonien vielen Leuten als plumper Versuch, die russische Gesellschaft zu militarisieren. Doch der Beweggrund scheint ein idealistischer gewesen zu sein und in Einklang mit seinem Bekenntnis zur Unterstützung liberaler Werte zu stehen. Alexander kam auf die Idee mit den Kolonien nach einem Besuch auf dem Landgut von General A. A. Araktschejew im Dorf Grusino, 75 Meilen östlich von St. Petersburg. Araktschejew hatte sein Gut zu einem hocheffizienten Unternehmen gemacht, gegründet auf überlegter Planung, eine bemerkenswerte Errungenschaft in einem Land, das für seine Inkompetenz und Schlamperei berüchtigt war. Die Wege waren gut gepflastert, die Häuser der Bauern, alle gleich in der Form, waren sauber, und eine Bank, die Araktschejew aufgemacht hatte, verlieh zinslos Geld an die Bauern, damit sie landwirtschaftliche Geräte und andere Dinge kaufen konnten, die sie benötigten, um die Produktivität zu verbessern. Hier kam Alexander in den Sinn, daß Rußland auf dem Lande außerordentlichen Nutzen aus der Bildung von Kolonien von Soldaten ziehen könnte, die auf Araktschejews Prinzipien basierten. In Friedenszeiten erfüllten die Männer in Uniform keinerlei nützliche Funktion, und die Kosten für ihren Unterhalt waren eine ernste Belastung der Staatsfinanzen.

Der Gedanke war, die Soldaten in Bauernsoldaten zu verwandeln, die in Friedenszeiten mit ihren Familien leben und für ihren Unterhalt sorgen sollten, indem sie den Großteil ihrer Zeit der Arbeit in Landwirtschaft und Industrie widmeten. Außer in der Erntezeit sollten die meisten männlichen Kolonisten zwei oder drei Tage in der Woche auf militärischen Drill und ebensolche Übungen verwenden. Bis 1825 lebten 750 000 Männer, Frauen und Kinder in den Kolonien, die 126 Infanteriebataillone und 240 Kavallerieschwadronen stellen konnten. Das Endziel war, zwischen einem Viertel und einem Drittel der männlichen russischen Bevölkerung in den neuen Siedlungen unterzubringen und die Einberufung vollkommen abzuschaffen; im Krieg sollten alle von den Streitkräften benötigten Soldaten aus den Kolonien kommen.

Die Kolonien waren ein höchst ungewöhnliches Experiment sozialer Organisation. In jedem Militärdorf erhielt jeder Bauer die gleiche Fläche Land sowie die gleiche Menge landwirtschaftlicher Geräte, Vieh und Möbel, die er brauchte. Die Befehlshaber richteten Grundschulen ein, die alle Kinder zwischen sieben und zwölf sowie des Schreibens und Lesens unkundige Erwachsene besuchen sollten. Jede Kolonie hatte ihr eigenes Krankenhaus und medizinisches Personal. Alte Leute, die nicht mehr arbeitsfähig waren, kamen in »Invalidenheimen« unter und wurden auf Staatskosten versorgt.

Wirtschaftlich waren die Kolonien auf vielfältige Weise erfolgreich: Ihre Bauern waren allgemein besser gestellt als ihre Genossen auf dem Land, und Armut gab es nirgendwo. Doch am Ende erwies es sich, daß die Kolonien ein Fehlschlag waren. Araktschejews Offiziere, die die Siedlungen verwalteten, waren nicht sehr fähig und oftmals korrupt und ohne Fingerspitzengefühl im Umgang mit den Bauern. Ranghohe Armeeoffiziere verachteten Araktschejew, einen rohen und brutalen Menschen, und fürchteten, er werde seine Machtposition ausnutzen, um sich die Kontrolle über die Armee zu sichern. Die hohen Offiziere glaubten auch, daß Männer, die viel Zeit mit der Landarbeit verbrachten, keine guten Soldaten sein würden. Und viele Adlige waren besorgt, daß, wenn die Aushebung erst einmal außer Kraft gesetzt war, die Regierung nicht länger so abhängig von den Landbesitzern sein und deren Position in der Gesellschaft somit geschwächt werde. Zur gleichen Zeit wandten sich Intellektuelle gegen die Kolonien, als sie erkannten, daß die neue Einrichtung nicht, wie sie anfänglich gehofft hatten, zur Abschaffung der Leibeigenschaft führen würde.

Doch der wahrscheinlich gewichtigste Grund für das letztendliche Scheitern der Kolonien als gesellschaftliches Experiment war, daß selbst die Bauern die maßlose Reglementierung ärgerte, der sie unterworfen waren. Sie wollten selbständig wirtschaften, sie wollten ihre Freiheit haben, zu tun, was sie wollten. Dies stellten sie im Jahre 1831 auf dramatische Weise unter Beweis, sechs Jahre, nachdem Alexanders Herrschaft geendet hatte, als Kolonisten gewaltsam auf eine Choleraepidemie reagierten. Weil sie die medizinischen und hygienischen Maßnahmen für verantwortlich für die Seuche hielten, töteten sie wahllos Offiziere und Militärärzte und brannten Krankenhäuser und ganze Dörfer nieder. Dann hielten sie in den Feldern wilde Gelage ab. Die Machthaber, die erkannten, daß die Militärkolonien eine gefährliche Bedrohung der öffentlichen Ordnung werden konnten, begannen diese aufzulösen. Einige hielten sich bis 1857, als die letzte von ihnen geschlossen wurde.

Politische Gärung

Die Militärkolonien waren nur ein Grund für die politische Gärung in Alexanders Rußland. Des Zaren Bekenntnisse zum Liberalismus in Verbindung mit den grimmigen Bedingungen, unter denen die meisten Russen lebten, veranlaßten Mitglieder aus den gebildeten Schichten, den *status quo* in Frage zu stellen. Aber seltsamerweise hatte Alexanders militärischer Erfolg von 1812 ebenfalls den Effekt, Unzufriedenheit zu schüren. Eine große Anzahl russischer Soldaten war im Westen stationiert, viele von ihnen in Frankreich, und ihre Berührung mit den dortigen Verhältnissen und mit den, wenn auch eingeschränkt, konstitutionellen Monarchien in Europa machte ihnen die Rückständigkeit ihres eigenen Landes schmerzlich bewußt und regte sie dazu an, sich für die Sache der Reform einzusetzen. 1816 gründete eine Gruppe von Armeeoffizieren, einige von ihnen in den Generalstab kommandiert, in St. Petersburg den »Bund der Erlösung«. Seine Ziele wurden niemals deutlich ausgesprochen, aber im großen und ganzen trat er für eine Ablösung der Alleinherrschaft zugunsten einer repräsentativen Regierungsform und der Annahme einer Verfassung ein. Obwohl eine kleine Gruppe, wahrscheinlich nie mehr als 20 Personen, schloß der Bund solche Würdenträger wie Fürst Sergei Trubetzkoi, Sergei und Matwei Murawjew-Apostol und Oberst Paul Pestel ein. 1818 wurde eine andere Gesellschaft, der »Bund des Öffentlichen Nutzens« gegründet, um auf fortschrittliche Bildung, soziale Gerechtigkeit, wirtschaftliches Wohl und die Abschaffung der Leibeigenschaft zu drängen. Er hatte eine größere Mitgliedschaft, um die 200 Leute, aber wegen einer Spaltung in radikale und moderate Elemente wurde er 1821 aufgelöst. Doch Pestel, Republikaner und Befürworter des Königsmords und somit einer der radikaleren Aktivisten, weigerte sich, aufzugeben und bildete in Tulchin in der Ukraine, wo er stationiert war, die sogenannte »Südliche Gesellschaft«. In der Zwischenzeit hatte sich in St. Petersburg eine moderatere »Nördliche Gesellschaft« gebildet, die regelmäßig zusammentrat, um Streitfragen von öffentlichem Interesse zu erörtern. Beide Gesellschaften waren für einen *coup d'état*, den sie für das Frühjahr 1826 planten.

Bevor ihre Pläne ausgeführt werden konnten, starb Zar Alexander am 19. November 1825 und gab so den Weg für die manchmal so genannte »Erste Revolution« Rußlands frei. Zutreffender wäre es, davon zu reden, daß das Land einiges an politischen Turbulenzen durchmachte, die wahrscheinlich hätten vermieden werden können, wenn Alexander weniger nachlässig bei seinen Bestimmungen für die Thronnachfolge gewesen wäre. Alexander hatte keine Kinder, und folglich war sein Bruder, Großfürst Konstantin, der eigentliche Nachfolger, aber 1820 hatte Konstantin auf den Thronanspruch verzichtet, um sich von seiner Frau scheiden lassen und eine polnische Katholikin morganatisch ehelichen zu können. Damals wurde vereinbart, daß Alexanders jüngerer Bruder, Nikolaus, der nächste in der Reihe der Thronfolger werden sollte. 1823 beauftragte Alexander den Erzbischof Philaret von Moskau, ein Manifest abzufassen, in dem Nikolaus zum Nachfolger erklärt wurde, aber aus unerfindlichen Gründen wurde das Manifest nicht öffentlich gemacht. So kam es nach Alexanders Tod wie ein Schock über die Russen, als sie erfuhren, daß Nikolaus, weithin unbeliebt als unerbittlicher Zuchtmeister, der nächste Zar sein würde. Konstantin führte kein weniger strenges Regiment, aber weil er mehr als zehn Jahre nicht in der Hauptstadt gewesen war, waren die Leute überzeugt, er sei ein Liberaler, der für die Abschaffung der Leibeigenschaft sei. Ängstlich, daß die Garde es ablehnen würde, ihn als Zar zu akzeptieren, es sei denn, daß Konstantin öffentlich auf seinen Thronanspruch verzichte, legte Nikolaus einen Treueeid auf Konstantin ab, womit er ihn de facto zum Zaren machte. Aber das beendete die Krise nicht, die schnell alle Merkmale einer *Opera buffa* annahm. Konstantin wollte wirklich nicht Zar werden, aber gekränkt durch, wie er meinte, Nikolaus' falsche Handhabung der Krise, weigerte er sich, auf den Thron zu verzichten. So war Rußland ohne Herrscher.

Die Krise erreichte ihren Höhepunkt, als Nikolaus erfuhr, daß Offiziere der Südarmee dabei waren, einen Staatsstreich zu inszenieren. Daraufhin befahl er seinem Stab, ein Manifest zu verfassen, in dem er seine Nachfolge auf den Thron ankündigte. Die meisten Soldaten der St. Petersburger Garnison legten einen Treueeid auf Nikolaus ab, aber etwa zwei Regimenter weigerten sich, marschierten statt dessen auf den Senatsplatz und riefen lautstark nach einer Verfassung. Alles in allem schlossen sich den Unzufriedenen etwa 2300 Soldaten an. Eine kleine Schar Zivilisten kam ebenfalls auf den Senatsplatz, um zu protestieren, und böse Zungen sagten ihnen nach, daß sie, als sie »Konstantin und eine Konstitution« forderten, glaubten, »Konstitution« sei die Gattin des Großfürsten. Die Machthaber schickten vier Artillerieabteilungen auf den Platz, und nach einigen Salven und dem Tod von 70 Rebellen kam der Dekabristenaufstand zu einem schmählichen Ende.

Alexander hinterließ ein Rußland, das viel mächtiger war, als es das 1801 gewesen war. Die Erweiterungen des Reiches waren bedeutend: Finnland, das Großherzogtum Polen, Bessarabien, Gebiete im Kaukasus, und in den Überlegungen der europäischen Staatsmänner wurde Alexanders Meinung mehr Gewicht beigemessen, als ihr zustand. Auf dem Wiener Kongreß 1814/15, zusammengerufen, um eine Regelung nach den Napoleonischen Kriegen herbeizuführen, fügten sich die Staatsmänner Europas den Wünschen des Zaren, indem sie seinen Plan für eine Heilige Allianz annahmen, obwohl der britische Außenminister Castlereagh überzeugt war, »daß des Kaisers Sinn nicht ganz gesund ist«. Von nun an sollten die Beziehungen zwischen Staaten ebenso wie innere Angelegenheiten nicht auf den traditionellen Prinzipien der Politik beruhen, sondern, wie Alexander es wollte, auf den »erhabenen Wahrheiten, wie sie uns die ewige

Wahrheit von Gott dem Erlöser gelehrt hat«. Politische Führer sollten sich als Diener der Vorsehung betrachten und »indem sie von sich in ihrem Verhältnis zu ihren Untertanen und Armeen denken, Väter von Familien zu sein, werden sie sie anhalten, in dem Glauben, von dem sie erfüllt sind, Religion, Frieden und Gerechtigkeit zu schützen«. Was diese Worte genau bedeuten sollten, wenn man sie politisch las, war weit davon entfernt, verständlich zu sein, aber sie ließen auf einen konservativen Schub schließen und standen damit in Einklang zu Alexanders Drift nach rechts in den letzten Jahren seiner Herrschaft.

Innenpolitisch war Alexanders Gesetzgebung nicht beeindruckend. Nach einem Schwall von Reformen während der ersten Jahre auf dem Thron vernachlässigte er entweder innere Angelegenheiten oder machte sich deutlich repressive Praktiken zu eigen. Schon 1804 führte die Regierung die Pressezensur wieder ein, und 1807 wurde die Geheimpolizei als ständige Einrichtung wiederbelebt. Sie spielte in der Folge eine wachsende Rolle in der Einschränkung der Publikation von Büchern und Zeitschriften. 1818 erklärte die Regierung, daß »alle Fragen, die die Regierungspolitik betreffen, nur in Übereinstimmung mit den Wünschen der Amtsträger erörtert werden dürfen, die besser wissen, welche Information an die Öffentlichkeit gegeben werden kann; Privatpersonen müssen nicht zu politischen Themen schreiben, weder dafür noch dagegen«. Obwohl diese Direktive darauf abzielte, die Auseinandersetzung um politische Gegenstände wie die Verfassungsreform und die Freilassung der Leibeigenen einzuschränken, erlegte die Regierung auch rein literarischen Arbeiten strikte Beschränkungen auf.

Dennoch war die Regierung von Alexander I. bei der Förderung der Bildung vorangekommen. Sie richtete sechs Universitäten ein, drei Lyceen, 57 Gymnasien (Oberschulen) und 511 Gemeindeschulen. Adlige, die nach 1809 gehalten waren, einen formalen Bildungsgang abzuschließen, konnten ab den 30er Jahren die Erfordernisse in Rußland selbst erfüllen, während früher viele von ihnen Universitäten im Ausland besuchen mußten. Aber Autokratie und Leibeigenschaft, die beiden Einrichtungen, die Rußland, mehr als alles andere, vom Westen geschieden hatten, blieben unangetastet.

Zar Nikolaus I.

Nach Veranlagung und Überzeugung war Nikolaus wohl kaum der Mann, gewagte Initiativen zu ergreifen. Obwohl ein gebildeter Mensch, der mehrere Fremdsprachen beherrschte (Französisch, Deutsch und Englisch), war er intellektuell nicht besonders begabt und hatte wenig Verständnis oder Sympathie für jemanden, dessen Überzeugungen von den seinigen abwichen. Er war ein tiefreligiöser Mensch, überzeugt, die Hand Gottes führe ihn in seinen Handlungen als Alleinherrscher. Ebenso leidenschaftlich war er militärischen Werten ergeben. Mit sieben, hielt John Keep fest, »lernte er, wie man Bomben aus Wachs herstellt und wie man eine nachgebaute Festung belagert«. Auch weigerte er sich als junger Schüler kategorisch, einen Aufsatz mit dem Thema »Militärdienst ist nicht die einzige Sache eines Edelmanns« zu schreiben. Als er Zar wurde, bestand er darauf, daß Gehorsam, Disziplin, Ordnung und Reglementierung die herrschenden Prinzipien des russischen Staates sein sollten. Er mißbilligte jede Frage nach seinen Absichten und beharrte darauf, die Staatspolitik persönlich zu formulieren und die Entscheidungen zu treffen, um sie durchzuführen. Zeitweise grenzte seine Willkürlichkeit ans Lächerliche. Als er die Aufhebung einer Ehe bestätigte, schrieb er an den Rand: »Die junge Person soll als Jungfrau gelten.« Nikolaus' 30jährige Regierung gilt zu Recht als die Apotheose des russischen Absolutismus.

Der Dekabristenaufstand hatte sein Denken bleibend und tief beeindruckt und prägte manche seiner Handlungen als Zar. Er persönlich überwachte das Verhör von 579 Personen, die verdächtigt wurden, den *coup d'état* ausgeheckt zu haben, und befragte viele von ihnen selbst. Entschlossen, die Oppositionsbewegung ein für allemal zu vernichten, billigte er die harten Strafen für viele der 289, die für schuldig befunden wurden. Fünf Männer wurden hingerichtet, 31 lebenslänglich nach Sibirien verbannt, und weitere 84 wurden für kürzere Zeit dorthin verbracht. Selbst viele Konservative, die sich vergegenwärtigten, daß während Alexanders 25jähriger Herrschaft niemand aus politischen Gründen hingerichtet worden war, waren von der Härte der Bestrafung empört.

Und doch zeigte Nikolaus während der ersten sechs Jahre seiner Herrschaft einiges Interesse an Reformen. Seine erste und vielleicht dramatischste Aktion war, den verhaßten Araktschejew als Kriegsminister zu entlassen. Dann rief er 1826 ein Komitee ins Leben, das mit der Formulierung von Reformvorschlägen beauftragt wurde, aber weil ihm keine wirklich Fortschrittlichen angehörten, brachte es sehr wenig zustande. In dieser frühen Periode tolerierte Nikolaus auch einige Äußerungen liberaler Ansichten und handelte im Königreich Polen als ein konstitutioneller Monarch, wenn auch widerwillig. Und er bildete ein Komitee unter dem Vorsitz des rehabilitierten Michail Speransky, um die Gesetze des russischen Reiches, die seit 1649 nicht systematisch gesammelt worden waren, zu kodifizieren.Das Komitee schloß seine Aufgabe 1833 ab, und obwohl seine Arbeit nicht in eine Gesetzesreform einfloß, brachte es einen Kodex hervor, der die einzige autorisierte Sammlung russischer Gesetze war.

Nikolaus vollzog nach dem Polenaufstand von 1830 eine scharfe Wendung nach rechts. Die Unruhen in Polen, das über die russische Vorherrschaft zutiefst verärgert war, wurden durch die Revolutionen von 1830 im Westen ausgelöst. Die Polen wurden nicht nur durch das Beispiel der Revolutionäre angestachelt, die in Frankreich, wo der König zur Abdankung gezwungen wurde, die Sache in die Hand nahmen. Sie waren auch entsetzt über den Plan des Zaren, die Unruhen dort und in Belgien mit russischen und polnischen Truppen niederzuschlagen. Im polnischen Heer brach im November ein Aufstand aus, der sich schnell in verschiedene Teile des Landes ausbreitete. Der Kampf war erbittert und dauerte an die acht Monate, aber zum Schluß siegten die russischen Streitkräfte, wobei der Sieg nicht nur auf militärische Überlegenheit zurückzuführen war. Um die polnische Opposition zu spalten, gab Zar Nikolaus im Mai 1831 einen Ukas heraus, in dem er die wirtschaftlichen Lasten der polnischen Bauern erleichterte, von denen viele dem Aufstand jetzt gleichgültig gegenüberstanden. Dies erklärt die Eigentümlichkeit, daß Bauern in den westlichen Grenzgebieten des Reiches sich besserer Bedingungen als jene im Herzen des Landes erfreuten.

Nikolaus behandelte die besiegten Polen mit großer Härte. Viele Führer des Aufstands wurden aus ihrem Land verbannt, die Ländereien von ungefähr einem Zehntel des Adels beschlagnahmt und an russische Generäle und hohe Beamte übergeben, und die polnische Verfassung wurde aufgehoben. 1832 gab die Regierung in St. Petersburg das sogenannte Organstatut heraus, das Polen stillschweigend zum Bestandteil des Russischen Reiches erklärte. Das Statut versprach den Polen auch, daß sie ihre bürgerlichen Freiheiten und örtliche Verwaltungseinrichtungen behalten dürften und ihnen erlaubt sei, in ihren Schulen, Gerichtshöfen und der Zivilverwaltung die polnische Sprache zu gebrauchen. Aber unter dem neuernannten Vizekönig, Iwan Paskewitsch, der sich als ein wahrer Diktator aufführte, wurden die Versprechungen nicht gehalten. Paskewitsch behandelte Polen als russische Provinz und verfolgte eine strikte Politik der Russifizierung. So wurden Russisch und Französisch, aber nicht Polnisch anerkannte Sprachen in höheren Verwaltungsbehörden. Russisch wurde Unterrichtssprache in höheren Schulen, und ab 1840 wurden die Besitztümer der katholischen Kirche säkularisiert. Entrüstet über diese repressiven Maßnahmen, nannte die britische Presse Nikolaus »den Herrn über vornehme Sklaven, den Schänder der Frauen, den Zerstörer der häuslichen Zufriedenheit, den Kindermörder ... [und] ein Ungeheuer in Menschengestalt«.

In Rußland selbst formulierte der Erziehungsminister, Sergei Uwarow, der betonte, Rußland müsse als verschieden von Europa angesehen werden, was man die Ideologie der Nikolausischen Reaktion nennen könnte. 1832, als er noch stellvertretender Erziehungsminister war, brachte er unter den höheren Beamten des Erziehungsministeriums eine Denkschrift in Umlauf, in der verkündet wurde, es sei die Verpflichtung aller Lehrer, die Schüler im »Geiste der Orthodoxie, Autokratie und Nationalität« zu unterweisen. Weiter gab er seiner Überzeugung Ausdruck, daß »jeder Professor und Lehrer, durchdrungen von ein und demselben Gefühl der Hingabe an Thron und Vaterland, alle seine Kräfte einsetzen wird, um ein wertvolles Werkzeug der Regierung zu werden und ihre volle Wertschätzung zu verdienen«. Für die nächsten zwei Jahrzehnte wurde Uwarows Formel in der russischen Tagespresse ebenso wie in Zeitschriften, Büchern und Lehrbüchern wieder und wieder nachgedruckt und näher erläutert.

Die Erläuterungen von Uranows Trinität erklärten die russische Orthodoxie zur einzigen wahren Religion, und Nikolaus, von der engen Verbindung zwischen Gott und Rußland überzeugt, bezog sich regelmäßig auf den »russischen Gott«. Der Alleinherrscher, als freundlicher, gnädiger, wohlwollender Vater des russischen Volkes dargestellt, sollte seine Macht direkt von Gott ableiten können. Der dritte Terminus der Trinität, die Nationalität, war in vielerlei Hinsicht der unklarste. Aber aus zahlreichen schriftlichen Beiträgen zum Gegenstand können bestimmte entscheidende Merkmale unterschieden werden. Die Verfechter der Trinität glaubten, daß das russische Volk sich in seiner leidenschaftlichen Verehrung der Autokratie und Orthodoxie einig und daß seine Kultur, besonders seine Sprache, jeder anderen überlegen sei. Das Russische, so wurde behauptet, war frei fließend, vornehm, feierlich, frisch und melodisch.

Uwarow drängte Schulen, sich auf die Ausbildung treuer, unterwürfiger Staatsangehöriger zu beschränken. Er glaubte, die unteren Klassen sollten keine Erziehung erhalten, die etwa Hoffnungen aufkommen ließen, sich in eine höhere Klasse zu erheben. Folgerichtig verfügte die Regierung 1827, daß Bauern nur Grundschulen besuchen sollten, und nach 1828 wurde der Besuch des Gymnasiums lediglich Kindern von Adligen und Beamten gestattet. Die Regierung verstärkte auch ihre Kontrolle über Einrichtungen höherer Bildung. Unter Berufung auf sein Recht, Professoren zu ernennen und den Lehrplan festzulegen, machte der Erziehungsminister Theologie, Kirchengeschichte und Kirchenrecht für alle Studenten zum Pflichtfach. Die Inhaber der neuen Sitze in russischer und slawischer Geschichte waren nach dem Grad ihrer Verehrung des russischen Nationalismus sorgfältig ausgewählt worden, und ihre Ansichten spiegelten sich in Aussprüchen wie dem von M. P. Pogodin wieder, Professor der Geschichte an der Universität Moskau, der schrieb: »Wie groß ist Rußland! Wie groß ist seine Bevölkerung! Wie viele Nationalitäten umfaßt es! Wie sind seine Schätze riesig! Schließlich, gibt es irgend etwas, das der russische Staat nicht tun kann? Ein Wort – und ein ganzes Kaiserreich hört auf, zu bestehen, ein Wort – und ein anderes verschwindet vom Angesicht der Erde!« Wissenschaftler und Schriftsteller, die in einer objektiveren und ausgewogeneren Weise schreiben wollten, wurden in wachsendem Maße der Regierungszensur unterworfen, die die Herausgabe von Büchern, Zeitschriften und Zeitungen willkürlich überwachte.

1826 schuf die Regierung die berüchtigte Dritte Abteilung (Abteilung III unter Seiner Majestät Höchsteigenen Vormundschaft) zu dem Zweck, Informationen über Falschmünzer, religiöse Sekten, Dissidenten und »alle Vorkommnisse ohne Ausnahme« zu sammeln. Angelegt, die Bildung von Oppositionsbewegungen wie die der Dekabristen zu verhindern, sammelte die Dritte Abteilung schnell gewaltige Macht an, einschließlich der Ausübung bestimmter Richterämter. Sie setzte sich aus zweierlei Arten von Vertretern zusammen: der Gendarmerie, die ein uniformierter Militärverband war, der die meisten seiner Offiziere aus gebildeten und alten Familien bezog und überall im Reich operierte, und einer riesigen Schar geheimer Zuträger, die angewiesen waren, alle gesellschaftlichen Gruppen im Auge zu behalten und jedes Anzeichen von Unzufriedenheit zu melden. Die Bedeutung, die Zar Nikolaus der Dritten Abteilung beimaß, ergibt sich aus der Tatsache, daß ihr Direktor als eine »Art Ministerpräsident« betrachtet wurde.

Doch obwohl Rußland den verdienten Ruf eines repressiven Polizeistaats hatte, waren Polizei und Zivilbedienstete nicht besonders tüchtig, hauptsächlich weil die Regierung bei ihren Mittelzuteilungen für die Geheimdienste und die Staatsbürokratie im allgemeinen sehr knauserig war. Diese Verallgemeinerung gilt bis zum Zusammenbruch des Kaiserreichs 1917. Im Jahre 1796 stellte die zaristische Regierung für 2250 Untertanen einen Beamten ein; 1851 hatte sich das auf einen Beamten für 929 Untertanen erhöht. Doch war dies ein viel ungleicheres Verhältnis als in Großbritannien und Frankreich, wo das Verhältnis in der Mitte des Jahrhunderts 1:244 respektive 1:208 betrug. Mit anderen Worten war die Staatsbürokratie in Ländern des Westens, die viel weniger autokratisch waren als Rußland, pro Einwohner ungefähr viereinhalbmal größer. Weil die Entlohnung in Rußland äußerst gering war, hatten die Machthaber es sehr schwer, fähige Leute zu finden. Und unter denen, die sie fanden, war Korruption außergewöhnlich weit verbreitet. Die endlosen Geschichten über Käuflichkeit und Unfähigkeit der Beamten, die von Schriftstellern wie Nikolai Gogol erzählt wurden, gaben die Wirklichkeit in all ihrer Erbärmlichkeit und Billigkeit wieder.

Dennoch gab es in Nikolaus I. Regierungszeit nicht nur Schattenseiten. Ungeachtet seines Konservatismus erkannte Nikolaus, daß die Leibeigenschaft ein Übel war, und er förderte Maßnahmen, die das Los der Bauern verbesserten. Aber er trat nicht für die Freilassung der Bauern ein, aus Furcht, dies würde durch die Schwächung der Landbesitzer, der Säule der Autokratie, und der Auslösung eines Aufstands der mit den Bedingungen ihrer Freiheit unzufriedenen Bauern zu einer großen Katastrophe führen. Der Zar ernannte jedoch eine Reihe von Geheimkomitees, zusammen neun, um Vorschläge für eine Erleichterung der Bürde der Leibeigenen zu machen, ohne jedoch die Vorrechte ihrer Eigentümer zu verletzen. Die Komitees sahen sich einer unlösbaren Aufgabe gegenüber; von ihnen wurde die Quadratur des Kreises verlangt.

General P. D. Kiselew, der Minister für Staatseigentum, der mit den Dekabristen sympathisiert hatte, wurde der *spiritus rector* der Komitees. Er glaubte, daß die Befreiung unvermeidlich sei, und er glaubte auch, daß freigelassenen Bauern angemessene Landschenkungen gemacht werden müßten. Er konnte Nikolaus nicht überzeugen, solch kühne Schritte zu unternehmen, aber 1842 erließen die Machthaber ein Gesetz, das adligen Landeignern gestattete, mit ihren Leibeigenen freiwillige Vereinbarungen zu treffen, unter denen den Leibeigenen gegen finanzielle Entschädigung Land übereignet werden sollte. Kiselew gelang es jedoch nicht, die Landfläche, die übereignet werden sollte, oder die Höhe der Entschädigungssumme genau festzulegen; diese Punkte sollten durch Übereinkünfte beider Seiten gelöst werden. Daher erhielten in dieser ehrgeizigsten Reform in Nikolaus' Amtszeit lediglich 24 700 Leibeigene ihre Freiheit. Andere gesetzgeberische Maßnahmen berührten vergleichsweise kleinere Streitfragen: Sie untersagten den Verkauf von Bauern ohne Land durch öffentliche Auktionen im Ausgleich für private Verpflichtungen und untersagten Adligen, die keine besiedelten Güter besaßen, Leibeigene ohne Land zu kaufen.

Kiselew war in seinem Versuch, das Los der Staatsbauern zu verbessern[II], um einiges erfolgreicher, weil die Reformen, die er vorschlug, die Rechte der adligen Landeigner in keiner Weise beschnitten. Kiselews Ziel war weitreichend: Er befürwortete die Bildung einer Klasse freier Bauern, denen in örtlichen Organen der Selbstverwaltung ein bedeutendes Mitspracherecht eingeräumt werden sollte. Die Regierung versuchte auch, den Landbesitz der Freibauern anzugleichen, und unterstützte ein sorgfältiges »Wohlfahrtsprogramm«. Feuerfeste Häuser sollten in den Bauerndörfern gebaut, medizinische Einrichtungen geschaffen werden, und es wurden einige Anstrengungen zu maßvollerer Lebensweise und verbesserter Bildung unternommen. Während der 18 Jahre, die Kiselew dem Ministerium für Staatseigentum vorstand, nahm die Zahl der Schulen für Staatsbauern von kaum 60 auf 2551 und die Zahl der Schüler von 1800 auf 111 000 zu. Das waren bescheidene Zunahmen, und die meisten Bauern nahmen die Reformen kühl auf, teils, weil Kiselew, bei all seinen fortschrittlichen Ansichten, sein Ministerium in durchweg bürokratischer, ja sogar tyrannischer Manier verwaltete. Das wichtigste an seinen verschiedenen Maßnahmen war wahrscheinlich, daß sie offiziell die Frage der Leibeigenschaft und die Lage der Staatsbauern auf die politische Tagesordnung setzten, aber ein Durchbruch war das noch nicht.

Die Bauern waren mit den Initiativen der Regierung natürlich nicht zufrieden. Obwohl sich keine großen Störungen ereigneten, war die Zeit von 1826 bis 1854 weit davon entfernt, friedlich zu sein. Während dieser 28 Jahre gab es 712 Vorfälle von Unruhen, bei denen Bauern 173 Gutsbesitzer und -verwalter töteten und weitere 75 zu töten versuchten. In den 18 Jahren von 1836 bis 1854 setzte die Regierung bei 132 verschiedenen Gelegenheiten Truppen ein, um Unruhen niederzuschlagen. Diese Zahlen zeigen, daß die Landbevölkerung dazu neigte, in Zeiten politischer Spannung besonders unruhig zu sein – so während des Dekabristenaufstands 1825 und den Revolutionen im Westen 1848 –, was bedeutet, daß die Landbevölkerung sich der Entwicklungen im Ausland sowie in abgelegenen Teilen des Reiches bewußt war.

Innenpolitische Entwicklungen

Auf lange Sicht war die bedeutsamste Entwicklung während Nikolaus' Herrschaft das Auftauchen der russischen Intelligenzija, einer Gruppierung, die gewaltigen Einfluß auf den Verlauf der russischen Geschichte nehmen sollte. »Intelligenzija« ist ein Begriff, der nicht leicht zu definieren ist. Einfach gesagt waren die Angehörigen dieser Gruppe Einzelpersonen – Schriftsteller, Philosophen, politische Aktivisten, Künstler –, die ihr Leben intellektuellen Zielen widmeten, aber dies allein beschreibt sie nur unzulänglich. Die russische Intelligenzija bestand auch aus Einzelpersonen, die der herrschenden Ordnung kritisch gegenüberstanden, obwohl sie untereinander nicht einig waren, wie Rußland geändert werden sollte. Nicht überraschend kam der Großteil der

Intelligenzija in der ersten Hälfte des 19. Jahrhunderts aus den Reihen des Adels, der gebildetsten gesellschaftlichen Schicht im Lande, aber als das Bildungssystem sich ausweitete, wurden auch einfache Bürger Teil der Intelligenzija. Trotz der Überzeugung der Machthaber, Bildung führe zu Unzufriedenheit, erkannten diese, daß die sich ausbreitende Bürokratie und die wachsende Zahl der Berufe nicht nur mit Adligen besetzt werden konnten, aus dem einfachen Grunde, weil es nicht genug von ihnen gab. Das erklärt die wachsende Zahl der Schüler in russischen Schulen von 62 000 im Jahre 1800 auf ungefähr 450 000 Mitte der 50er Jahre. Die meisten Schüler erhielten nur eine rudimentäre Ausbildung, aber nichtsdestoweniger konnten irgendwann nach 1840 zwischen 15 und 20 000 Nichtadlige als Teil der Intelligenzija betrachtet werden. Selbst dann umfaßte diese Gruppe insgesamt nur eine dünne Schicht der Gesamtbevölkerung, aber Zahlen allein erzählen nicht alles. Ideen fließen in die Geschichte ein, und die russischen Intellektuellen waren phantasievoll, energisch und findig in der Formulierung und Verbreitung ihrer Ansichten. Die Machthaber erkannten sehr rasch, daß die Gedanken und Vorstellungen dieser Gruppe die Öffentlichkeit beeinflussen konnten, und beobachteten deren Aktivitäten folglich mit größter Sorge. Eines der zentralen Themen der russischen Geschichte von etwa 1830 bis 1917 und darüber hinaus sind die Versuche der Regierung, die Intelligenzija an die Kandare zu nehmen.

Die Hauptwaffe der Regierung war strenge Zensur, aber die Statistik zeigt, daß diese Waffe nicht sehr wirksam war. Zwischen 1801 und 1826 gründeten unternehmende Bürger 129 Magazine, eine Zahl, die in den nächsten 30 Jahren auf 224 wuchs. Außerdem fanden russische Schriftsteller einfallsreiche Wege, um die Zensur zu umgehen. In der Tat war die Literatur, eine der größten Errungenschaften des Landes im 19. Jahrhundert, angefüllt mit Anspielungen auf aktuelle Affären, Anspielungen, die Leser leicht verstehen konnten. Zudem waren die Zensoren nicht die besten Beurteiler der voraussichtlichen Wirkung des geschriebenen Wortes. 1872 erlaubten die Zensoren beispielsweise die Herausgabe einer russischen Übersetzung von Marx' *Kapital* aus dem Grund, das Werk sei so abstrus, daß es nur wenig Aufmerksamkeit auf sich ziehen werde.

Die Interessen der Intelligenzija waren weitgespannt, aber kein Thema erreichte größere Aufmerksamkeit als das Schicksal Rußlands. So warnte Alexander Puschkin, ein Dichter, der die russische Sprache so sehr geprägt hat wie Shakespeare die englische, ein politisches System, das auf Unterdrückung angewiesen sei, könne nicht auf eine sichere Zukunft rechnen. In einem seiner Gedichte, *Der Dolch*, ging er so weit, die Ermordung tyrannischer Herrscher gutzuheißen. Wissarion G. Belinsky, ein hochtalentierter Literaturkritiker, forderte, es sei des Schriftstellers Pflicht, sich politisch zu engagieren, sich die Sache des Fortschritts zu eigen zu machen. Er war entrüstet, als Nikolai Gogol die weitverbreitete Deutung seiner zwei großen Werke, *Der Revisor* und *Die toten Seelen*, als Kritik an der Leibeigenschaft und Beamtenkäuflichkeit zurückwies. Gogol machte geltend, diese Übel seien keine Folge des politischen Systems, sondern es handele sich um die moralischen Defizite einzelner. Ganz im Gegenteil, widersprach Belinsky, »die lebenswichtigsten Fragen im heutigen Rußland sind die Abschaffung der Leibeigenschaft, die Aufhebung der körperlichen Züchtigung und die Einführung, soweit wie möglich, der genauesten Anwendung zumindest der bestehenden Gesetze.«

Eine der strittigeren Auseinandersetzungen unter Intellektuellen entwickelte sich mit dem Aufkommen des Slawophilismus, auf den ich mich am Anfang des Buches bezogen habe. Zuerst formuliert um 1830, war der Slawophilismus bedeutsam, weil er in klaren Worten die unterschiedlichen Perspektiven zwischen den Westlern wie Belinsky, der dazu neigte, auf den Westen als kulturelles und politisches Vorbild für Rußland zu blicken, und jenen aufwarf, die glaubten, daß Rußlands Zivilisation jeder anderen überlegen sei und soviel wie möglich von ihr bewahrt werden müsse. Der Slawophilismus ist auch erwähnenswert, weil er spätere politische Bewegungen beeinflußte, die den Vorzug bestimmter, Rußland eigentümlicher Einrichtungen betonten. Und es läßt sich behaupten, daß die Slawophilen in der Hervorhebung des Gedankens von Rußlands einzigartiger Sendung innerhalb der Weltgeschichte die Annahme des Marxismus bei vielen Intellektuellen erleichterten, weil auch dieser eine stark missionarisch gefärbte Botschaft enthält.

In der einen oder anderen Weise stellte der Konflikt zwischen westlichen Werten und slawischen Idealen russische Intellektuelle vor eine schwere Wahl, und es war für einzelne Denker nicht ungewöhnlich, ihre Positionen zu ändern und sogar von einer Seite auf die andere zu wechseln. Ein Beispiel dafür ist Alexander Herzen, ein begnadeter Schriftsteller und Aktivist, der zu Beginn seiner Laufbahn die Ziele der Dekabristen unterstützte und inbrünstig an die Notwendigkeit einer Revolution in Rußland glaubte. Wegen seiner Ansichten verfolgt, verließ er Rußland 1847 in Richtung Westen, aber das Scheitern der Revolution 1848 ließ in ihm Zweifel über die Möglichkeit grundlegender Veränderungen im Westen aufkommen. Die Bindung an den Privatbesitz war in der westlichen Kultur einfach zu tief verwurzelt. Nun kam er zu dem Ergebnis, daß die Möglichkeiten für den Sozialismus in seinem Geburtsland viel besser seien, weil die Gemeinde das russische Volk an »Gemeinschaftsleben« und

Egalitarismus gewöhnt habe. »Der russische Bauer«, schrieb er, »hat keine Moral außer der, die instinktiv, spontan aus seinem Kommunismus fließt; er sitzt tief im Volk; das wenige, was er vom Evangelium weiß, stärkt ihn; das schamlose Unrecht der Regierung und der Gutsbesitzer bindet ihn nur stärker an seine Gebräuche und seine Kommune.« Herzen wurde niemals ein Slawophiler; er sollte eher als der erste Befürworter eines Zuges im russischen Denken angesehen werden, das als *Narodnitschestwo* bekannt werden sollte, was wörtlich »Populismus« bedeutet, aber wohl besser mit »Russischer Sozialismus« übersetzt werden kann. Schließlich wurden seine Gedanken bei der größten sozialistischen Bewegung in Rußland, der Sozialistisch-Revolutionären Partei zum Programm.

Der Begründer des Slawophilismus, Iwan Kirejewsky, begann seine Laufbahn auch als Verfechter der Europäisierung Rußlands. Zu der Zeit mißbilligte er das russische Christentum für sein Versäumnis, die russische Gesellschaft zu durchdringen und Wirtschaft und Zivilisation des Landes zu prägen. Er glaubte auch, Rußland sei unkultiviert, und nur die Europäisierung könne die Kultur des Landes auf den erwünschten Stand heben. Seine Ansichten änderten sich dramatisch, als er in den Dreißigern war, als Ergebnis, wie vermutet wurde, seiner Heirat mit einer tiefreligiösen Frau. Was immer der Grund war, Kirejewsky wurde nun zum frommen Anhänger der Orthodoxie und lehnte den Westen in jeder Hinsicht ab. Westliches Christentum, besonders der Protestantismus, hätten den Glauben zerstört, weil es zu nachzuweisen trachte, die göttliche Offenbarung stehe mit der Vernunft in Einklang. Die Parlamentsherrschaft sah er als inakzeptabel an, weil sie sich auf dem Materialismus gründe, der im Westen üppig wuchere. Die Abendländer, konstatierte er, heiligten Privatbesitz und Luxus und legten keinen Wert auf die Einzelperson. Im Gegensatz dazu hätte sich der russische Staat organisch aus der Kommune entwickelt, und als Ergebnis dessen war das Eigentum kommunal und das Individuum hochgeschätzt. »Der Russe«, behauptete er, »ist geistig geeint«, also brauche er keine formellen, gesetzlichen Schutzgarantien. Obwohl die Russen erkennen würden, daß ihre Gesellschaft noch unvollkommen sei, fühlten sie sich im Grunde wohl in ihr und seien mit ihrem Leben zufrieden. Letztlich kam er zu dem Schluß, den alle Slawophilen ausnahmslos billigten, daß Rußland der geistige Führer der Welt werden müsse.

Die Intelligenzija bestand damals aus unterschiedlichen Gruppen, aber eines war ihnen gemein: Sie wollten Rußland ändern. Die Machthaber versuchten ihr möglichstes, die Kritiker zu zügeln – sie unterwarfen sie der Zensur, kerkerten sie ein, verbannten sie –, aber alles ohne Erfolg. Doch Gedanken, auch einflußreiche und umstürzlerische, allein hätten wahrscheinlich nicht zu grundlegenden Reformen geführt. Am Ende war es die plumpe Außenpolitik der Regierung zu Beginn der 50er Jahre, die die Zerbrechlichkeit von Rußlands Wirtschafts-, Gesellschafts- und politischem System aufdeckte und Reform zur Parole des Tages machte.

Der Krimkrieg

Bis 1850 war Nikolaus in auswärtigen Angelegenheiten ziemlich erfolgreich. Nach dem Schock des Dekabristenaufstands hatte er beschlossen, das Hauptaugenmerk auf innenpolitische Fragen zu richten und aggressive Schritte im Ausland so weit wie möglich zu vermeiden. Wann immer er eine vorausplanende Politik betrieb, kalkulierte er seine Möglichkeiten sorgfältig und ging behutsam vor. Das war so, als Rußland sich zur Zeit des Aufstands gegen die Türkei (1821-29) in griechische Angelegenheiten einmischte, bei seinen verschiedenen Versuchen, den russischen Einfluß in der Türkei zu vergrößern, und angesichts der wachsenden Rivalität mit England. Das bedeutet nicht, daß Nikolaus sich Rußlands seit langem bestehenden Ziel, die Herrschaft über Konstantinopel und die Dardanellen zu gewinnen, welche Rußland zu einer großen Seemacht im östlichen Mittelmeerraum gemacht hätte, nicht bewußt gewesen wäre. Aber er sah durchaus, daß eine solche Expansion zwangsläufig die Nationen Europas alarmieren würde, besonders Großbritannien, das Rußlands Absichten in Indien fürchtete. Er vermied daher eine aggressive Politik in dieser Region.

Auf den ersten Blick schien die internationale Krise, die sich 1853 zum Krimkrieg auswuchs, durch Unstimmigkeiten in einer relativ belanglosen Sache, dem Schutz von Christen und christlichen Kirchen im Osmanischen Reich, besonders in Palästina, ausgelöst worden zu sein. Seit Pilgerfahrten ins Heilige Land häufiger als von allen anderen von Angehörigen des griechisch-orthodoxen Glaubens unternommen wurden, wurden die christlichen Heiligtümer dort hauptsächlich von der orthodoxen Kirche überwacht. Doch 1842 erwachte bei den Franzosen ihr Interesse am Nahen Osten aufs neue, und sie begannen ebenfalls eine Wächterrolle über die Heiligen Stätten zu beanspruchen. Louis Napoleon, der 1848 an die Macht kam, suchte dem Beispiel seines Onkels, Napoleon I., zu folgen und Frankreichs Einfluß außerhalb seiner Grenzen zu erhöhen. Vor allem verlangte die französische Regierung jetzt, ihr den großen Schlüssel zur Geburtskirche in Bethlehem auszuhändigen und ihr das

Recht einzuräumen, den Stern der römischen Kirche zu ersetzten, der die Geburtsstätte Christi markierte und den die Griechen 1847 angeblich gestohlen hatten. Die Russen ihrerseits warnten die türkischen Machthaber, daß sie Zugeständnisse an die Franzosen nicht dulden würden. Die Türken, die weder die Russen noch die Franzosen vor den Kopf stoßen wollten, machten erst Ausflüchte und versprachen 1852 dann beiden Seiten, ihre Wünsche zu erfüllen, ein Doppelspiel, das niemanden lange täuschte. Wutentbrannt stellte Louis Napoleon im Dezember 1852 in türkischen Gewässern Frankreichs Seemacht zur Schau und zwang die Türken, seinen Wünschen zu entsprechen.

An diesem Punkt unterlief Zar Nikolaus seine erste größere Fehleinschätzung. Er mobilisierte zwei Armeekorps in der Erwartung, Österreich werde ihm zu Hilfe kommen. Immerhin hatte Nikolaus 1849, als sich Österreich großen inneren Unruhen gegenübersah, russische Truppen geschickt, die der österreichischen Regierung halfen, den Aufstand niederzuschlagen. Es war nur natürlich, daß der Zar annahm, Österreich werde sich nun, da Rußland Hilfe brauchte, revanchieren. Er glaubte auch, eine feste Haltung seinerseits sowie seines angenommenen Bundesgenossen werde die Türkei bewegen, seinen Forderungen nachzugeben. Er forderte die Türkei nun auf, mit Rußland einen Geheimvertrag zu schließen, der nicht nur die Privilegien der orthodoxen Kirche in Hinblick auf die anderen Kirchen garantierte, sondern Rußland auch das Recht einräumte, als Schutzmacht aller Untertanen orthodoxen Glaubens in der Türkei, ungefähr zwei Millionen Menschen, zu fungieren. Nicht nur die Türkei, alle europäischen Großmächte waren über Rußlands Forderung entsetzt, die sie ganz richtig als eine Verletzung der Souveränität der Türkei betrachteten. Sie fürchteten, Rußlands wahres Ziel sei, über die Türkei ein Protektorat zu errichten. Großbritannien drängte die Türkei, Rußlands Forderungen zurückzuweisen. Als sie das tat, drang Rußland im Juli 1853 in die Donaufürstentümer Moldawien und die Walachei ein, wurde aber durch internationalen Druck bald gezwungen, sich aus ihnen zurückzuziehen. Frankreich und Großbritannien kamen der Türkei zu Hilfe; Preußen blieb neutral, und Österreich nahm eine antirussische Haltung ein, ging sogar so weit, die Fürstentümer zu besetzen, die Rußland angegriffen hatte. Nikolaus war so naiv, gekränkt und überrascht zu sein. »Soll nicht Schwarzenberg selbst [der österreichische Minister, der 1852 gestorben war]«, bemerkte er zu einem seiner Untergebenen, »angeblich erklärt haben, Österreich werde die Welt eines Tages durch die Größe seiner Undankbarkeit in Erstaunen setzen?«

Anfang 1854 trat der Krieg Rußlands gegen die Türkei, Großbritannien und Frankreich in seine heiße Phase. Der Krieg erwies sich für alle Beteiligten als Fiasko, am meisten jedoch für die Russen, die in verschiedenen Stadien der Auseinandersetzung einige Siege errangen, aber nicht in der Lage waren, ihr eigenes Territorium zu verteidigen. Die heftigsten Schlachten wurden auf der Krim ausgefochten, und trotz einiger Schnitzer gelang es den westlichen Generälen, im September 1855 Sewastopol, einen Hauptflottenstützpunkt am Schwarzen Meer, einzunehmen. Dies war ein vernichtender Schlag, aber es dauerte noch vier Monate – als Österreich drohte, in den Krieg einzutreten, wenn Rußland nicht unverzüglich zustimme, einen Frieden zu vorher festgesetzten Bedingungen auszuhandeln –, bis die Machthaber in St. Petersburg sich entschlossen, die Feindseligkeiten zu beenden und auf einer Friedenskonferenz zu erscheinen. Schlechte Lagebeurteilung und Unfähigkeit hatten die russischen Kriegsanstrengungen von Anfang an gekennzeichnet: Die Christen im Türkischen Reich hatten nicht zu den Waffen gegriffen und sich erhoben; das vorhandene Schienennetz reichte nicht aus, um Männer und Munition rechtzeitig ins Kampfgebiet zu bringen; Rußlands Waffen waren denen Frankreichs und Großbritanniens weit unterlegen; und es erwies sich, daß die russischen Befehlshaber, von denen einige durch und durch korrupt waren, sogar noch mehr als ihre Gegenspieler dazu neigten, katastrophale Fehler zu begehen. Die russischen Verluste an Menschen und Material waren entsetzlich; nach einer Schätzung, die Todesfälle wegen Krankheit einschließt, starben während der drei Jahre dauernden Kampfhandlungen an die 600 000 Soldaten. Es konnte nicht der geringste Zweifel bestehen, daß Rußland in fast allen Belangen weit hinter dem übrigen Europa zurücklag.

Unter diesen Umständen erging es Rußland auf der Pariser Friedenskonferenz 1856 besser als es erwartet haben mochte, obwohl der Abschlußvertrag insgesamt weder der Regierung noch den russischen Nationalisten gefiel. Die Alliierten zogen sich vom gesamten russischen Territorium, das sie besetzt hielten, zurück, aber Rußland mußte Moldawien einen Streifen des südlichen Bessarabien, der an die Donau grenzte, abtreten. Die Türkei erhielt die Suzeränität [das Recht, die auswärtigen Beziehungen dieser Staaten zu regeln, d. Übers.] über Moldawien und die Walachei zurück, und alle Unterzeichner versprachen, die territoriale Integrität des Osmanischen Reiches zu achten und jegliche Einmischung in die inneren Angelegenheiten der Türkei zu unterlassen, die ihrerseits zustimmte, allen ihren Untertanen gleiche religiöse und gesetzliche Rechte einzuräumen, was besonders für alle Christen galt. Zum Schluß vereinbarten die Gesandten auf der Friedenskonferenz, das Schwarze Meer zu neutralisieren, d.h. es für Handelsschiffe aller Nationen, jedoch nicht für Kriegsschiffe irgendeiner Nation, zu öffnen. So sollte es weder Rußland noch der Türkei erlaubt sein, ihre Kriegsmarine in die Wasserstraße zu entsenden, eine Restriktion, die zu einem großen Streitpunkt für die folgenden 50 Jahre werden sollte.

Zar Nikolaus, dem ein Großteil der Verantwortung für die Katastrophe des Krimkriegs zufiel, blieb die Demütigung erspart, das in Paris erreichte Abkommen unterzeichnen zu müssen. Er starb im Februar 1855; die Aufgabe, mit den Nachwirkungen des Krieges fertig zu werden, überließ er seinem Sohn Alexander II.

VI Reform und Gegenreform, 1861-94

Das Jahr 1861 markierte den Beginn dessen, was oft das »Zeitalter der Modernisierung« genannt wurde. Von jetzt an bis 1917 führten die Machthaber in St. Petersburg eine Reihe größerer Veränderungen in der gesellschaftlichen und politischen Ordnung des Landes sowie in seiner Wirtschaft ein. In diesem Prozeß gab es einige bemerkenswerte Unterbrechungen, aber die Grundtendenz ging in Richtung Modernisierung. Das Hauptmotiv, aber nicht das einzige, der Monarchen und der politischen Führung war, den Staat wieder zu kräftigen, der im Vergleich mit den anderen Großmächten an Boden zu verlieren schien. In gewissem Sinn setzte die russische Monarchie eine Reformtradition von oben fort, die mindestens bis zu Peter dem Großen früh im 18. Jahrhundert zurückverfolgt werden konnte. Aber spätestens in der zweiten Hälfte des 19. Jahrhunderts hatte die Möglichkeit des Herrschers und des Staates, den Lauf der Ereignisse selbst zu bestimmen, abgenommen. In wachsendem Maße spielte die Gesellschaft – Gruppen außerhalb der Autokratie und Bürokratie wie die Mittelklasse, die Intelligenzija, das Industrieproletariat und die Bauernschaft – eine Rolle im Abstecken des nationalen Programms. Das Auftauchen der Gesellschaft als bedeutende politische Macht führte unvermeidlich zu scharfen Konflikten nicht nur zwischen ihr und dem Staate, sondern schließlich auch zwischen den verschiedenen Gesellschaftskreisen. Diese Konflikte wurden im Verlauf der russischen Geschichte nach 1861 zum vorherrschenden Thema.

Zar Alexander II., der den Thron 1855 im Alter von 37 Jahren bestieg und als der »Befreierzar« bekannt werden sollte, war in mancherlei Hinsicht nicht der Mann, mit solchen Vielschichtigkeiten fertig werden zu können, geschweige denn als ein Führer hervorzugehen, der gewagte Initiativen ergriffen hätte. Weder sehr intelligent noch gebildet, war Alexander erzogen worden, die Werte seines Vaters, Nikolaus I., der die Grundsätze der Alleinherrschaft und des amtlichen Nationalismus in Ehren gehalten hatte, zu bewundern. Auch war er keine entschlußfreudige Person. Er drückte seine eigenen Ansichten selten unmißverständlich aus und zeigte kaum energische Führerschaft in den drängenden Fragen des Tages. Er neigte dazu, sich stark auf Ratgeber zu verlassen, um die Tagesordnung festzulegen, aber da er Männer mit sehr unterschiedlichen Vorstellungen in hohen Ämtern beließ, konnte man sich nicht sicher sein, ob er den Ratschlägen liberaler oder reaktionärer Beamter folgte. Aber letztendlich scheint der Zar auch ein sehr realistischer und pragmatischer Mann gewesen zu sein, und für einen Führer in ernsten Krisenzeiten kann diese Eigenschaft nützlicher als jede andere sein.

Als Alexander von seinen Vorfahren den Mantel autokratischer Macht übernahm, sah Rußland sich einer nationalen Demütigung noch nie dagewesenen Ausmaßes gegenüber. Die Niederlage Rußlands auf seinem eigenen Staatsgebiet während des Krimkriegs hatte enthüllt, daß das Land militärisch, wirtschaftlich und gesellschaftlich weit hinter dem Westen zurückgeblieben war und Gefahr lief, auf den Status einer zweitrangigen Macht abzusinken. Seinen Wunsch, die alte Ordnung zu bewahren, beiseite schiebend, entschloß der Zar sich in der Überzeugung, keine andere Wahl zu haben, zu weitreichenden Veränderungen, wobei er immer die Wirkung solcher Änderungen auf seine Autorität als Alleinherrscher und auf die Vorrechte des Adels möglichst klein zu halten suchte. Sein eigentliches Motiv für sein Bestreben, die Leibeigenschaft, die Einrichtung, die Rußland mehr als alles andere als rückschrittliches Land kennzeichnete, abzuschaffen, war nicht menschenfreundlicher, sondern von Grund auf pragmatischer Natur. Es hatte sich herausgestellt, daß die Leibeigenschaft Rußlands militärische Fähigkeiten untergrub.

In der ersten Hälfte des 19. Jahrhunderts unterhielt das Russische Reich das größte stehende Heer in Europa, insgesamt zweieinviertel Millionen Mann. Solch eine riesige Streitmacht wurde wegen der langen, ungeschützten Grenzen, dem Fehlen eines Eisenbahnnetzes, mit dem Truppen schnell von einem Gebiet in das andere verlegt werden konnten, und dem Mangel an ausgebildeten Reserven für notwendig erachtet. Aber selbst dieses gewaltige Heer erwies sich im Krimkrieg als unzureichend, weil ein beträchtlicher Teil von ihm aus Sicherheitsgründen im Königreich Polen und entlang der galizischen Grenze stationiert war. Die Regierung zog daher eine große Zahl frischer Rekruten ein, die blutige Anfänger waren, konnte aber nicht genügend Männer auftreiben, die fähig gewesen wären, in dieser vergrößerten Armee als Offiziere zu dienen. Als Sewastopol, ein bedeutender Flottenstützpunkt am Schwarzen Meer, gefährdet war, konnte das Oberkommando lediglich 100 000 Mann ausgebildete Truppen für die Verteidigung der Stadt aufbieten. Es stellte sich auch heraus, daß die russische Wirtschaft nicht in angemessener Weise Nachschubgüter für das Heer produzieren konnte. Und als der Krieg zuende war, sah sich Rußland einer ernsten Finanzkrise gegenüber: Allein 1857 hatte der Staatshaushalt ein Defizit von mehr als 75 Millionen Rubel, das fast gänzlich auf den durch den Krimkrieg gewachsenen Bedarf zurückzuführen war.

Die überzeugendste Lösung der Krise war, es den europäischen Ländern gleichzutun, die ein verhältnismäßig kleines stehendes Heer unterhielten mit einer ausgebildeten strategischen Reserve, die in Kriegszeiten einberufen werden konnte. Aber solange es die Leibeigenschaft gab, war daran nicht zu denken. Es hätte bedeutet, eine große Zahl Leibeigener im Gebrauch von Schußwaffen und in militärischer Taktik auszubilden und sie dann, ohne gewährleisten zu können, daß sie eine produktive Beschäftigung fanden, zu entlassen. Die potentielle Bedrohung der öffentlichen Ordnung war so offensichtlich, daß die Regierung glaubte, keine andere Wahl zu haben, als eine radikale Lösung zu wählen, nämlich die Leibeigenschaft abzuschaffen.

Aber es gab noch andere Gründe, diesen Lösungsweg einzuschlagen. Die Bauern selbst hatten ihren Wunsch nach Freilassung deutlich gemacht. Während der dreißig Jahre, die Nikolaus I. regierte, waren mehr als 600 Bauernaufstände ausgebrochen. Die meisten waren relativ klein und konnten leicht beherrscht werden, aber Zar Alexander kam ebenso wie viele Adlige zu der wachsenden Überzeugung, daß sie von Tatenlosigkeit mehr als von der Freilassung zu befürchten hätten. Alexander drückte es 1856 so aus: »Es ist besser, die Leibeigenschaft von oben her abzuschaffen, als zu warten, bis die Leibeigenen sich von unten her zu befreien beginnen.« Auch den Gutsbesitzern dämmerte es, besonders in den Gebieten, in denen das Land fruchtbar war, daß es rentabler sei, das Land mit billiger Lohnarbeit zu bewirtschaften, als ein Landwirtschaftssystem beizubehalten, das bemerkenswert unproduktiv war. Zudem war eine wachsende Zahl innerhalb der Elite des Landes zu dem Schluß gekommen, die Leibeigenschaft sei eine unmenschliche Einrichtung, die nicht länger geduldet werden könne. Diese menschenfreundliche Erwägung mag nicht der Hauptgrund für die Regierungsreformen gewesen sein, aber sie spielte in der eingehenden Auseinandersetzung über die Frage der Leibeigenschaft, die die Bürokratie und die Intelligenzija fünf Jahre lang von 1856 bis 1861 beschäftigte, eine maßgebliche Rolle.

Um die Dimension des Problems, das die Freilassung darstellte, gebührend erfassen zu können, muß man berücksichtigen, daß in den Vereinigten Staaten zu dieser Zeit nur etwa 11 Prozent der Bevölkerung Sklaven waren und ihre Freilassung dennoch gewaltige Auseinandersetzungen und viel Elend hervorrief, die bis heute nachwirken. Der Rassenunterschied machte das Problem in den Vereinigten Staaten vielschichtiger, aber die weitaus größere Zahl von Menschen, mit der die russische Regierung es zu tun hatte, bedeutete, daß die Freilassung notwendigerweise eine grundlegende Neuausrichtung der Politik des Landes mit sich bringen würde, gar nicht zu reden von den gesellschaftlichen Einrichtungen. Etwa drei Viertel der ungefähr 74 Millionen Menschen in Rußland waren entweder dem Staat oder Grundbesitzern hörig. Die Leibeigenen eines Gutsbesitzers, ungefähr 55 Prozent aller Bauern, unterschieden sich in mancher Hinsicht trotz einiger kläglicher Versuche von seiten der Regierung in der ersten Hälfte des 19. Jahrhunderts, die Macht der Gutsbesitzer über ihre Leibeigenen zu begrenzen, nicht sehr von seiner sonstigen Habe.

Die Staatsbauern können am besten als solche definiert werden, die auf Staatsbesitz lebten, der vom Schatzamt verwaltet wurde. Wirtschaftlich waren sie besser gestellt als die Leibeigenen der Gutsbesitzer, und die Kontrolle, die Angehörige der Bürokratie über sie hatten, war weniger scharf als die der Adligen. Das Gemeinsame der Staatsbauern und der Leibeigenen der Gutsbesitzer war, daß sie alle an das Land gebunden waren; sie konnten sich von ihrem Aufenthaltsort aus nicht frei bewegen.[12]

Die Frage der Leibeigenschaft war so heikel, daß der Zar, nachdem er einmal entschieden hatte, sie abzuschaffen, mit großer Diskretion vorging und den Rat zahlreicher Vertreter der Elite des Landes suchte. Er berief ein besonderes »Hauptkomitee« ein, das seine Erörterungen unter striktester Geheimhaltung betreiben sollte. Es sollte der Reihe nach von Provinzialkommissionen, welche sowohl gewählte wie ernannte Mitglieder umfaßten, Ratschläge erhalten, wie die Reform vor Ort durchzuführen sei. Wenn alles Informationsmaterial gesichtet war, sollten die spruchreif gewordenen Vorhaben einer Kommission in St. Petersburg übermittelt werden, die den Auftrag hatte, die Vorschläge abzurunden, indem sie die verwaltungstechnischen, wirtschaftlichen und rechtlichen Gesichtspunkte der Empfehlungen in einen größeren Zusammenhang stellte.

Obwohl das Freilassungsdekret von 1861, das anfänglich nur für die Leibeigenen der Gutsbesitzer galt – die Staatsbauern wurden fünf Jahre später freigelassen –, nicht annähernd so weitreichend und großzügig war, wie die Bauern gehofft hatten, war die damit verbundene Reform von größter Bedeutung. Es begann ein Prozeß, der bis 1866 die rechtlichen Bedingungen der großen Mehrheit der russischen Untertanen geändert hatte. Das Dekret erklärte den Verkauf von Menschen für ungesetzlich und verbot den willkürlichen Transfer von Männern und Frauen von der Feld- zur Hausarbeit; Bauern stand es nun frei, zu heiraten, wen sie wollten; sie konnten Eigentum erwerben, Händler werden, und es wurde ihnen das Recht zugestanden, Klagen vor Gericht vorzubringen.

Vom Standpunkt der Bauern aus war der maßgebliche Nachteil des Dekrets, daß es ihnen nicht genügend Land verschaffte; es bot ihnen bestenfalls soviel Land, wie sie vor der Reform bearbeitet hatten, und in vielen Fällen erhielten sie weniger. Die Bauern wurden auch gezwungen, über einen Zeitraum von 49 Jahren Ausgleichsgebühren an die Regierung zu zahlen, die auf eine Kapitalisierung von *Obrok* und *Obschtschina* (d.h. der von den Leibeigenen zu entrichtenden Abgaben und der von der Gemeinde zu zahlenden Kopfsteuer) zu 6 Prozent berechnet waren. In der Zwischenzeit gab die Regierung verzinste Schuldverschreibungen an die Gutsbesitzer aus, die etwa Dreiviertel des Gesamtwertes der Gebühren abdeckten, was in vielen Fällen mehr als den Wert des Landes betrug, das an die Bauern übergegangen war. Mit anderen Worten mußte der Bauer, im Gegensatz zu den Versprechungen der Machthaber, für die Befreiung seiner Person bezahlen.

Die Kommune war nicht nur bewahrt, sondern auch gestärkt. Am bemerkenswertesten war, daß die Gemeindeversammlung den Großteil der öffentlichen Gesetzesmacht übernahm, den vorher die Gutsbesitzer ausgeübt hatten; sie überwachte und garantierte die Ausgleichszahlungen ebenso wie das Eintreiben der Kopfsteuer und gab Pässe aus, die die Bauern brauchten, auch wenn sie ihren Wohnsitz nur vorübergehend verlassen wollten. Diese Befugnisse erhielt der *Mir* zusätzlich zu denen, die er vor der Befreiung ausgeübt hatte.[13]

Als die Bauern die Einzelheiten des Befreiungsdekrets erfuhren, waren viele erbost. Sie hatten angenommen, ihnen werde die »volle Freiheit« verliehen, was für sie hieß, alles Land, das die Gutsbesitzer hielten, kostenlos zu übernehmen. Die Bauern, das muß betont werden, waren lange der Überzeugung gewesen, das Land gehöre denen, die es bearbeiteten. Sie glaubten auch, der Zar, ihr »Vater«, wolle, daß sie das Land besäßen, und nur die sich selbst bedienenden Gutsbesitzer und Bürokraten hätten verhindert, daß dem Wunsche des Zaren entsprochen wurde. Bezeichnenderweise gab es nach der Befreiung mehr Bauernunruhen als in den Jahren vor der Reform: 1176 im Jahr 1861, 400 im folgenden und 386 im darauffolgenden Jahr. Die Machthaber antworteten energisch, ließen zahlreiche Störenfriede in den Dörfern prügeln und erschießen und verbannten viele andere. Bis 1864 war die Ordnung wiederhergestellt; in diesem Jahr verzeichnete die Polizei lediglich 75 Fälle von Unruhen unter der Landbevölkerung.

In den nächsten Jahrzehnten verschlechterten sich die wirtschaftlichen Verhältnisse der meisten Bauern. Einer der Gründe war der starke Anstieg der bäuerlichen Bevölkerung, die in den Jahren von 1860 bis 1897 von 50 auf 79 Millionen anwuchs. Das unvermeidliche Ergebnis war, daß die Größe der persönlichen Landzuteilung von durchschnittlich 13,2 *Desjatinen* (1 Desjatine = 10 927 m²) im Jahre 1877 auf 10,4 *Desjatinen* im Jahre 1905 sank. Die durchschnittliche Steuer auf dem Land der Bauern war überdies zehnmal so hoch wie die auf dem Land der Adligen. Die Landwirtschaft blieb höchst rückständig, in hohem Maße wegen der regelmäßigen Neuaufteilung des Landes, welche von der Einführung neuer Bewirtschaftungsgrundsätze abschreckte. In Deutschland warf eine *Desjatine* beispielsweise 128 *Pud* (1 Pud = 16,33 kg) Weizen im Sommer und 104 *Pud* Weizen im Winter ab. Im europäischen Rußland waren die vergleichbaren Größen 64 respektive 41 *Pud*. Periodisch auftretende Hungersnöte durch Wetterunbilden vermehrten das Leid der Bauernschaft nur noch. Viele Statistiken können herangezogen werden, um die miserablen Bedingungen auf dem Land zu veranschaulichen, aber keine sagt mehr aus als folgende: Die Sterblichkeitsrate in Rußland war fast doppelt so hoch wie in Großbritannien.

Rechts-, Verwaltungs- und Militärreform

Die Bauernbefreiung war gewiß die bedeutendste Reform, die Alexander II. verfügt hatte, aber es war nicht die einzige. Der Zar und viele seiner Ratgeber erkannten, daß die Befreiung der Leibeigenen andere Reformen notwendig machte, um die Nation zu überzeugen, daß Rußland die offenkundigen Merkmale der Willkürherrschaft hinter sich ließ. 1864 führte die Regierung eine Reihe von Rechtsreformen ein, die für offene und öffentliche Gerichtsverfahren sowie ein Geschworenensystem sorgten und die härtesten Formen der körperlichen Züchtigung abschafften. Unter der neuen Rechtsprechung sollten Richter nicht absetzbar sein, obwohl ihre Beförderung noch vom Wohlwollen der hohen Regierungsbeamten abhing. Die Rechtsreformen mögen als erster Schritt in Richtung Rechtsstaatlichkeit betrachtet werden, aber sie wurden nicht peinlich genau angewandt und oft, besonders nach 1881, durch verschiedene Notverordnungen ersetzt, die den Machthabern erlaubten, sogenannte politische Verbrechen willkürlich zu bestrafen. Teil des Problems war der Unwille der Regierenden, Herrschaftsmethoden aufzugeben, die ihnen nützlich und dienlich gewesen waren, aber man sollte nicht übersehen, daß ein Geschworenensystem in einem Land mit einer zumeist sehr ungebildeten Bürgerschaft zwangsläufig ernsten Schwierigkeiten begegnet. Ein ausländischer Beobachter erzählte, daß die Schöffen ein Urteil mit »*nicht* schuldig unter mildernden Umständen« verkündeten, andere behandelten einen schwierigen Fall, indem sie vor einer Ikone Lose warfen, und mehrere Schöffengerichte erkannten selbst dann auf »nicht schuldig«, wenn der Angeklagte im Laufe der Verhandlung ein volles und förmliches Geständnis abgelegt hatte. In einem Fall, der 1878 viel Aufsehen erregte, weigerten sich die Geschworenen, Wera Sassulitsch zu verurteilen, eine Revolutionärin, die auf den Militärgouverneur von St. Petersburg geschossen und ihn verwundet hatte, weil dieser angeordnet hatte, einen politischen Gefangenen auszupeitschen. Die Regierung verfügte nun die Abtrennung aller politischen Fälle von normalen Gerichtsverfahren.

Eine weitere große Reform, die 1864 eingeführt wurde, rief ein ganz neues System örtlicher Selbstverwaltung ins Leben. Die Maßnahme sorgte dafür, daß auf Landes- und Provinzebene örtliche Organe der Selbstverwaltung, die als Semstwos bekannt waren, gewählt wurden. Die Wahlen waren nicht das, was wir im Wortsinn unter »demokratisch« verstehen. Die Bevölkerung war in drei Klassen oder Kollegien aufgeteilt – Adel, Städter und Bauern –, und die Zahl der Vertreter, die sie in die Semstwos entsenden konnte, hing vom Wert des Eigentums ab, das jede Gruppe besaß. Die Kreissemstwos wählten auch die Abgeordneten der höheren Provinzsemstwos, eine weitere Verdünnung des demokratischen Prinzips. Das Ergebnis war, daß die Adligen und die Regierungsbeamten, die eine kleine Minderheit der Bevölkerung vertraten, in den Organen der Selbstverwaltung die ausschlaggebende Macht waren. 1865 machten sie beispielsweise 42 Prozent der Abgeordneten in den Distriktsversammlungen und 74 Prozent in den Provinzsemstwos aus.

Nichtsdestoweniger waren die Semstwos, darüber sind sich fast alle Wissenschaftler einig, bemerkenswert erfolgreich darin, die allgemeinen Verhältnisse auf der lokalen Ebene zu verbessern. Sie spielten eine entscheidende Rolle im Bau und in der Unterhaltung von Straßen und Hospitälern, sie überwachten die örtlichen Bildungseinrichtungen, sie förderten die wirtschaftliche Entwicklung, sie führten Gefängnisse und sie sorgten für den Bau neuer Kirchen. Um diesen Aufgaben gerecht zu werden, stellten die Semstwos eine wachsende Zahl ausgebildeter Fachleute ein – Ärzte, Tierärzte, Agronomen, Statistiker, Lehrer, Ingenieure –, die, als das »dritte Element« bekannt, bis zum Ende des 19. Jahrhunderts eine einflußreiche Größe im öffentlichen Leben geworden waren. Diese Angestellten der Semstwos waren überwiegend idealistische Männer und Frauen, die im Dienste der Öffentlichkeit beträchtliche Opfer brachten. Bis Anfang des 20. Jahrhunderts zählte das »dritte Element« nahezu 70 000 Personen, von denen die meisten mit der liberalen oder sozialistischen Sache sympathisierten. Mehrere Führer der liberalen Parteien, die Anfang des 20. Jahrhunderts im öffentlichen Leben eine bemerkenswerte Rolle spielten, erwarben ihre ersten Erfahrungen in öffentlichen Belangen in den Semstwos. Um die Semstwos daran zu hindern, die Zentralregierung infrage zu stellen, hatte die Regierung ihnen vorsichtshalber untersagt, nationale Anliegen zu behandeln. Aber innerhalb weniger Jahrzehnte wurde es offensichtlich, daß die St. Petersburger Beamten sich etwas vorgemacht hatten, zu glauben, eine echte Selbstverwaltung könne neben einem autokratischen Herrschaftssystem bestehen.

Erst 1874 setzten der Zar und seine Ratgeber auf eine Reform der Militärstreitkräfte, deren schlechter Zustand ein entscheidender Beweggrund für die gesellschaftlichen und politischen Veränderungen an oberster Stelle war. Das Dekret setzte die Dienstzeit von 25 Jahren auf sechs Jahre herab, rief eine Reserve und eine Miliz ins Leben und führte menschlichere Disziplinierungsmaßnahmen ein. Dies erscheint noch wie ein allumfassender Militärdienst, aber es sollte nicht übersehen werden, daß Männer, die einen akademischen Grad innehatten, sich verschiedener Privilegien wie verkürzter Dienstzeiten erfreuten. Nichtsdestoweniger war die Militärreform ein Schritt in die richtige Richtung, doch wie sich in den beiden letzten Kriegen des Zarenreiches – 1904/05 und 1914-17 – herausstellen sollte, ging sie nicht weit genug, um Heer und Marine in wirkungsvoll kämpfende Streitkräfte umzuwandeln. Aus einem anderen Krieg, 1877/78 gegen eine schwache Türkei, ging Rußland siegreich hervor, aber auch hier zeichnete das Heer sich nicht aus.

Folgen der Neuerung

Obwohl die Reformen der sechziger und siebziger Jahre grundlegende Änderungen in der russischen Gesellschaft hervorriefen, stellten sie die Wünsche und Erwartungen, die in den Reformdiskussionen der fünfziger Jahre geweckt worden waren, nicht annähernd zufrieden. Über die Unzufriedenheit der Bauern damit ist schon berichtet worden, aber bemerkenswerterweise konnte selbst der Adel oder *Dworjanstwo*, die Klasse, deren Interessen die Machthaber zu schützen beschlossen hatten, mit den Folgen der Bauernbefreiung nicht gut auskommen. Der Adel war immerhin die größte Stütze der Autokratie, auch wenn er nur eine kleine, heterogene Gruppe war. Nach der Volkszählung von 1897 waren anderthalb Prozent der Bevölkerung entweder dem Erbadel angehörig oder Adlige auf Lebenszeit. Unter ihnen gab es Reiche und Arme, Liberale und Reaktionäre, solche, die fast ihr ganzes Leben in den großen Städten verbrachten, und solche, die auf ihren Landsitzen blieben, Männer, die dem Staatsdienst angehörten oder aber in beträchtlicher Zahl (immerhin ein Fünftel von allen) den einen oder anderen Beruf ergriffen hatten. Überdies bestand etwa die Hälfte der privilegierten Klasse nicht aus Russen; über 20 Prozent davon waren Polen, eine Nationalität, die besonderer Diskriminierung ausgesetzt war. Diese Vielgestaltigkeit hilft, das Fehlen politischer Solidarität unter dem russischen Adel zu erklären.

Eine große Zahl der Adligen fand es äußerst schwierig, sich der Befreiung der Leibeigenen und ihrem eigenen Niedergang als Machtfaktor innnerhalb der Gesellschaft anzupassen, und dies erklärt seinerseits die wachsende politische Radikalität vieler von ihnen. Bis 1861 hatten die Adligen im staatlichen Gemeinwesen wichtige Funktionen innegehabt. Sie übten gewaltige Macht über die etwa 45 Prozent der Bauern aus, die Leibeigene waren, bekleideten in ihren Bezirken das Richteramt und überwachten die Einziehung der Seelensteuer sowie der Rekruten für den Militärdienst. Einige wenige Adlige besaßen zudem große Güter, die einen Überschuß für den Export erwirtschafteten. Gleichgültig, wie die anderen Gesellschaftsklassen diese Anordnung betrachteten, sie konnten nicht bestreiten, daß der *Dworjanstwo* Verpflichtungen nachkam, die nützlich für den Staat waren. Nach den Reformen büßte der Adel jedoch viel von dieser *raison d'être* und seinem Rang in der Gesellschaft ein, obgleich das nicht in der Absicht der Regierung gelegen hatte.

Das auffälligste Zeichen für den Niedergang des Adels war sein Verlust an Land. Unfähig oder nicht willens, ihre Güter auf gewinnorientierter Basis zu verwalten, verkauften viele Adlige ihr Land an Städter oder Bauern. Von der Zeit der Großen Reformen bis 1905 gab der Adel ungefähr ein Drittel seines gesamten Landbesitzes auf. Um sich die Größenordnung dieser Landübertragungen zu veranschaulichen, sollte man sich erinnern, daß die privilegierten Schichten um 1860 die Hälfte allen in Privatbesitz befindlichen anbaufähigen Landes besaßen.

Wirtschaftliche Entwicklungen spielten beim Niedergang des Adels eine bedeutende Rolle. Die schwere Landwirtschaftskrise in den letzten Dekaden des 19. Jahrhunderts, eine weltweite Erscheinung, die einen starken Preisverfall bei den wichtigen Feldfrüchten verursachte, behinderte in Rußland die Entwicklung einer groß angelegten Landwirtschaft. Zudem beherrschten die meisten Adligen die Grundlagen wissenschaftlicher Landbewirtschaftung nicht und unternahmen nur schwache Anstrengungen, sich einen modernen Maschinenpark zuzulegen.

Letzten Endes wurzelte die Unfähigkeit der Adligen, ihre Güter in gewinn-abwerfende Unternehmen zu verwandeln, in ihrer psychologischen Veranlagung. Während der Leibeigenschaft hatten adlige Grundbesitzer niemals harte Arbeit, geschäftliches Geschick oder Sparsamkeit gekannt. Gewohnt, staatliche Unterstützung und Gebühren ebenso wie Dienstleistungen ihrer Leibeigenen zu erhalten, mißlang es ihnen, den Schwung und die Entschlußkraft zu entwickeln, die nötig waren, um in einer Marktwirtschaft Erfolg zu haben. Die Befreiung der Leibeigenen machte die Sache für den Adel noch schlimmer, denn jetzt mußte er unter Umständen für sich selbst sorgen, die seiner Erfahrung durchweg fremd waren.

Spätestens in den neunziger Jahren des 19. Jahrhunderts war die Regierung von der sich verschlechternden Rolle des Adels in öffentlichen Einrichtungen alarmiert. So viele Adlige waren in die Städte abgewandert, daß das Angebot an ausgebildetem Personal deutlich erschöpft war. Zeitweise konnten nicht genug Adlige gefunden werden, um alle Sitze zu besetzen, die ihnen in den Semstwo-Versammlungen zustanden. Man hat geschätzt, daß der *Dworjanstwo* in 50 von 87 Provinzen nicht mehr imstande war, auf die örtlichen Verhältnisse einen nennenswerten Einfluß auszuüben. Die Regierung wußte nicht mehr, wie sie diese Entwicklung umkehren konnte.

Andere Klassen konnten und wollten das Vakuum nicht ausfüllen, denn die Machthaber, die die Autokratie und die Vorrechte des Adels nach wie vor beibehalten wollten, hatten versäumt, Rahmenbedingungen zu schaffen, um in ausreichendem Umfang gesellschaftliche Gruppen entstehen zu lassen, die in öffentlichen Angelegenheiten eine bedeutende Rolle spielen konnten. Weder die Bauernschaft noch der Mittelstand noch die werktätige Arbeiterklasse vermochten angemessene legale Möglichkeiten zur Darstellung ihrer Bedürfnisse zu finden. Mehr und mehr wandten Angehörige dieser Gruppen sich illegalen politischen Aktivitäten zu.

Diese Entwicklung war teilweise das Ergebnis des allmählichen Bildungsanstiegs unter Nichtadligen. Die neuen Gebildeten, die man die *Rasnotschintzy* (Männer verschiedenen Standes) nannte, pflegten aus den ärmeren Teilen der Gesellschaft wie Priestern, kleinen Beamten, Handwerkern und bis zu einem gewissen Grade sogar Bauern zu kommen. Sie wurden Teil der Intelligenzija, die bis dahin fast ausschließlich aus Adligen bestanden hatte, welche die vorherrschende Ordnung mißbilligten. Obwohl Intellektuelle der Oberschicht oft die Armen und Unterdrückten bemitleideten, hatten sie das Elend der breiten Masse nie aus erster Hand erfahren wie die *Rasnotschintzy*, die den Wandel mit einer Inbrunst und Schärfe forderten, die der früheren Kritik am zaristischen

System im allgemeinen abging. Die neue Stimmung, die in den sechziger Jahren aufkam, gab dem russischen Radikalismus eine besondere Prägung von Unduldsamkeit und sogar Fanatismus.

Dieser Radikalismus nahm verschiedene Formen an. Die erste war »Nihilismus«, ein Terminus, der von Iwan S. Turgenjew in seinem Roman *Väter und Söhne* geprägt worden war. D. I. Pisarew war der führende Sprecher der Nihilistenbewegung – wenn sie so genannt werden darf, denn es handelte sich in Wirklichkeit mehr um eine Einstellung als um eine politische Lehre. Pisarew verachtete traditionelle gesellschaftliche und künstlerische Werte sowie Einrichtungen wie die Familie oder anerkannte Religionen. Den größten Wert maß er den Naturwissenschaften und dem utilitaristischen Rationalismus bei. Zu seinen bevorzugten Aphorismen gehörte »Was gebrochen werden kann, soll gebrochen werden« und »Ein Schuster ist wichtiger als Goethe«.

Narodnitschestwo (Volkstümlichkeit) hatte unter den Intellektuellen eine weitaus größere Anhängerschaft. Eine Bewegung, die sich aus den Schriften von Herzen (vgl. Kapitel 5), N. K. Michailowsky und dem Radikalanarchisten M. A. Bakunin herleitete, sollte die russische »Volkstümlichkeit« nicht mit der westlichen verwechselt werden, die sich allgemein auf volkstümliche, ländliche Bewegungen bezog. Die russischen »Volkstümlichen« (oder *Narodniki*) behaupteten, die Zukunft Rußlands stehe und falle mit den Bauern, deren lange Erfahrung mit der Kommune sie zu instinktiven Anhängern des Kommunismus gemacht habe. Unverdorben von der Wertewelt westlicher Einrichtungen, die auf der Unantastbarkeit des Privateigentums gründe, könne Rußland den Kapitalismus in seiner Entwicklung in Richtung Sozialismus insgesamt übergehen. Nikolai Tschernischewskis *Was ist zu tun?* (herausgegeben 1863), ein Phantasiewerk, das die heldenhaften Revolutionäre beschreibt, bereit, endlose Not für die Sache des Sozialismus zu erdulden, wurde überall gelesen und bekehrte manche befremdeten Intellektuellen zur Volkstümlichkeit. Anders als Herzen, der bis zum Ende seines Lebens gelaubt hatte, der Sozialismus könne mit friedlichen Mitteln erlangt werden, dachte Tschernischewski, daß Gewalt notwendig sein würde.

Die Maßnahmen, die angewendet werden sollten, um grundlegende Änderungen hervorzubringen, wurden für die Gegner der alten Ordnung, die im Volke immer noch ein beachtliches Maß an Unterstützung hatte, bald zu einer der quälendsten Streitfragen überhaupt. Das fehlgeschlagene Attentat durch den Volkstümlichen Dmitrij Karakosow, der 1866 versucht hatte, Zar Alexander zu ermorden, heizte die Debatte an, denn die Regierung ließ keinen Zweifel daran, daß sie auf Gewalt mit Unterdrückung antworten werde: Sie straffte die Disziplin in den Schulen und erlegte der Presse neue Einschränkungen auf. Anfang der siebziger Jahre versuchte die Opposition eine neue Richtung, und auch dies erwies sich als unergiebig. Idealistische junge *Narodniki* starteten die »Hinein ins Volk«-Bewegung; Hunderte von ihnen gingen aufs Land und lebten mit den Bauern, um ihnen Lesen und Schreiben wie auch die Grundlagen der modernen Technik beizubringen. Aber das Endziel der jungen Volkstümlichen war, die Massen auf die Revolution vorzubereiten. Zur Verzweiflung der Agitatoren waren viele Bauern von den *Narodniki* verwirrt und verdächtigten sie, Eindringlinge zu sein, die versuchten, sie irrezuführen. Einige Bauern lieferten die Besucher sogar der Polizei aus, die Mitte der Siebziger eine große Anzahl von ihnen inhaftierte und das wohlgemeinte Vorhaben damit beendete.

1877 organisierten M. A. Natanson und A. D. Michailow eine neue Bewegung, *Land und Freiheit*, die sich verpflichtete, ernsthafte revolutionäre Propaganda unter die Bauern zu bringen. Aber nach zwei Jahren spaltete sich die Gesellschaft 1879. Der Streitpunkt war einmal mehr, welche Mittel im Kampf gegen die alte Ordnung zu anzuwenden seien. Eine Gruppe, die Schwarze Abteilung, beharrte darauf, den friedlichen Propagandakurs beizubehalten, in der Annahme, daß Zuflucht zur Gewalt, die sie nicht unter allen Umständen zurückwies, zu dieser Zeit kontraproduktiv sein würde. Die andere Gruppe, *Wille des Volkes*, wurde von Michailow geführt, der betonte, nur der Terror, besonders gegen die Führer der Regierung unter Einschluß des Zaren, könne zu einer radikalen Umwandlung der gesellschaftlichen und politischen Ordnung führen und die Bauern zur Revolution aufrütteln.

Zunahme der politischen Gärung

Die wachsende Unruhe von unten war nicht die einzige bedrohliche Entwicklung, der die Machthaber sich nach 1870 gegenübersahen. 1877 wurde Rußland in einen weiteren Konflikt mit der Türkei verwickelt, den vierten im 19. Jahrhundert. Es ging um die Kontrolle über den Balkan, wo viele Christen unter türkischer Herrschaft standen. Diesmal kämpften die russischen Streitkräfte durchweg gut und drängten den Türken im März 1878 den Vertrag von San Stefano auf, der die Grenzen auf dem Balkan grundlegend änderte. Rußland annektierte Südbessarabien und die wichtigen Städte Batum im Transkaukasus und Kars in Ostanatolien. Die Türkei war gezwungen, die völlige Unabhängigkeit Serbiens, Rumäniens und Montenegros sowie die Autonomie Bulgariens, das ein von Rußland dominiertes Fürstentum wurde, anzuerkennen. Rußland konnte sich jedoch nur wenige Monate der Früchte seines Sieges freuen. Im Juli 1878 zwangen die Großmächte, besonders Österreich-Ungarn und Großbritannien, den Zaren, einige wichtige Änderungen des Vertrages von San Stefano zu akzeptieren. Obwohl Rußland die Länder, die es annektiert hatte, behielt, wurde Bulgarien beträchtlich verkleinert, und Österreich-Ungarn übernahm die Kontrolle über Bosnien und Herzegowina. Einmal mehr war Rußland gedemütigt, und viele Russen waren tief verärgert, nach einem Krieg, der das Land Tausende Gefallene gekostet hatte, um den vollständigen Sieg betrogen worden zu sein.

Der Gesichtsverlust in der internationalen Arena ereignete sich zu einer Zeit wachsender Militanz von unten. In dem ersten einer Reihe von Angriffen auf hohe Beamte versuchte Wera Sassulitsch im März 1878, General Trepow zu ermorden, den Polizeichef von St. Petersburg, wobei es ihr gelang, ihn ernsthaft zu verwunden. Als die Revolutionäre es Mitte August des gleichen Jahres schafften, den Polizeigeneral Mesenzow zu töten, den Leiter der Dritten Abteilung, war die Regierung so beunruhigt, daß sie besondere Anstrengungen unternahm, um sich der Hilfe der gebildeten Öffentlichkeit im Kampf gegen den Terror zu versichern. Die Regierung hoffte, eine starke Verurteilung des Terrors durch respektable Mitglieder der Gesellschaft werde die Gewalt vermindern, wenn sie ihr nicht überhaupt ein Ende machte. Es war ein Zeichen der tiefen Staatsverdrossenheit in Rußland, daß die Regierung bei den Semstwos, die sich größtenteils aus Mitgliedern der Oberschicht zusammensetzten, auf taube Ohren stieß. Mehrere der liberaleren Semtswo-Beamten gingen so weit, anzukündigen, sie würden den Kurs der Regierung gegen den Terrorismus nicht eher unterstützen, bis dem Volk politische Rechte gewährt worden seien.

In Wahrheit gehörten aber nur ganz wenige der militantesten Aktivisten den privilegierten Gruppen der Gesellschaft an. Von denjenigen, die in den fünf Jahren von 1873 bis 1877 entweder eingekerkert oder verbannt wurden, waren 279 junge Adlige, 117 waren Kinder nichtadeliger Beamter, 197 waren die Sprößlinge von Priestern, 68 waren Juden, und nur 138 stammten aus Bauernfamilien. Kein Zweifel, durch Terror allein konnte das zaristische Regime nicht gestürzt werden, denn die Regierung konnte für die ermordeten Beamten jedesmal Ersatz finden, und sie konnte immer den Grad der Unterdrückung erhöhen. Aber die Unfähigkeit der Regierung, der Gewalt ein Ende zu setzen, unterhöhlte unvermeidlich das öffentliche Vertrauen zu den Machthabern, eine Voraussetzung für eine erfolgreiche Revolution.

Ebenso erschütterte der Terror das Selbstvertrauen des zaristischen Regimes, das ob der Verwegenheit der Revolutionäre Nerven zu zeigen begann.

Innerhalb der drei Monate von Mitte November 1879 bis Anfang 1880 unternahmen diese zwei waghalsige Versuche, den Zaren zu ermorden. Im zweiten gelang es Stepan Khalturin, unter dem Hauptbankettsaal im Winterpalais eine Bombe zu plazieren, aber sie explodierte, bevor der Zar zum Festmahl erschien. Sie tötete jedoch elf Bedienstete. Die politische Polizei, unter der Führung unfähiger Offiziere, war außerstande, die Terroristen zu verhaften. Tatsächlich brachte ihre Vorgehensweise – willkürliches Durchgreifen, zwischen April 1879 und Juli 1880 wurden 575 Menschen verbannt und 16 zum Tode verurteilt – die Radikalen nur zur Raserei und bestärkte sie in ihrem Tun. Der Zar sah sich in wachsendem Maße gezwungen, sich vom Volk abzusondern, und das schien den offiziellen Lehrsatz, das Volk liebe seinen Herrscher, zu widerlegen. Statt an der frischen Luft spazierenzugehen, wie er es liebte, verlegte er seine Wanderungen in die Flure und Hallen seines Schlosses. Wenn er draußen zu tun hatte, geschah dies unter schwerer Bewachung, und die Fenster seiner Kutsche waren zugezogen. Vielen erschien es, als sei der mächtige Herrscher aller Reußen auf den Status eines gehetzten Wildes reduziert.

Anfang 1880 entschloß sich Zar Alexander zu einem kühnen Kurswechsel. Er ersetzte die konservativeren Mitglieder seiner Regierung durch gemäßigte und ernannte General M. T. Loris-Melikow zum Vorsitzenden einer »Obersten Regierungskommission für die Aufrechterhaltung der Staatsordnung und Öffentlichen Ruhe«. Wenige Monate später, als die Kommission aufgelöst wurde, wurde Melikow Innenminister. Die Wahl von Loris-Melikow für diese wichtigen Ämter war in vielerlei Hinsicht ein genialer Schachzug. Ein Held des Krimkriegs und des russisch-türkischen Krieges von 1877/78, war er höchst populär. Überdies hatte er als Gouverneur der Tscherkessenregion und als Generalgouverneur der Provinz Charkow gezeigt, daß er bei allem entschlossenen Vorgehen gegen ausgemachte Störenfriede die Notwendigkeit von Reformen erkannt hatte. Auf seine Ernennung in die Kommission hin hatte er angekündigt, er wolle nicht »vor den strengsten Maßnahmen zurückschrecken, um diejenigen zu bestrafen, welche strafbarer Handlungen schuldig sind, die unserer Gesellschaft Schande machen«. Doch wußte er auch, wie seine Aktionen bald zeigten, daß die eiserne Faust allein nicht genügte, um die Ordnung in Rußland wiederherzustellen. Und er wußte, wie man Macht ausübte. Es ist recht sicher, daß er 1880 und Anfang 1881 über größere Macht als jeder andere Beamte im Russischen Reich von 1855 bis 1905 verfügte.

Um die Ordnung wiederherzustellen, ging Loris-Melikow zweigleisig vor. Er befahl der Polizei, hart gegen Revolutionäre durchzugreifen, was sie auch tat, aber die Führer von Der *Wille des Volkes* entkamen ihr. Gleichzeitig schloß er die *Dritte Abteilung*, ein Teil der Staatsgewalt, der wegen seiner Willkür allgemein verachtet wurde, lockerte die der Presse auferlegten Beschränkungen, schaffte die verhaßte Salzsteuer ab und forderte Semstwo-Aktivisten auf, über mögliche Reformmaßnahmen nachzudenken. Vor allem machte er klar, daß einige Zugeständnisse hinsichtlich einer Beteiligung des Volkes an der Regierung in seinen Augen notwendig seien, um die Nation zu besänftigen. Es war dies ein mutiger Schritt, der jedoch von Zar Alexander, der nach wie vor dem Prinzip der Selbstherrschaft verhaftet war, nicht gut aufgenommen werden sollte. Das bedeutet nicht, daß Loris-Melikow vorgeschlagen hätte, das monarchische System durch ein demokratisches zu ersetzen. In einer Denkschrift an den Kaiser versicherte er dem Herrscher, er denke keineswegs an die Einführung eines Systems »der Volksvertretung in Nachahmung der westlichen Vorbilder; nicht allein ... [ist dies] dem russischen Volk fremd, sondern ... [es] könnte [Rußlands] Grundeinstellung erschüttern und Unruhen schaffen, deren Konsequenzen schwer vorherzusehen sind«. Loris-Melikows Empfehlungen für politische Neuerungen waren wirklich sehr maßvoll. Er schlug die Bildung zweier Vorbereitungskommissionen vor, eine, die sich auf verwaltungsökonomische Belange konzentrieren, und eine andere, die sich Finanzfragen widmen solle; vorsitzen sollte beiden »eine Person, welcher der Souverän sein Vertrauen schenkt«, wobei den Kommissionen auch Fachleute angehören sollten, die von Semstwos und Stadträten gewählt wurden. Die beiden Kommissionen sollten einer Generalkommission berichten, die dann Vorschläge zu bestimmten Punkten formulieren würde. Loris-Melikow sah jedoch vor, daß diese Versammlung das Recht haben sollte, nur Themen zu bearbeiten, die ihr von den zaristischen Würdenträgern vorgelegt wurden. Die endgültigen Vorschläge sollte die Generalkommission an den Staatsrat senden – eine Einrichtung mit vom Zaren Ernannten, die als eine gesetzgebende beratende Körperschaft diente –, der um 15 von der Öffentlichkeit gewählte Mitglieder erweitert werden sollte. Loris-Melikows unhandlicher Plan ist häufig als eine Verfassung bezeichnet worden, aber es muß betont werden, daß ihm zufolge die Macht des Kaisers beherrschend bleiben sollte. Doch seine Ausführung hätte für Rußland einen wichtigen Aufbruch bedeutet, weil sie für die Beteiligung einiger gewählter Vertreter am Regierungsprozeß des Landes gesorgt hätte. Er war ein wichtiger Schritt in die richtige Richtung, mehr aber auch nicht.

Alexander schickte Loris-Melikows Plan einer Gruppe von acht Würdenträgern, die er selbst berief, zur Ansicht. Die Gruppe äußerte zum Vorschlag allgemeine Zustimmung, überließ die Entscheidung, ob dem Staatsrat gewählte Mitglieder beigeordnet werden sollten, aber dem Monarchen. In der Überzeugung, daß politische Reformen nicht länger vermieden werden konnten, billigte Alexander den Kommissionsbericht, ohne die Zusammensetzung des Staatsrats zu ändern, und setzte für den 1. März ein Treffen mit dem Vorsitzenden des Ministerrats, Graf P. A. Walujew, an, um einen abschließenden Entwurf der Vorschläge vorzubereiten, der veröffentlicht werden sollte. *Der Wille des Volkes* schritt dramatisch dagegen ein und brachte den Reformprozeß zum Stillstand, einmal mehr eine der interessanteren Spekulationen (»was wäre gewesen, wenn...«) der russischen Geschichte zurücklassend.

Die Revolutionäre, die der großangelegten Polizeiaktion entgangen waren, hatten den Mut nicht verloren. Angeführt von Sophia Perowskaja, verfolgten einige von ihnen weiter den Plan, den Zaren zu ermorden, und am Morgen des 1. März warfen sie eine Bombe auf die Kutsche des Monarchen, die auf dem Rückweg von einer Militärparade war. Alexander kam nicht zu Schaden, aber sobald er auf die Straße trat, um herauszufinden, was geschehen war, wurde eine weitere Bombe auf ihn geworfen, und diese verletzte ihn tödlich. Er konnte kaum die Bitte äußern, ins Schloß gebracht zu werden, als er auch schon das Bewußtsein verlor; er starb kurz darauf in seinem Arbeitszimmer.

Der Mord am Zaren löste einen Schock in der russischen Gesellschaft aus. Die Verteidiger der alten Ordnung vertraten leidenschaftlicher denn je den Standpunkt, nur Gewalt gegen die Opposition könne Rußland vor dem Abrutschen in die Anarchie bewahren. Die nichtrevolutionären Gegner des autokratischen Regimes glaubten weiterhin an die Notwendigkeit grundlegender Reformen, aber sie pflegten jetzt mit gedämpfter Stimme zu sprechen. Die Regierung, die Mut gefaßt hatte, griff nun hart durch und schwächte die Revolutionsbewegung, die sich für mindestens 10 Jahre eher ruhig verhielt, außerordentlich. Die vielleicht überraschendste Reaktion kam von den Massen, für die die Revolutionäre den Kampf gegen die Machthaber zu führen behaupteten. Viele Angehörige der Unterschicht kamen zu der Überzeugung, die Juden seien für die Ermordung verantwortlich – eine Jüdin, Hesse Helfmann, war Mitglied der terroristischen Vereinigung – und müßten für ihr Vergehen bestraft werden. Im Frühjahr, Sommer und Herbst 1881 entfesselten Plünderer in 200 Städten und Dörfern Pogrome, die mindestens 40 tote Juden, viele Verwundete und Hunderte vergewaltigter, verzweifelter Frauen zurückließen. Die Zerstörung jüdischer Viertel in mehreren Städten machte Tausende obdachlos.

Die Historiker waren über die Entstehung dieses sträflichen Mordens und Zerstörens uneins.[14] Viele haben behauptet, die Unruhen seien von höchsten Stellen in St. Petersburg angestiftet worden, um die Aufmerksamkeit von der Regierung abzulenken. Aber heute ist bekannt, daß der neue Zar, Alexander III., der eine tiefe Abneigung gegen Juden hegte, die Provinzgouverneure nichtsdestoweniger anwies, die Gewalt zu unterdrücken und die Juden zu schützen. Er fürchtete, die Pogrome würden eine allgemeine soziale Revolution anfachen. Wenn die Massen die Juden straflos plündern konnten, warum sollten sie nicht ebensogut die Güter des Adels angreifen? Eine bedeutende Anzahl Revolutionäre begrüßte anfänglich die Pogrome, aus genau dem gleichen Grunde, den der Zar ihnen unterstellte. Mit einer Ausnahme brachten alle größeren sozialistischen Zeitungen in Rußland Artikel, die die Pogrome als das erste Zeichen priesen, daß die Massen sich bewegten. Bald jedoch erkannten die meisten Radikalen, daß die Bauern, die Juden attackierten, dies nicht taten, um die Ideale des Sozialismus zu fördern, sondern um ihrem Haß auf eine Minderheit Luft zu machen, deren Lebensweise sich von der ihren unterschied und die sie aller Arten böswilliger Machenschaften verdächtigten.

Gegenreform

Obwohl der neue Herrscher, Alexander III., die Pogrome nicht billigte, sollte man daraus nicht schließen, daß er jemand mit liberalen Neigungen war. Er war im Gegenteil ein engstirniger, beschränkter Mann, der das autokratische Herrschaftssystem um jeden Preis bewahren wollte. Er lehnte die Reformen seines Vaters heftig ab, von denen er glaubte, sie unterhöhlten Rußlands überkommene Einrichtungen, die das Land zur Größe geführt hätten. Ein mächtig gebauter Mann, vermittelte er trotz der unbeholfenen Bewegungen seines Körpers den Eindruck einer Person mit starkem Willen und einer klaren Vorstellung, wie die Nation regiert und auf welche Weise die Macht des Landes vergrößert werden sollte. Aber das war keine Vision, die Alexander aus sich selbst geschaffen hatte. Er verdankte seine politischen Ideen einem seiner Hauslehrer, Konstantin Pobedonostzew, vormals Professor für Zivilrecht an der Universität Moskau und von 1880 bis 1905 Hauptprokurator des Heiligsten Synod. In den 80er Jahren außergewöhnlich einflußreich in allen Angelegenheiten des Staates, legte Pobedonostzew dar, was als offizielle Ideologie des vorrevolutionären Rußland beschrieben werden kann. Obwohl er kein origineller oder systematischer Denker war, trug Pobedonostzew seine Sichtweise über Gesellschaft, Politik, Gesetz, Religion und Bildungswesen in ausreichenden Einzelheiten in seinen *Überlegungen eines russischen Staatsmannes* vor, so daß sie als zusammenhängendes Lehrgebäude gezeigt werden können.

Grundlegende Voraussetzung von Pobedonostzews politischer Philosophie war, daß der Mensch »schwach, gemein, nichtsnutzig und widerspenstig« sei und daher durch Zwang in Schach gehalten werden müsse. Auch die Religion war vonnöten, um die Massen mit der Vorstellung von Gehorsam, Fleiß und Tugend zu durchdringen. Die materiellen Verhältnisse des Volkes interessierten ihn überhaupt nicht. Er trat dafür ein, daß die Massen nur eine kurze Schulzeit erhalten sollten, in der sie die Grundlagen des Lesens, Schreibens, Rechnens und der Religion erlernen und von ihren Lehrern mit den Idealen des Pflichtbewußtseins, der Entsagung, des Gehorsams, der Arbeit und der christlichen Nächstenliebe erfüllt werden sollten. Ihnen eine breitere Erziehung angedeihen zu lassen und sie zu kritischem Denken zu erziehen, würde sie nur ermuntern, ihre wirtschaftlichen Verhältnisse zu verbessern zu suchen, und das würde zu gesellschaftlichen Konflikten führen. Pobedonostzew verachtete die Industrialisierung, weil sie die Landflucht der Bauern in die Städte fördere, wo sie unter verderblichen Einfluß kämen. Ordnung und Beständigkeit waren des Hauptprokurators höchste Ziele. Die Rolle der Gesellschaft bei der Förderung von Gerechtigkeit, Freiheit oder der allgemeinen Wohlfahrt des Volkes behandelte er nicht so oft.

In Pobedonostzews politischer Vorstellung war der Alleinherrscher der eigentliche Ausgangspunkt aller Staatsmacht. Er äußerte sich nur vage in der Beschreibung der Grundlagen der Zarenmacht, gab aber zu verstehen, sie sei auf göttliches Recht gegründet und ebenso auf etwas, das er »nationalen Glauben und nationalen Willen« nannte. Doch der Zar konnte nicht allein regieren; er brauchte die Unterstützung der Elite des Landes. Wieder äußerte sich Pobedonostzew unbestimmt, wie diese Elite bestimmt werden solle, schlug aber zwei Auswahlkriterien vor, Verdienst und ererbten Reichtum. Anders als die Massen sollte die Elite gut ausgebildet sein, so daß sie in die Lage gesetzt war, bei der Führung des Staates die kritischen Entscheidungen zu fällen. Sowohl der Alleinherrscher wie die Elite waren berechtigt, das Gesetz zu verletzen und sogar »Institutionen zu zerbrechen«, wenn das Wohl des Staates dies ihrer Ansicht nach rechtfertigte.

Pobedonostzew glaubte auch, die Kirche solle dem Staat untergeordnet werden und es könne in einer gut funktionierenden Gesellschaft nur eine Religion geben, eine geistige Macht, die dazu diene, die Menschen an die Nation zu binden. Er hatte nichts dagegen, daß die ethnischen Minderheiten im Russischen Reich ihre Sprachen und Gebräuche behielten, aber er bestand darauf, daß sie alle zur russischen Orthodoxie übertreten sollten. Er bezweifelte jedoch, daß die Polen oder die Juden jemals vollständig für die Orthodoxie gewonnen werden könnten. Seine Voraussage, wie das Judenproblem gelöst werden sollte, war klar und einfach: Ein Drittel werde übertreten, ein Drittel werde auswandern, und ein Drittel werde sterben.

Selbst eine oberflächliche Prüfung der Politik von Zar Alexander III. enthüllt den starken Einfluß der Ansichten Pobedonostzews auf das Denken des Mannes im Winterpalais. Am 14. August 1881, fünfeinhalb Monate nach der Ermordung von Alexander II., gab der neue Herrscher ein Gesetz heraus, um es der Regierung zu ermöglichen, mit einer neuen Waffe gegen die Opposition Krieg zu führen, nämlich der Verhängung von Notstandsverordnungen in jedem Gebiet des Reiches. Das Statut, das während der letzten 36 Jahre des Bestehens des Russischen Reiches überall angewandt wurde, obwohl es ursprünglich als vorübergehende Maßnahme erlassen worden war, wurde von Richard Pipes die »wahre Verfassung« des Landes genannt. Seine Durchführung zeigt vielleicht mehr als alles andere, daß Rußland kein Staat war, der sich auf Recht und Gesetz gründete.

Das Gesetz sah zwei Arten von Spezialmaßnahmen vor, »Verstärkte Sicherheitsmaßnahmen« (Usilennaja Ochrana) und »Außerordentliche Sicherheitsmaßnahmen« (Tschreswytschainaja Ochrana). Die ersten konnten durch den Innenminister oder, mit Billigung des Ministers, durch einen Generalgouverneur verhängt werden, die zweiten nur mit Erlaubnis des Zaren. Angelegt, die Bekämpfung der Aufwiegelung zu erleichtern, blieb das Gesetz verschwommen, welche Bedingungen es rechtfertigten, eine Region zu einem Notstandsgebiet zu machen, und es gab den Machthabern in St. Petersburg beträchtlichen Spielraum in seiner Anwendung. Zusätzlich zu diesen Notstandsvollmachten konnte die Regierung über ein Gebiet das Kriegsrecht verhängen, was ganz einfach Militärherrschaft bedeutete.

Die Macht der Willkür, die Beamten vor Ort (Generalgouverneuren, Gouverneuren und Stadtgouverneuren) unter den außergewöhnlichen Maßnahmen von 1881 verliehen wurde, war riesig. Unter »Verstärkter Sicherheit« konnten Beamte Bürger bis zu drei Monate ins Gefängnis werfen, Geldstrafen verhängen, öffentliche Versammlungen verbieten, angebliche Missetäter verbannen, Bündel von Gerichtsfällen von Strafgerichtshöfen auf Militärgerichtshöfe übertragen und Semstwo-Abgeordnete entlassen. Unter »Außerordentlicher Sicherheit« wurde ein Gebiet unter die Gewalt eines Oberbefehlshabers gestellt, der ermächtigt war, gewählte Semstwo-Abgeordnete zu entlassen und sogar die Semstwos ganz aufzulösen, Zeitschriften einzustellen sowie Universitäten und andere Stätten höherer Bildung für bis zu einen Monat zu schließen. Die Durchführung dieser außergewöhnlichen Maßnahmen hing größtenteils vom Gutdünken örtlicher Beamter ab: In einigen Provinzen handelten sie maßvoll, während sie in anderen ihre Macht bis zum äußersten gebrauchten. Häufig warfen Beamte, die unter Notstandsvollmachten agierten, »Bettler, Landstreicher und überhaupt unliebsames Volk« hinaus. Anfang des 20. Jahrhunderts standen zeitweise 69 Prozent der Provinzen und Bezirke des Russischen Reiches entweder ganz oder teilweise unter einem der verschiedenen Notstandsgesetze.

1889 begann Zar Alexander eine Reihe von Gegenreformen zu verfügen, die auf eine größere Aufhebung der Reformen hinausliefen, die in den sechziger und siebziger Jahren eingeführt worden waren. Er rief, was vielleicht am wichtigsten war, ein neues Amt ins Leben, das des Landeshauptmanns, und stattete es mit so großer Macht aus, daß das System bäuerlicher Selbstverwaltung, angeblich von »Chaos und wildem Mißbrauch« bestimmt, stark geschwächt wurde. Das Innenministerium behielt die letzte Kontrolle über die Ernennung der Landeshauptmänner, die Beschlüsse der Bauernversammlungen und Gemeinden für nichtig erklären, ihrer Tagesordnung Punkte hinzufügen und Bauernfunktionäre ihres Postens entheben konnten, wenn diese als »unzuverlässig« betrachtet wurden. Ebenso konnte der Landeshauptmann Beschlüsse der Kantonsgerichtshöfe aufheben und bestimmte Zivil- und Kriminalfälle selbst entscheiden. Indem sie dieses neue Amt schuf, hatte die Regierung einen neuen Weg gefunden, die Bauern davon abzuhalten, Erfahrung in der Selbstverwaltung zu gewinnen und in den Rechten und Pflichten der Bürgerschaft aufzugehen.

Die Regierung unternahm weitere Schritte, um den Einfluß der Bauern in der Politik dieser Körperschaften zu vermindern. 1890 erließ sie ein Gesetz, das die indirekte Wahl der Semtswo-Abgeordneten durch Bauern und eine Begrenzung der Zahl der Abgeordneten regelte, die Bauern wählen konnten (nicht mehr als 29,6 Prozent von der Gesamtzahl). Die Semtswos selbst wurden ebenfalls neuen Vorschriften unterworfen: Künftig mußten alle Wahlen und Ernennungen von Semtswo-Beamten von den Provinzgouverneuren bestätigt werden. Zudem wurden alle Beschlüsse der Semtswo-Versammlungen der Zustimmung eines Gouverneurs oder des Innenministers unterworfen. Die Gemeindeverwaltungs-Verordnung von 1892 erlegte dem Wahlrecht für städtische Dumas (örtliche Legislativen) in Städten und Großstädten ähnliche Veränderungen auf. Die Zahl der Wähler in St. Petersburg etwa sank von 21 176 auf 7152.

In anderen Bereichen des öffentlichen Lebens verfolgte die Regierung ebenfalls eine reaktionäre Politik. Sie zog die Pressezensur an, sie weigerte sich, das Prinzip zu wahren, Richter nicht willkürlich abberufen zu können, und sie versuchte, Gerichtsverhandlungen mit Geschworenen abzuschaffen. »Es ist wichtig«, behauptete der Zar, »diese Einrichtung loszuwerden, um in Rußland die Bedeutung des Gerichtshofs wiederherzustellen.« Und die Regierung unternahm verschiedene Anstrengungen, um die ohnehin kleine Zahl der Schüler und Studenten aus den unteren Schichten, die Oberschulen und Universitäten besuchten, zu vermindern. Sie erhob Lehrgebühren und sie ermunterte Regierungsbeamte im Erziehungswesen, aus den Reihen der Anwärter jene auszusondern, die wahrscheinlich »unzuverlässig« waren. Zu einer Zeit, da lediglich 21 Prozent der Bevölkerung lesen und schreiben konnten, sank die Zahl der Schüler in den verschiedenen Formen der Oberschule in einem Zeitraum von 13 Jahren (1882 bis 1895) von 65 751 auf 63 863. Juden waren besonders verdächtig, weshalb ihnen besondere Beschränkungen auferlegt wurden. Sie waren nicht nur nicht berechtigt, als Abgeordnete der Semstwos und städtischen Legislaturen zu dienen, sondern die Regierung setzte 1887 auch bestimmte Quoten auf die Zahl der Juden fest, die Mittelschulen oder höhere Bildungsstätten besuchen durften: Innerhalb der sogenannten Ansiedlungsrayons, wo die meisten Juden lebten, durften sie zehn Prozent der Schüler nicht überschreiten, und außerhalb dieser zugewiesenen Siedlungsgebiete betrug die Zahl fünf Prozent. Diese Maßnahmen machten nicht nur die verhältnismäßig liberale Erziehungspolitik von Alexander II. zunichte; sie stehen auch für den ersten Versuch, in Rußland starre Quoten auf die Zulassung von Studenten für Bildungseinrichtungen festzulegen.

1894 erkrankte Zar Alexander III., erst 49 Jahre alt, plötzlich an einer Nierenentzündung und starb, ohne sein höchstes Bestreben, die Umwandlung Rußlands in einen Staat auf der Linie der Vorstellungen Pobedonostzews, erreicht zu haben. Gewiß, Alexander hatte die Revolutionsbewegung zertrümmert, und er hatte eine friedliche Außenpolitik verfolgt, die ihn kostspielige außenpolitische Verwicklungen vermeiden ließ. Auch verdient festgehalten zu werden, daß er eine Wirtschaftspolitik unterstützte, die Rußlands Industrialisierung förderte, ein Gegenstand, der im nächsten Kapitel behandelt wird. Aber es war nicht klar, ob er eine neue politische Ordnung geschaffen hatte, die Rußland die innere Festigkeit gewährleisten würde, die er angestrebt hatte. Es dauerte nicht lange, bis das Land in noch nie dagewesene soziale und politische Unruhen hineingezogen wurde. Es besteht wenig Zweifel, daß Alexanders Politik, so machtvoll gegen reformatorische und liberale Tendenzen vorzugehen, am Ende viel dazu beitrug, diese Unruhen zu fördern.

VII Das revolutionäre Rußland, 1894-1917

Man kann sich schwerlich einen Mann vorstellen, der weniger geeignet war, als Alleinherrscher in einem großen Reich zu dienen, das von Wirren heimgesucht wurde, als Nikolaus II., der 1894 den Thron bestieg. Menschen, die Nikolaus näher kannten, waren in der Tat von der Aussicht beunruhigt, er werde die höchste Gewalt übernehmen. Im Oktober 1894, als klar war, daß Alexander eine ernste Erkrankung nicht überleben würde, warnte der Marineminister, N. M. Tschitschajew, der 26jährige Nikolaus sei »fast ein Kind, ohne Erfahrung, Ausbildung oder selbst eine Neigung, sich mit großen Staatsaufgaben zu befassen ... Militärdienst ist das einzige Gebiet, wofür er sich interessiert ... Was unter diesen Bedingungen der Kurs des Staatsschiffes sein wird, das weiß nur Gott allein.« Auch eine oberflächliche Untersuchung von Nikolaus' Briefen und Tagebüchern bestätigt die Richtigkeit von Tschitschajews Befürchtungen.

Ein Mann mit persönlichem Charme, starken religiösen Überzeugungen und einer tiefen Zuneigung zu Frau und Familie, zeigte der Zar kein ernsthaftes Interesse an politischen Dingen. In seinen Tagebüchern verwandte er Mühe darauf, festzuhalten, wie er die Abende mit seiner Familie verbracht hatte, und über seine verschiedenen sportlichen Aktivitäten zu berichten. Er ging sogar so weit, die Zahl der Vögel anzugeben, die er auf seinen Jagden erlegte. Ereignisse wie der Verlust seines Lieblingshundes, Iman, bewegten ihn tief. »Ich muß gestehen«, schrieb er am 20. Oktober 1902 in sein Tagebuch, »daß ich den ganzen Tag, nachdem das geschah, nicht aufhören konnte zu weinen – ich vermisse ihn noch schmerzlich, wenn ich einen Spaziergang mache. Er war so ein kluger, zutraulicher, treuer Hund!« Doch den Großereignissen während seiner Herrschaftszeit – die Kriege mit Japan und den Mittelmächten, die Forderungen der Liberalen nach einer Verfassung, die Streiks in der Industrie, die Gewalttaten von 1905, der Zusammenbruch der öffentlichen Ordnung in diesem Jahr – widmete er wenig Aufmerksamkeit. Er hielt das Andenken seines Vaters in Ehren und glaubte, es sei seine »heilige Aufgabe«, in dessen Fußstapfen zu treten. Gleich seinem Vater glaubte er, das autokratische Prinzip, die einzige politische Vorstellung, für die er einige Begeisterung aufbringen konnte, kompromißlos aufrechterhalten zu müssen. In dieser Frage wurde er von einem seiner Lieblingslehrer, Pobedonoszew, dessen rückwärtsgewandte Ideen in Kapitel 6 behandelt wurden, stark beeinflußt.

Obwohl relativ intelligent, fehlten Nikolaus der persönliche Antrieb und der Weitblick, um die Regierung zu übernehmen, sich mit den Verwaltungsarbeiten vertraut zu machen und den Ministern wie der Bürokratie einen Sinn für Zweck und Ziel einzuflößen. Er war auch ein engstirniger, voreingenommener Mann, nicht imstande, Leute zu ertragen, die seiner Vorstellung vom wahren Russen nicht entsprachen. Eine besondere Abneigung hegte er gegen die Juden und führte sein Widerstreben, Restriktionen gegen sie aufzuheben, auf eine »innere Stimme« zurück, die ihm sagte, daß es falsch sei, so zu tun. Auch die Intelligenzija konnte er nicht ausstehen, die einzige gesellschaftliche Gruppe, die ihn, wie er glaubte, nicht verehrte.

Einige innerhalb der Elite, die bereit waren, im Zweifel für den neuen Herrscher zu sein, dachten, daß Nikolaus eine liberalere Politik als Alexander III. einschlagen werde. Aber Nikolaus brauchte nicht lange, um die Optimisten zu enttäuschen. Anfang 1895 teilte er einer Abordnung, die den Adel, die Semstwos und die Städte vertrat, mit, daß sie »sinnlose Träume« der Teilhabe »an den Angelegenheiten der inneren Verwaltung« hege. Er gab zu verstehen, daß er beabsichtige, »das autokratische Prinzip ebenso fest und unerschrocken aufrecht[zu]erhalten, wie mein unvergessener Vater dies getan hat«.

Aber wirtschaftliche und gesellschaftliche Entwicklungen machten es zunehmend unwahrscheinlich, daß er dem Druck der politischen Änderungen werde widerstehen können. In den achtziger Jahren hatte Rußland einen neuen Kurs eingeschlagen, es war teilweise industrialisiert, und mit dem dynamischen S. Ju. Witte, Finanzminister von 1895 bis 1903, als treibender Kraft schritt die wirtschaftliche Entwicklung schnell voran. Witte befürwortete die Industrialisierung nicht, weil er glaubte, die Modernisierung der Wirtschaft an sich sei wünschenswert oder weil er den Lebensstandard der russischen Bevölkerung anheben wollte; er wollte die Wirtschaft umwandeln, weil dies der einzige Weg war, wie das Land seinen Status als Großmacht behalten konnte. Als politisch Konservativer glaubte Witte, Rußland könne seine Wirtschaft modernisieren und doch seine alten politischen und gesellschaftlichen Einrichtungen bewahren, eine Überzeugung, die er während der Revolutionswirren des Jahres 1905 widerwillig aufgab.

Zu allen Zeiten ein Hauptfaktor in der Wirtschaft des Landes, übernahm

der Staat eine besonders große Rolle dabei, die Industrialisierung voranzutreiben. Die Regierung belegte ausländische Erzeugnisse nicht nur mit außerordentlich hohen Zöllen und förderte ausländische Investitionen und Anleihen
bei russischen Industriellen, sondern beteiligte sich auch direkt an der Wirtschaft. 1912, als Rußland die fünftgrößte Industriemacht der Welt war, besaß
der Staat 68 Prozent aller Eisenbahnen; 1899 wurde fast ein Drittel der Erzeugnisse der Hüttenwerke vom Staat gekauft; von 1903 bis 1913 erzielte der Staat
über 25 Prozent seiner Einkünfte aus seinen verschiedenen Beteiligungen statt
aus Steuern. Ein weiteres wichtiges Charakteristikum der russischen Industrialisierung war das Vorherrschen sehr großer Unternehmen. 1866 waren in
der Baumwollindustrie 43 Prozent der Arbeiter in Werken mit mehr als 100 Arbeitnehmern angestellt; 1877 waren es schon 51 Prozent; und 1894 72 Prozent.
Der Anteil der Arbeiter, die in Fabriken mit mehr als 1000 Arbeitnehmern angestellt waren, war in Rußland dreimal so groß wie in Deutschland, das allgemein als der Schrittmacher der Wirtschaftkonzentration betrachtet wurde.

Die Konzentration in der Industrie erleichterte die Bildung von Gewerkschaften und das Anwachsen des politischen Aktivismus unter den Arbeitern,
die, das muß betont werden, Anfang des 20. Jahrhunderts nicht mehr als
2,4 Prozent der Gesamtbevölkerung ausmachten. Die Praktiken der Regierung
in bezug auf das Verhältnis der Arbeiter zu den Arbeitgebern trugen ebenfalls
zur Unruhe unter den Arbeitern bei. Die Machthaber bestanden darauf, die angeblich guten, patriarchalischen Beziehungen zwischen dem Gutsbesitzer und
seinen Bauern auf den Industriebereich zu übertragen, wo Arbeitgeber ihre
Arbeiter mitfühlend, aber auch streng behandeln sollten, wenn sie die Regeln
verletzten. Die Regierung behauptete, ihre Vorgehensweise sei gänzlich erfolgreich, und bis 1905 bestritt sie, daß es überhaupt ein Arbeiterproblem gab.
Viele hohe Beamte wußten es besser, aber jedes öffentliche Eingeständnis, daß
das patriarchalische Verhältnis in der modernen industriellen Umgebung vielleicht nicht anwendbar sei, wurde einem Leugnen der Legitimität der gesellschaftlichen Ordnung unter dem Zarismus als gleichgesetzt erachtet.

Das System der disziplinarischen Bevormundung, das in den Fabriken vorherrschte, war hart. Das Strafgesetzbuch von 1845 beispielsweise brandmarkte
gemeinschaftlichen Widerstand gegen Arbeitgeber als gesetzeswidrig, zu bestrafen mit 15 bis 20 Jahren Zwangsarbeit, was bedeutete, daß Gewerkschaften nicht rechtmäßig gebildet werden konnten, um zu versuchen, die trostlosen
Verhältnisse in den Fabriken zu verbessern. Bis 1897 war ein 13-Stunden-Ar-
beitstag die Regel; in diesem Jahr wurde die tägliche Arbeitszeit auf elfeinhalb
Stunden herabgesetzt. Arbeiter, von denen viele noch für einen Teil des Jahres

zur Feldarbeit in ihre Dörfer zurückkehrten, wurden üblicherweise in großen Baracken ohne Hygieneeinrichtungen untergebracht. Im Unternehmen behandelten die leitenden Angestellten und Besitzer die Arbeiter von oben herab: Sie redeten sie mit dem vertraulichen »Du« an, durchsuchten sie beim Verlassen der Fabrik nach gestohlenen Gegenständen und belegten sie wegen Übertretungen der strengen »Hausordnung« mit Geldbußen. Diese Demütigungen verärgerten die Arbeiter zutiefst, und während der Revolutionen von 1905 und 1917 umfaßten die Listen ihrer Beschwerden fast unweigerlich Forderungen nach höflicher Behandlung durch Angestellte der Fabrik.

Spätestens am Ende des 19. Jahrhunderts wurde offensichtlich, daß russische Arbeiter ihre untergeordnete Stellung nicht unbegrenzt akzeptieren und daß sie nicht sanftmütig und schwach bleiben würden. Der auffälligste Beweis für den Stimmungswandel war die wachsende Streikbewegung. Zwischen 1862 und 1869 wurden in den Fabriken lediglich sechs Streiks und 29 Störungen verzeichnet. Bis 1895 war die jährliche Zahl solcher Störungen auf 20 angewachsen; zwischen 1895 und 1904 lag die Zahl bei 176. Allein 1902 gab es 550 Streiks, an denen sich 138 877 Arbeiter beteiligten. Unzufriedenheit mit den wirtschaftlichen Bedingungen verursachte die meisten Streiks, aber jedesmal, wenn die Arbeiter in einem Werk für Unterbrechungen der Produktion sorgten, verstießen sie gegen das Gesetz, das Streiks verbot, und gaben damit eine politische Erklärung ab. Bis 1905 schlossen eine große Anzahl Männer und Frauen, die streikten, besondere politische Forderungen in ihre Beschwerdeliste ein.

Unterdessen hatte eine kleine Gruppe russischer Intellektueller eine marxistische Bewegung gegründet, die beanspruchte, die Interessen der Arbeiterklasse zu vertreten. Die Marxisten behaupteten, Rußlands Entwicklung werde ähnlich der in Mittel- und Westeuropa verlaufen. Das Land werde industrialisiert werden und dann eine bürgerliche Revolution durchmachen, durch die das autokratische System durch eine konstitutionelle Ordnung abgelöst werde, in der die auf den Kapitalismus festgelegten Mittelschichten bestimmten. Schließlich, wenn die Industrialisierung zur Reife gelangt und das Proletariat eine einflußreiche Macht geworden sei, werde dieses eine zweite, sozialistische Revolution durchführen. 1898 gründeten die russischen Marxisten die Russische Sozialdemokratische Arbeiterpartei, die fünf Jahre später in die Splittergruppen der Bolschewiken und der Menschewiken zerfiel.

Die Spaltung erfolgte wegen der scheinbar geringfügigen Frage, wer eigentlich ein Parteimitglied sei, aber bald stellte sich heraus, daß die Meinungsverschiedenheiten zwischen den Bolschewiken (Mehrheitler) unter Führung von

Wladimir Uljanow und den Menschewiken (Minderheitssozialisten) unter Julij Martow und Pawel Axelrod an grundlegende Fragen rührten. Lenin zog, in Einklang mit Sichtweisen, die er 1902 in seinem *Was tun?* vertreten hatte, eine zentralisierte, elitäre, hierarchisch organisierte politische Partei vor, während die Menschewiken, wie sie betonten, es notwendig und wünschenswert fanden, wenn die Arbeiterklasse an der Bewegung wie an der kommenden Revolution weitgehend beteiligt würde. Kurz darauf erwies es sich, daß, obwohl beide Splittergruppen für einen revolutionären Kurs zeichneten, die Menschewiken zu einer gemäßigteren Vorgehensweise neigten als die Bolschewiken.

Weniger doktrinär, doch ebenso militant war die Partei der Sozialistischen Revolutionäre (SR), die vorgaben, für die Bauern zu sprechen. Als Erben der Populisten der siebziger Jahre des 19. Jahrhunderts gründeten die Sozialistischen Revolutionäre 1901 in aller Form eine Partei, die der Vorstellung verpflichtet war, daß, da die meisten Menschen in Rußland den gleichmacherischen Prinzipien der Kommune ausgesetzt waren, das Land zum Sozialismus gelangen könne, ohne das Stadium eines richtiggehenden Kapitalismus durchlaufen zu müssen. Die Partei trat für die Übertragung allen Landes an bäuerliche Kommunen oder örtliche Genossenschaften ein, die es ihrerseits auf egalitärer Grundlage an jeden vergeben sollten, der seinen Lebensunterhalt durch Landwirtschaft bestreiten wollte. Die Industrie sollte auf ähnliche Weise sozialisiert werden. Obgleich die SR darauf beharrten, das Endziel, der Sozialismus, müsse durch das Mittel der Überzeugung erreicht werden, duldeten sie die »Kampforganisation«, ein unabhängiges Instrument der Partei, das Dutzende politische Morde beging. Politischer Terror, so glaubten viele SR, war notwendig, um den Abbau des autokratischen Systems zustande zu bringen.

Der Liberalismus hatte sich ebenfalls als eine organisierte Macht erwiesen. Anfänglich befürworteten, wie bereits erwähnt, jene, die sich den Semstwos verbunden fühlten, die Liberalisierung des politischen Systems. Ihnen schloß sich kurz vor der Jahrhundertwende eine Vielfalt liberaler Anwälte, Ärzte, Schriftsteller und Professoren an. Ihrer deutlichen Aussprache wegen übten diese Intellektuellen auf der nationalen Bühne bald einen, bezogen auf ihren Anteil an der Bevölkerung, unverhältnismäßigen Einfluß aus. Industrielle und Geschäftsleute ließen sich mehr Zeit damit, sich die liberale Sache zu eigen zu machen; ihre wirtschaftliche Abhängigkeit vom Staat ließ sie politisch vorsichtig sein.

Die Liberalen waren für eine Neuordnung der Gesellschaft von Grund auf. Sie traten für die Herrschaft des Rechts, die Gewährung der bürgerlichen Freiheiten an alle Staatsbürger, eine strenge Beschneidung der Macht des Monarchen sowie die Schaffung einer durch das Volk zu wählenden gesetzgebenden Körperschaft ein. Die Zeitung, die sie 1902 gründeten, *Oswoboshdenje (Befreiung)*, und ihre Untergrundorganisation, der *Bund der Befreiung*, gebildet 1904, halfen, die öffentliche Meinung gegen die alte Ordnung zu mobilisieren und so den Boden für die erste russische Revolution zu bereiten.

Die Revolution von 1905

Unwissentlich ermöglichte die Regierung das Anwachsen der Oppositionsbewegung, indem sie 1904 in den verhängnisvollen Krieg mit Japan schlitterte. Obgleich die Beschuldigung, die russische Regierung habe Japan absichtlich provoziert, um die Revolution abzuwehren, niemals bewiesen wurde und wahrscheinlich unbegründet ist, kann kein Zweifel darüber bestehen, daß Teile der zaristischen Regierung im Fernen Osten eine gedankenlose Politik verfolgten, die die Japaner als provokativ betrachten mußten. Ab 1890 verließ Rußland seine im allgemeinen vorsichtige Politik im Pazifikraum und legte sich dort auf eine anmaßende Außenpolitik fest. Beunruhigt von Japans Auftauchen als starker, aggressiver Macht wie auch von Chinas Schwäche und begierig, Rußlands wirtschaftliche Entwicklung voranzutreiben, ergriff die Regierung in St. Petersburg verschiedene Maßnahmen, ihren Einfluß über zwei Regionen auszudehnen, auf die auch Japan ein begehrliches Auge geworfen hatte: die Mandschurei, die ein Teil von China war, und Korea, ein autonomes Königreich unter der Suzeränität des Kaisers von China. Sehr bedeutsam war, daß die russische Regierung 1891 beschloß, die Transsibirische Eisenbahn zu bauen. Witte, der das Eisenbahnprojekt während seiner Amtszeit als Finanzminister energisch vorantrieb, war in erster Linie an der wirtschaftlichen Erschließung dieses an Bodenschätzen und Absatzmärkten reichen Gebietes interessiert. Gleichzeitig hielt er auf eine vorsichtige Außenpolitik, die sinnlose Provokationen anderer Mächte tunlichst vermeiden sollte. Russische Diplomaten nahmen jedoch eine aggressive Haltung gegen Japan ein und zwangen es während der neunziger Jahre bei verschiedenen Gelegenheiten, sich von Positionen auf dem Festland zurückzuziehen. Diese Demütigungen riefen bei den Japanern, die nun ein massives Wiederaufrüstungsprogramm auflegten, einen »Anfall öffentlichen Unmuts« hervor.

Anfang des 20. Jahrhunderts erreichten die Feindseligkeiten zwischen den beiden Mächten einen Höhepunkt. Japan hatte seinen wirtschaftlichen und politischen Einfluß auf Korea gewaltig ausgedehnt, während Rußland seinen

Einfluß auf die benachbarte Mandschurei erstreckte. Als ein russischer Spekulant, A. M. Besobrasow, von der koreanischen Regierung die Konzession erhielt, an den Flüssen Tumen und Yalu Holz zu schlagen, war die japanische Regierung besorgt. Um die Spannungen zu mildern, schlug sie eine Einigung vor, derzufolge Rußland die Vorherrschaft in der Mandschurei als Gegenleistung für Japans Vorherrschaft in Korea eingeräumt werden sollte, und im Januar 1904 drängten die Japaner St. Petersburg um eine schnelle Antwort. Als sich herausstellte, daß keine zu erwarten war, beschlossen sie, einen Kurs einzuschlagen, den sie schon seit einiger Zeit für unvermeidlich gehalten hatten. Am 26. Januar führten sie einen Überraschungsangriff auf russische Schiffe, die in den Häfen Port Arthur und Chemulpo lagen.

Im Verlauf des Krieges stellte sich bald heraus, daß Japan gewaltig im Vorteil war. Seine Truppen und Seestreitkräfte waren besser ausgebildet, seine Nachrichtendienste effektiver, und es sah sich, anders als Rußland, nicht der ungeheuer schwierigen Aufgabe gegenüber, Verstärkung über fast 4400 Meilen über ein Schienensystem heranzuführen, das noch recht primitiv war. Von Japans Überraschungsangriff an erlitt Rußland eine demütigende Niederlage nach der anderen, zu Lande und zu Wasser. Wie oft im frühen Stadium eines Militärkonflikts versammelte sich die Öffentlichkeit um die Regierung, um sie zu unterstützen. Aber innerhalb weniger Monate, als offensichtlich wurde, daß die Regierung des Zaren die Stärke des japanischen Militärs ebenso wie das Können und die Tapferkeit der eigenen Truppen vollkommen falsch eingeschätzt hatte, begann sich die öffentliche Meinung dramatisch zu ändern.

Viele nachdenkliche Bürger in Rußland stellten wegen dieses Krieges jetzt nicht nur die Klugheit ihrer eigenen Regierung, sondern die Rechtmäßigkeit des ganzen politischen Systems in Frage. Im Herbst und Winter 1904/05 entfesselten die Liberalen, die sich so lange zurückgehalten hatten, wie die Regierung sich breiter Unterstützung erfreute, eine ausgedehnte Kampagne, die sogenannte »Bankettkampagne«, für eine Änderung der Verfassung. Sie war bemerkenswert wirksam und markierte den Beginn eines landesweiten Sturmangriffs auf die Autokratie, der zweieinhalb Jahre andauerte. Nach dem Vorbild der berühmten Pariser Bankette 1847/48, die in einem großen Teil Europas Revolutionen ausgelöst hatten, hatte die Kampagne in Rußland ebenfalls einen deutlich politischen Hintergrund und war daher illegal. Mit einem Gespür für die Tiefe der Unzufriedenheit erlaubte die Regierung widerwillig die Zusammenkünfte unter der Voraussetzung, daß alle Treffen »privat« seien.

Die Flut der politischen Zusammenkünfte in Verbindung mit kräftigen Mahlzeiten – 48 in 26 Städten – überraschte die Öffentlichkeit und schien darauf hinzudeuten, daß die Machthaber das Vertrauen in ihre Fähigkeit, die Herrschaft fortzusetzen, ohne die Wünsche des Volkes zu berücksichtigen, verloren hatten. Niemals zuvor hatten so viele Bürger, die meisten aus den gebildeten Ständen, ihre Kräfte gebündelt, um ihrer tiefen Unzufriedenheit mit der Lage der Dinge Luft zu machen. Die Bankette machten sich verschiedene Beschlüsse zu eigen, aber bis zu einem bestimmten Grade trugen sie alle zur Unterstützung der Forderungen liberaler Aktivisten bei. Sie riefen nach bürgerlichen Freiheiten, Amnestie für politische Gefangene und einer demokratisch gewählten verfassunggebenden Versammlung.

Die Bankette waren ein Vorspiel zu den dramatischen Ereignissen des »Blutsonntags« am 9. Januar 1905, die sich als entscheidend für die kommenden Ereignisse herausstellen sollten: Eine friedliche Kampagne für Reformen, gefordert von einer relativ kleinen gesellschaftlichen Gruppierung, entwickelte sich zu einer nationalen Offensive gegen die alte Ordnung, an der schließlich eine riesige Zahl von Arbeitern, Bauern und nationalen Minderheiten unterstützend mitwirkte. Ironischerweise war sogar der Umzug der Arbeiter an diesem schicksalhaften Sonntag als friedliche Angelegenheit geplant gewesen. Ihn hatte der Priester Gapon organisiert, eine wankelmütige und rätselhafte Gestalt. Die Arbeiter und ihre Familien, deren Zahl irgendwo zwischen 50 und 100 000 lag, marschierten mit einer Petition zum Winterpalais, die in der verzweifelten Bitte an den Zaren gipfelte, der für sie immer noch das »Väterchen« war, seine Untertanen, als Frage des Gewissens, nicht als Sklaven, sondern als menschliche Wesen zu behandeln und Reformen einzuleiten, um ihnen ihre Bürde zu erleichtern. In der weiteren Forderung nach einer verfassunggebenden Versammlung, auf der Grundlage demokratischen Stimmrechts gewählt, nach Bürgerrechten für alle Bürger, dem Recht, Gewerkschaften zu gründen, und dem Achtstundentag richtete Gapon seine Anhänger klar ersichtlich auf die politische Opposition aus, die sich 1904 vermehrt lautstark und militant gebärdet hatte. In der Petition wurde aber nicht die Abschaffung der Monarchie oder die Einführung des Sozialismus verlangt, noch drohte sie Gewalt an.

Nichtsdestoweniger beschloß die Regierung, aus Furcht, aus Trotz oder einfach aus Dummheit, den Umzug aufzulösen, wenn nötig mit Gewalt. Als die Demonstranten der Aufforderung der Offiziere, sich zu zerstreuen, nicht folgten, begannen Soldaten wahllos in die Menge zu schießen, töteten 130 und verwundeten an die 300 Menschen schwer. Die Wut des Mannes auf der Straße war außerordentlich, ebenso wie der Zorn der Bürger überall im Lande. Das Massaker hatte in der Tat die öffentliche Meinung in so gut wie jeder Region des Reiches elektrisiert. Allgemein glaubte man, daß der Zar die Zuneigung einer gewaltigen Bevölkerungszahl verloren habe und seine Autorität und Legitimität in starkem Maße untergraben seien. In diesem Sinne war der Blutsonntag ein zentrales Ereignis nicht nur der Revolution, sondern auch der russischen Geschichte.

Die Revolution schritt nun mit gewaltiger Geschwindigkeit voran. Das Industrieproletariat wurde zum ersten Mal zu einer gesellschaftlichen und politischen Macht, mit der man bei den massiven Streiks im ganzen Land zur Unterstützung weitreichender Forderungen rechnen mußte. Es ist jedoch wichtig, festzuhalten, daß keine der linken Parteien eine wichtige Rolle bei der Vorbereitung des Umzugs gespielt hatte. Bolschewikische Agitatoren, die bei den Vorbereitungstreffen erschienen waren, um die Menge zu radikalisieren, wurden niedergeschrien und hin und wieder sogar vom Podium gezogen. Erst im Frühjahr und Sommer 1905 wurden große Zahlen von Arbeitern politisiert; sie begannen nun ein Ende des Krieges und ein Ende der Autokratie zu fordern. Selbst da jedoch übten politische Aktivisten keinen entscheidenden Einfluß auf die Massenprotestbewegungen aus, welche durchweg spontaner Ausdruck der Empörung gegen die Machthaber waren.

Wenige Wochen nach dem Blutsonntag waren nahezu alle Sektoren der Gesellschaft in die Turbulenzen hineingezogen worden: Schüler und Studenten der Oberschulen und Universitäten traten in den Streik, in den Grenzlanden brachen unter den Minderheitenbevölkerungen, auf denen die schwere Hand ihrer russischen Herren lastete, Unruhen aus, Bauern unternahmen Angriffe auf die Landgüter, Angehörige der Mittelschicht beachteten die Vorschriften der Regierung hinsichtlich öffentlicher Zusammenkünfte und Pressezensur nicht, und Soldaten und Matrosen meuterten bei zahlreichen Gelegenheiten. Es schien, als breche das Gefüge der Gesellschaft auseinander.

Die Regierung vermochte der wachsenden Unruhe nicht Herr zu werden. Anstatt auf einen festen Handlungskurs zu setzen, wechselte sie zwischen lautstarken Beschwörungen des autokratischen Prinzips und halbherzigen Reformversprechen, ohne daß beides auf die meisten Leute viel Eindruck gemacht hätte. Wenn die Regierung schnell einige weitreichende Konzessionen gemacht hätte wie die Errichtung der Herrschaft des Rechts und die Bildung eines gewählten Parlaments mit wirklichen Machtbefugnissen, ihr hätte innerhalb der Oppositionsbewegung sehr wohl die Abtrennung der Moderaten und Zentristen von der revolutionären Linken gelingen können. Aber der Zar wollte an der Einrichtung der Autokratie nicht herumdeuteln lassen, und das Ergebnis war, daß die Revolution sich verschärfte.

Der Höhepunkt wurde im Oktober 1905 erreicht, als ein Generalstreik die

Regierung in die Knie zwang. Beispiellos im Umfang, war der Streik ganz spontan; niemand plante ihn, niemand organisierte ihn, und er breitete sich rapide aus. Obwohl die Arbeiter die Führung übernahmen, erhielten sie die Unterstützung des Mittelstands, der den Streik in erster Linie als Waffe sah, um dem Zaren Konzessionen abzuringen. Die Opposition konnte im Gleichklang handeln, weil die Streitfrage, die Abschaffung des autokratischen Regimes, Schwerpunktcharakter angenommen hatte. Eine Stadt nach der anderen kam buchstäblich zum Stillstand, und die Regierung hatte keine andere Wahl, als einzulenken, besonders weil sie sich nicht sicher war, ob sie sich darauf verlassen konnte, daß das Heer Befehlen gehorchen würde, die Streiks mit Gewalt aufzulösen. Am 17. Oktober nahm der Zar widerwillig Wittes Rat an – jener war eben zum Ministerpräsidenten ernannt worden –, ein Oktobermanifest herauszugeben, das bürgerliche Freiheiten und die Einrichtung einer gewählten Legislative mit umfangreichen Befugnissen, die *Duma*, in Aussicht stellte. Indem er zugestand, nicht länger die einzige Quelle politischer Macht zu sein, tat Nikolaus, was er gelobt hatte, niemals zu tun: das Prinzip der Alleinherrschaft aufzugeben.

Es war ein großer Sieg der Opposition. Wäre er konsolidiert worden, das Russische Reich wäre auf gutem Wege zu einem Verfassungsstaat westlichen Musters gewesen. Für etwa sieben Wochen, vom 18. Oktober bis Anfang Dezember, einer Periode, die als die »Tage der Freiheit« bekannt ist, erfreute sich das Land so großer Freiheit, daß einige Beobachter überlegten, ob die neuen Verhältnisse nicht gefährlich sein könnten, weil Extremisten nun in die Lage gesetzt seien, ihren Rückhalt unter den Massen zu verstärken. Die Presse konnte bringen, was immer sie wollte, Arbeiter konnten Gewerkschaften gründen, politische Parteien konnten gebildet werden, und sie konnten ungehindert ihr Programm publik machen. Aber die Pessimisten sollten recht behalten. Es stellte sich schnell heraus, daß die neue Ordnung eine Reihe hartnäckiger Probleme aufwarf, die der Zar und seine Anhänger, die glaubten, nur eine vorübergehende Niederlage erlitten zu haben, nicht angemessen behandeln konnten. Am 18. Oktober, einen Tag nach der Herausgabe des Oktobermanifests, griffen viele Leute, erzürnt über die Kapitulation der Regierung vor der Opposition, wahllos und gewalttätig Juden an und alle, die sie als dem alten Regime feindselig gegenüberstehend erachteten. In einem Zeitraum von ungefähr zwei Wochen brachen 690 antijüdische Pogrome aus, die meisten in den südwestlichen Provinzen. 876 Menschen wurden getötet und zwischen sieben- und achttausend verletzt. In einigen Städten büßten Juden Eigentum im geschätzten Wert von mehr als einer Million Rubel ein. Insgesamt ist der Vermögensschaden während der Pogrome auf 6,2 Millionen Rubel beziffert worden. Einem nüchternen Kommentator zufolge schien es, als herrsche »völlige Regierungsanarchie« in Rußland.

Über die Ursprünge dieser Pogrome, der schlimmsten bis dahin in der Geschichte Rußlands, hat es ebenso wie über die Rolle der Machthaber einigen Streit gegeben. Man weiß, daß auf der örtlichen Ebene Beamte und Polizisten das Volk entweder ermunterten, Juden anzugreifen, oder wegsahen, als die Angriffe begannen, es gibt aber keinerlei Hinweise, daß die Unruhen von der Regierung in St. Petersburg gelenkt wurden. Teilweise kann die Gewalt auf die Wut jener zurückgeführt werden, die fürchteten, die Demonstrationen zu Gunsten des Manifestes bedeuteten das Ende der sozialen Ordnung, innerhalb derer sie sich eines besonderen Status erfreut hatten, den sie zu bewahren wünschten. In gewissem Maße war die Gewalt von unten dann eine spontane Antwort verschiedener Gruppen, die entschlossen waren, die Opposition zu zerschmettern und die alte Ordnung zu bewahren. Darüber hinaus war ein Gutteil des rücksichtslosen Plünderns und Schlagens unschuldiger Zivilisten ein Werk des Pöbels, der hauptsächlich von Vorurteilen und dem Verlangen nach Beute angetrieben wurde. Aber Bauern, Krämer, Kutscher, Hauswarte und sogar einige Arbeiter (doch keine Gewerkschaftsmitglieder) legten auch Hand an, meist aus den gleichen Gründen. Für diese Leute spielte jedoch ein anderer Faktor eine Rolle. Sie fanden den Anblick einer Menge gewöhnlicher Russen, darunter viele Juden und ausgelassene Studenten, unerträglich, die ihren Sieg über den verehrten Zaren feierten, oft, indem sie sein Portrait beschmutzten. Neun Monate lang hatten die »Emporkömmlinge« sich der Staatsautorität mehr oder weniger straflos widersetzt; nun hatten sie es augenscheinlich geschafft, das ganze System zu destabilisieren und mit ihm die hierarchische Struktur, auf die die russische Gesellschaft sich gestützt hatte. Wenn die Autokratie sie nicht länger bändigen konnte, dann würden jene, die es danach verlangte, die alte Ordnung beizubehalten, weil sie sich in ihr sicher fühlten, das Recht in die eigene Hand nehmen müssen.

Daß die Regierung es nicht vermochte, die Ordnung aufrechtzuerhalten, war nicht das einzige Zeichen ihrer Schwäche. Im ganzen Land dehnten die Sowjets (Räte der Arbeiterdeputierten), die während des Generalstreiks ganz spontan als Streikkomitees aufgetreten waren, ihre Operationen gewaltig aus. Der Petersburger Sowjet, der berühmteste im Reich, forderte die Regierungsautorität ein ums andere Mal heraus. Er machte seine Anwesenheit besonders in Streiks fühlbar, wenn er seine Direktiven Regierungsbehörden wie der Post und den Eisenbahnen schickte, und er trat in Verhandlungen mit dem

St. Petersburger Stadtrat ein – und einmal sogar mit dem Ministerpräsidenten Witte persönlich. Der Sowjet schickte auch zahlreiche Anfragen an Regierungsämter, und Beamte sahen sich durch den Einfluß des Sowjets oft genug genötigt, sich der Mühe einer Antwort zu unterziehen. Der Sowjet organisierte auch Geldsammlungen für arbeitslose Arbeiter und verteilte pro Tag 30 Kopeken an Erwachsene und zehn bis fünfzehn an Kinder. Zudem richtete er mehrere billige Speisehäuser für die Arbeitslosen und ihre Familien ein. Das unverfrorenste Unternehmen des Sowjets war die Aufstellung einer eigenen Miliz, die nach einigen Schätzungen 6000 Mann zählte. Die Milizionäre trugen besondere Armbinden und mischten sich häufig in Polizeiangelegenheiten ein. Sie gingen sogar so weit, Polizisten, von denen manche wegen der allgemeinen Verwirrung so verstört waren, daß sie den Milizionären nachgaben, Befehle zu erteilen. Eine führende Zeitung beklagte, daß es in Wirklichkeit zwei Regierungen gebe, eine durch Graf Witte und eine von G. S. Chrustalew-Nosar, dem Leiter des Petersburger Sowjets, geführte, und keine wisse, wer welche zuerst verhaften würde.

Auch die Landbewohner wurden während der Tage der Freiheit unruhig. Vom 23. Oktober bis Mitte November gab es in 478 Distrikten der 47 Provinzen des europäischen Rußland sowie in Teilen des Kaukasus, den Ostseeprovinzen und Polen nicht weniger als 796 größere und kleinere Vorfälle von Bauernunruhen. Das Muster dieser Turbulenzen ähnelte dem früherer Zeiten: Bauern holzten Wälder ab, weigerten sich, Steuern zu zahlen, und nahmen Getreide von Gütern, die dem Adel gehörten. In zahlreichen Regionen veranstalteten Bauern Streiks. Aber diese neue Welle der Bauernunruhen war gewalttätiger als die im Frühjahr und Sommer. So zum Beispiel wurden in Tambow allein 130 Güter niedergebrannt. Es wurde für Bauern auch üblich, Land für »vorübergehenden Gebrauch« in Beschlag zu nehmen, d. h. bis die Staatsduma, die bald zusammentreten sollte, die Landnahme billigte. Obwohl die Gewalt gegen Einzelpersonen ebenfalls zunahm, war sie noch nicht weit verbreitet, teilweise deshalb, weil Gutsbesitzer vor marodierenden Bauern die Flucht ergriffen. Die Bauernunruhen sanken Ende 1905 in sich zusammen, aber nur, um in der Zeit von Mai bis August 1906 mit neuer Wut wieder aufzuflackern. Als die Revolution 1907 ihr Ende fand, hatte das Reich die heftigste Welle von Bauernaufständen seit Pugatschows Bauernrebellion 1773-75 erduldet. Die Gesamtverluste beliefen sich allein im europäischen Rußland auf 29 Millionen Rubel.

Die Regierung konnte nicht immer zu ihrer üblichen Antwort auf Bauernunruhen – massive Militärgewalt – Zuflucht nehmen, weil viele Angehörige der Streitkräfte selbst rebellisch geworden waren. Diese Männer zogen es vor zu glauben, das Zugeständnis des Zaren, in das Oktobermanifest einzuwilligen, gebe ihnen die Erlaubnis, Vorschriften und Regeln beiseite zu schieben, die sie hinderlich fanden. Das Manifest enthielt überhaupt keinen Hinweis auf bürgerliche Freiheiten für Matrosen und Soldaten, aber das war nebensächlich. Der Zar hatte der Opposition nachgegeben, die Staatsmacht im zivilen Sektor war zusammengebrochen, und Angehörigen des Militärs schien es ebenso, als seien sie nicht länger durch die alten Bande gebunden. Alles in allem wurden im russischen Heer zwischen Ende Oktober und Mitte Dezember 1905 211 einzelne Meutereien verzeichnet, obwohl sehr wenige von Gewalt begleitet waren. In den meisten von ihnen weigerten die Männer sich einfach, Befehlen zu gehorchen, verließen ihre Unterkünfte, hielten Versammlungen ab, um aktuelle Ereignisse zu diskutieren, und gaben ihren Offizieren freche Antworten. Obwohl die Elitetruppen, die Kavallerie und die Kosaken, praktisch unberührt von der Meuterei blieben, war ein Drittel aller Infanterieeinheiten an irgend welchen Störungen beteiligt, und die Marine wurde so von Unruhen geschüttelt, daß die Regierung fürchtete, man könne sich nicht länger darauf verlassen, daß sie ihre Mission erfüllte. Der Kriegsminister, General Rediger, meinte, das Land sei von »völligem Ruin« bedroht. Die Regierung war jedoch zu keinem Zeitpunkt loyaler Truppen beraubt, und am Ende konnte sie auf genügend von ihnen zählen, um im Militärbereich und im ganzen Land die Ordnung wiederherzustellen.

Ergebnis der Revolution

Die letzten Nachwehen der radikalen Phase der Revolution ereigneten sich im Dezember 1905, als Arbeiter in Moskau unter Führung der Bolschewiken und anderer Revolutionäre einen Aufstand begannen, der die blutigste innenpolitische Auseinandersetzung der Revolution auslöste. Beunruhigt durch das umfassende Durchgreifen der Polizei, das am 3. Dezember die Festsetzung des Exekutivkomitees des Petersburger Sowjets und 200 seiner Deputierten einschloß, rangen sich die Radikalen in Moskau zu dem verzweifelten Versuch durch, die Regierung durch die Einleitung einer Rebellion zu stürzen, in der Erwartung, sie werde sich schnell übers ganze Land ausbreiten. Zuerst schien es, als seien die Aufständischen in der Lage, die Zentren der Regierungsgewalt in Moskau zu besetzen. Um die 8000 Arbeiter gingen zur Unterstützung der Empörung in den Ausstand, was praktisch zu einem Stillstand der Produktion führte, und zur Überraschung vieler wurden die Truppen von den Straßen zurückgezogen, wahrscheinlich aus der Furcht heraus, sie würden im Kampf Mann gegen Mann nicht zuverlässig sein. Aber bald stellte sich heraus, daß Admiral F. W. Dubasow, der Ende November zum Generalgouverneur von Moskau ernannt worden war, nicht zögern würde, von allen Kräften, die unter seinem Kommando standen – um die 6000 Soldaten, 2000 Polizisten und eine Division Gendarmen –, Gebrauch zu machen, um die Rebellen zu vernichten. Am 10. Dezember befahl er, leichte Artillerie einzusetzen, um die Revolutionäre aus ihren Schlupflöchern zu vertreiben. Es war das erste Mal, daß solche schweren Waffen in einer inneren Auseinandersetzung gebraucht wurden, und es rief, wie vorauszusehen war, auch unter Personen, die den Aufständischen feindlich gegenüberstanden, Ärger hervor. Innerhalb von fünf Tagen setzte sich die Regierung durch, aber zu einem schrecklichen Preis! Eintausenfünfhundert Moskauer, die meisten von ihnen Zivilisten, die nicht in die Kämpfe verwickelt waren, wurden getötet, darunter 137 Frauen und 86 Kinder. 25 Polizisten und neun Soldaten verloren das Leben.

Um den Sieg zu festigen, griffen die Machthaber nicht nur in Moskau, sondern auch in zahlreichen Regionen des Landes mit Polizeigewalt durch. Die vernichtendste und brutalste Waffe der Regierung gegen die Radikalen war die »Strafexpedition«, ein geplanter Angriff auf Einzelpersonen, die der Feindschaft gegen die Regierung verdächtig waren, durch kleine Gruppen besonders ausgesuchter Truppen in Gebieten, die entweder von Radikalen beherrscht oder im Stadium der Unruhe waren. Der Gedanke, der hinter der »Strafexpedition« steckte, war nicht nur, die Unruhen zu unterdrücken, sondern auch die Öffentlichkeit einzuschüchtern, indem Teilnehmer an den Unruhen oder solche, die im Verdacht standen, an ihnen teilgenommen zu haben, öffentlich, schnell und unbarmherzig bestraft wurden. Es war, kurz gesagt, eine Form des Staatsterrors, der gegen die eigenen Bürger gerichtet war. Es gibt keine genaue Zahl der Opfer dieser Kampagne. Nach einer Schätzung wurden zwischen Dezember 1905 und Ende Mai 1906 im Ostseebereich, zugegebenermaßen eine der unruhigsten Gegenden des Reiches, 1170 Personen getötet. Es überrascht nicht, daß die repressiven Maßnahmen der Regierung sich als wirksam erwiesen. Binnen vier Monaten war die Revolutionsbewegung überall auf dem Rückzug, nicht imstande, der Staatsgewalt Paroli zu bieten.

Doch die Regierung versuchte nicht, die Uhr auf 1904 zurückzudrehen. Sie erlaubte, mit der Wahl der Staatsduma fortzufahren, und es war im Ganzen eine faire Wahl, an der 20 bis 25 Millionen Bürger teilnahmen. Überzeugt, die Bauern stünden immer noch loyal zum Zaren, hatte die Regierung sich komplizierte Verfahrensweisen ausgedacht, die ihnen etwa 42 Prozent aller Wahlmänner beimaßen, die an der Schlußwahl der Duma-Abgeordneten teilnahmen. Den Landbesitzern waren an die 33 Prozent der Wahlmänner zugeteilt worden, den Stadtbewohnern mehr als 22 Prozent, und den Arbeitern zweieinhalb Prozent. Dies bedeutete einen Wahlmann für jeweils 2000 Landbesitzer, 30 000 Bauern, 90 000 Arbeiter und 4000 andere Untertanen, die in den Städten lebten. Aber die Regierung hatte die Stimmung unter den Bürgern vollkommen falsch eingeschätzt. Die überwiegende Mehrheit der Abgeordneten gehörte Parteien an, die in Opposition zur vorherrschenden Ordnung standen. Die neugebildete Oktobristenpartei, die Zufriedenheit mit den durch das Oktobermanifest eingeführten Änderungen im politischen System geäußert hatte, stellte nur 13 Abgeordnete, die äußerste Rechte nicht einen. Die Kadetten oder Verfassungsdemokraten, die ein parlamentarisches Regierungssystem bevorzugten, waren die größte Einzelpartei mit 185 Abgeordneten und dominierten die Abläufe der Ersten und Zweiten Duma.

Es war vorauszusehen, daß eine Duma in dieser Zusammensetzung nicht in der Lage sein würde, mit dem Zarenregime zusammenzuarbeiten, das noch die Oberhand behielt. Das Grundgesetz von 1906 machte zur Auflage, daß der Zar trotz der Existenz eines gewählten Parlaments die Macht, das Kabinett zu ernennen, ebenso behielt wie das Recht, gegen Maßnahmen der Legislative sein Veto einzulegen. Zudem kontrollierte er die Verwaltung des Reiches, bestimmte die Außenpolitik, befehligte die Streitkräfte und hatte die Befugnis, das Kriegsrecht oder Notstandsgesetze gegen Gebiete zu verhängen, die von Unruhen befallen waren. Abgesehen davon hatte Nikolaus Zusammensetzung und Macht des Staatsrats geändert und ihm die gleichen Rechte wie der Duma verliehen, deren Kompetenz damit ernsthaft eingeschränkt war. Nachdem die Duma am 27. April 1906 zum ersten Mal zusammengetreten war, wurde das Verhältnis zwischen ihr und der Regierung schnell bitter. Es gab viele Konflikte, aber zwei entscheidende waren es, die das Schicksal der Legislative besiegelten. Erstens reizte die Duma die Regierung, indem sie einstimmig nach politischen Veränderungen von grundlegender Bedeutung verlangte, Veränderungen, die das Land zu einer konstitutionellen Monarchie gemacht und der Duma größte Macht verliehen hätten. Dann erzürnte die Duma die Regierung noch mehr, indem sie verschiedene Maßnahmen im Zusammenhang mit der Agrarfrage erwog, von denen alle mehr oder weniger auf die zwangsweise Enteignung privaten Landbesitzes und seine Verteilung an landhungrige Bauern hinausliefen. Der Ministerpräsident, J. L. Goremkyn, ein Reaktionär mit begrenzten Fähigkeiten, nahm die Duma niemals ernst und wies seine Minister an, keine ihrer Sitzungen zu besuchen. Als die Duma sich weigerte, ihren Forderungen zu entsprechen, löste die Regierung sie auf. Sie hatte nur 72 Tage bestanden und lediglich 40 Sitzungen abgehalten.

Die Kadetten protestierten heftig. Sie trafen sich in Vyborg in Finnland und verfaßten einen Aufruf zu passivem Widerstand, aber die Reaktion des russischen Volkes war verstummt. Erschöpft von anderthalb Jahren Aufruhr, in vielen Städten von Arbeitslosigkeit bedroht, waren die Massen im Sommer 1906 weit weniger gewillt, der Staatsmacht zu trotzen, als im Sommer 1905. Zudem erforderte eine wirksame Kampagne für passiven Widerstand ausgedehnte Vorbereitung und Organisation. Überraschenderweise schienen die Kadetten dies nicht zu erkennen, denn sie hatten so gut wie nichts getan, um den Boden für eine vorbereitete Antwort auf die Auflösung zu bereiten. Sie nahmen einfach an, die Massen seien noch in militanter und aktivistischer Stimmung.

Aber innerhalb weniger Monate stellte sich heraus, daß auch die Regierung sich stark verrechnet hatte. Sie hatte geglaubt, eine neue Wahl zu einer neuen Duma, unter den gleichen Vorbedingungen durchgeführt, werde eine fügsamere Legislative ergeben. Tatsächlich waren die Mitglieder der Zweiten Duma, die ihre Sitzungen am 20. Februar 1907 begann, viel radikaler als die der Ersten. Gewiß, die moderaten Oktobristen erhöhten ihre Stärke von 13 auf 44, und die Extremisten auf der Rechten, die in der Ersten Duma gar nicht vertreten waren, erhielten zehn Abgeordnete und konnten auf die Unterstützung von 54 Stimmen von anderen kleinen Gruppen rechnen. Aber die Zahl der Abgeordneten des linken Flügels schnellte von 111 auf 222 in die Höhe. Die Parteien der Mitte erlitten einen ernsten Rückgang: Die Kadetten und ihre Anhänger gewannen 99 Sitze.

Die Zusammenstöße zwischen Regierung und Legislative, unter denen die Erste Duma gelitten hatte, traten wieder auf, aber es gab einen bedeutenden Unterschied. Jetzt wurde die Regierung von einem fähigen und energischen Mann geführt, P. A. Stolypin, ein früherer Gouverneur von Saratow, der beträchtliches Geschick, aber auch Härte im Umgang mit der Opposition an den Tag gelegt und eine Vorstellung, konservativ, versteht sich, hatte, wie das Land neustrukturiert werden könnte. Er war auch ein gewandter Redner, der sich in Debatten mit der Opposition mehr als behaupten konnte. Während hitziger Auseinandersetzungen mit der Linken gab er seine wohl bemerkenswerteste Erklärung ab. Bei einer Gelegenheit beschuldigte er sie, zu versuchen, »die Regierung [zu] lähmen ... [mit Angriffen, die alle] auf die zwei Worte an die Adresse der Würdenträger hinauslaufen: ›Hände hoch.‹ Auf diese beiden Worte, meine Herren, muß die Regierung, mit vollkommener Ruhe und Sicherheit, im Bewußtsein, daß sie im Recht ist, mit lediglich drei Worten antworten: ›Nur keine Scheu.‹« Bei einer anderen Gelegenheit verhöhnte er die Linke mit den Worten: »Sie brauchen große Umwälzungen, wir brauchen ein großes Rußland!« Als er zu dem Schluß kam, diese Duma versteife sich wie die Erste auf die Agrarfrage und politische Veränderungen, die die Zusammenarbeit mit ihr unmöglich mache, löste er sie ohne Umschweife ein weiteres Mal auf (am 3. Juni 1907), aber diesmal änderte er das Wahlrecht grundlegend, indem er viele Bauern und Minderheiten von der Wahl ausschloß und damit die Wahl einer konservativen Duma sicherstellte. Das bedeutete das Ende der Revolution von 1905.

Oberflächlich betrachtet scheint das Scheitern der Revolution verwirrend zu sein. Niemals zuvor war eine europäische Revolution von vier Volksbewegungen, der Mittelschicht, dem Industrieproletariat, der Bauernschaft und nationalen Minderheiten, angeführt worden. Wenn die Opposition so umfassend war, warum konnte die Regierung dann überleben? Ein wichtiger Grund war, daß die verschiedenen Fraktionen der Opposition nicht als einheitliche Macht handelten, nicht zur gleichen Zeit die alte Ordnung attackierten. Eine jede dieser aufsässigen Gruppierungen ging mehr oder weniger eigenständig vor, was den Druck auf die Regierung abschwächte. Als im Oktober 1905 verschiedene Bewegungen – Arbeiter, Berufsgruppen und einige Industrielle – sich zusammentaten, hatte die Regierung keine andere Wahl, als weitreichende Zugeständnisse zu machen. Aber die Unstimmigkeiten zwischen Liberalen und Sozialisten, um nur eine Konfliktquelle zu erwähnen, waren zu tief, um die Zusammenarbeit zwischen ihnen zu verlängern. Die Liberalen lehnten im großen und ganzen eine Republik oder den Sozialismus ab. Auch billigten sie im Kampf gegen den Zarismus keine gewalttätigen Mittel. Als die Radikalen Ende 1905 zu den Waffen griffen, erwies sich das Heer, obwohl von Unordnung geplagt, am Ende als zuverlässiges Instrument, um die Unruhen in Stadt und Land zu unterdrücken. Und schließlich stärkten 1906 ausländische Regierungen dem zaristischen Regime den Rücken, indem sie ihm beträchtliche Anleihen vorschossen.

Stolypins Reformen

Obwohl die Revolution vereitelt worden war, unterschied sich das Rußland von 1907 in mehreren wichtigen Belangen vom Rußland des Jahres 1904. Die bloße Existenz einer gewählten Legislative, deren Zustimmung für das Inkrafttreten der meisten Gesetze notwendig war, verkleinerte die Macht des Zaren und der Bürokratie. Der Landadel, die Geschäftsleute und die obere Schicht der Bauernschaft, von denen alle weiterhin in die Duma gewählt werden konnten, übten in den öffentlichen Angelegenheiten jetzt einigen Einfluß aus. Zudem blieben Gewerkschaften und verschiedene Genossenschaftsverbände tätig, und die Zensur der Presse und anderer Publikationen war viel weniger streng. Kurz, Rußland hatte einen kleinen Schritt weg von der Autokratie in Richtung der Bildung einer bürgerlichen Gesellschaft getan.

Bevor er die Zweite Duma auflöste, hatte Stolypin sein Reformprogramm aufgelegt. Obwohl er vor repressiven Maßnahmen nicht zurückschreckte, behauptete er, dies allein könne die Ordnung nicht wiederherstellen und eine stabile und florierende Gesellschaft aufbauen. Seine einzige höchst wichtige Reform, mit der sein Name immer verbunden wurde, suchte den Landwirtschaftssektor der russischen Ökonomie, immer noch die Einkommensquelle für mehr als 80 Prozent der Bevölkerung, umzuwandeln. Eine Zeitlang hatte Stolypin geltend gemacht, die Abschaffung der Kommune sei notwendig, um die wirtschaftliche Rückständigkeit zu überwinden und das wirtschaftliche Wachstum anzuregen. Er war natürlich nicht der erste, der auf diesen Punkt zu sprechen kam, aber er war der erste, der abstrakte Vorstellungen bezüglich einer Agrarreform in die Wirklichkeit übertrug. Stolypins Interesse an der Abschaffung der Kommune war nicht allein von seinem Wunsch nach ökonomischen Verbesserungen bestimmt. Er war der Überzeugung, daß die geplanten Änderungen auf dem Lande die bäuerlichen Gewohnheiten in einer ganzen Reihe von strittigen Fragen beeinflussen und die Zukunftsaussichten der meisten Menschen in Rußland fundamental ändern würden. Das kritischste Problem war laut Stolypin, daß es den Bauern vollständig an Bürgersinn fehlte; sie achteten die Gesetze nicht, und sie hatten kein Verständnis für staatsbürgerliche Pflichten entwickelt. Kurz, die Bauern waren noch keine »Bürger« in des Wortes voller Bedeutung. Sein Ziel war, wie Stolypin betonte, sie zu Bürgern zu machen, indem er sie am öffentlichen Leben beteiligte, indem er sie erkennen ließ, Ordnung und Disziplin seien in ihrem eigenen Interesse. »Bäuerlicher Privatbesitz« schrieb er in einem Memorandum, das er dem Zaren 1905 überreichte, »ist eine Ordnungsgarantie, weil jeder Kleinbesitzer den Kern dessen vertritt, worauf die Stabilität des Staates beruht.« Obgleich radikal in der Überwindung einer althergebrachten Einrichtung, war Stolypins Reform dazu bestimmt, konservativen Zwecken zu dienen, das heißt die Bauernschaft in eine Kraft zu verwandeln, welche politische Stabilität bevorzugen würde.

Stolypin begann den Prozeß der Agrarreform im August 1906 mit der Ankündigung, die Regierung werde eine bescheidene Menge Land vom Staat, aus dem persönlichen Besitz des Zaren sowie aus dem Eigentum der kaiserlichen Familie für den Verkauf an Bauern verfügbar machen. Dann verschaffte ein Ukas, von der Regierung an 5. Oktober erlassen, den Bauern eine Erweiterung ihrer bürgerlichen und persönlichen Rechte, indem er den Abstand zwischen ihnen und anderen Klassen verringerte und ihnen so zahlreiche Kennzeichen des Bürgertums verlieh. Bauern wurde nun gestattet, in Dienststellen der Regierung zu arbeiten, Bildungseinrichtungen ohne vorherige Erlaubnis der Gemeinde zu besuchen und die Verbindung mit ihren Dorfgemeinschaften aufrechtzuerhalten, wenn sie in den Staatsdienst eintraten oder irgend einen anderen Beruf ergriffen. Doch der weitaus wichtigsten Neuerung wurde im Ukas vom 9. November Ausdruck gegeben. Er erlaubte jedem Haupt einer Bauernfamilie, die Land in einer Gemeinde oder Kommune besaß, dieses als Privateigentum zu beanspruchen. Die genauen Bedingungen der Übertragung mußten ausgehandelt werden, aber die Gemeindeversammlung konnte solche Übereignungen nicht länger mit Gesetzeskraft verhindern. Zusätzlich erleichterte der Ukas vom 9. November es den Bauern, die Flurstreifen, in die das Land aufgeteilt war, in einem Besitz zusammenzufassen. Bis zur Reform war für jede Zusammenlegung ein einstimmiger Beschluß der Gemeindeversammlung vonnöten gewesen; jetzt reichte zur Bestätigung die Zweidrittelmehrheit der Versammlung. Der Ukas war unter Artikel 87 des Grundgesetzes, der der Regierung erlaubte, in Sitzungspausen der Duma per Dekret zu regieren, erlassen worden; ein solches Dekret bestand jedoch nur auf dem Papier, wenn es nicht von beiden Häusern der Legislative innerhalb von zwei Monaten, nachdem sie wieder zusammengetreten war, bestätigt wurde. Den Artikel 87 sollte die Regierung eigentlich nur im Notfall anwenden, und viele Angehörige der Opposition behaupteten ganz richtig, Stolypin mißbrauche seine Autorität, wenn er zu ihm Zuflucht nahm, um Maßnahmen zu verfügen, die durch die Duma beraten werden sollten.

Die Durchführung der Reform sollte langsam und kompliziert sein. Zum Teil wiesen Bauern aus schierem Beharrungsvermögen den Gedanken zurück, sich von der Kommune abzuspalten. Viele andere, die dem Prinzip der Gleichheit verpflichtet waren, fürchteten, das neue Gesetz werde in den Dörfern unausweichlich größere Ungleichheiten produzieren. Persönliche und gesellschaftliche Erwägungen sprachen ebenfalls gegen einen Erfolg der Reform. Frauen, besonders jene, deren Männer große Teile des Jahres in fernen Städten arbeiteten, fühlten sich in der Dorfgemeinschaft wohl und fürchteten die Isolierung, die den Abschied von der Kommune unweigerlich begleiten würde. Sie würden fern von ihren bisherigen Nachbarn auf Bauernhöfen zu leben haben.

Aber da waren noch andere Hindernisse, die die Durchführung der Reform verlangsamten. Es war für die Landverteilungskommissionen, die von der Regierung eingesetzt wurden, extrem schwierig, zu entscheiden, welches Land der Verteilungsmaschinerie übereignet werden sollte: Sie hatten Dinge wie Zugang zu Straßen, Brunnen und dem Entwässerungssystem zu berücksichtigen, und sie mußte entscheiden, wie Land von völlig verschiedener Güte in angemessene Grundstücke aufzuteilen war.

Es ist nicht einfach, die Wirksamkeit von Stolypins Agrarreform ausgewogen zu beurteilen. Seine glühendsten Verehrer behaupten, daß die Reformen wegen des Ausbruchs des Ersten Weltkriegs und der Revolution von 1917 nicht vollständig hätten umgesetzt werden können und es daher unfair sei, diese Reformen als Erklärung dafür zu bemühen, daß es versäumt wurde, die politische Landschaft Rußlands zu verändern. Aber eine Überprüfung des Reformprozesses zeigt, daß er sehr schleppend angelaufen und weit vor 1914 merklich langsamer geworden war. Die Zahl der Anträge auf Abtrennung erreichte 1909 ihren Höhepunkt und ging danach stark zurück. 508000 Haushalte verließen 1908 die Kommune, und 1910 waren es 342000. 1913 sank die Zahl auf 135000. Bis 1914 hatten nur 20 Prozent der Bauern ihr Land in Besitz genommen, und 14 Prozent des Landes war dem Gemeindebesitz entnommen worden. Die Zusammenlegung der Landstreifen entwickelte sich sogar noch langsamer. Bis Ende 1916 bearbeiteten lediglich 10,7 Prozent der Bauernhaushalte im europäischen Rußland eingefriedetes Land. Andererseits wird Stolypins Behauptung, die Reform sei nicht darauf angelegt, nur oder hauptsächlich die wohlhabenderen Bauern zu begünstigen, untermauert. Hauptnutznießer waren Bauern mit durchschnittlich großem Besitz, die sich als die eifrigsten erwiesen, um Vorteile aus dem neuen Gesetz zu ziehen. Trotzdem hätte der Privatisierungs- und Zusammenlegungsprozeß viele Jahre gebraucht, um auch nur die Mehrheit der Bauern zu erreichen. Ob unterdessen politische Stabilität, Stolypins Ziel, hätte erzielt werden können, bleibt eine offene Frage.

Stolypin selbst beaufsichtigte die Durchführung seiner Reform nicht sehr lange. Im September 1911 wurde er von einem Wirrkopf ermordet, dessen Motive unklar blieben. Der Mörder war ein Spitzel der Geheimpolizei gewesen und hatte ebenso zu verstehen gegeben, für die Sozialistischen Revolutionäre einzutreten. Bis heute gehen die Meinungen der Historiker auseinander, ob er der revolutionären oder der zaristischen Sache diente oder ganz für sich allein handelte.[15] Jedenfalls brachte Stolypins Tod die letzte größere Anstrengung unter dem Zarismus, die soziale und politische Ordnung zu reformieren, zum Erliegen. Stolypin hatte auf verschiedene Art versucht, das Land zu modernisieren, aber sein Erfolg war begrenzt. Er weitete die öffentliche Bildung aus und schaffte es, für bestimmte Gruppen von Arbeitern, etwa 20 Prozent der Arbeiter des Landes, eine Unfall- oder Krankenversicherung einzuführen. Doch seine Bemühungen, die Religionsgesetze zu liberalisieren, um den Staat toleranter gegen Minderheiten zu machen, die Leistungsfähigkeit der örtlichen Verwaltungen zu verbessern und einige der Beschränkungen, die den Juden auferlegt waren, aufzuheben, zerschlugen sich alle. Die Gegnerschaft der Ultrakonservativen unter dem Adel und die fehlende Unterstützung durch den Zaren waren sein Ruin.

Stolypins Nachfolger als Ministerpräsident, W. N. Kokowtsow, zeigte wenig Interesse an der Reform und war auf jeden Fall kein starker Führer, fähig, Maßnahmen einzuführen, die den *status quo* gefährdeten. Im Umgang mit aufsässigen Bürgern beherzigte seine Regierung nicht die Lektion von 1905. Anfang 1912 feuerten Truppen in eine Menge von ungefähr 5000 Streikenden in den Goldminen an der Lena in Ostsibirien, töteten 200 und verwundeten noch viel mehr. Der Innenminister, A. A. Makarow, erklärte, die Soldaten hätten nichts anderes tun können, als auf eine Menge zu schießen, die auf sie zumarschiert sei. »Das«, sagte er, »ist, wie es gewesen ist, und das ist, wie es in Zukunft sein wird.« Diese gefühllose Reaktion der Regierung auf das Massaker erzürnte viele Abgeordnete der Duma und die Gesellschaft allgemein. Das Massaker führte zu wachsender Militanz in der Arbeiterbewegung, die sich in Siegen der Bolschewiken in verschiedenen wichtigen Gewerkschaftswahlen über die gemäßigteren Menschewiken offenbarte. Und 1914 nahmen die Streiks in der Industrie zu. So sah sich Zar Nikolaus seiner ernstesten Herausforderung, Krieg mit Deutschland zu führen, gegenüber, ohne sich mit den sozialen, politischen und wirtschaftlichen Problemen auseinandergesetzt zu haben, die die Gesellschaft gefährlich zersplittert erscheinen ließen.

Der I. Weltkrieg

Die Folgen des Ersten Weltkriegs (1914-18) sind nicht zu bestreiten: Schreckliche menschliche und wirtschaftliche Schäden, der Zusammenbruch des monarchischen Herrschaftssystems in drei großen Ländern (Rußland, Österreich-Ungarn und Deutschland), wichtige Änderungen nationaler Grenzen, bleibender Haß zwischen Siegern und Besiegten. Darüber hinaus besteht wenig Zweifel, daß ohne die Leiden und die Verzweiflung, die der Krieg verursacht hatte, weder der Kommunismus in Rußland noch der Nationalsozialismus in Deutschland triumphiert hätte. Die Gründe für den Krieg sind jedoch nicht so offensichtlich. Im Frühjahr 1914 wollte kein verantwortlicher Führer in Europa sein Land in einen Militärkonflikt führen, noch weniger in einen Konflikt, der weltweit sein würde. In gewisser Hinsicht waren die Führer der großen Länder in den kritischen Phasen des Juli und August Gefangene einer Politik, die ihre Vorgänger in den vergangenen Jahrzehnten verfolgt hatten.

Nachdem Bismarck 1871 Deutschland vereinigt und Elsaß-Lothringen annektiert hatte, war das Verhältnis zwischen Deutschland und Frankreich gezwungermaßen äußerst feindlich. Um Frankreich zu isolieren und Deutschland vor einem Zweifrontenkrieg zu bewahren, verfolgte Bismarck zwei Strategien, die das Rückgrat seiner gesamten Außenpolitik wurden: Er schloß ein enges Bündnis mit Österreich-Ungarn, und er hielt freundliche Beziehungen zu Rußland aufrecht. Es war nicht einfach, weiterhin mit den beiden Mächten im Osten auf gutem Fuße zu stehen, seit Rußland und Österreich-Ungarn auf dem Balkan um Einfluß rangen. Aber Bismarck, ein diplomatisches Genie, hatte darin bemerkenswerten Erfolg. 1890 entschloß sich der neue Kaiser, Wilhelm II., jedoch überstürzt zu einem neuen Kurs. Wilhelm, sprunghaft und aggressiv, entließ Bismarck und änderte die Außenpolitik des Landes in drastischer Weise. Er beendete das friedliche Verhältnis zu Rußland und legte nach einigen Jahren im Amt ein auf Provokation zielendes Programm des Flottenbaus und der kolonialen Expansion auf. Großbritannien, vom Auftauchen einer neuen und aggressiven Seemacht zutiefst erschreckt, schloß enge Bande mit Frankreich, das 1894 bereits ein Bündnis mit Rußland geschlossen hatte. Anfang des 20. Jahrhunderts war Europa dann in zwei starke Machtgruppen geteilt: den Dreibund (Deutschland und Österreich-Ungarn, denen sich 1882 Italien angeschlossen hatte) und die Tripleentente (Großbritannien, Frankreich und Rußland). Alle Länder innerhalb der beiden Bündnisse widmeten einen steigenden Anteil ihres Wohlstands der Verstärkung ihrer Militärstreitmacht.

Bündnisse an sich führen nicht zum Kriege; sie erhellen nur, wo Nationen in jedem besonderen Moment ihr nationales Interesse sehen. Aber in Krisenzeiten, wenn nationalistische Leidenschaften hochkochen, beeinflussen Bündnisse Politiker oft, indem sie sie denken lassen, sie seien stärker, als sie in Wirklichkeit sind. Die Krise von 1914 begann am 28. Juni, als Erzherzog Franz Ferdinand, der Erbe des Habsburger Thrones, und seine Frau in Sarajewo, der Hauptstadt Bosniens, einer größtenteils von Slawen bewohnten Provinz, die Österreich-Ungarn 1908 annektiert hatte, ermordet wurden. Wien war der Überzeugung, Serbien wolle als Teil seines Vorhabens, einen neuen Staat, Jugoslawien, zu bilden, der alle Südslawen einschließen sollte, die Kontrolle über Bosnien erlangen. Für das österreichisch-ungarische Kaiserreich, das aus verschiedenen Minderheiten zusammengesetzt war, war eine solche Entwicklung ein Greuel, weil sie aller Wahrscheinlichkeit nach zur Auflösung dieses multinationalen Staates führen würde. Nachdem es von Deutschland freie Hand erhalten hatte, mit der Krise umzugehen, unternahm Wien einen provozierenden und aggressiven Schritt. Es sandte Serbien ein Ultimatum, in dem es nicht nur die Unterdrückung aller antiösterreichischen Agitation in Serbien, sondern auch die Beteiligung von Österreichern dabei forderte. Keine souveräne Regierung konnte solche Bedingungen annehmen, und Serbien war keine Ausnahme. Am 28. Juli erklärte Österreich-Ungarn Serbien den Krieg.

Ideologie bestimmte wie anderes auch die Politik der russischen Staatsmänner in dieser internationalen Krise. Seit langem die Schutzmacht »seines kleinen slawischen Bruders«, konnte Rußland, wie die Elite des Landes allgemein glaubte, nicht abseits stehen und zulassen, daß befreundete Slawen unterjocht wurden. Noch einmal zog Zar Nikolaus auf eine letzte Bitte des Kaisers, jede nicht mehr rückgängig zu machende Reaktion zu vermeiden, den Befehl zur allgemeinen Mobilmachung, den er schon erteilt hatte, zurück und ordnete statt dessen eine Teilmobilmachung an, die nur gegen Österreich-Ungarn gerichtet war. Doch als seine Generäle und sein Außenminister, S. D. Sasonow, ihm empfahlen, er solle, da es keine Pläne für eine Teilmobilmachung gebe, zum ursprünglichen Befehl zurückkehren, willigte Nikolaus ein und setzte damit eine Kettenreaktion in Gang. Deutschland zog schnell nach, indem es seine Streitkräfte mobilisierte, Frankreich ebenfalls. Nach einigem Zögern trat Großbritannien am 4. August an der Seite Frankreichs und Rußlands in den Krieg ein, hauptsächlich, weil es fürchtete, Deutschland werde den Kontinent beherrschen. Ein ernster Zwischenfall in einer relativ abgelegenen Zone Europas hatte einen Weltkrieg ausgelöst, den niemand erwartet oder gewünscht hatte.

Dieser kurze Bericht, wie Rußland in den Krieg geschlittert war, legt eine bestimmte Unausweichlichkeit all dessen nahe, als ob keine Versuche unternommen worden seien, einen Großbrand zu verhindern. Tatsächlich übergab P. N. Durnowo, ein früherer Innenminister und hundertprozentiger Reaktionär, dem Zaren im Februar 1914 eine Denkschrift, die die Warnung enthielt, ein europäischer Krieg werde sich in die Länge ziehen und sicherlich eine soziale Revolution mit verheerenden Folgen für die alte Ordnung herbeiführen. Er drängte den Zaren, die Außenpolitik des Landes neu auszurichten und enge Bindungen mit Deutschland zu entwickeln, ein Schritt, der Rußland in die Lage setze, einen Krieg abzuwenden. Die Ereignisse sollten bald zeigen, daß Durnowo ein sehr verständiger Mann war.

Anfangs lief der Krieg, den die meisten Leute mit zur Schau getragenem Patriotismus begrüßten, gut für Rußland. Seine Armeen errangen beim Angriff auf Ostpreußen und Galizien einige Siege. Damit entlasteten sie die Franzosen, die der vollen Wucht des Angriffs des deutschen Heeres ausgesetzt waren, das quer durch Belgien auf Frankreich vorrückte. Aber der russische Erfolg war nur von kurzer Dauer. Sobald die Deutschen im Osten ein Heer versammelt hatten, schlugen sie die Russen in der Schlacht von Tannenberg (27. bis 29. August 1914) zurück, nachdem sie ihnen schwere Verluste beigebracht hatten: 300 000 Gefallene sowie die Zerstörung oder Erbeutung von 650 Geschützen. In Galizien hielt der russische Erfolg länger an, zum Teil deshalb, weil das österreichisch-ungarische Heer wenig effektiv war und mit schlechter Moral zu kämpfen hatte. Viele Ukrainer (Ruthenen) und Tschechen, die rekrutiert worden waren, empfanden gegenüber Österreich-Ungarn wenig Loyalität und ergaben sich freiwillig den Russen, die Galizien besetzten. Aber im Mai 1915 richtete das deutsche Heer seine Aufmerksamkeit auch auf dieses Gebiet, besiegte die Russen rasch ein weiteres Mal und drängte sie aus Polen heraus.

Es wurde nun ersichtlich, daß die wirtschaftliche und gesellschaftliche Rückständigkeit des Russischen Reiches ebenso wie die Unfähigkeit der politischen und militärischen Führung den Erfolg im Kriege ausschloß. Der erste Fehler des Zaren war, seinen Onkel, Großherzog Nikolai Nikolajewitsch, zum Oberbefehlshaber zu ernennen, der ihm direkt verantwortlich war. Der Großherzog war sehr nobel und bei der Truppe beliebt, aber er gab selbst zu, daß ihm das Militärische nicht sehr lag. Er hielt sich in seinem hohen Amt nur ein Jahr. An diesem Punkt machte der Zar einen noch schlimmeren Fehler: Er übernahm den Oberbefehl persönlich. Nicht nur, daß er von der Kriegführung noch weniger verstand als sein Onkel – jetzt würde man ihn für das Versagen des Militärs direkt verantwortlich machen. Er hatte auch kein angemessenes Offizierkorps, auf dessen klugen Rat er sich hätte verlassen können. Die meisten hohen Offiziere hatten die Karriereleiter nicht erklommen, weil sie fähige Leute waren, sondern weil sie viele Jahre, wenn auch ohne sich auszuzeichnen, treu gedient hatten. Jetzt ging es ihnen darum, sich einen Namen zu machen, und oftmals handelten sie gedankenlos, ohne ihre Pläne mit anderen hohen Offizieren abzustimmen. Verschlimmernd kam hinzu, daß viele einfache Soldaten Analphabeten waren und von Rußlands Kriegszielen keine Ahnung hatten. Die Rede der Regierung von der Notwendigkeit, den Krieg aus brüderlicher Liebe zu den Serben zu führen, verfing bei ihnen ebensowenig wie die Versprechungen der Alliierten 1915 und 1916, Rußland werde nach

Kriegsende Konstantinopel, die Dardanellen und einige Landstriche der asiatischen Türkei bekommen.

Die Regierung glaubte naiverweise, der Schlüssel zum militärischen Erfolg sei die Schaffung einer riesigen Armee, die den Feind allein durch ihre Größe überwältigen würde. Ein Jahr nach Beginn der Feindseligkeiten hatte Rußland nicht weniger als 9,7 Millionen Mann mobilisiert. Es gab aber nicht genug Offiziere und Unteroffiziere, um eine so große Streitmacht zu führen. Gleichzeitig fehlten dem Land die Einrichtungen, die neuen Rekruten auszubilden, von denen viele monatelang in fürchterlichen Baracken hausen mußten, bevor ihre Ausbildung begann. Wenn sie dann an die Front geschickt wurden, hatten sie oft nicht die nötige Ausrüstung oder genug zu essen. Mehr als einmal geschah es, daß Infanteristen gegen feindliche Stellungen vorrücken mußten und nur die ersten Reihen Gewehre trugen. Von denen in den hinteren Linien wurde erwartet, daß sie die Gewehre ihrer Kameraden aufhoben, die in der Schlacht gefallen waren. Das war dermaßen demoralisierend, daß viele sich kampflos dem Feind ergaben. Bis Ende 1915 hatte Rußland mehrere Niederlagen erlitten und war gezwungen worden, nahezu alles eroberte Gelände aufzugeben. Noch bedrohlicher war, daß die deutschen Truppen tief ins Russische Reich eingedrungen waren und nicht zurückgeschlagen werden konnten.

Innenpolitisch war die Regierung ebenfalls schlimm ins Stolpern geraten. Weil das Heer auf 15 Millionen anschwoll, ein Drittel der Bevölkerung im arbeitsfähigen Alter, mußte die Industrie Arbeitskräfte ohne ausreichende Kenntnisse einstellen, wodurch die Produktivität in einer Zeit gesenkt wurde, da ein verzweifelter Bedarf an Militärgütern bestand. Große Landwirtschaftsbetriebe, die den Markt als Hauptlieferanten mit Lebensmitteln versorgten, litten ebenfalls unter Arbeitskräftemangel. Das Eisenbahnnetz, das nie sehr effizient gewesen war, brach zusammen, zum Teil, weil viele Linien im Westen durch den Feind besetzt waren. Hinzu kam, daß die Eisenbahngesellschaften nicht alle Maschinen, die Schaden genommen hatten, instand setzen, geschweige denn durch neue ersetzen konnten. Zwischen 1914 und 1917 sank die Zahl der einsatzfähigen Maschinen von 20 000 auf 9000. Es wurde zunehmend unmöglich, die verfügbaren Lebensmittel in die Großstädte zu transportieren, und Anfang 1917 war die Nahrungsmittelknappheit trotz der 1916 begonnenen Rationierung weitverbreitet. Die Einwohner beachteten das Rationierungssystem der Regierung im allgemeinen nicht, die Preise schossen gefährlich in die Höhe und brachten die meisten Bürger in ernsthafte Not.

Die Kaiserin drängte Nikolaus, angesichts der wachsenden Krise »autokratischer« zu sein; ein völlig gegenstandsloser Rat, denn er hatte keine Vorstellung, wie er mit den Problemen, die die Nation bedrängten, umgehen sollte. Mehr und mehr schob man, als das ganze Ausmaß der militärischen Niederlage und der Gefallenenziffer sichtbar wurde, dem Zaren wegen seiner Führungsschwäche die Verantwortung zu. Die Verluste stiegen schwindelerregend. Alles in allem verloren 650 000 Männer ihr Leben, mehr als zweieinhalb Millionen waren verwundet, und mehr als dreieinhalb Millionen waren entweder kriegsgefangen oder wurden vermißt. Die letzte Zahl ist besonders bemerkenswert, zeigt sie doch, wie viele Soldaten sich dem Feind ergaben, anstatt zu kämpfen. Der Zar versuchte dem großen Vertrauensverlust der Regierung zu begegnen, indem er Minister entließ, die gezeigt hatten, wie inkompetent sie waren, aber die Männer, die er ernannte, um sie zu ersetzen, waren ebenso unfähig wie ihre Vorgänger. Das »ministerielle Bockspringen«, wie ein konservativer Duma-Abgeordneter die beständigen Personalwechsel nannte, zeigte den Bankrott der alten Ordnung.

Das tat auch der wachsende Einfluß des Grigori Jefimowitsch Rasputin in höchsten Regierungskreisen. Ein ungepflegter Mönch, ein halber Analphabet, dessen Karriere in der Endzeit des kaiserlichen Rußland ein bizarres Zeichen seines Niedergangs ist. Über Rasputins frühes Leben ist nicht mehr bekannt, als daß er 1872 in der Tobolsker Provinz, 250 Meilen östlich des Ural, geboren wurde. Als junger Mann erlangte er einen Ruf als Wüstling und Pferdedieb, um 1890 heiratete er und zeugte drei Kinder. Weder Ehestand noch Kinder hielten ihn von sexuellen Abenteuern ab, aber seine Frau nahm keinen Anstoß daran. »Er hat genug für alle«, ließ sie wissen.

Irgendwann widerfuhr Rasputin so etwas Ähnliches wie eine religiöse Erfahrung. Er schloß sich dann einer verbotenen mystischen Sekte an und verschwand aus Sibirien. Einige Jahre führte er das Leben der *Stranniki*, asketischer Herumtreiber, die im Land umherreisten und von wohltätigen Gaben lebten. Nach zwei Pilgerfahrten nach Jerusalem tauchte Rasputin im Dezember 1903 in der geistlichen Lehranstalt zu St. Petersburg auf. Der Mönch Illjodor, der ihn in dieser Zeit traf, erinnerte sich an ihn als einen »stämmigen Bauern mittlerer Größe, mit strähnigem und schmutzigem Haar, das ihm über die Schultern fiel, wirrem Bart und stahlgrauen, unter den buschigen Augenbrauen tief liegenden Augen, die manchmal klein wie Stecknadeln waren, und starkem Körpergeruch«. Illjodor und andere Geistliche, die Rasputins Erklärung, er wolle seine Sünden bereuen, indem er Gott diene, beeindruckte, halfen ihm, in St. Petersburg heimisch zu werden.

Irgendwie überzeugte Rasputin verschiedene Würdenträger, er könne Wunder wirken. Er demonstrierte seine Fähigkeiten zuerst, indem er den geliebten

Hund des Großfürsten Nikolai Nikolajewitsch heilte. Ende 1905 wurde Rasputin bei Zar und Zarin eingeführt und eroberte das königliche Paar im Sturm, indem er die Blutung ihres einzigen Sohnes, Alexej, der an der Bluterkrankheit litt, stillte. Anscheinend gelang Rasputin der Erfolg durch das Mittel der Hypnose, und solch eine Prozedur kann nachweislich wirken. Jedenfall schloß die Zarin unverzüglich, daß Rasputin »ein heiliger Mann war, fast ein Herrgott«. Sie deutete sein Erscheinen bei Hofe auch als ein Zeichen der mystischen Verbundenheit zwischen Bauern und Autokratie; ein Mann aus dem Volke, folgerte sie, war gekommen, um die Dynastie zu retten.

Rasputin hatte zahllose Affären, oftmals mit Damen, die dem kaiserlichen Hof nahe standen und der Überzeugung waren, daß Gott sich in seinen Worten zeige und daß seine »Küsse und Umarmungen jede seiner gläubigen Jüngerinnen heiligen«. Einige Männer fühlten sich sogar geehrt, von diesem lüsternen Mönch zum Hahnrei gemacht zu werden. Viele Menschen in St. Petersburg, darunter angesehene politische Führer, waren jedoch entrüstet und prangerten Rasputin öffentlich als »Verführer der menschlichen Körper und Seelen« an. Nichts davon störte die Kaiserin, die mehr denn je von ihm abhängig war, als sie während der häufigen Abwesenheit des Zaren an der Front in innenpolitischen Angelegenheiten eine größere Rolle spielte. Anfang 1916 drängte die Kaiserin Nikolaus beispielsweise, den unfähigen Boris Stürmer zum Ministerpräsidenten zu machen, weil er Rasputin schätzte und »vollkommen an [seine] wunderbare, gottgesandte Weisheit glaubt«. Zum Unglück für Rußland – und für sich selbst – folgte Nikolaus diesem Rat.

Entsetzt durch diesen beschämenden und schädlichen Zustand, nahmen einige Erzkonservative es im Dezember 1916 auf sich, Rasputin zu ermorden. Fürst Felix Jussupow, der mit einer der Nichten des Zaren verheiratet war, organisierte eine Verschwörung und lud den »Heiligen Teufel« dann zu sich nach Hause zu einer Festlichkeit ein. Der Gastgeber traktierte Rasputin mit vergifteten Weinen und Kuchen, die der Mönch vertilgte, ohne daß sie ihm sehr zu schaden schienen. Daraufhin feuerte Jussupow mehrere Schüsse auf den Mönch ab und warf ihn mit Hilfe weiterer Verschwörer in die Newa. Die Verschwörer hatten gehofft, der Mord an Rasputin würde ein Signal an die Konservativen sein, eine Bewegung zur Rettung der Monarchie zu bilden. Aber es war zu spät. Der Krieg hatte die russische Bevölkerung von Grund auf ernüchtert, so daß sie sich weigerte, die Härten, die er verursachte, länger zu ertragen.

Die Revolution von 1917

Die Duma, die sich hauptsächlich aus Gemäßigten und Konservativen zusammensetzte, hatte die Geduld mit der Regierung bereits im Juli 1915 verloren, als eine beträchtliche Zahl von Abgeordneten, darunter Liberale und auch
einige Konservative, einen »Progressiven Block« bildeten, um die Machthaber
zu drängen, eine tüchtige Regierung einzusetzen, die das Vertrauen des Volkes
genoß und die Herrschaft des Gesetzes achtete. Der Block verzichtete aus-
drücklich darauf, irgendwelche Verfassungsänderungen zu fordern, und wurde
doch vom Zaren übergangen, eine Brüskierung, die die politischen Spannungen verschärfte. In einem der dramatischeren Augenblicke in der Geschichte
der Duma hielt Pawel Miljukow, der Führer der Kadetten, im November 1916
eine Rede, in der er die Fehler der Regierung einen nach dem anderen aufführte und provokativ fragte, ob diese das Ergebnis von Torheit oder Landesverrat seien.

Gleichzeitig gab es wachsende Hinweise, daß die Stimmung im Volk ge-
kippt war. Zu Anfang, 1914, streikten nur wenige Arbeiter, aber 1915 gab es
mehrere hundert Streiks, an denen sich etwa 550 000 Arbeiter beteiligten, und
die Zahlen kletterten 1916 weiter. Im Januar und Februar 1917 nahmen die
Arbeiterunruhen im Protest gegen sinkenden Lebensstandard und die hart-
näckige Nahrungsmittel- und Brotknappheit weiter zu. Die Politik der Regierung, Streikende im dienstfähigen Alter einzuziehen und an die Front zu
schicken oder sie in den Fabriken als Soldaten zu halten, führte nur dazu, die
Arbeiter noch mehr zu erbittern.

Rußland taumelte nun am Rande des Zusammenbruchs, aber niemand,
nicht einmal die eingefleischtesten Radikalen, glaubten, daß das Land im Begriff war, einen revolutionären Aufstand zu erleben. In einem Vortrag vor
jungen Arbeitern im Januar 1917 in Zürich prophezeite Lenin, seine Zuhörer
würden das Glück haben, Zeugen der »kommenden proletarischen Revolution« zu sein. Aber er war pessimistisch über seine eigenen Möglichkeiten, in
solch einem Ereignis eine Rolle zu spielen: »Wir von der älteren Generation
könnten nicht mehr am Leben sein, um die entscheidenden Schlachten dieser
bevorstehenden Revolution zu sehen.«

Wie sich herausstellte, ereigneten sich 1917 in Rußland zwei Revolutionen,
sehr verschieden in ihrem Verlauf, der Unterstützung der Massen und ihren
Endzielen. Die erste brach spontan aus. Am 8. März, dem Internationalen
Frauentag, verließen Tausende Frauen die Schlange vor den Brotausgabestellen, um sich den Streikenden der Putilow-Werke anzuschließen, die mit Fah-

nen, die den politischen Wahlspruch »Nieder mit der Autokratie« trugen, gegen die Regierung demonstrierten. Die Polizei zerstreute die Demonstranten mit Leichtigkeit, aber einen Tag später erschien ein weit größerer Demonstrationszug, geschätzte 200 000 Menschen, in der Innenstadt. Es schien noch ein wenig bedrohliches Ereignis zu sein, obwohl, seltsam genug, die Kosaken sich jetzt weigerten, auf die Menge loszugehen. Am 10. März war die Menge in den Straßen noch größer, und der Zar, der immer nervöser wurde, befahl den Truppen, auf die Demonstranten zu schießen. Als das Heer begann, diesen Befehl auszuführen, schien es, als würden die Demonstrationen langsam zu Ende gehen. Aber dann, am 12. März, weigerte sich ein Regiment nach dem anderen nicht nur, zu schießen, sondern lief zur Revolution über. Niemand hinderte zudem die Arbeiter daran, in die Arsenale einzubrechen und 40 000 Gewehre zu erbeuten. W. M. Rodsianko, der Präsident der Duma, der erkannte, daß das Regime am Rande des Zusammenbruchs stand, drängte den Zaren in einer letzten Anstrengung, ein nationales Unglück zu verhindern, Reformen einzuführen. Der Zar, kurzsichtig wie immer, schlug den Rat aus: »Dieser fette Rodsianko hat mir einigen Unsinn geschrieben, auf den ich nicht einmal antworten werde.«

Wenige Stunden später war klar, daß die Regierung die Kontrolle über St. Petersburg verloren hatte, und als die Unruhen auf andere Städte übersprangen, geriet der Zar von seiten politischer Würdenträger unter massiven Druck abzudanken, was er am 15. März auch tat. Eine Dynastie, die Rußland 300 Jahre lang beherrscht und beansprucht hatte, durch göttliches Recht zu regieren, brach nach nur wenigen Tagen der Unruhe und mit bemerkenswert wenig Blutvergießen zusammen. Alles in allem wurden ungefähr 1300 Menschen getötet oder verwundet. Die Auflösung der alten Ordnung war so schnell vor sich gegangen, weil ihre Unterstützung sich einfach in Luft aufgelöst hatte. Wie der monarchistische Duma-Abgeordnete W. W. Schulgin, kein Freund der Demonstranten, festhielt: »Das Problem war, daß es in dieser großen Stadt [St. Petersburg] nicht möglich war, ein paar hundert Leute zu finden, die freundschaftlich gegenüber der Regierung eingestellt waren. Das ist nicht alles. Die Regierung stand sich selbst nicht freundschaftlich gegenüber. Es gab keinen einzigen Minister, der an sich glaubte oder an das, was er tat.«

Die kritische Aufgabe war nun, einen neuen Mittelpunkt der Staatsautorität einzurichten, den das Volk als rechtmäßig anerkannte. Am 12. März, kurz bevor der Zar abdankte, bildeten Duma-Abgeordnete, die trotz Nikolaus' Befehl, die Sitzung zu vertagen, im Parlamentsgebäude geblieben waren, ein Komitee, um die Ordnung wiederherzustellen und als inoffizielle Regierung zu fungieren. Vier Tage später erklärte es sich zur »Provisorischen Regierung« und gab sein Programm bekannt, welches durchweg liberal und demokratisch war. Die Provisorische Regierung führte die Rede- und Versammlungsfreiheit ein, versprach, eine Amnestie für politische Gefangene zu erlassen, alle gesellschaftlichen, religiösen und nationalen Beschränkungen aufzuheben, eine demokratische Wahl für eine verfassungsgebende Versammlung, die die neue Regierungsform bestimmen sollte, durchzuführen und Komitees zu bilden, die Empfehlungen zur Agrarfrage aussprechen sollten. Zuletzt versprach die Regierung, den Krieg fortzuführen, ihre bei weitem umstrittenste Entscheidung.

Genau in dem Moment, als die Provisorische Regierung sich formierte, erschien ein konkurrierendes Machtzentrum, die Sowjets, in St. Petersburg und kurz darauf in anderen Gebieten des Landes. Planlos von Arbeitern und Soldaten gewählt, wurden die Sowjets von Menschewiken und den Sozialistischen Revolutionären dominiert und erfreuten sich des Vertrauens der politisch aktiven Massen. Die Führer des St. Petersburger Sowjets erkannten die Provisorische Regierung als rechtmäßige Staatsautorität an, aber sie taten es halbherzig, und in einigen wichtigen Fragen nahmen sie einen anderen Standpunkt als die Regierung ein. Es stellte sich bald heraus, daß die Regierung ohne die volle Unterstützung der Sowjets ihren Willen nicht durchsetzen konnte. Daraus ergab sich etwas, das als »doppelte Macht« bekannt werden sollte. Einerseits war die Regierung formell aufgerufen, die Landesgeschäfte zu führen, konnte selbst aber keine politische Macht ausüben. Auf der anderen Seite weigerten sich die Sowjets, die Hüter der politischen Macht, auf irgend eine Weise Regierungsverantwortung zu übernehmen.

Die Führer der Sowjets, alles Sozialisten, hatten plausible Gründe, eine Teilhabe an der Macht im Lande zurückzuweisen. Überzeugt, Rußland sei nur reif für eine bürgerliche Revolution, fürchteten sie, daß ihre Machtübernahme Gemäßigte ins Lager der Konterrevolution treiben und damit die Revolution gefährden werde. Zudem hatten die Sowjetführer kein Vertrauen in ihre Fähigkeit, die Regierungsmaschinerie zu verwalten. Obwohl sie nicht die Absicht hatten, die Regierung handlungsunfähig zu machen, rief ihre Haltung unvermeidlich eine Situation hervor, die nur mit politischer Lähmung beschrieben werden kann. Wirksame Regierungsarbeit ist nicht möglich in einem Land, in dem es zwei Machtzentren gibt, die beide ihre eigenen Sorgen und Ziele haben.

Bald nach dem Zusammenbruch des Zarismus brachen zwischen dem Petersburger Sowjet und der Provisorischen Regierung Konflikte aus. Der erste große Zusammenstoß entstand wegen der Order Nr. 1, welche die Sowjets am 14. März den Truppen erteilten. Diese schaffte die Grußpflicht ab, verbot, daß

Offiziere Männer unter ihrem Komando streng behandelten, und forderte in allen Heereseinheiten die Wahl von Komitees. Obwohl die Komitees angeblich den Anordnungen der Provisorischen Regierung zu gehorchen hatten, waren sie gleichzeitig angewiesen, dies nur zu tun, wenn die Befehle der Machthaber nicht mit denen der Sowjets in Widerstreit gerieten. Der Sinn der Order Nr. 1 war, den Einsatz des Militärs für konterrevolutionäre Zwecke zu verhindern, aber durch sie wurde die Disziplin in den Militärverbänden, die ohnehin schon sehr zerbrechlich war, weiter untergraben.

Aber die hauptsächliche Konfliktquelle zwischen der Regierung und den Sowjets war der Krieg, der jetzt höchst unpopulär geworden war und der alle Aspekte des nationalen Lebens zutiefst in Mitleidenschaft zog. Es stellte sich immer mehr heraus, daß die Regierung, wenn der Krieg nicht schnell genug beendet werden konnte, nicht in der Lage sein würde, mit auch nur einem der drängenden Probleme fertig zu werden, denen das Land gegenüberstand: Neuverteilung von Land, Bildung einer verfassungsmäßigen Ordnung und Wiederbelebung der Wirtschaft. Und solange die Regierung auf diesen kritischen Gebieten keinen Fortschritt erzielte, konnte sie die Unterstützung des Volkes, die sie brauchte, um zu überleben, nicht erlangen.

Doch die Provisorische Regierung weigerte sich, Rußland aus dem Krieg zu lösen. Man mag billigerweise die Weisheit des Entschlusses der neuen Regierung, in dieser Frage untätig zu bleiben, in Frage stellen, man muß aber anerkennen, daß sie vor einer schwierigen Wahl stand. Die Regierung fürchtete, wenn sie die Allianz verließ und einen Separatfrieden schloß, daß Europa dann von den Mittelmächten dominiert würde, die von Monarchen regiert wurden, von denen man erwarten durfte, daß sie der neuen demokratischen Ordnung in Rußland feindlich gegenüberstanden. Die Regierung glaubte auch, die moralische Verpflichtung gegenüber Frankreich und Großbritannien zu haben, den Kampf fortzusetzen, bis der Feind besiegt war. Aber es muß auch gesagt werden, daß einige Mitglieder der Provisorischen Regierung, besonders der Außenminister P. N. Miljukow, weniger edle Gründe hatten. Sie wollten Rußland im Krieg halten, um Konstantinopel zu annektieren, wenn die Mittelmächte besiegt waren.

Die Sowjets und ihre Anhänger auf der Linken, die besonders Miljukows Standpunkt mit Sorge erfüllte, forderten eine entschlossene Aktion Rußlands, um den Krieg zu beenden. Sie drängten alle kriegführenden Mächte, auf Grundlage der Formel »Keine Annexionen, keine Wiedergutmachungen« in Friedensverhandlungen einzutreten. Die Provisorische Regierung konnte jedoch nicht zum Nachgeben bewegt werden. Sie vermutete im Gegenteil, ein demokratisches Rußland sei in der Lage, an Heer und Volk zu appellieren, größere Anstrengungen zu unternehmen, um den Krieg zu gewinnen. Auf Befehl Alexander Kerenskis, des enthusiastischen Kriegsministers, begann das russische Heer Anfang Juli in Galizien eine Großoffensive. Anfangs wurden einige eindrucksvolle Siege erzielt, aber nach zwölf Tagen gingen die Deutschen und Österreich-Ungarn zum Gegenangriff über und richteten das russische Heer, das den Kampf kaum mehr aufnahm, übel zu. Die Disziplin brach einfach zusammen. In einem verzweifelten Versuch, die Moral wiederherzustellen, führte die Regierung in den Streitkräften die Todesstrafe wieder ein, doch das war vergeblich.

Die Revolution weitet sich aus

Keine Initiative, die die Provisorische Regierung unternahm, konnte den Sturz in den Abgrund aufhalten. Es war W. I. Lenins Genie, vor allen anderen die äußerste Hilflosigkeit der Machthaber und die Sinnlosigkeit ihrer Anstrengungen zu erkennen. Als die Revolution ausbrach, versuchte er sofort, aus der Schweiz nach Rußland zurückzukehren, doch ein Blick auf die Landkarte verdeutlicht die Schwierigkeiten, die auf ihn warteten. Deutsche Amtsträger kamen jedoch zu dem Schluß, daß es in ihrem Vorteil liege, wenn er und einige Dutzend andere Sozialisten in Rußland seien, um Unruhe zu stiften. Schweizer Sozialisten arrangierten es, daß Lenin und 30 weitere Exilanten in einem plombierten Zug durch Deutschland fuhren. Als Lenin am 9. April in St. Petersburg eintraf, entdeckte er zu seiner Enttäuschung, daß selbst die Führer seiner eigenen Partei, darunter übrigens auch Stalin, einer Politik der bedingten Unterstützung für die neue Regierung den Vorzug gaben, obgleich sie versuchten, Druck auf sie auszuüben, Rußland aus dem Krieg zu nehmen. Diese Vorgehensweise als vollkommen irrig zurückweisend, brachte Lenin eine radikal neue Strategie vor, die in einer völligen Zurückweisung der Politik der Sowjets gipfelte. Er forderte, die Unterstützung der Regierung zu beenden, verlangte, die Fronttruppen sollten sich mit den österreichischen und deutschen Soldaten verbrüdern, und verkündete das nahe Bevorstehen der proletarischen Phase der Revolution. Lenin wünschte, daß die Bolschewiken sich öffentlich verpflichteten, in sehr naher Zukunft einen von den Sowjets abhängigen »Kommunestaat« zu gründen.

Selbst den engsten Genossen Lenins in der Bolschewikenpartei schien Lenins Programm äußerst skurril zu sein, und viele fragten sich, ob ihr Führer tatsächlich den Kontakt mit der Wirklichkeit verloren hatte. Aber er blieb dabei und setzte all sein beträchtliches Geschick ein, um seine Genossen zu überzeugen, daß seine Strategie und Taktik die richtige seien. Als klar wurde, daß das Land dabei war, sich aufzulösen, schien seine Prognose sich als nicht unrealistisch zu erweisen. Die Bauern, unzufrieden mit der Trägheit der Regierung, besetzten Land, und niemand konnte sie aufhalten. In den Städten übernahmen Arbeiter Fabriken, nachdem sie die Besitzer und Geschäftsführer vertrieben hatten. Örtliche Sowjets übernahmen die Kontrolle der örtlichen Regierung. Nationale Minderheiten sagten sich von der Zentralgewalt los, indem sie entweder ihre Autonomie oder Unabhängigkeit erklärten. Schließlich war das Heer dabei, sich aufzulösen; Soldaten, begierig, den Krieg zu beenden und an den Landbesetzungen teilzunehmen, desertierten *en masse* (zwei Millionen Mann im Laufe des Jahres 1917). Die Provisorische Regierung versprach Reformen und appellierte an die Bevölkerung, diesen Massenbewegungen nicht zu helfen, aber nicht viele nahmen die Versprechungen und die Appelle ernst, denn es schien, als würde die Regierung bloß auf der Stelle treten.

Angestachelt von Lenin, unterstützten die Bolschewiken endlich all die Massenbewegungen, welche die Gesellschaft einrissen, obwohl Landbesetzungen durch Bauern, Kontrolle der Arbeiter über Fabriken und der Zusammenbruch der Staatsmacht ihren langfristigen Zielen einer staatlich gelenkten Wirtschaft und einer hochzentralisierten politischen Ordnung zuwiderliefen. Immer Opportunist, drängte Lenin seine Kameraden, sich den Massen anzuschließen, um sein unmittelbares Ziel, die Machtergreifung, zu erreichen.

Aber erst ab Mitte Juli, als Nachrichten vom Stillstand der Offensive in Galizien in der Hauptstadt eintrafen, sah es so aus, als ob Lenin zumindest in St. Petersburg auf breite Unterstützung für seinen Plan rechnen konnte. Militante Soldaten, Matrosen und Arbeiter unternahmen einen bewaffneten Aufstand, um den Sowjet zu nötigen, die Macht zu ergreifen. Die Bolschewiken, die dachten, die Zeit sei für einen Frontalangriff auf die Provisorische Regierung noch nicht reif, zögerten anfänglich, an der Erhebung teilzunehmen, und versuchten sogar, die Aufständischen zurückzuhalten. Als aber gewaltige Massen, schätzungsweise 500 000 Menschen, in den Straßen erschienen und Fahnen trugen mit der Aufschrift »Alle Macht den Sowjets«, entschloß sich Lenin, die Aktion zu unterstützen. Es gab einige blutige Zusammenstöße, aber die Regierung hatte zuwenig zuverlässige Truppen, um die Aktivisten auf den Straßen zu stoppen, die fast mit Sicherheit die Hauptstadt hätten übernehmen können, wenn Lenin entschlußkräftiger gewesen wäre – auch wenn die Sowjets aus den bekannten Gründen weiterhin nicht willens waren, die Macht zu ergreifen. Um die ungeduldigen Demonstranten auf den Straßen zu beruhigen, schickte der Sowjet Viktor Tschernow, Führer der Sozialistischen Revolutionäre und als radikal bekannt, auf die Straße hinaus, um zu erklären, warum die Machtergreifung im Augenblick nicht wünschenswert sei. Er traf auf einen wütenden Mob, der ihn, nachdem er ihn durchsucht hatte, beschuldigte, »einer von den Leuten [zu sein], die auf die Leute schießen«. Ein Matrose hob die Faust und schrie: »Ergreif die Macht, du Hurensohn, wenn sie dir gegeben wird.« Es war eine dramatische Szene, die die Bolschewiken nicht vergaßen. Die Regierung versuchte die Anführer der Demonstration zu bestrafen, indem sie sie einkerkerte, aber viele, darunter Lenin und seine engen Verbündeten, tauchten unter. Der Aufstand hatte sein unmittelbares Ziel nicht erreicht, er hatte aber einmal mehr die Schwäche der Provisorischen Regierung aufgedeckt.

Zwei Monate später wurde die Regierung während einer viertägigen bizarren Episode, die als Kornilow-Affäre bekannt und mit Recht das »Vorspiel zum Bolschewismus« genannt wurde, weiter gedemütigt. Die beiden Hauptprotagonisten in dieser Affäre waren Alexander Kerenski, der am 20. Juli zum Ministerpräsidenten ernannt worden war, und General Lawr Kornilow, den der Erstgenannte in einer Zeit schwerer militärischer Krisen zum Oberbefehlshaber ernannt hatte. Kornilow, ein relativ junger (er war 47) und schneidiger Offizier, hatte in Schlachten gegen den Feind große Tapferkeit gezeigt (auf rücksichtslose Weise, wie einige sagen) und war 1916 unter dramatischen Umständen aus einem österreichischen Gefängnis entwichen. Als die Revolution den Zarismus erfolgreich überwunden hatte, galt seine Hauptsorge der Wiederherstellung der Kampfkraft Rußlands. Als er Oberbefehlshaber wurde, ließ er unverzüglich wissen, er beabsichtige, sein eigener Herr zu sein. Er nahm die Stelle unter der Voraussetzung an, daß er »seinem eigenen Gewissen und dem Volk als Ganzem« verantwortlich sein werde, eine eigenartige Forderung für einen General, von dem eigentlich erwartet wurde, sich seinen zivilen Vorgesetzten unterzuordnen. Kerenski sah über Kornilows ungewöhnliches Benehmen hinweg, weil er einen Oberbefehlshaber brauchte, der in der Lage war, den Kampfgeist der Truppe wiederherzustellen. Doch Anfang September schien eine Reihe von Vorfällen darauf hinzudeuten, daß Kornilow die Macht übernehmen und die Revolutionäre vernichten wollte. Auch heute sind die Ursprünge und Auswirkungen von Kornilows Unternehmungen noch unklar, und unklar ist ebenfalls, ob Kerenski sich anfänglich mit Kornilow verschwor, eine Militärdiktatur zu errichten, und dann zurückruderte, oder ob Kornilow einfach voraussetzte, er habe die Unterstützung des Ministerpräsidenten.

Auf jeden Fall ignorierte Kornilow die Anordnung, als Kerenski ihn entließ, und ernannte darauf General Krymow zum Befehlshaber der »Wilden Division«, gebildet aus Kosaken, die auf die Hauptstadt vorzurücken begann. St. Petersburg schien ohne Verteidigung dazustehen und Kornilow nicht aufzuhalten zu sein. Seltsamerweise jedoch wurde Kornilows Rebellion unterdrückt, ohne daß ein einziger Tropfen Blut geflossen wäre. Der General hatte weder mit der Teilnahmslosigkeit seiner Truppen noch mit der wirkmächtigen Opposition der Arbeiter gerechnet. Die Exekutive des Sowjets organisierte unverzüglich Arbeiter zur Verteidigung gegen etwas, das sie als Konterrevolution anprangerte. Die wirkungsvollsten Maßnahmen wurden vom Eisenbahnbüro getroffen, das der Sowjet eingerichtet hatte. Es forderte die Arbeiter auf, die Kommunikationslinien sowie das Transportsystem zu unterbrechen. Auf den Stationen wurden Gleise mit Kutschen blockiert, und an drei Stellen wurden die Schienen sogar aufgerissen, was endlose Verzögerungen verursachte. Als Folge dessen wurden einige Heereskommandos, die Kornilow loyal waren, in die falsche Richtung geschickt, und als sie dies erkannten, war es zu spät. Zudem wurden unaufhörliche Ströme von Agitatoren zu den Soldaten geschickt, die die Truppen überredeten, Kornilows Geheiß nicht zu folgen und der Provisorischen Regierung treu zu bleiben. Der Aufstand verpuffte schnell. General Krymow beging Selbstmord, und Kornilow und einige seiner Anhänger im Heer traten zurück.

Für die Provisorische Regierung war dies aber ein Pyrrhussieg. Einerseits sank die Moral innerhalb des Militärs sogar noch weiter, da viele einfache Soldaten das letzte bißchen Vertrauen in ihre Offiziere auch noch verloren. Auf der anderen Seite wurden die Bolschewiken militärisch bedeutend stärker, denn in ihrer Sorge, eine Kampftruppe gegen Kornilows vorrückende Streitkräfte zu bilden, hatte die Provisorische Regierung spontan die Bewaffnung der Arbeiter erlaubt. Als Folge dessen wurden die ersten Einheiten der bolschewistischen Roten Garde formiert, die sich schlagartig in eine 25 000-Mann-Streitmacht verwandelte, von denen keiner die Waffen abgab, nachdem die Affäre beendet war. Zudem wurde weit und breit geraunt, Kerenski sei sich mit Kornilow über die Notwendigkeit einer Diktatur einig gewesen und habe ihn unter dem Druck der Sowjets verraten. Und weil eine Anzahl führender Liberaler ihrer Sympathie für die Kornilow-Bewegung Ausdruck gegeben hatte, wurde es für die Parteien der Mitte unmöglich, die Zusammenarbeit mit jeder anderen Partei innerhalb oder außerhalb der Regierung fortzusetzen. Eine gemeinsame Anstrengung, die revolutionäre Linke zu stoppen, war nun nicht mehr durchführbar. Die Bolschewiken ernteten den ersten konkreten Nutzen aus der Kornilow-Affäre am

13. September, als sie zum erstenmal eine Mehrheit im Petersburger Sowjet erreichten. Fünf Tage später ereignete sich das gleiche im Moskauer Sowjet. Angst vor der Konterrevolution hatte in der Arbeiterklasse den entscheidenden Schwenk nach links hervorgerufen. Ende September erklärte Lenin, daß für die Bolschewiken der Augenblick gekommen sei, die Macht zu ergreifen. Er war sicher, daß »wir *fraglos* und *absolut* gewinnen werden«.

Die Machtübernahme der Bolschewiken

Von Lenin unablässig angetrieben, unternahmen die Bolschewiken nunmehr ausgedehnte Vorbereitungen für die zweite Revolution, die in einigen wichtigen Belangen ganz anders als die erste, die sogenannte »bürgerliche« Revolution, verlaufen sollte. Sie sollte kein spontaner Ausbruch von Menschenmassen in den Straßen St. Petersburgs sein, sondern eine sorgfältig vorbereitete Machtübernahme durch höchstens ein paar Tausend Männer und Frauen. Ihr Ziel war keine demokratische und liberale politische Ordnung, sondern der Sozialismus, ohne Rücksicht darauf, ob die Vorbedingungen, die die Marxisten immer gefordert hatten, in Rußland wirklich gegeben waren. Aber in einer Hinsicht ähnelten sich November- und Märzrevolution. Beide hatten Erfolg, ohne auf großen Widerstand zu stoßen. Anfang 1917 und später im Jahr lag Rußland politisch am Boden. So tief waren die öffentliche Teilnahmlosigkeit und die Verzweiflung, daß weder das zaristische Regime noch die Provisorische Regierung die notwendige Unterstützung erlangen konnten, ihre Autorität zu bewahren. Kerenskis Regierung zu verdrängen, schrieb Lenin Anfang 1918, war »äußerst einfach«. Wenige Stunden, nachdem die Bolschewiken den ersten Schritt gemacht hatten, kontrollierten sie die großen St. Petersburger Machtzentren. Es verdient festgehalten zu werden, daß die Bolschewiken im ganzen Russischen Reich über nur etwa 200 000 Mitglieder geboten und das Proletariat, in dessen Namen die Revolution unternommen wurde, in einer Gesamtbevölkerung von 150 Millionen vielleicht dreieinhalb Millionen zählte.

Am 8. November, einen Tag nach der Machtergreifung, kündigte Lenin eine Reihe von Maßnahmen an, die, wie er wußte, viel Beifall finden würden. Zuerst sprach er sich für das Landprogramm der Sozialistischen Revolutionäre aus; die Besitztitel des Adels sollten aufgehoben und Grundstücke in ländlichen Gegenden Landkomitees und Distriktsowjets aus Bauerndeputierten zur weiteren Verteilung an die Bauern zur Verfügung gestellt werden. Lenin rechtfertigte das Abrücken vom bolschewistischen Landverstaatlichungsprogramm nachdrücklich damit, daß es jetzt notwendig sei, den Bauern zu zeigen, daß ihr Landhunger gestillt werde und sie den Gutsbesitzern nicht länger untergeordnet seien. Mit diesem einen Schritt sicherte sich Lenin die zumindest zeitweilige Unterstützung oder aber Neutralität der Bauern, noch immer die überwältigende Mehrheit der Bevölkerung.

Lenin führte ebenfalls unverzüglich die Kontrolle durch die Arbeiter in Handel, Industrie und Landwirtschaftsbetrieben ein, schaffte Klassenunterschiede und -privilegien ab, ebenso Rechtstitel in der Armee, und gab ein Dekret heraus, das ungleiche Löhne für ungesetzlich erklärte. Vielleicht am wichtigsten für das Überleben der Regierung: Er leitete unverzüglich Verhandlungen mit Deutschland ein, um den Krieg zu beenden. Die erwiesen sich als ein schwieriger Prozeß, aber im März 1918 unterzeichneten die Bolschewiken den Vertrag von Brest-Litowsk, womit Rußland entgegen den Wünschen der Alliierten aus dem Krieg ausschied. Doch legte der Vertrag Rußland außerordentlich harte Bedingungen auf, beraubte es 26 Prozent seines bebaubaren Landes und 27 Prozent seiner Bevölkerung. Viele von Lenins Genossen erhoben scharfe Einwände gegen den Vertrag, aber Lenin bestand darauf, die Bedingungen Deutschlands anzunehmen. Er war überzeugt, der Vertrag werde nicht lange gültig bleiben, weil das Proletariat in anderen Ländern bald dem Beispiel der russischen Marxisten folgen und die Macht übernehmen werde. Wenn die Revolution erst einmal in ganz Europa triumphiert habe, würden die Beziehungen zwischen den Staaten harmonisch sein, behauptete Lenin, und der Vertrag von Brest-Litowsk werde aufgehoben.

Obwohl die Monate unmittelbar nach Lenins Machtergreifung oft als die idealistische Phase der Russischen Revolution beschrieben wurden, während der die Führerschaft auf dem Prinzip der Gleichheit und Volksherrschaft gegründet war, ließen einige bolschewistische Aktionen Sympathisanten selbst da aufhorchen. Lenin für sein Teil stellte klar, daß er das Machtmonopol für seine Partei wollte, obwohl sie nur eine kleine Minderheit des russischen Volkes vertrat. Auch unterdrückte er Zeitungen, die in Gegnerschaft zum neuen Regime standen, vorgeblich eine vorübergehende Maßnahme, bis die neue Ordnung sicher verankert sei.

Ein sehr unheilvolles Vorzeichen war, daß am 20. Dezember 1917 die Tscheka, die Geheimpolizei, gegründet wurde, um die Revolution zu schützen, was sie durch Verhaftung und oftmals Erschießung von Gegnern des Bolschewismus ohne angemessenen Prozeß tat. Als Mitglieder der eigenen Partei gegen Polizeiaktionen protestierten, griff Lenin sie als »minderbemittelte Intellektuelle« an, die über die »Fehler« der Tscheka »sich aufregen und schluchzen«.

Weiter erklärte er: »Wenn man uns Grausamkeit vorwirft, dann wundern wir uns, wie das Volk den fundamentalsten Marxismus vergessen kann.« Nikolai Bucharin, eine führende Figur in der bolschewistischen Partei, rechtfertigte den Terror in der Frühzeit der kommunistischen Herrschaft mit einem Zitat von Saint-Just, einem der militanten Vertreter der Französischen Revolution von 1789: »Man muß mit Eisen herrschen, wenn man nicht mit Recht herrschen kann.«

Viele sollten Opfer des regierungsamtlichen Terrors werden, aber kein Gewaltakt innerhalb der frühen Revolutionszeit war so dramatisch wie der Mord an der Zarenfamilie im Juli 1918. Ein Jahr zuvor war die Familie nach Jekaterinburg (später Swerdlowsk), einer Stadt in Westsibirien, gebracht und unter Hausarrest gestellt worden. Wohl weil der bolschewistische Machterhalt zu der Zeit höchst unsicher war – Jekaterinburg war damals in Gefahr, in die Hand von Truppen zu fallen, die das neue Regime beseitigen wollten –, befahl Lenin örtlichen Kommunisten, die ganze Zarenfamilie und ihre Bediensteten zu töten. Es kann gut sein, daß Lenin den Mord als ein Mittel betrachtete, Unterstützung für die bolschewistische Regierung zu sammeln wie auch als Warnung zu dienen, daß die Machthaber zu brutaler Gewalt greifen würden, um an der Macht zu bleiben.

Die Abhaltung der Wahlen zur konstituierenden Versammlung, die die Provisorische Regierung geplant hatte, war Ende November 1917 noch erlaubt worden. Die Bolschewiken erhielten 25 Prozent der Stimmen, neun Millionen von 26 Millionen. Die Delegiertenlisten für die konstituierende Versammlung waren noch vor der bolschewistischen Machtübernahme aufgestellt worden und mögen daher den Volkswillen nicht vollständig wiedergegeben haben. Es ist jedoch klar, daß Lenin kein Bewunderer demokratischer Verfahren war. Am 26. Dezember 1917 veröffentlichte er einen Artikel in der *Prawda*, in dem er erklärte: »Eine Sowjetrepublik ist eine höhere [Regierungs-] Form als die gebräuchliche bourgeoise Republik mit ihrer konstituierenden Versammlung.« Er ließ auch wissen, daß die konstituierende Versammlung, die Anfang Januar 1918 zusammentreten sollte, »die Sowjetmacht und die Sowjetverfassung« zu akzeptieren haben würde. Andernfalls »[könne] eine Krise in Verbindung mit der konstituierenden Versammlung ... nur durch revolutionäre Maßnahmen gelöst werden«. Die Versammlung durfte zusammentreten, aber als sich herausstellte, daß die Abgeordneten auf das neue Regime nicht gut zu sprechen waren, lösten mit Gewehren bewaffnete bolschewikische Matrosen sie mit Gewalt auf. Das war in den Worten des Historikers E. H. Carr das letzte »Zerreißen des Schleiers des bürgerlichen Konstitutionalismus«.[16]

Die wahre Prüfung für Lenins Führungsqualität kam in den Jahren von 1918 bis 1921, als er sich Bürgerkrieg, ausländischer Einmischung, Bauernunruhen und gewalttätigen Protesten von Revolutionären ausgesetzt sah, die zu seinen aufopferndsten Anhängern gezählt hatten. Lenins Fähigkeit, all diese Herausforderungen zu meistern, ist der eigentliche Beweis seiner politischen und ideologischen Zähigkeit wie auch seiner taktischen Flexibilität.

VIII Die Sowjetunion unter Lenin und Stalin

Selten in der Geschichte eines Landes hat ein Mann einen so langen Schatten geworfen wie W. I. Lenin über Rußland. Der Grundriß des von Lenin gestalteten kommunistischen Systems blieb an die 70 Jahre erhalten. Er war nicht nur unentbehrlich im Prozeß der Machtergreifung des Bolschewismus, sondern er schuf auch die Ideologie des Bolschewismus, er inspirierte und führte die Organisation der kommunistischen Bewegung, und er prägte, mehr als jeder andere, das sowjetische Herrschaftssystem während der ersten sechs Jahre seiner Existenz. Jeder, der die tiefgehenden Änderungen untersucht, die Rußland nach 1917 in seinen politischen Einrichtungen, seiner Rechts- und Wirtschaftsordnung, in der Regierungspolitik gegenüber der Religion und die nationalen Minderheiten sowie im moralischen Klima durchmachte, begegnet unweigerlich der Leninschen Handschrift. Das bedeutet nicht, daß die gesamte Innenpolitik der Führer der Sowjetunion nach Lenins Tod 1924 in jeder Einzelheit den Linien folgte, die der Architekt der Revolution vorgezeichnet hatte, oder daß Lenin genau so gehandelt hätte, wie seine Nachfolger es taten. Aber für mehr als sechs Jahrzehnte betrachteten Führer der Sowjetunion Lenins Lehren als sakrosankt und beriefen sich hartnäckig auf seinen Namen, um ihre Politik zu rechtfertigen. Und sie scheuten keine Anstrengung, um seine Lehren zu verbreiten. Man hat geschätzt, daß es in der Sowjetunion 1990 nicht weniger als 653 Millionen Exemplare von Lenins Schriften in 125 Sprachen gegeben hat, was, wie ein Witzbold meinte, »vielleicht das einzige Gebiet [war], auf dem kommunistische Leistungen für Überfluß gesorgt haben«.

Welche Politik Lenin auch immer verfolgte, und manchmal schwenkte er unvermittelt von einer zur anderen, nie verlor er den Blick auf das Endziel, den Sozialismus, aus den Augen, und ganz gleich, wie wacklig der Machterhalt seiner Regierung war, nie dachte er daran, aufzugeben. Er war immer sicher, richtig zu handeln, und daß seine Gegner nicht nur unrecht hatten, sondern auch verstockt waren, wenn sie bei ihrer Meinung blieben. Wie einer seiner

Zeitgenossen, der ihn gut kannte, es ausdrückte, hatte man im Gespräch mit Lenin immer das Gefühl, er habe ein Blatt Papier in der Tasche, auf dem die Wahrheit geschrieben stand.

Sein Zickzackkurs fiel besonders bei seinen Versuchen auf, mit Rußlands zerfallender Wirtschaft fertigzuwerden. In den Städten gab es wegen der ernsten Getreideknappheit die reale Gefahr des Verhungerns, eine Folge sowohl des Krieges als auch der Weigerung der Bauern, ihre Erzeugnisse zu den derzeitigen, sehr niedrigen Preisen zu verkaufen. Die Industrieproduktion war um mehr als zwei Drittel gesunken, wodurch viele Arbeiter beschäftigungslos waren und damit ohne das nötige Geld, um die zur Verfügung stehenden Nahrungsmittel zu kaufen. Darüber hinaus war das Transportsystem in einem Ausmaß zerstört, daß die Güter in einigen Landesteilen nicht zu den Märkten gebracht werden konnten. Um sich mit der wachsenden Krise zu befassen, führte die Regierung im Juni 1918 eine Reihe von Radikalmaßnahmen ein, die als »Kriegskommunismus« bekannt wurden, dessen Hauptmerkmal die Bildung eines Staatsmonopols auf das gesamte Getreide war. Auf Initiative der Regierung wurden Dorfkomitees armer Bauern gebildet, um Getreide von Bauern zu requirieren, die besser gestellt waren; wenn nötig, mit Gewalt. Als Anreiz für die Komitees wurde deren Mitgliedern ein Anteil am Getreide, das sie beschlagnahmten, ebenso versprochen wie ein Anteil an den Industriegütern, die für das Dorf verfügbar waren. Die ideologische Unterfütterung des Kriegskommunismus war klar: Er brachte den Klassenkampf, oftmals begleitet von schrecklichen Gewaltausbrüchen, aufs Land.

Im November 1918 verstaatlichte die Regierung den Handel und schuf ein Netz von staatlichen Genossenschaftsläden, die ermächtigt waren, Güter zu verteilen. Wegen der um sich greifenden Verknappung wurde ein Rationierungssystem eingeführt. Zwei Monate später verstaatlichte die Regierung alle Banken und begann in fieberhafter Eile Geld zu drucken, um ihre Ausgaben zu bezahlen. Das vorauszusehende Ergebnis war eine rapide Inflation, die die Regierung veranlaßte, das System der Geldbesteuerung durch ein System der Güterbesteuerung zu ersetzen. Die Kontrolle der Fabriken durch die Arbeiter, im November 1917 eingeführt, blieb bestehen, obwohl die Industrieproduktion um eine beunruhigende Rate gefallen war: 1920 auf etwa 13 Prozent des Standes von 1913. Inzwischen waren von der zweiten Hälfte 1918 an etwa 28 Prozent der Löhne in Naturalien gezahlt worden, und innerhalb von drei Jahren stieg der Anteil auf 49 Prozent. Rußland hatte jetzt faktisch eine Tauschwirtschaft, was sich weiter verschlimmerte, weil die Bauern beschlossen, lieber die Produktion zu vermindern als ihre Ernte den Armenkomitees zu überlassen. In vier Revolutionsjahren war die landwirtschaftliche Produktion auf 54 Prozent des Standes von 1913 gesunken. Schätzungen zufolge starben in den Jahren von 1918 bis 1920 über sieben Millionen Menschen an Unterernährung. Viele Bürger, die in den Städten lebten, kehrten aufs Land zurück; Moskau und St. Petersburg, um nur zwei Beispiele zu nennen, büßten etwa die Hälfte ihrer Bevölkerung ein. Aber die Bolschewiken konnten auf einige positive Ergebnisse des Kriegskommunismus verweisen: Sie sicherten sich die Kontrolle über die sogenannten »Kommandohöhen« der Wirtschaft, d. h. über die Schwerindustrie, die Verkehrsmittel, die Banken und den Außenhandel. Und sie gewannen einige Regierungserfahrung, die ihnen in der Zukunft gute Dienste leisten sollte.

Zusätzlich zur Wirtschaftkrise hatte Lenin mit wachsender politischer und militärischer Opposition zu seinem Regime zu kämpfen. Etwa drei Jahre lang, von 1918 bis Ende 1920, tobte im Land ein brutal geführter Bürgerkrieg, und vielen Beobachtern dieser Zeit schien es höchst unwahrscheinlich, daß sich die Bolschewiken an der Macht halten würden. Gegen die Kommunisten standen eine Vielzahl politischer Parteien, frühere Offiziere der kaiserlichen Armee und Nationalisten, die Unabhägigkeit von Rußland erreichen wollten. Im Sommer 1918 landeten kleinere Truppenkontingente aus Frankreich, Großbritannien, Japan und den Vereinigten Staaten in Rußland, und obwohl das Hauptziel der Briten und Franzosen war, die Ostfront gegen Deutschland wiederherzustellen, halfen auch sie den Weißen, wie die antibolschewistischen Streitkräfte genannt wurden. Japan sandte seine Truppen, um Land zu erobern, und die Vereinigten Staaten taten es, um die Japaner zu kontrollieren. Die hauptsächliche Folge dieser unklugen und schlecht geplanten Intervention war, daß die Leninisten behaupten konnten, sie seien die wahren Patrioten, weil sie die russische Erde gegen die ausländischen Eindringlinge verteidigten.

Die Weißen errangen einige eindrucksvolle Siege gegen die Kommunisten und schienen im Sommer und Herbst 1919 vor der Einnahme Moskaus und St. Petersburgs zu stehen, aber letztendlich gelang es ihnen nicht, die neue Regierung zu verdrängen. Zu häufig in erbitterte Streitigkeiten untereinander verstrickt und politisch unbeholfen, waren die Weißen nicht in der Lage, breite Unterstützung beim Volk zu gewinnen. Zudem waren ihre Streitkräfte in den Randgebieten des Landes verstreut, wo Wirtschaft und Beförderungssystem besonders unterentwickelt waren. Die Weißen schafften es nie, eine vereinte Streitmacht zu bilden, die einen gemeinsamen Angriff auf die Regierung in Moskau beginnen konnte. Anders die Bolschewiken. Sie kontrollierten ein zusammenhängendes Gebiet in der Mitte des Landes, wo die Kommunikations-

und Transportsysteme effektiver waren. Mit ihrem in Kapitel 7 beschriebenen Landprogramm gelang es ihnen zudem, die Bauern in eine neutrale, wenn nicht gar freundliche Macht zu verwandeln. Vielleicht ebenso wichtig war, dass es Leo Trotzki, dem Kriegsminister, gelang, die Rote Armee, die schnell zu einer starken Kampftruppe wurde, zu organisieren und zu inspirieren. Sie fügte nicht nur den Weißen schwere Niederlagen zu; 1920 gelang es ihr auch, die Polen zu vertreiben, die im Versuch, die polnischen Grenzen von 1722 wiederherzustellen, in Kiew einmarschiert waren.

Mit dem Frühjahr 1921 hatten die Roten die Weißen besiegt und im größten Teil dessen, was das Russische Reich gewesen war, einen Anschein von Ordnung wiederhergestellt. Aber es gab bedeutende Verluste. Finnland, Estland, Lettland, Litauen und Polen wurden unabhängige Staaten, Rumänien annektierte Bessarabien, Polen nahm sich Teile Weißrußlands und der Ukraine, die Japaner hielten an einigen Landstrichen in der Amurregion fest, Georgien blieb unabhängig, und in Buchara in Zentralasien gab es weiterhin Widerstandsnester gegen die Kommunisten. Dennoch konnte man nun sagen, die Leninisten hätten ihre Macht gefestigt, und so konnten sie ihre Aufmerksamkeit auf die Wirtschaft richten, die gründlich geschwächt blieb.

Der X. Parteitag

Auf dem X. Parteitag im März 1921 wurden wichtige Entscheidungen zur Wiederbelebung der Wirtschaft getroffen, die in mancherlei Hinsicht einen Wendepunkt in der Geschichte des Bolschewismus sowie Rußlands markierten. Es gibt wenig Zweifel, daß Lenin vorhatte, auf dem Parteitag einen neuen Kurs festzulegen, aber bevor dieser zusammentrat, bestärkte eine unerwartete und dramatische Entwicklung ihn in seinem Entschluß, die Richtung zu ändern. Eine beträchtliche Zahl Matrosen, die zu den glühendsten Anhängern des Kommunismus gezählt hatten, veranstaltete in Kronstadt, einer Marinebasis 17 Meilen westlich von St. Petersburg, einen gegen die Regierung gerichteten Aufstand. Zum Teil durch Nachrichten von Arbeiterunruhen in der Hauptstadt und wahrscheinlich mehr noch durch die Nöte der Bauern bewegt, erhoben die Matrosen eine Reihe von Forderungen an die kommunistischen Machthaber: Sie forderten neue und freie Wahlen der Sowjets, Redefreiheit für Arbeiter, Bauern, Anarchisten und linkssozialistische Revolutionäre, das Recht der Arbeiter und Bauern, Verbände zu bilden, und die Freilassung aller sozialistischen politischen Gefangenen. Am 2. März bildeten die Aufständler ein Provisorisches Revolutionskomitee, um auf die Durchführung ihrer Forderungen zu drängen, von denen keine berechtigterweise als reaktionär betrachtet werden konnte. Nichtsdestoweniger stellten die Rebellen durch die Forderung nach Neuwahlen die Rechtmäßigkeit des bolschewistischen Herrschaftssystems in Frage. Mit dem Finger auf diese Forderung deutend, denunzierte die Regierung die Insurgenten als Konterrevolutionäre, und dann begann sie mit einem brutalen Angriff auf die Festung Kronstadt und schlug den Aufstand nieder. Hunderte, vielleicht Tausende Rebellen wurden ohne Gerichtsverhandlung hingerichtet. Die Kommunistische Partei überall im Lande scharte sich um die Regierung.

Lenin gab nun auf dem Parteitag einige Erklärungen zur Organisation der Kommunistischen Partei ab, die sich als schicksalhaft erweisen sollten. Obwohl Lenin in der bolschewistischen Führung der Erste unter Gleichen gewesen und obwohl er lange für eine stark zentralisierte Partei gewesen war, hatte er einiges an politischer Abweichung toleriert und Einzelnen erlaubt, ihre persönlichen Ansichten zu äußern. Doch nun, da die Führung sich einer ernsten politischen Bedrohung gegenübersah und dabei war, einen neuen Wirtschaftsplan zu beginnen, setzte Lenin der relativen Freiheit, politische Streitfragen zu diskutieren, ein Ende. Am zweiten Tag des X. Parteitags verkündete er, die Zeit sei gekommen, aller Opposition zu seinem Programm »ein Ende [zu] machen«. Er verkündete weiter, es sei sinnlos, ihm für das Einschlagen eines solchen Kurses einen Vorwurf zu machen, denn er ergebe sich »aus dem Stand der Dinge«, womit er vermutlich meinte, daß die Bolschewiken politisch zu schwach seien, um Redefreiheit zu gestatten. Wenige Tage später nahm der Parteitag auf Lenins Drängen mit sehr großer Mehrheit eine Resolution an, die alle »Gruppierungen mit abweichenden Programmen« auflöste. Jene, die sich weigerten, von diesem »Faktionalismus« abzurücken, sollten durch das Zentralkomitee aus der Partei ausgeschlossen werden. Die Ausschlußbestimmung, die bis 1923 geheim blieb, wurde zur mächtigen Waffe, um jede Opposition zur Führung mundtot zu machen. Sie bedeutete einen sehr wichtigen Schritt zur Bildung der sogenannten »Kommunistischen Autokratie«.

Lenins neuer Wirtschaftsplan, auf dem X. Parteitag ebenfalls verkündet, bedeutete eine wichtige Verlagerung weg von der hochzentralisierten Zwangspolitik, die sich im Kriegskommunismus manifestiert hatte und ein wichtiger Grund für den wirtschaftlichen Niedergang seit 1918 gewesen war. Aber die Aufgabe des Kriegskommunismus war eine Zeit lang von den Menschewiken vertreten worden, die lange ein Konkurrent der Kommunisten in der Gunst der Werktätigen waren. Unter diesen Umständen fand Lenin es lästig, den Menschewiken zu erlauben, weiterhin als politische Partei zu wirken. Das Volk hätte sich fragen können, warum den Menschewiken, die, wie sich nun herausstellte, immer richtig gelegen hatten, nicht gestattet werden sollte, Macht auszuüben. Um solchen peinlichen Fragen zuvorzukommen, verstärkten die Bolschewiken die Unterdrückung der Menschewiken und bald auch anderer nichtkommunistischer sozialistischer Parteien.

Mit der Einführung der später so genannten »Neuen Ökonomischen Politik« (NEP = Nowaja ekonomitscheskaja politika) suchte Lenin nicht nur Industrie und Landwirtschaft wiederzubeleben, sondern auch die politischen Spannungen zu bekämpfen, die durch den wachsenden Zwiespalt zwischen Bauern und Arbeitern verursacht worden waren. Es gab Anzeichen, daß das Wohlwollen, das Lenin sich 1917 mit seiner bauernfreundlichen Politik verschafft hatte, im Schwinden begriffen war. Bauernaufstände, die im Herbst 1920 auf einen beunruhigenden Stand angewachsen waren und in Tambow besonders heftig wurden, endeten erst 1924, obwohl die Regierung gegen die Aufständischen verstärkt Gewalt angewendet hatte. Um die Bauern zu besänftigen und die Wirtschaft wiederzubeleben, war Lenin bereit, ihnen und zu einem geringeren Teil auch Industrieunternehmern und -arbeitern Zugeständnisse zu machen, sogar bis zu dem Punkt, den Kriegskommunismus aufzugeben, aber er würde niemals sein Endziel, die Einführung des Sozialismus, aufgeben.

Die Hauptmerkmale der NEP können leicht zusammengefaßt werden. Am wichtigsten war, daß die Regierung die Zwangsrequirierung landwirtschaftlicher Produkte abschaffte und statt dessen eine Steuer einführte, die 1922 auf 10 Prozent der Ernte eines Bauern festgesetzt wurde. Die Bauern konnten ihren Produktionsüberschuß dann auf dem freien Markt verkaufen und den Gewinn behalten. Den Bauern wurde auch erlaubt, Arbeiter zu beschäftigen und Land zu pachten, das sie jedoch noch immer nicht kaufen oder verkaufen konnten. In einem weiteren Bruch mit dem Kriegskommunismus belebte die Regierung wieder den Geldumlauf und gründete eine Staatsbank, die ihre Geschäfte in herkömmlicher Weise führte. 1924 wurden alle Naturalsteuern durch eine Bargeldsteuer ersetzt, und die Tauschwirtschaft war beendet.

Die Industrie wurde in zwei Sektoren geteilt. Einerseits behielt der Staat das Eigentum an nur etwa 8,5 Prozent aller Unternehmen, aber diese umfaßten alle großen, die zusammen etwa 84 Prozent aller Arbeitskräfte beschäftigten. Andererseits durften Einzelpersonen kleine Unternehmen besitzen, und innerhalb weniger Jahre fielen mehr als 88 Prozent aller Firmen in diese Kategorie, doch diese beschäftigten lediglich um die 12,5 Prozent aller Industriearbeiter. Obwohl der Fortschritt nicht überall glatt verlief, erholte sich die Wirtschaft innerhalb weniger Jahre in bemerkenswertem Maße. Bis Anfang 1928 entsprach die Produktion mancher Industriezweige wieder der von 1913, dem letzten Jahr vor dem Abschwung, der während des Krieges einsetzte. Die landwirtschaftliche Produktion wuchs ebenfalls stark, und der Lebensstandard der meisten Menschen entsprach mehr oder weniger dem Vorkriegsstand, der nicht hoch, aber viel besser war als während der schlimmen Jahre von 1917 bis 1921. Schätzungen zufolge waren städtische Arbeiter, wenn man den sogenannten »Soziallohn-Anteil« wie Gesundheitsgelder, staatliche Versicherungsleistungen und Schulstipendien einbezog, 1927 besser gestellt als 1913.

Kampf um die Macht

Unterdessen hatte sich die politische Landschaft grundlegend verändert. Anfang 1924 starb Lenin, der unumstrittene Führer des Landes, nach einer Reihe von Schlaganfällen. Der Tod eines Zaren im kaiserlichen Rußland rief üblicherweise Angst wegen der Ausrichtung und Fähigkeiten des neuen Herrscher hervor, aber seit 1825 war die Nachfolge immerhin klar gewesen, und niemand war im Zweifel darüber, wer der neue Herrscher sein würde. Die Verfassung von 1918, die von Lenin nie sehr ernst genommen wurde, beschrieb die marxistischen Prinzipien, die die Staatsregierungen leiten sollten und die Wahl eines jeden ermöglichen, solange er nur nicht aus der Bourgeoisie kam, aber darüber hinaus legten sie sich nicht fest, wie die politische Führung zu wählen sei. Ende 1923, als er bereits gesundheitlich beeinträchtigt war, scheint Lenin erkannt zu haben, daß die Bolschewistische Partei und das Land nach seinem Tod einer Führungskrise gegenüberstehen würden. Er entwarf ein Testament, in dem er die bekannten Männer der nationalen Führung beurteilte und an allen etwas auszusetzen fand. Er war in seinem Urteil so ablehnend, daß jede Anstrengung unternommen wurde, das Dokument geheimzuhalten. Es wurde im Westen nur bekannt, weil Max Eastman, ein amerikanischer Schriftsteller, der damals mit dem Kommunismus sympathisierte, es aus dem Land schmuggelte. Lenin betrachtete Trotzki, seine rechte Hand seit 1917, als das begabteste Mitglied im Zentralkomitee, aber auch als zu selbstbewußt und zu interessiert an der »rein administrativen Seite der Dinge«. Er glaubte, daß N. I. Bucharin der »wichtigste Theoretiker«, aber schwach in der Dialektik war. Sein schärfsten Spitzen bewahrte Lenin für Stalin auf, den er als zu beschäftigt mit der Anhäufung von Macht sah, die er nicht immer klug benutze. Lenin warnte auch, Stalin sei »zu grob«, und schlug vor, er solle vom sehr wichtigen Posten des Generalsekretärs abberufen werden. Wenn das nicht getan werde, warnte Lenin, werde es unter den Parteiführern zu einer Spaltung führen. In diesem letzten Punkt erwies Lenin sich als geradezu unheimlich hellsichtig.

Vier Jahre lang trugen die Führer der Sowjetunion einen brutalen Machtkampf aus, den sie gerne als einen Konflikt darstellten, der im wesentlichen um tiefgründige ideologische Streitfragen in Verbindung mit der Interpretation des Marxismus und des Leninismus ging. Das war er in gewissem Umfang auch, doch die endlosen Intrigen und beständig wechselnden Bündnisse legen nahe, daß es eben mehr ein Kampf darum war, wer Lenin beerben und der unangefochtene Führer der sozialistischen Sache werden würde. Bezüglich Verdiensten, Beliebtheit und Fähigkeiten wäre der wahrscheinlichste Nachfolger Lenins Trotzki gewesen, ein mitreißender Redner, ein sehr erfolgreicher Militärführer im Bürgerkrieg, der auch die Fähigkeit zu brillanten und originellen Einfällen auf dem Gebiet der marxistischen Gedankenwelt bewiesen hatte. Aber er konnte sein selbstgefälliges Benehmen nicht ablegen und war, trotz seiner scharfen Intelligenz, kein begabter Politiker, der seine Genossen hätte überreden können, ihn als ihren Führer zu akzeptieren. Zudem war er Jude, und es erscheint unwahrscheinlich, daß die russischen Massen sich von ihm hätten beherrschen lassen, obwohl sein religiöser Hintergrund ihm vollkommen unwichtig war.

Trotzkis größter Rivale, Stalin, schien aus anderen Gründen nicht geeignet: Er war kein Intellektueller mit besonderen Kenntnissen des Marxismus, er war nicht als Neuerer bekannt, und er war bestimmt keine charismatische Persönlichkeit. Aber er war äußerst schlau und wußte, wie er sich bei den Mitgliedern der kommunistischen Bürokratie einschmeicheln konnte. Sorgfältig pflegte er Kontakte zu allen Ebenen der Partei, wurde niemals müde, Leuten zuzuhören, die sich beschwerten, und vermittelte niemals den Eindruck, große persönliche Ambitionen zu hegen. Seine Undurchsichtigkeit machte ihn in vielerlei Hinsicht zur idealen Person, die Führung in einer politischen Bewegung zu übernehmen, welche die Rolle des Individuums abwertete und die entscheidende Bedeutung der gesellschaftlichen Kräfte in der Geschichte hervorhob. Nicht übersehen werden darf der Umstand, daß Stalin zu Lenins Lebzeiten Parteiämter übernahm, die farbigere und glänzendere Persönlichkeiten mieden. Er war der Kommissar der Nationalitäten, der Kommissar der Arbeiter- und Bauerninspektion, und im Politbüro, der wahren Regierung des Landes, übernahm er mehr alltägliche Pflichten als jeder andere, Pflichten, die die Intellektuellen als stumpfsinnige Plackerei verlachten. 1922 wurde er zum Generalsekretär des Zentralkomitees ernannt, dessen Aufgabe es war, die Arbeit der zahlreiche Zweige des Komitees abzustimmen. In dieser Position stellte Stalin das Programm des Politbüros auf und überwachte dann die Durchführung seiner Beschlüsse. Der Generalsekretär war auch für die Ernennung und Beförderung von Parteifunktionären verantwortlich. Er bekleidete bald eine Stellung mit enormer Machtfülle, und innerhalb weniger Jahre wurde der Generalsekretär der Kommunistischen Partei in der Sowjetunion und in jedem anderen Land mit einer kommunistischen Partei der herausragende Führer der Bewegung. Stalin gab den Titel nie auf, selbst als er der unangefochtene Beherrscher Rußlands war.

1923, als Lenin noch am Leben, aber von seinen Schlaganfällen stark geschwächt war, bildeten zwei Politbüromitglieder, G. E. Sinowjew und L. B. Kamenew, ein Bündnis mit Stalin, das den Dreien, bekannt als das »Triumvirat«, eine Mehrheit verschaffte, die das Land regieren konnte. Sinowjew und Kamenew arbeiteten nicht mit Stalin zusammen, weil sie seinen Griff nach der Macht unterstützten, sondern weil sie Trotzki daran hindern wollten, die Spitzenposition in der Partei zu erlangen. Es kam ihnen nicht einmal in den Sinn, daß Stalin sich als Kandidat für den Posten sah. Ideologische Differenzen traten nicht vor 1924 auf, als das Triumvirat Trotzki der Unterstützung dreier Irrlehren anklagte: Er trat für die Theorie der permanenten Revolution ein, er wollte das revolutionäre Potential der Bauernschaft nicht erkennen, und er wies die Doktrin des »Sozialismus in einem Land« zurück. Die letztere Doktrin, am nachdrücklichsten von Stalin vertreten, war eine klare Abweichung vom klassischen Marxismus, der immer auf dem Standpunkt gestanden hatte, daß der Sozialismus nur auf weltweiter Grundlage triumphieren könne. Tatsächlich machten sich Sinowjew und Kamenew die Doktrin anfangs nur deshalb zu eigen, weil sie glaubten, Stalin habe in der immer bittereren Auseinandersetzung mit Trotzki eine raffinierte Waffe aufgenommen.

Aber Stalin meinte es todernst. Er beharrte darauf, daß Rußland, weil es so reich an Rohstoffen war, aus eigener Kraft daran gehen könne, den Sozialismus aufzubauen. Eine eingehende Untersuchung von Stalins und Trotzkis Haltung zu dieser Frage zeigt, daß diese gar nicht weit auseinanderlagen. Trotzki glaubte ebenfalls, daß Rußland eine Politik einschlagen solle, die das Land in Richtung einer sozialistischen Ordnung führte, aber er behauptete, daß der Prozeß, eine voll entwickelte sozialistische Gesellschaft zu schaffen, nicht in einem Land allein abgeschlossen werden könne. Obwohl Stalin einräumte, daß es viel Zeit brauche, den Aufbauprozeß des Sozialismus in Rußland allein abzuschließen, hatte er eine Doktrin ersonnen, die unter den politisch Interessierten allgemein Anklang fand. Es war eine scharfsinnige Doktrin, für eine

Bevölkerung bestimmt, die schreckliche Not ertragen hatte und daher geneigt war, sich an die Vorstellung zu klammern, daß ihre Leiden nicht vergeblich waren und daß sie, wenn sie nur hartnäckig fortfuhr, fähig sei, das höchste Ziel, eine gesellschaftliche Ordnung des Wohlstands und der Gleichheit, zu erreichen.

Schritt für Schritt führte das Triumvirat seine Kampagne gegen Trotzki weiter, der sich Anfang 1925 gezwungen sah, als Kriegskommissar zurückzutreten. Nun, da Trotzkis poltische Macht untergraben war, wandte Stalin seine Aufmerksamkeit Sinowjew und Kamenew zu, indem er sich mit anderen Mitgliedern des Politbüros gegen sie verbündete. Mit immer wechselnden Allianzen gelang es Stalin, bis 1929 der höchste Führer der Kommunistischen Partei und des Staates zu werden. Als Trotzki und Sinowjew am 10. Jahrestag der Revolution, dem 7. November 1927, eine friedliche Demonstration getrennt von der offiziellen anführten, wurden beide Männer unverzüglich aus der Partei ausgeschlossen. Anfang 1929 folgte das Politbüro Stalins Empfehlung, Trotzki des Landes zu verweisen. Andere wirkliche oder vermutete Gegner Stalins wurden ebenso aus ihren Machtpositionen entfernt. Einige von ihnen widerriefen demütig ihre Ansichten, versicherten Stalin ihre Loyalität und erlangten wieder Zutritt zu den höchsten Parteiämtern, wo sie jedoch nur wenige Jahre blieben. Trotzki schwor seinen Ansichten nie ab und reiste elf Jahre von einem Land zum andern – einige weigerten sich, ihm Zuflucht zu gewähren –, bevor er sich in Mexiko niederließ, wo Stalins Henker ihn 1940 kaltblütig ermordete.

An Stalins 50. Geburtstag, dem 21. Dezember 1929, wurde klar ersichtlich, daß sein Triumph über seine Rivalen zu einer Form persönlicher Herrschaft führen würde, die selbst in einem Land auffiel, das an die rituelle Verehrung des Zaren gewöhnt war. Anders als Lenin, der 1920 auf relativ bescheidenen Feierlichkeiten für seinen 50. Geburtstag bestanden hatte, genehmigte Stalin sich eine ausgeklügelte Kampagne, die als eine »symbolische Feier« seiner Person als der »neue Woshd (Führer) der Partei« bezeichnet wurde. In zahllosen Artikeln verwies die Presse auf ihn als Lenins würdigem Nachfolger, und er selbst versprach, »der Sache der Klasse der Werktätigen, der proletarischen Revolution und des Weltkommunismus meine ganze Kraft, alle meine Fähigkeiten und, wenn es sein muß, all mein Blut, Tropfen für Tropfen, zu weihen«. Innerhalb weniger Jahre wurde er fast wie ein Heiliger verehrt, der unfehlbar war, die Quelle höchster Weisheit auf allen Gebieten menschlichen Strebens, ein freundlicher, liebenswürdiger Mensch, der als Theoretiker des Marxismus mit Marx und Lenin auf einer Stufe stand und zutiefst um sein Volk besorgt war. Aber was sein Programm mit sich brachte, war noch nicht klar. Er hatte seine Ansichten während des Kampfes um die Macht nicht artikuliert, und in den vorhergehenden fünf Jahren war er mal von der einen, mal von der anderen Position angezogen worden, je nachdem, wie die als solche erkannten Erfordernisse des Augenblicks es gerade geboten. Aber schnell stellte sich heraus, daß er und seine engen Berater sich zu einer Reihe von Maßnahmen entschlossen hatten, die zu nichts weniger als einer zweiten Bolschewistischen Revolution führen würden, einer Revolution von oben, die Rußland vielleicht mehr veränderte als Lenins von 1917.

Revolution von oben

Die neue Revolution, die 1928 ihren Anfang nahm, sollte sich mit den wirtschaftlichen und gesellschaftlichen Folgen aus Lenins Neuer Ökonomischer Politik befassen. Obwohl Rußland zu dieser Zeit besser gestellt war als in den letzten 14 Jahren, war es noch immer vorwiegend ein Agrarland, und die Zugeständnisse an den Kapitalismus 1921 konnten den Eindruck erwecken, daß der Sozialismus nicht mehr als ein ferner Traum war.

Unter der NEP hatte die Großindustrie beträchtliche Fortschritte gemacht, aber sie blieb ein schmaler Bereich innerhalb der Wirtschaft. Darüber hinaus hatte die Linke im Politbüro eine Zeitlang behauptet, die Bauern würden so mächtig werden, daß sie bald in der Lage seien, das sowjetische Herrschaftssystem zu unterminieren, einfach indem sie drohten, den städtischen Zentren landwirtschaftliche Produkte vorzuenthalten. Nur durch eine schnelle Industrialisierung, die den Bolschewismus mit einer zuverlässigen Basis versehe und Rußland in einen modernen Staat verwandle, der militärisch stark genug sei, sich gegen kapitalistische Länder zu verteidigen, die immer noch darauf aus seien, den Sozialismus zu vernichten, könne die Regierung dem Einfluß der Landwirtschaft etwas entgegensetzen. Die Verfechter dieses Standpunkts traten für den Aufbau von Kollektivbauernhöfen ein, um die landwirtschaftliche Produktion rapide zu steigern und Arbeitskräfte freizusetzen, die im industriellen Bereich gebraucht wurden. Dem lag eine Überlegung der Linken zugrunde, daß Revolutionen im Westen möglich blieben und das Programm, das sie unterstützten, die kommunistischen Parteien in fortgeschrittenen Industrieländern ermutigte, neuerliche Anstrengungen zu unternehmen, die Macht zu ergreifen.

Auf der anderen Seite behaupteten die Rechten im Politbüro unter Bucharins Führung, eine schnelle Industrialisierung sei nur möglich, wenn die Privatwirtschaft stark besteuert werde, um für den Bau neuer Fabriken zu zahlen.

In einer bereits geschwächten Industrie werde dies erste Störungen verursachen. Bucharins Vorschlag war, den privaten Sektor weiterhin unter der Vorgabe, Gewinne machen zu dürfen, arbeiten zu lassen. Er machte sich den provokanten Wahlspruch des französischen Ministerpräsidenten aus dem 19. Jahrhundert, François Guizot, der allgemein als der Sprecher der bürgerlichen Interessen par excellence angesehen wurde, zu eigen, der forderte, Unternehmer sollten sich »bereichern«. Bucharin war der Ansicht, der Sozialismus werde in Rußland sicher sein, weil die Kommunisten weiterhin Banken und Industrie sowie das Transportsystem kontrollierten. Er glaubte auch, daß der Kapitalismus sich im Westen stabilisiert habe und es deshalb für die Ausbreitung des Sozialismus in vorhersehbarer Zukunft nur eine geringe Wahrscheinlichkeit gebe.

1928 schlug sich Stalin, der während des Machtkampfes als Gemäßigter aufgetreten war, auf die Seite der Linken und trat für einen radikalen Umbau der Wirtschaft ein. Der Hauptbefürworter des »Sozialismus in einem Land« seit 1925 fürchtete nun, daß die Landbevölkerung unter Führung der »reichen« Bauern (der *Kulaken*, wie sie im Russischen genannt wurden) bald stark genug sein würde, Rußland den Kapitalismus wiederzugeben. War diese Angst gerechtfertigt? 1927 hatte es einen Rückgang der Getreidemenge gegeben, das in die städtischen Zentren geliefert wurde, aber dies scheint nicht das Ergebnis einer politischen Entscheidung von seiten der Bauern gewesen zu sein, den Sozialismus zu untergraben. Der meiste landwirtschaftliche Überschuß stammte von mittleren und ärmeren Bauern, die zusammen um die 87 Prozent der Landbevölkerung ausmachten und die nun besser lebten, indem sie einen größeren Anteil an der Gesamtmenge ihrer Produktion konsumierten als in früheren Jahren. Deshalb wurden weniger Nahrungsmittel in die Städte geschickt. Auch hatten die *Kulaken*, von den Bolschewiken lange als besonders gefährliche Schurken verhöhnt, keineswegs genug wirtschaftliche Macht, um das Wirtschaftssystem der Nation zu prägen. Sie machten lediglich 3,9 Prozent der Landbevölkerung aus und konnten kaum als wirklich wohlhabend betrachtet werden. Ihnen ging es besser als den meisten Bauern, weil sie größere Landflächen besaßen und einige Zugtiere und Ausrüstungsgegenstände und häufig Land von ärmeren Bauern pachteten. Aber 1927 produzierten sie nur 13 Prozent der Getreidegesamtmenge, was schwerlich genug war, ihnen die Schlagkraft zu verleihen, die nötig war, um die Nationalökonomie zu bestimmen.

Doch in einigen Belangen hatten die Bolschewiken Grund, über Entwicklungen auf dem Lande beunruhigt zu sein. Sie waren nicht in der Lage gewesen, den Dörfern, wo traditionelle bäuerliche Einrichtungen im Leben der überwiegenden Mehrheit weiterhin eine wichtige Rolle spielten, ihren politischen Willen aufzudrücken. So war die althergebrachte Kommune in vielen Gegenden noch immer ein Zentrum der Verwaltung, tätiger und reger als der örtliche Sowjet. Ein Bericht auf dem XV. Parteitag 1927 ergab, daß die 2300 Sowjets auf dem Lande über nur 16 Millionen Rubel verfügten, während die Kommunen und andere inoffizielle Bauernorganisationen ein Budget von 80 Millionen Rubel hatten. Gleichzeitig wurden die *Kulaken* von den Bauern als die Führer ihrer örtlichen Sozialorganisationen anerkannt, und das vertrug sich nicht gut mit den Verwaltungsbeamten, die die Kommunistische Partei ausgesucht hatte. Die Machthaber in Moskau waren auch durch den Umstand beunruhigt, daß trotz ihres Feldzugs für den Atheismus die Befolgung religiöser Bräuche auf dem Land zunahm. Allein 1928 hatten sich 560 neue Verbände orthodoxer Gläubiger gebildet, und in der Ukraine war die Zahl der Priester stark angewachsen.

Eine letzte Erwägung in ihrem Drang, die nationale Wirtschaft zu modernisieren, war für die Sowjetführer ihre Überzeugung, daß eine reale Möglichkeit für einen Krieg mit den westlichen Mächten bestand. 1927 breitete sich akute Kriegsangst aus, weil Großbritannien als Vergeltung für die Hilfe, die die Bolschewiken britischen Arbeitern im Generalstreik 1926 angedeihen ließen, die Beziehungen mit der Sowjetunion abgebrochen hatte. Aber je näher man die ökonomische Umwälzung untersucht, die Stalin 1928 hervorgerufen hatte, eine Umwälzung, die mindestens 10 Jahre andauerte und ein noch nie dagewesenes Ausmaß an Leid und Unordnung verursachte, desto schwerer fällt es, den Schluß zu vermeiden, daß Stalins Motivation von Grund auf ideologisch war. Er war entschlossen, das Privateigentum an den Produktionsmitteln ein für allemal abzuschaffen und die gesamte Bevölkerung zu Angestellten des Staates zu machen. Die Großartigkeit des Programms und die Zielstrebigkeit und Rücksichtslosigkeit, mit der es verfolgt wurde, läßt vermuten, daß die Revolution von oben, die 1928 in Gang gesetzt wurde, die Erfindung eines Mannes, oder mehrer Männer, war, von einer Vorstellung besessen, die ohne Rücksicht auf Menschenleben entschlossen verfolgt werden sollte.

Einige wenige Statistiken vom Fünfjahresplan, wie die neue Initiative genannt wurde, werden den Umfang des bolschewistischen Ehrgeizes verdeutlichen. In kaum fünf Jahren, bis 1932/33, sollte die Gesamtindustrieproduktion um 235 Prozent ansteigen. Der Elektrifizierungsgrad sollte vervierfacht, die Kohleproduktion verdoppelt und die Erzeugung von Roheisen verdreifacht werden. Zudem sollte die Industrieproduktion effizienter werden: Die Kosten sollten um 35 Prozent, die Großhandelspreise aber nur um 24 Prozent herabgesetzt werden, und die Differenz – 11 Prozent – sollte als Anlagekapital hauptsächlich in die Schwerindustrie fließen. Solch ein ehrgeiziger Plan erforderte ein großes Wachstum der industriellen Leistungsfähigkeit und ein sehr großes Wachstum (von geschätzten 150 Prozent) in der Nahrungsmittelherstellung. Die sowjetische Führung plante ihr Ziel im Landwirtschaftssektor durch die Kollektivierung zu erreichen, die Zusammenfassung von einzelnen Bauernhöfen in Kollektive, die *Kolchosen*. Von den Kollektiven wurde erwartet, daß sie weit effektiver als kleine Bauernhöfe in Privatbesitz arbeiteten, und die überschüssigen Arbeitskräfte wollten die Sowjetführer in die Städte schaffen.

Obwohl die Regierung gelobte, daß die Kollektivierung auf freiwilliger Basis erfolgen solle, sobald sie Mitte 1929 in vollem Gange sei, bestand diese Verpflichtung nur auf dem Papier. Denn es stellte sich heraus, daß nur die armen Bauern, etwas über 20 Prozent der gesamten Dorfbevölkerung, in der Lage waren, von der neuen Politik zu profitieren, und nur bei ihnen eine starke Unterstützung dafür bestand. Nahezu alle anderen waren leidenschaftlich ihrem Land verhaftet, wie Bauern es in allen Ländern zu allen Zeiten gewesen sind. Viele russische Bauern leisteten den Machthabern mit allen ihnen zu Gebote stehenden Mitteln Widerstand. Es ist keine Übertreibung zu sagen, daß der Klassenkampf sich fast über das ganze Land ausbreitete. Ehe sie ihr Land aufgaben, schlachteten Bauern lieber ihr gesamtes Vieh, aßen davon soviel wie möglich und verschenkten oder verbrannten dann, was sie nicht verzehren konnten. In zahlreichen Fällen zerstörten sie auch ihre Ausrüstung und verbrannten die Ernte. Das Ziel war, möglichst wenig zu behalten, was der Staat dann noch beschlagnahmen konnte. In vielen Dörfern trafen Truppen, die den Auftrag hatten, den Befehl zur Kollektivierung mit Gewalt zu erzwingen, auf Bauern, die sich weigerten, ihr Land zu verlassen. Die Antwort der Soldaten war, die Dorfbewohner zu umzingeln und dann mit Maschinengewehren in die Menge zu schießen, wobei viele getötet wurden. Eine andere Zwangsmaßnahme war, aufsässige Bauern an weit entfernte Orte wie Sibirien zu verbannen. Während einer Zeitspanne von zwei Jahren von 1930 bis 1931 wurden um die 400 000 Haushalte (grob geschätzt zwei Millionen Menschen) zwangsweise vom Land umgesiedelt. Die Störungen in den Dörfern verringerten die landwirtschaftliche Produktion gewaltig und verursachten ausgedehnte Hungersnöte.

Rußland bezahlte für Stalins Agrarpolitik einen hohen Preis. Nach konservativen Schätzungen verloren während der fünfjährigen Kollektivierungskampagne fünf Millionen Dorfbewohner ihr Leben. Dazu war in Rußland die Zahl der Pferde um die Hälfte gesunken, die Zahl der Rinder um ein Drittel, und die

Zahl der Schafe und Ziegen wiederum um die Hälfte. Auf halbem Wege, im März 1931, räumte Stalin, in einem berühmten Artikel mit der Überschrift »Schwindelerregender Erfolg«, selbst ein, daß der Kollektivierungsprozeß zu schnell vor sich gehe, und erklärte, es solle keine Gewalt angewandt werden, um Bauern zu veranlassen, den Kollektiven beizutreten. Er tadelte die Exzesse niedriger Funktionäre innerhalb der Kommunistischen Partei. Innerhalb von zwei Monaten verließen sechs von vierzehn Millionen Bauernfamilien die Kollektive. Aber wenige Monate später nahm die Regierung den Druck auf die Bauern, ihre Privathöfe aufzugeben, wieder auf, und bis 1932 befanden sich 60 Prozent aller Familien wieder in Kollektiven. Um die Kontrolle über die Arbeiterschaft auf dem Lande aufrechtzuerhalten, führte die Regierung ein inneres Paßsystem ein. Nur jene, die solch einen Paß erhielten, konnten sich in andere Landesteile bewegen. Das bedeutete, daß die Bauern an das Land gebunden waren, auf dem sie arbeiteten, ein Rückfall in die Leibeigenschaft der Zeit vor 1861.

Die Regierung machte den Bauern aber einige Zugeständnisse. Anstatt sie in die eigentlich gewünschte Kollektivform, die Staatsfarm (*Sowchose*) zu zwingen, in welcher Bauern die ganze Zeit auf dem gemeinsamen Land arbeiteten, gab sie ihnen die Möglichkeit, in eine *Kolchose* einzutreten, in der die Bauern ihre Arbeitszeit zwischen ihren eigenen kleinen Parzellen und dem Land unter Kontrolle der Kollektive aufteilten. Die meisten Kollektiven fielen in letztere Kategorie. Bezeichnenderweise wich diese Doppellösung nicht nur vom sozialistischen Prinzip ab, sondern sie zeigte auch die Wirksamkeit des ökonomischen Anreizes. Bauern arbeiteten gemächlich während der 60 von 100 Tagen, in denen sie sich dem kollektivierten Land widmeten, und sparten ihre Energie für ihre eigenen Landparzellen auf, deren Erzeugnisse sie direkt an die Verbraucher verkaufen konnten. Obwohl nur drei Prozent des Landes privat bestellt wurden, brachte dieser Sektor etwa ein Drittel der Lebensmittel des Landes hervor. In den nächsten sechs Jahrzehnten – so lange, wie die Sowjetunion bestand – blieb die landwirtschaftliche Produktivität sehr niedrig, ebenso wie die Qualität ihrer Erzeugnisse. Und da das Transportsystem primitiv war, verdarb ein hoher Prozentsatz der Güter, bevor sie den Markt erreichten.

Im industriellen Sektor war der Fortschritt eindrucksvoller, obwohl er nicht annähernd so groß war, wie die Sowjetführer behaupteten. Eher in vier als in den erwarteten fünf Jahren konnte sich das Land rühmen, ganz neue Industrien entwickelt zu haben, die Traktoren, Automobile, landwirtschaftliche Maschinen und Flugzeuge produzierten. Während die industrielle Produktion sich 1928 auf 48 Prozent der Gesamtproduktion des Landes belief, stieg sie 1932 auf 70

Prozent. Doch es gab mehrere Rückschläge. Wieder konnte der Anlaß für die Fehlschläge auf die Unordnung zurückgeführt werden, die aus der unglaublichen Eile resultierte, mit der die Regierung ihre Ziele zu erreichen suchte. In einigen Regionen entdeckten Leiter neugebauter Fabriken oftmals, daß Maschinen, die sie benötigten, nicht zu beschaffen waren. Anderswo stellte sich heraus, daß Maschinen in Fabriken untergebracht werden sollten, die noch gar nicht gebaut waren, oder daß keine Arbeitskräfte zur Stelle waren, die sie bedienen konnten. Im allgemeinen war gute Arbeit rar. Es war eine Sache, Männer und Frauen vom Land in die Städte zu bringen, um in Industriebetrieben zu arbeiten. Aber es war eine ganz andere Sache, Bauern, die an harte Arbeit, aber auch daran gewöhnt waren, sich ihre Arbeit selbst einzuteilen, in disziplinierte Arbeitskräfte in einer Fabrik zu verwandeln, wo Arbeiter am Fließband von der prompten Erledigung der Aufgaben seitens ihrer Kollegen abhängig waren.

Um Fabrikangestellte mit den notwendigen Arbeitsgewohnheiten vertraut zu machen, führte die Regierung in den frühen dreißiger Jahren strenge Disziplinierungsmaßnahmen ein. Fabrikleiter kontrollierten zum Beispiel die Ausgabe von Rationierungskarten, die bis 1935 für den Kauf von Lebensmitteln und Fabrikwaren benötigt wurden. Arbeiter, die ihren Arbeitsplatz aus diesem oder jenem Grund verließen, verloren ihre Karte und konnten auch ihre Wohnung verlieren, die sich unter der Kontrolle des Unternehmens befand. Nach 1932 wurden Fabrikleiter angewiesen, Arbeiter, die ohne triftigen Grund nur für einen Tag fehlten, zu entlassen und aus der Wohnung zu werfen. Die wachsende Einmischung des Staates in Angelegenheiten der Bürger war ein wesentlicher Bestandteil von Stalins Revolution von oben. Sie kennzeichnete so die Anfänge eines neuen politischen Systems, des Totalitarismus.

Totalitarismus

Der Begriff »Totalitarismus« ist zuletzt stark kritisiert worden. Viele Wissenschaftler betrachten ihn als Schmähwort, das im Kalten Krieg als verbale Waffe gegen die Sowjetunion geprägt wurde. In Wirklichkeit war das Wort schon um 1930 im Gebrauch, und populär gemacht hat es kein anderer als Benito Mussolini, der faschistische Diktator Italiens. Mussolinis Stolz war sein Bemühen, in seinem Lande den Totalitarismus einzuführen, womit er eine Politik meinte, in der der Staat alle Facetten des wirtschaftlichen, gesellschaftlichen und politischen Lebens kontrollierte. In diesem Wortsinn wurde Rußland unter Stalin totalitär, denn die Regierung suchte sich die totale Kontrolle über nationale Einrichtungen sowie über Angelegenheiten des Volkes, privaten so gut wie öffentlichen, zu sichern, obwohl es ihr nicht gelang, dieses Ziel vollständig zu erreichen.

Eine kurze Skizze von Stalins Herrschaftssystem in den dreißiger Jahren wird dies zeigen. Doch zuerst mag es aufschlußreich sein, eine weitere leidige Frage der modernen russischen Geschichte zu berühren, nämlich das Verhältnis zwischen dem, was als Stalinismus und Leninismus bekannt ist. Anders ausgedrückt: War der Stalinismus bloß eine Fortsetzung des Leninismus, oder vertraten beide gänzlich verschiedene Grundsätze? Politikwissenschaftler, welche letztere Position vertreten, behaupten, daß Lenin weit pragmatischer und toleranter sowie viel weniger rücksichtslos als Stalin gewesen sei. Sie behaupten ferner, daß Lenin wahrscheinlich die Neue Ökonomische Politik weiterverfolgt und aller Wahrscheinlichkeit nach kein so radikales Programm wie den Fünfjahresplan und die Kollektivierung begonnen hätte. Diese Überlegungen mögen einiges für sich haben, es sollte aber nicht vergessen werden, daß Lenin, als er an der Macht war, unbedenklich Terrormaßnahmen einsetzte und der Kriegskommunismus, seine Schöpfung, ebenfalls ein außergewöhnlich strenges soziales und politisches System war. Zudem gab es in den elf Jahren Bolschewikenherrschaft vor Stalins Vorherrschaft keine gesetzliche Ordnung in der Sowjetunion. Der beste Beweis ist das Strafgesetzbuch von 1922, das sich wesentliche Punkte aus Lenins Entwurf eines Kommentars zum Ermessensspielraum der Regierung zu eigen macht. Es bestimmt, daß jede Handlung – sei es bloße Propaganda, Agitation oder Unterstützung antikommunistischer Organisationen – eines Bürgers, die »im geringsten dem Teil der Bourgeoisie hilft«, die dazu dienen solle, das kommunistische System zu überwinden, »durch Tod oder Inhaftierung zu bestrafen« sei. Solch verschwommene Formulierung ist der Alptraum des Bürgers und der Traum des Polizisten. So kann es wenig Zweifel geben, daß Lenins Gesetzgebung, ideologisch wie von der Einrichtung her, den Weg zum Stalinismus pflastern half. Der Terror, das Fehlen jeder gesetzlichen Ordnung und die Herrschaft einer hierarchisch gegliederten Partei erleichterten nicht nur Stalins Machtergreifung, sondern machten auch bestimmende Merkmale sowohl des Leninistischen Bolschewismus wie des Stalinismus aus.

Und doch läßt sich nicht bestreiten, daß Stalins »Exzesse« die Lenins weit übertrafen, und folglich ist es angebracht, die stalinistische politische Ordnung der 30er Jahre als etwas Besonderes zu betrachten. In ihrer Entschlossenheit, die Gesellschaft von oben zu beherrschen, betrieb sie die Apotheose des Totalitarismus und wurde darin zu der Zeit von keinem anderen Regime übertroffen.

Stalin war der übermächtige Führer oder Diktator, ohne dessen Einwilligung keine größere Initiative ergriffen wurde, aber sogar er mußte sich auf einen gewaltigen Apparat verlassen, um seine Direktiven auszuführen und die Ordnung aufrechtzuerhalten. Das Sowjetsystem hatte drei Pfeiler, die es mehrere Jahrzehnte funktionieren ließen: die Kommunistische Partei, die Geheimpolizei und ein spezielles System von »Anreizen«.

Die Kommunistische Partei, eine Eliteorganisation oder die »Vorhut« des Proletariats, zählte nie mehr als 10 Prozent der erwachsenen Bevölkerung, und der Kern der Partei, die Funktionäre, die hauptamtliche Angestellte waren, bildeten eine kleinere Gruppe von etwa 200 000 (in den fünfziger Jahren). Die Parteimitglieder wurden mit größter Sorgfalt ausgesucht. Kinder im Kindergarten gehörten zur Kleinen Oktobristenbewegung; im Alter von neun traten sie den Jungen Pionieren bei und mit vierzehn konnten sie, nach sorgfältiger Überprüfung, in den *Komsomol* aufgenommen werden, in dem sie im allgemeinen bis zum Alter von 26 blieben, wenn die Entscheidung anstand, ob sie als Vollmitglieder in die Partei eintreten konnten. Es war ein langer Prozeß, dazu bestimmt, jene auszusondern, die der Sache nur unzulänglich verpflichtet oder nicht tatkräftig genug waren, um die zahlreichen Aufgaben der Parteimitglieder zu erfüllen. Von denen wurde erwartet, als Vorbilder für die übrige Gesellschaft zu dienen (indem sie Rowdytum und hartes Trinken vermieden), unter den Massen Agitationsarbeit zur Unterstützung der Entscheidungen der Partei zu betreiben, neue Mitglieder zu werben und sie zu indoktrinieren, die Massen anzutreiben, um die verschiedenen Wirtschaftspläne zu erfüllen, und ein wachsames Auge auf Mißwirtschaft und Schlendrian am Arbeitsplatz zu haben. Auch hatten sie am Prinzip des »Demokratischen Zentralismus« festzuhalten, dem zentralen Glaubenssatz der Partei in Bezug auf die Organisation, der besagte, daß alle Entscheidungen der höheren Parteigliederungen für die niedrigeren absolut bindend waren.

Das höchste Parteiorgan, das Politbüro, wählte seine Mitglieder durch Zuwahl (Kooptierung), nicht durch Wahl, und seine Direktiven waren vorbehaltlos auszuführen. Die niedrigeren Parteimitglieder konnten beratschlagen, wie die Direktiven am besten ausgeführt werden konnten, sie waren aber nicht befugt, den Sinn und Zweck der Direktiven zu erörtern. Spätestens ab 1930 hatte die Partei in allen Teilen der Gesellschaft einen starken Rückhalt – der Wirtschaft, dem Wehrdienst, den Medien, im Bildungswesen, in allen Kulturbereichen, sogar in Vereinigungen, die sich dem Sport widmeten. Je höher darüber hinaus die Position war, die jemand in einer dieser Sparten bekleidete, desto wahrscheinlicher war es, daß er oder sie eine gute Stelle in der Kommunistischen Partei innehatte. Der Partei zu dienen, war nicht immer einfach: Mitglieder hatten nach der Arbeit viel Zeit auf endlose Versammlungen zu verwenden und waren gehalten, jederzeit wachsam zu sein und jedes Anzeichen von Gleichgültigkeit oder Feindseligkeit unter ihren Kollegen gegenüber dem Regime zu melden.

Doch die Belohnungen für treue und tatkräftige Parteimitglieder, besonders für jene, die in die oberen Bereiche der Organisation, die »Nomenklatura«, aufstiegen, hatten es in sich. Sie wurden an ihren Arbeitsstellen schneller befördert, erhielten geräumigere Wohnungen, schöne Sommersitze auf dem Land, die Erlaubnis, ihre Kinder in die besten Schulen zu schicken, und Zugang zu besonderen medizinischen Einrichtungen sowie Spezialgeschäften, die Waren führten, die dem breiten Publikum nicht zugänglich waren. Unter den Industriearbeitern wurde Mitte der dreißiger Jahre ein System unterschiedlicher Entlohnung eingeführt, wodurch innerhalb der angeblichen Hauptstütze des Regimes, dem Proletariat, eine Hierarchie eingeführt wurde. Dies begann mit einer öffentlichen Kampagne über die Heldentaten eines Kohlehauers, Alexei Stachanow, der im August 1935 in einer Nacht 102 Tonnen, weit mehr als die normale Menge von 7,3 Tonnen, in einer Sechs-Stunden-Schicht geschürft hatte. Von Stachanow wurde behauptet, er sei nicht nur so produktiv gewesen, weil er härter gearbeitet, sondern weil er effizientere Abbaumethoden angewandt habe. Die Machthaber verrieten nicht, daß Stachanow vor seiner Leistung besonders ausgeruht und gut genährt war. Jedenfalls verfügte die Regierung nun, daß Arbeiter im Sinne höherer Produktivität Akkordlohn erhalten sollten, was zu großen Einkommensunterschieden führte. Es besteht wenig Zweifel, daß die verschiedenartigen Anreize, eines der Prinzipien des stalinistischen Herrschaftssystems, seine Dauerhaftigkeit zu erklären helfen.

Nicht weniger wichtig aber war die Geheimpolizei. Im zaristischen Rußland widmete sich die Geheim- oder Politische Polizei dem Schutz der autokratischen Ordnung, oft durch außergesetzliche Maßnahmen. Im kommunistischen Rußland war ihre Aufgabe, zuerst die Revolution und dann die sozialistische Ordnung zu hüten. Sie griff aber zu Mitteln, die die Methoden der zaristischen Polizei an Rücksichtslosigkeit und im Umfang weit übertrafen. Die sowjetische Geheimpolizei hatte über die Jahre viele Namen – Tscheka, GPU, OGPU, MWD, NKWD und KGB –, doch über mehrere Jahrzehnte änderten sich ihre Grundsätze nicht wesentlich: daß die Revolution oberstes Gesetz war und, was immer in ihrem Namen getan wurde, rechtens sei; daß die Kräfte der Konterrevolution in ihrer Gegnerschaft zum Sozialismus nicht nachgeben und alles tun würden, was in ihrer Macht stand, um die Sowjetunion zu unterminieren.

Immerwährende Wachsamkeit und Terror gegen wirkliche oder vermutete Feinde waren daher notwendig. In den dreißiger Jahren institutionalisiert, hatte der Terror so um sich gegriffen, daß jeder, auch wenn er nicht angewandt wurde, wußte, daß die Terrormaschinerie existierte und jederzeit eingesetzt werden konnte, wenn die Machthaber dies für nötig befanden. Kein Bereich der Gesellschaft entging der Wachsamkeit der Geheimpolizei, immer auf der Suche nach dem geringfügigsten Ausdruck der Unzufriedenheit mit der Regierung.

Stalinistischer Terror

Der politische Terror erreichte seine höchste Stufe nach einem Vorfall, der immer noch in geheimnisvolles Dunkel gehüllt ist. Am 1. Dezember 1934 ermordete Leonid Nikolajew, ein Arbeitsloser mit bewegter Vergangenheit, der offenbar ein Parteimitglied mit oppositionellen Ansichten war, Sergei Kirow, den Parteivorsitzenden in Leningrad, den viele für Stalins Nachfolger hielten. Man hat Stalin zur Last gelegt, hinter dem Mord gesteckt zu haben – die Beweislage wird, wenn sie auch nicht schlüssig ist, durch starke Indizien erhärtet. Gleichwie, am Tag, als Kirow ermordet wurde, kündigte das Zentrale Exekutivkomitee der Kommunistischen Partei einen Schlag gegen vermutete Gegner an. Das Komitee gab einen Erlaß heraus, der jeden, der des Terrors gegen die Regierung angeklagt wurde, praktisch seines gesamten Rechtschutzes beraubte, und wenige Stunden später gab es einen weiteren Erlaß heraus, der nur an Polizeibeamte und Parteifunktionäre verteilt wurde. Er besagte, daß Ermittlungen gegen Bürger, die des Terrors gegen die Regierung beschuldigt wurden, schneller (innerhalb von zehn Tagen) durchgeführt werden sollten, und wenn ein Schuldspruch erreicht war, sollten jene, die zum Tode verurteilt waren, ohne Verzug hingerichtet werden. Für eine Berufung oder ein Gnadengesuch war keine Vorkehrung getroffen. Dann, drei Wochen nach Kirows Ermordung, teilte die Regierung mit, daß Nikolajew Teil einer Verschwörung sei, die mit den Zielen von Sinowjew sympathisiere, der seinerzeit Stalins Verbündeter gegen Trotzki gewesen war, aber verschiedentlich in seiner Unterstützung für den Diktator geschwankt hatte. Es gab ein Geheimverfahren gegen 14 angebliche Verschwörer, von denen alle zum Tode verurteilt wurden. Am 29. Dezember, kaum vier Wochen nach der Mordtat, wurde Nikolajew hingerichtet.

Das war nur der Beginn dessen, was Stalins zweiter Krieg gegen sein eigenes Volk werden sollte – der erste war unter dem Banner der Kollektivierung geführt worden. Am 16. Januar 1935 verhaftete die Geheimpolizei Sinowjew und Kamenew und andere Aktivisten, die einmal zur Opposition gegen Stalin gehört hatten. Sie sollten wegen der Bildung einer geheimen Gegenbewegung, vorgetäuschten Ableugnens politisch abweichender Positionen in der Vergangenheit und wegen »indirekter« Einflußnahme auf Nikolajews Entscheidung, Kirow zu töten, vor Gericht gestellt werden. Auch diese wurden insgeheim vor Gericht gestellt und dann zu Haftstrafen verurteilt. Es war insofern ein unheilverkündendes Ereignis, als es das erste Mal war, daß hervorragende und loyale Mitglieder der Kommunistischen Partei offiziell kriminellen Verhaltens beschuldigt und dann vor Gericht gestellt wurden.

Ein Jahr später, 1936, veranstaltete die stalinistische Führung eine gewaltige Säuberung der Partei, um sie von sogenannten »versteckten Feinden« zu reinigen. Solche Säuberungen wurden in den nächsten zwei Jahren wiederholt, und man schätzt, daß alles in allem um die 800 000 Mitglieder aus der Partei ausgeschlossen wurden. Mitte August 1936 wurden, neben anderen, Sinowjew und Kamenew einem weiteren Gerichtsverfahren unterworfen, dieses Mal unter der Anklage, ein »terroristisches Zentrum« unter direkter Führung Trotzkis aufgebaut zu haben. Sie alle gestanden und wurden umgehend erschossen. Anfang 1937 gab es noch einen weiteren Prozess mit ehemaligen Parteimitgliedern, und diesmal waren die Anklagen noch ernster. Den Männern auf der Anklagebank wurde nachgesagt, mit japanischen und deutschen Beamten konspiriert zu haben, um die Sowjetunion aufzuteilen. Auch sie gestanden. Wenige Monate später standen mehrere Militärführer, von denen die meisten der Sowjetunion hervorragende Dienste geleistet hatten, in einem Geheimverfahren wegen Sabotage für Deutschland und Japan vor Gericht. Dabei stellte sich heraus, daß ein Hotel in Kopenhagen, wo die Verschwörer sich angeblich mit ausländischen Kontaktleuten getroffen haben sollten, einige Jahre vor dem vorgeblichen »Treffen« abgerissen worden war. Die Vorstellung, daß so viele Führer des russischen Kommunismus und des sowjetischen Militärs Spione und Verräter waren, ist vollkommen unglaubhaft. Sie waren der Partei treu ergeben und durchweg patriotisch.

Einige wenige Zahlen sollen den Umfang von Stalins Krieg gegen sein eigenes Volk verdeutlichen. Nach Informationen, die nach Stalins Tod von der sowjetischen Regierung freigegeben wurden, wurde ungefähr das halbe Offizierskorps der Armee (35 000 Mann) verhaftet, darunter drei von fünf Marschällen, 13 von 15 Armeebefehlshabern, 57 von 85 Armeekorpskommandeuren, 110 von 195 Divisionskommandeuren, 220 von 406 Brigadekommandeuren, alle elf stellvertretenden Kriegskommissare, 75 von 80 Angehörigen des Obersten Militärrats, 90 Prozent aller Generäle und 80 Prozent aller Obristen. Die Anzahl von Personen in hohen Stellungen im Zivilbereich, die wegen Verbrechen gegen den Staat angeklagt wurden, ist ebenso erstaunlich: Über 1100 von 1966 stimmberechtigten und nicht stimmberechtigten Delegierten des XVII. Parteitags von 1934; 70 Prozent der 139 Mitglieder und Kandidaten des Zentralkomitees von 1937. Viele der Angeklagten wurden erschossen. Wie schon erwähnt, fielen zahlreiche Parteimitglieder der niederen Ebene unter die Säuberungen und wurden entweder erschossen oder für lange Zeit zur Umerziehung in eines der Arbeitslager gesteckt, die Teil des GULag[17] und in denen die Verhältnisse grauenerregend waren. Eine große Zahl einfacher Bürger wurde wegen kleinerer Verfehlungen oder aus keinem anderen Grund als dem Verdacht auf konterrevolutionäre Neigungen ebenfalls in diese Lager verfrachtet.

Es ist nicht bekannt, wie viele in den Lagern starben, aber zweifellos geht die Zahl in die Millionen. Selbst die konservativste Schätzung besagt, daß im Januar 1953 über 5,2 Millionen Bürger in verschiedenen Lagern, Kolonien und »speziellen Siedlungen« einsaßen. Andere ernstzunehmende Schätzungen stellen die Zahl eher in den Bereich von zehn oder zwölf Millionen. Unstrittig ist, daß die Sicherheitskräfte, die den GULag verwalteten, der größte einzelne Arbeitgeber in der Sowjetunion waren. Schwierig ist auch, zu bestimmen, wie viele hingerichtet wurden oder wegen der schrecklichen Bedingungen in den Lagern starben, aber auch diese Zahl war riesig. Angesehene Historiker haben darauf hingewiesen, daß, wenn man alle diejenigen zusammenzählt, die als Ergebnis amtlicher Politik (einschließ Stalins Agrarpolitik von 1929 bis 1932) starben, eine Zahl zwischen 15 und 20 Millionen nicht übertrieben ist.[18]

Im Zusammenhang mit dem Terror sind wenigstens zwei Fragen zu bedenken. Wieso gestanden Menschen, die offensichtlich unschuldig waren, die Verbrechen, derer sie angeklagt waren? Es muß betont werden, daß, obwohl die Schauprozesse zu den auffälligeren Ereignissen der dreißiger Jahre gehören, denen Historiker viel Aufmerksamkeit gewidmet haben, nur eine Handvoll Menschen schließlich Geständnisse ablegte. Viele glaubten, es sei ein letzter Dienst an der Partei gewesen, daß diese Männer, alles glühende Kommunisten, sich bereit erklärt hätten, zu gestehen. Sie waren angeblich bereit, sich selbst zu opfern, um die Revolution zu retten, die durch tiefe Spaltungen innerhalb der Kommunistischen Partei bedroht wurde. Wären diese Spaltungen publik gemacht worden, hätte dies die Menschen ernüchtert und sie hätten die Partei verlassen. Zudem mögen die Angeklagten gedacht haben, sie könnten als Sündenböcke für die Fehler des Kommunismus und die furchtbare Not dienen, die die Bevölkerung erlitt. Aber Unterlagen aus sowjetischen Archiven, die in letzter Zeit geöffnet wurden, belegen, daß die Männer ihren Anklägern und Gefangenenwärtern nachgaben, weil sie verschiedenen Formen der körperlichen und seelischen Folter wie Bedrohungen ihrer Familien unterworfen worden waren. Sie waren offenbar nicht in der Lage, als eigenständige menschliche Wesen zu handeln.

Die zweite Frage ist sogar noch komplizierter und auch wichtiger. Was bewog Stalin, gegen sein eigenes Volk in solch einem riesigen Ausmaß Gewalt anzuwenden? Zu sagen, er sei wahnsinnig gewesen, ist wenig überzeugend, denn wir wissen, daß er in den dreißiger und vierziger Jahren bei vielen Gelegenheiten in schwierigen Fragen vernünftige Entscheidungen traf. Er war sicher ein zutiefst unsicherer und sadistischer Charakter, aber dies sind nicht notwendigerweise die Eigenschaften eines Menschen, der die Gabe, vernünftig zu denken, verloren hat. Er war auch ein machtbesessener Mensch, und es ist möglich, daß er fürchtete, die Partei werde es, wenn der Fünfjahresplan 1933 geendet hatte, nicht länger für klug halten, ihn weiter an der Macht zu halten. Oder es kann gut sein, daß Stalin, der begonnen hatte, unter Verfolgungswahn zu leiden, instinktiv annahm, daß unter dem Totalitarismus, der völlige Unterordnung des Bürgers unter den Staat forderte, jedermann aus dem einfachen Grund, daß völlige Unterordnung letzten Endes unerträglich ist, potentiell illoyal war. Unter diesen Umständen konnte der Mann an der Spitze glauben, daß er in der Ausübung seiner Macht nur dann vollständig sicher sei, wenn alle Bürger so terrorisiert wurden, daß es ihnen unmöglich gemacht wurde, sich autonom zu verhalten.

Im Laufe des Jahres 1938 endeten die Säuberungsmaßnahmen unter den Parteimitgliedern wie die Massenverhaftungen der Bürger. Eine größere Zahl von Insassen der Arbeitslager wurde entlassen, und einige Offiziere der Geheimpolizei wurden nun in Gefängnisse und Arbeitslager geschickt, wo sie, wie berichtet wird, Leute trafen, die sie nur wenige Monate zuvor verhört hatten. Nikolai Jeschow, der finstere Chef der Geheimpolizei, wurde durch Lawrenti Berija ersetzt, der, zumindest am Anfang, den Eindruck erweckte, weniger unbarmherzig zu sein. Berija hatte Jeschow eingekerkert, und es scheint, daß Jeschow 1939 hingerichtet wurde. Aber weder Stalin noch seine Untergebenen distanzierten sich von dem vierjährigen Terrorfeldzug, obwohl sie einräumten, daß es dabei Exzesse gegeben habe, die sie Verrätern und Trotzkisten, die versuchten, politisch wieder ins Spiel zu kommen, zuschrieben. Es war jedoch klar, daß die Partei einen Richtungswechsel vorgenommen hatte, höchstwahrscheinlich, weil sie gemerkt hatte, daß der Terror dem Land und vielleicht sogar der Partei selbst irreparablen Schaden zufügte. Angst vor staatlichen Einrichtungen und Mißtrauen gegen fast jedermann waren so vorherrschend geworden, daß tatsächlich die Gefahr drohte, die sozialen Bindungen, die die Gesellschaft zusammenhielten, würden sich auflösen. Es gibt auch Hinweise, daß es immer schwerer wurde, Ersatz für Parteimitglieder zu finden, die den Säuberungen zum Opfer gefallen waren; man hatte einfach Angst davor, Stellen mit einiger Verantwortung anzunehmen, und das führte zu Beschädigungen der Wirtschaft in einer Zeit, da schnelle Industrialisierung immer noch auf der Tagesordnung stand.

Allgegenwärtiger Stalinismus

Der Alltag der Bürger der Sowjetunion in den dreißiger Jahren war außerordentlich hart, und das nicht nur des Terrors wegen. Zum einen war Knappheit unentbehrlicher Güter, darunter Brot, Grundnahrungsmittel bei jeder russischen Mahlzeit, weit verbreitet. In kürzlich geöffneten Archiven fand ein Wissenschaftler einen Brief aus den späten 30er Jahren, den eine Hausfrau von der Wolga an Stalin geschrieben hatte, die sich folgendermaßen beschwerte: »Man muß um zwei Uhr nachts gehen und bis um sechs Uhr morgens anstehen, um zwei Kilogramm Roggenbrot zu erhalten.« In Alma-Ata gab es 1940 vor den Brotausgabestellen lange Schlangen, und »[o]ft, wenn man an diesen Schlangen entlang geht, kann man Schreie, Krach, Streitereien, Weinen und manchmal Kämpfe hören«. Andere Lebensmittel wie Fleisch, Milch, Butter und Gemüse waren ebenso wie Salz, Seife, Petroleum und Zündhölzer schwer zu bekommen. Die Kleiderknappheit war jedes Jahr gleich, und die Kleidungsstücke, die zum Verkauf standen, waren von minderwertiger Qualität. Bürger, die ihre Kleidung ausbessern wollten, konnten kein Garn, keine Knöpfe und Nadeln finden.

Die allgemeinen Lebensbedingungen waren eine weitere Bürde des täglichen Lebens. Der durchschnittliche Wohnraum der Moskauer lag 1940 beispielsweise bei etwas über vier Quadratmetern. Es war nicht ungewöhnlich, daß drei oder vier Familien sich eine Gemeindewohnung teilten, die nur eine Küche und eine Toilette hatte. Ebenfalls nicht ungewöhnlich war, daß ein geschiedenes Ehepaar weiterhin in einem Zimmer leben mußte, weil kein anderer Wohnraum aufzutreiben war. In Magnitogorsk in Sibirien lebten Anfang 1930 90 Prozent der Arbeiter eines neuen Industrieunternehmens in Baracken. 1930 hatte Dnjepropetrowsk, eine Stadt in der Ukraine mit fast 400 000 Einwohnern, immer noch kein Abwassersystem, elektrisches Licht und fließendes Wasser. Viele kleinere Provinzstädte hatten keine festen Straßen und lediglich das primitivste öffentliche Verkehrswesen. Gewalt und Kriminalität waren in den

1930ern so weit verbreitet, daß die Einwohner mancher Städte es gefährlich fanden, durch die Straßen zu laufen.

Unter diesen Umständen ist es bemerkenswert, daß die Menschen der Sowjetunion fähig waren, sich Anfang der vierziger Jahre einer ernsten Herausforderung zu stellen – dem Krieg mit Deutschland. Ideologisch hatten Adolf Hitler und die Nationalsozialistische Partei seit der Machtergreifung in Deutschland 1933 immer eine klare Bedrohung für den Kommunismus dargestellt. Marxismus und Judentum waren in Hitlers Augen Deutschlands größte Feinde, und er gelobte, beide zu zerschmettern, obwohl er in seinen zahlreichen politischen Kampagnen und Schriften nicht genau angab, wie er dieses doppelte Ziel erreichen wollte. Während des Großteils der zwanziger Jahre hatten Deutschland und die Sowjetunion, die beiden Ausgestoßenen nach dem Ende des Ersten Weltkriegs, auf mehreren Gebieten zusammengearbeitet. 1922, im Vertrag von Rapallo, verpflichteten sich beide Länder zu verbesserten Handelsbeziehungen, und kurz darauf gestattete die Sowjetunion dem deutschen Heer insgeheim, auf ihrem Boden verschiedene Übungen und Manöver durchzuführen. Im Gegenzug hatte Deutschland einen jährlichen Obolus zu entrichten und russische Soldaten auszubilden. Als Hitler Kanzler wurde, glaubten die Bolschewiken, daß dieses Regime sich nicht lange halten und seine reaktionäre Politik am Ende der Sache des Kommunismus dienen werde. Es werde, so behaupteten die Stalinisten, ein äußerst reaktionäres Programm beginnen, sich die Klasse der Werktätigen zum Feind machen und bis zu dem Punkt radikalisieren, an dem sie eine erfolgreiche Revolution gegen den Nazismus veranstalte. Die sowjetische Führung brauchte nicht lange, um die Fehler in ihrer Analyse zu erkennen.

Spätestens Mitte der dreißiger Jahre war klar, daß Hitler die Arbeiterbewegung in Deutschland zerstört hatte und der Nationalsozialismus eine potentielle Gefahr für die Linke und die Demokratie in anderen Ländern darstellte, vor allem in Spanien, und, sogar noch unheilvoller, daß Hitler Expansionswünsche hegte, die der Sowjetunion zum Schaden gereichen konnten. Am Ende der Dreißiger suchten die Westmächte und die Sowjetunion nach einer einheitlichen Politik, um die Ausdehnung des Nationalsozialismus anzuhalten, aber das gegenseitige Mißtrauen war zu groß. Staatsmänner in Großbritannien und Frankreich fürchteten sich vor Deutschland, aber sie fürchteten auch die Ausbreitung des Kommunismus, der nach den Grausamkeiten von Stalins Industrialisierung und Kollektivierung bedrohlicher denn je erschien. Stalin seinerseits argwöhnte, die Führer des Westens seien bereit, sich mit Hitler gegen die Sowjetunion zusammenzuschließen. Am Ende kam Stalin zu dem Schluß,

Deutschland bedeute für sein Land die geringere Gefahr, und am 23. August 1939 unterzeichnete er den deutsch-sowjetischen Nichtangriffspakt, eine Vereinbarung, die viele Leute, darunter begeisterte Radikale, als ein abscheulicher Verrat an allem, was anständig war, traf. Der Pakt gab Hitler freie Hand, Polen anzugreifen, und weitere Geheimbestimmungen setzten fest, daß Osteuropa nach Polens Niederlage zwischen Deutschland und der Sowjetunion aufgeteilt wurde. Finnland, Estland und Lettland wurden dem russischen Einflußbereich zugeschlagen, und den Russen wurde ebenfalls *carte blanche* erteilt, Bessarabien zu annektieren. Am 1. September griff Hitler Polen an, und drei Wochen später, als das Land am Boden lag, traten die geheimen Zusatzbestimmungen in Kraft. Großbritannien und Frankreich, die das Gefühl hatten, Hitlers Eroberungshunger sei unersättlich, erklärten Deutschland den Krieg, der Beginn des Zweiten Weltkriegs.

In den nächsten zwei Jahren erzielte Hitler einen militärischen Sieg nach dem anderen und wurde der Herr Mittel- und Westeuropas. Die einzige Großmacht in Europa, die er nicht unterwerfen konnte, war Großbritannien, das der deutschen Luftwaffe während der Luftschlacht um England im Sommer und Herbst 1940 so ernste Verluste beibrachte, daß Hitler seinen Plan aufgab, die Insel zu erobern. Statt dessen richtete er seine Aufmerksamkeit gen Osten. Trotz deutlicher Hinweise, daß Hitler im Osten Truppen zusammenzog, und trotz vieler Warnungen von Winston Churchill und anderen, daß Deutschland kurz davor stehe, die Sowjetunion anzugreifen, schaute Stalin weg. Er konnte einfach nicht glauben, daß Hitler ihn betrog. Als Stalin am 21. Juni 1941 gemeldet wurde, ein deutscher Überläufer habe russische Grenzposten unterrichtet, die Deutsche Wehrmacht werde am frühen Morgen des 22. Juni angreifen, tat Stalin den Bericht als offensichtliche Provokation ab und befahl seinen Kommandeuren, auf der Hut zu sein, aber nichts zu unternehmen. Als der deutsche Angriff genau, wie der Überläufer vorhergesagt hatte, begann, fiel Stalin in einen Schockzustand, vollständig betäubt, und war etwa sieben Tage nicht in der Lage, die Regierungsgeschäfte zu führen.

Das deutsche Heer war nicht aufzuhalten. In der Bewaffnung, in Strategie und Taktik und in der Entschlossenheit stellte es die Sowjetarmee leicht in den Schatten. In der Ukraine wurde den Deutschen die Sache durch den Abfall Hunderttausender Soldaten und Zivilisten erleichtert, die glaubten, ein Leben unter den Eroberern sei dem unter Stalin vorzuziehen. In einem Monat rückte das deutsche Heer unter General von Bock 500 Meilen weit vor, bevor es auf größeren Widerstand traf. Mitte Oktober stand die Deutsche Wehrmacht vor den Toren Moskaus, und für vier Tage, vom 15. bis 19. Oktober, erlitt Stalin einen weiteren Nervenzusammenbruch. Zu dieser Zeit hatten die Deutschen die Herrschaft über Gebiete erlangt, in denen mit 60 Millionen etwa 30 Prozent aller Russen lebten und die zwei Drittel aller Kohlevorräte und drei Viertel ihres Eisenerzes enthielten. Die Rote Armee hatte schwindelerregende Verluste erlitten: Tausende russische Panzer, Geschütze und Flugzeuge waren zerstört oder erbeutet, und die Zahl der Verwundeten und Gefallenen stieg in den ersten vier Monaten des Krieges auf über drei Millionen.

Bemerkenswerterweise wurde Stalin nach dem zweiten Nervenzusammenbruch ein höchst effektiver Führer einer Nation im Kriege. Er appellierte an den Patriotismus des Volkes, indem er viele Symbole des russischen Nationalismus wachrief, beherrschte auch die militärische Strategie und Taktik und überwachte die Reorganisation des Heeres sowie die Umstrukturierung der Industrie auf die Fertigung militärischer Ausrüstung. Schnell stellte er enge Verbindungen mit Großbritannien und später mit den Vereinigten Staaten her, von denen beide gewaltige Mengen an Nachschub in die Sowjetunion schickten. Auch Hitler, der, wie sich nun herausstellte, keineswegs der unfehlbare Führer war, wie seine früheren diplomatischen und militärischen Erfolge das nahelegten, half ihm unbewußt. Einer von Hitlers größten Fehlern war, die Ukrainer, potentielle Verbündete, als rassisch Minderwertige zu behandeln und sie damit in Todfeinde zu verwandeln, die ein Jahr nach dem Einmarsch begannen, die deutschen Truppen mit heftigen Partisanenangriffen zu beschäftigen. Bis zum Oktober 1942 waren Partisaneneinheiten in 75 Prozent der Waldgebiete hinter den deutschen Linien aktiv, und ein Jahr später waren nicht weniger als zehn Prozent der deutschen Truppen in der russischen Kriegszone in Abwehrkämpfe gegen die Partisanen verwickelt. Auch hatte Hitler nichts aus Napoleons Niederlage 1812 gelernt. Die russischen Winter erwiesen sich einmal mehr als eine Falle; das deutsche Heer war nicht richtig ausgerüstet, um der bitteren Kälte zu widerstehen, und die deutschen Panzertruppen konnten sich im Schnee oder, wenn es auftaute, im Schlamm nicht mit ihrer gewohnten Geschwindigkeit bewegen. Die Deutschen hatten riesige Gebiete des europäischen Rußland besetzt, aber es gelang ihnen nicht, die beiden wichtigsten Städte, Moskau und Leningrad, zu erobern, und in ihrem Feldzug in Südrußland überdehnten sie ihre Kommunikationslinien bei weitem. Am Ende beurteilte Hitler auch Moral und Kampfkraft der Sowjetsoldaten falsch. Es stimmt, daß Stalin manchmal zu harten Methoden griff, um sicherzustellen, daß seine Soldaten nicht vom Schlachtfeld flohen (so ließ er Maschinenpistolenschützen hinter der Front aufstellen, die ein Auge auf die Truppen hatten), aber nachdem das Volk erst einmal die Überzeugung gewonnen hatte, dass es das Vaterland schützte, kämpften viele mit bemerkenswerter Tapferkeit.

Die größte Nagelprobe begann im Herbst 1942 außerhalb von Stalingrad, einer Industriestadt von 500 000 Einwohnern am rechten Wolgaufer im Südostteil des europäischen Rußland. Die Stadt selbst war überhaupt kein wichtiges Militärziel, aber Hitler war ihres Namens wegen besessen davon, sie zu erobern. Er nahm wohl an, ihr Fall werde ein verheerender psychologischer Schlag für die Russen sein, die die Stadt jedoch entschlossen verteidigten. Bald stellte sich heraus, daß es ein Fehler der Deutschen gewesen war, diesen Angriff unternommen zu haben, und Wehrmachtgeneräle bestürmten Hitler, sich aus Stalingrad auf sicherere Stellungen zurückzuziehen, aber der Führer hörte nicht auf sie. Statt dessen entließ er seinen Generalstabschef, Franz Halder, und befahl General Friedrich Paulus, dem Befehlshaber der 6. Armee, mit dem Angriff fortzufahren; er durfte unter keinen Umständen zurückweichen oder sich ergeben. Die Schlacht, die erbittertste im gesamten Krieg, tobte vier Monate lang, und am 31. Januar 1943 hatte Paulus, von sowjetischen Truppen umzingelt und knapp an Lebensmitteln, Munition und Winterkleidung, keine andere Wahl, als sich zu ergeben. Diese größte einzelne Niederlage Deutschlands sollte der Wendepunkt des Krieges sein. Der Krieg zog sich noch zweieinhalb Jahre lang hin, aber es war nun offensichtlich, daß Hitler einen verhängnisvollen Fehler begangen hatte, die Sowjetunion überhaupt anzugreifen.

Stalins letzte Jahre

Der Beitrag der Sowjetunion zur Niederlage Nazideutschlands trug viel dazu bei, den Status Stalins und des ganzen Landes zu vergrößern, und jahrzehntelang wurden die Kriegserlebnisse von vielen Bürgern rückblickend als die größte Herausforderung ihres Lebens betrachtet. Doch der Preis war schrecklich gewesen. Nach Schätzungen verloren ungefähr siebeneinhalb Millionen Soldaten und wenigstens sechs Millionen Zivilisten das Leben. Im europäischen Rußland verloren wohl nicht weniger als 25 Millionen Menschen wegen der Verwüstungen, die der Krieg angerichtet hatte, ihre Wohnungen. Die Getreideproduktion fiel um zwei Drittel, die Erzeugung von Konsumgütern fiel fast ebenso stark, und doch sollte Stalin seine verfehlte Vorkriegs-Wirtschaftspolitik nicht aufgeben. Im Krieg hatte die Regierung einiges an privater Landwirtschaft toleriert, aber nun befahl sie, das Land an die Kollektive zurückzugeben. Was die Konsumgüterknappheit betrifft, ist ein wenig Statistik sehr erhellend. In den Jahren unmittelbar nach dem Kriege wurden jährlich nur 63 Millionen Paar Lederschuhe hergestellt; 1940 waren es noch 211 Millionen Paar gewesen. Die Stahlproduktion sank um ein Drittel, die Ölförderung um 40 Prozent und die Wollfabrikation um über 50 Prozent.

Viele Russen hofften, ihre Opfer und ihr Heldenmut würden ihren Führer bewegen, die wirtschaftlichen und politischen Kontrollen zu lockern, die er dem Land nach 1930 auferlegt hatte. Das war eine Hoffnung, die Stalin schnell zunichte machte. In seiner ersten größeren Ansprache nach dem Kriege, am 9. Februar 1946, kündigte Stalin an, daß das Land in Anbetracht der imperialistischen Gefahr, die Rußland weiterhin bedrohe, mindestens drei oder vier zusätzliche Fünfjahrespläne durchmachen müsse, damit die Sowjetunion »allen Eventualitäten« ins Auge sehen könne. Ein amerikanischer Diplomat, der die Rede in der Wohnung eines älteren Russen anhörte, erinnerte sich, daß sein Gastgeber am Ende der Rede »seinen Kopf auf die gekreuzten Arme auf der Tischplatte sinken [ließ], als er [Stalins Worte] hörte«. Sie schien dem Zuhörer »das Ende der Hoffnungen auf ein besseres Leben in der Nachkriegszeit« anzuzeigen. Die Befürchtungen des Mannes waren berechtigt. Stalin ließ nur wenig Zeit verstreichen, bevor er zu den harten Maßnahmen der dreißiger Jahre zurückkehrte.

Die ersten Opfer der Nachkriegszeit waren die vielen Russen, die während des Krieges längere Zeit im Ausland gewesen waren, sei es in offiziellem Auftrag oder als Kriegsgefangene. Die sowjetischen Machthaber fürchteten, daß diese Bürger von fremden Wirtschaftstheorien oder den Vorzügen der bürgerlichen und politischen Freiheit angesteckt waren. Nach ihrer Rückkehr in die Sowjetunion wurden sie daher von der Geheimpolzei scharf verhört, und viele von ihnen wurden in Arbeitslager gesteckt. Eine beträchtliche Anzahl der Rückkehrer erlitt ein schlimmeres Schicksal: Sie wurden erschossen, kaum daß sie ihren Fuß auf russischen Boden gesetzt hatten. Ganze Gemeinschaften ethnischer Minderheiten wurden in die Lager des GULag verfrachtet, weil einige von ihnen mit den Deutschen kollaboriert hatten. 1947 und 1948 führte eine antisemitische Kampagne der Regierung zur Inhaftierung jüdischer Schriftsteller und Künstler. Unter A. A. Schdanow, dem Sekretär des Zentralkomitees für ideologische Fragen, wurden alle jene Kontrollen der dreißiger Jahre auf dem Gebiet der Künste und der Literatur wiedereingeführt, was schöpferisch begabte Männer und Frauen zwang, in allen Arbeiten, die sie hervorbrachten, die Parteilinie wiederzugeben. Die Wirtschaftspolitik kehrte ebenfalls zu den Vorkriegsmustern zurück, was ein Übergewicht der Schwerindustrie auf Kosten der Konsumgüter bedeutete. Der Schlachtruf war, den Westen in der Wirtschaftsproduktion zu übertreffen und so schnell wie möglich eine Atombombe zu bauen, die die Vereinigten Staaten während des Krieges entwickelt und gegen Japan eingesetzt hatten, um den Krieg zu beenden. Teilweise wegen der Bombe waren die Vereinigten Staaten zur Supermacht geworden. Rußland mußte diesen Status, koste es, was es wolle, ebenfalls erreichen.

Das Verhältnis zwischen der Sowjetunion und dem Westen hatte sich während des Krieges verbessert, aber beide Seiten überwanden niemals ihr Mißtrauen gegeneinander. Die Kommunisten waren empört, weil der Westen es 1942 und 1943 nicht geschafft hatte, eine zweite Front gegen die Deutschen zu eröffnen, und glaubten, Churchill und Roosevelt hätten den Angriff absichtlich verschoben, damit Deutschland und Rußland sich gegenseitig ausbluteten. Unterdessen glaubten Churchill und in geringerem Maße andere westliche Führer weiterhin, Stalin sei entschlossen, den revolutionären Sozialismus zu exportieren. Der behauptete, alles, woran ihm nach dem Krieg gelegen sei, sei eine Sicherheitssphäre in Osteuropa, um Rußland vor künftigen Angriffen zu schützen. Aber sobald Stalin in Polen, Ostdeutschland, Rumänien, Bulgarien und später in Ungarn und der Tschechoslowakei Fuß gefaßt hatte, setzte er in diesen Ländern Regierungssysteme – sogenannte »Volksdemokratien« – ein, die dem totalitären System der Sowjetunion stark ähnelten. Winston Churchill, viele Jahre eine Kassandra gegen den Kommunismus, erklärte in einer berühmten Rede in Fulton, Missouri: »Über den Kontinent ist ein eiserner Vorhang niedergegangen«; er reiche »von Stettin an der Ostsee bis Triest an der Adria«. Er drängte auf eine enge Zusammenarbeit zwischen den Vereinigten Staaten und Großbritannien, um jede »Versuchung nach Ehrgeiz oder Abenteuer« im Keim zu ersticken, ein klarer Hinweis auf die von ihm vermuteten Expansionsträume Stalins. Diese Rede bezeichnete den offiziellen Beginn des Kalten Krieges, ein bitterer Gegensatz, die 40 Jahre dauerte und die meiste Zeit wirtschaftliche, politische und militärische Rivalitäten zwischen der kommunistisch-totalitären und der kapitalistisch-demokratischen Welt einschloß. Obwohl jede Seite ihre nationalen Interessen, wie sie sie sah, schützte, spielte die Ideologie in dieser Auseinandersetzung ebenfalls eine entscheidende Rolle. Die beiden Seiten vertraten zwei fundamental entgegengesetzte Weltanschauungen: Die eine hielt an den Grundsätzen des freien Unternehmertums, der persönlichen Freiheit, der Beteiligung der Bevölkerung an der Regierung fest, obwohl diese Prinzipien gewiß nicht perfekt erfüllt wurden; die andere an denen des Einparteiensystems, des Eigentums der Öffentlichkeit an den Produktionsmitteln, der staatlichen Kontrolle über sämtliche Einrichtungen und des wirtschaftlichen und gesellschaftlichen Egalitarismus, obwohl auch hier die Prinzipien nicht perfekt erfüllt wurden.

Als der Stalinismus *per se* seinen letzten Atemzug tat, blieb er sich selbst treu. Seit 1947 hatte die Sowjetführung den Antisemitismus geschürt, ein Vorurteil, das seit den 1920ern von Zeit zu Zeit auftauchte. Jetzt war es jedoch heftig wie noch nie, wahrscheinlich als Ergebnis der wachsenden Sympathie russischer Juden für den neugegründeten Staat Israel. Anfänglich hatte die Sowjetunion die Bildung des Judenstaates unterstützt, aber als sich herausstellte, daß Israel kein sowjetischer Vorposten im Nahen Osten werden würde, änderte Stalin plötzlich seine Meinung. Wahrscheinlich fürchtete er, wenn es Juden erlaubt sei, ihrem Rückhalt für Israel Ausdruck zu geben, werde es sehr schwierig sein, andere Minderheiten von der Unterstützung ihrer eigenen Nationalbewegungen abzuhalten. Was immer der Grund war, die Regierung führte nun strenge Quoten für die Zulassung von Juden zu höheren Bildungseinrichtungen ein, schloß das Jiddische Theater in Moskau, ließ zahlreiche bekannte Vertreter der jiddischen Kultur inhaftieren und prangerte Zionisten als Verräter an. Am unheilvollsten war im Januar 1948 der Mord am berühmten jiddischen Dramatiker Solomon Michoels, mit an Sicherheit grenzender Wahrscheinlichkeit auf Stalins Befehl.

Vier Jahre später gab es durchaus ernstgenommene Gerüchte, Stalin beabsichtige alle Juden des Landes – ungefähr 2,3 Millionen – nach Sibirien zu schicken. Dann verkündete die Regierung im Januar 1953, daß 13 Ärzte, die meisten mit jüdisch klingenden Namen, die durch Anwendung medizinischer Maßnahmen mehrere prominente Führer, unter ihnen Andrei Schdanow, ermordet und außerdem geplant hatten, »die Führungskader der UdSSR auszulöschen«, als Räuber und Terroristen inhaftiert worden seien. Die Machthaber schoben die Hauptschuld für das Gelingen des ruchlosen Werks der Ärzte auf die Geheimpolizei, die angeblich nicht wachsam genug gegen die Feinde des Kommunismus gewesen war. Viele Angehörige der Sowjetelite fürchteten, Stalin beabsichtige, eine neue Säuberung gegen Parteiaktivisten durchzuführen, und die Anklagen gegen die Ärzte seien lediglich die Einleitung einer solchen Säuberung der Parteiränge.

Aber dem Land blieb eine weitere Erschütterung erspart. Am 5. März 1953 starb der 73jährige Stalin unerwartet. Wie so oft in der langen Geschichte Rußlands warf der Tod eines Herrschers die Frage auf, ob alles mit rechten Dingen zugegangen war. Vielleicht liegt es daran, daß die Menschen in Rußland dazu neigen, ihren Beherrschern gottgleiche Eigenschaften zuzuschreiben, daß sie die Möglichkeit eines natürlichen Todes selbst für einen Mann wie Stalin, der alt und bei schlechter Gesundheit war und den einige Jahre zuvor der Schlag getroffen hatte, nicht bereitwillig akzeptieren wollten. Man muß aber einräumen, daß Stalin tiefe Antipathien weckte und einige seiner Untergebenen ihm ein baldiges Ende wünschten. Nichtsdestoweniger gibt es, obwohl einige mysteriöse Umstände die letzten Stunden seines Lebens umgeben, keinen schlüssigen Beweis, daß er aus anderen als natürlichen Ursachen starb.

IX Reform, Stillstand und Zusammenbruch

Achtundvierzig Jahre lang setzten Sowjetführer sich mit Stalins Vermächtnis auseinander, für Anhänger des Marxismus-Leninismus ein keineswegs einfaches Verfahren. Es gab keinen Zweifel, daß Stalin viele der Ziele erreicht hatte, die die Bolschewiken sich 1917 gesetzt hatten: Er hatte Rußland eine Form des Sozialismus auferlegt, indem er die Übertragung des Eigentums an den Produktionsmitteln an den Staat vollendete. Und er hatte das Land modernisiert, indem er es in eine überwiegend industrialisierte Gesellschaft umgestaltete, deren Mitglieder lesen und schreiben konnten. Zudem hat er mit seiner Führung des Landes im Zweiten Weltkrieg und dem erfolgreichen Test einer Atombombe 1949 einiges mehr erreicht, als Lenin sich 1917 träumen ließ. Er hatte die Sowjetunion in die Reihe der großen Weltmächte geführt und sie zu einem Land gemacht, das mit den Vereinigten Staaten um militärische Stärke und Einfluß in der Welt wetteiferte.

Aber diese Errungenschaften kosteten einen hohen Preis. Die Regierung widmete dem Militärsektor auf Kosten des Zivilsektors, der unterkapitalisiert, schlecht verwaltet und mit Korruption durchsetzt blieb, gewaltige finanzielle und menschliche Ressourcen. Eine Folge war, daß der Lebensstandard einer überwältigenden Mehrheit zunächst einmal weit unter dem in anderen Industriestaaten zurückblieb. Ferner war die harte Hand der Diktatur in der unmittelbaren Nachkriegszeit nicht leichter geworden, und die Angst, daß die Sicherheitskräfte jeden Augenblick eine neue Terrorwelle auslösen könnten, führte zu einer teilnahmslosen Stimmung in der Bevölkerung, aus der viele das Vertrauen in ihre Regierung und die Ideologie, die jene angeblich lenkte, verloren hatten. Im Sommer 1953 gab es Anzeichen, daß diese Stimmung in unumwundene Feindseligkeit gegen die Machthaber in Rußland selbst und einigen Satellitenstaaten umschlug. In mehreren Straflagern brachen Revolten aus (die blutigste wahrscheinlich in Workuta), es gab ernste Unruhen in der tschechischen Stadt Pilsen und, in sogar noch größerem Ausmaß, in Ostdeutschland.

Überwältigt von den Problemen, denen sie gegenüberstanden, mühten Stalins Nachfolger sich ab und schwankten zwischen Reform und Liberalisierung auf der einen und der Verstärkung der Kontrolle über die Gesellschaft auf der anderen Seite. Keiner dieser Versuche hatte Erfolg. Innerhalb von 25 Jahren nach Stalins Tod wurde mehr und mehr offensichtlich, daß das sozialistische Experiment seine Verheißungen hinsichtlich materiellen Fortschritts und gesellschaftlicher Harmonie nicht erfüllen würde. Am Ende fiel es 1991 sogar noch schneller und mit weniger Blutvergießen in sich zusammen als der Zarismus 1917.

Die Führer, die auf Stalin folgten, setzten schnell auf einen umfassenden Reformkurs, doch wegen ihrer ideologischen Festlegungen und der Furcht, die Macht ganz einzubüßen, gingen sie verhalten vor. Sie vermieden jegliches Vorgehen, das wirtschaftliche oder politische Einrichtungen hätte unterhöhlen können. Auf jeden Fall mußten die Führer aber, bevor sie grundlegende Probleme in Angriff nehmen konnten, entscheiden, wer Stalins Nachfolger als Chef der Partei und damit des Landes werden sollte. Ganz wie nach Lenins Tod 1924 gab es keine Nachfolgeregelungen. Die Führer verkündeten, daß die politische Macht in die Hände einer »kollektiven Führung« von fünf Männern, G. M. Malenkow, L. D. Berija, W. M. Molotow, K. E. Woroschilow und N. S. Chruschtschow, gelegt werden solle. Die neuen Herrscher griffen zu absurden Maßnahmen, um zu zeigen, wie gleich sie waren. Wenn sie nach der Rückkehr von einer offiziellen Aufgabe in ihre Büros im Kreml die Fahrzeuge verließen, dann stellten sie sicher, daß sich alle Wagentüren gleichzeitig öffneten. Aber das war nichts als eine Geste nach außen, um die Öffentlichkeit zu überzeugen, in den höchsten Machtkreisen sei alles bestens. In Wirklichkeit waren die Führer mehrere Jahre lang in einem wüsten Machtkampf begriffen. Erst schien es, als habe Berija seine Rivalen überlistet, aber obwohl er gelobte, auf eingehende Reformen zu drängen, war er zu eng mit den schlimmsten Auswüchsen der Stalinära verbunden, um für die hohen Beamten akzeptabel zu sein. Ende 1953 verschwand Berija unter mysteriösen Umständen. Man weiß immer noch nicht, ob er bei einer Schießerei im Kreml ums Leben kam oder im Keller des Polizeihauptquartiers im geheimen hingerichtet wurde. Er war der letzte Sowjetführer, der unmittelbar, bevor er seinen Posten verlor, von der Bildfläche verschwand. Das allein war ein wichtiger Fortschritt.

Obwohl nun nominell eine kollektive Führung das Land regierte, waren zwei Männer, Malenkow, der Ministerpräsident, und Chruschtschow, der Erste Sekretär des Zentralkomitees der Kommunistischen Partei, die tonangebenden Gestalten, die sich aber bald zerstritten. Vor ihrem Streit waren die Führer jedoch übereingekommen, daß eine Lockerung der Polizeiherrschaft nicht nur notwendig sei, um die Nation zu beruhigen, sondern auch, um sich selbst gegen die Sicherheitskräfte zu schützen. Wenige Wochen nach Stalins Tod kündigten sie eine begrenzte Amnestie für Gefangene in Arbeitslagern an, erklärten, daß das Ärztekomplott auf Fehlinformationen beruht hatte, die von Staatsangehörigen erpresst worden waren, die gefoltert worden seien, und sie versprachen, die stalinistische Willkür durch ein System zu ersetzen, das als »sozialistische Legalität« bekannt wurde. 1955 erwies sich Chruschtschow als Sieger der endlosen Intrigen in den höchsten Kreisen der Macht, aber es kostete ihn weitere zwei Jahre, um seine Rivalen aus dem Machtzentrum in Moskau zu entfernen. In einer weiteren Demonstration der neuen politischen Kultur wurden die Unterlegenen nicht liquidiert oder ins Gefängnis gesteckt. Malenkow wurde zum Direktor eines hydroelektrischen Kraftwerks in Kasachstan ernannt, und mehrere andere hohe Beamte wurden auf ähnliche Weise degradiert.

Entstalinisierung

Chruschtschow war der erste, der das Land in der Zeit nach Stalin längere Zeit (ungefähr acht Jahre) regierte und eine bleibende und wichtige Spur in der sowjetischen Geschichte hinterließ. Er wurde 1894 als Sohn eines Bauern geboren, trat 1918 der Kommunistischen Partei bei und arbeitete sich allmählich nach oben; Ende 1930 bekleidete er das Amt eines Ersten Sekretärs der ukrainischen Parteiorganisation. Klug und scharfsinnig, war er auch ein schroffer und ausgelassener Mensch, der sich in einer bodenständigen Sprache ausdrücken konnte. Weil er fest an den Kommunismus glaubte und höchst ehrgeizig war, hatte er Stalins Befehle getreulich ausgeführt. Es gibt Hinweise darauf, daß ihn bei einigen von ihnen Skrupel plagten, aber in dieser Zeit äußerte er niemals Bedenken. Seine Erklärung für sein Schweigen ist aufschlußreich. Auf einer Zusammenkunft unter Vorsitz Chruschtschows, als er an der Spitze der Regierung stand, warf jemand die Frage auf, warum niemand gegen die Verbrechen Stalins angegangen sei. »Wer hat das gesagt?« fragte Chruschtschow scharf. Niemand machte den Mund auf. »Da habt Ihr Eure Antwort; damals haben wir uns auch nicht getraut.«

Aber sobald er der »Erste« im Präsidium war, um die russische Bezeichnung zu gebrauchen, betrieb er eine Politik der Entstalinisierung, eine der folgenschwersten und dramatischsten Kursänderungen in der sowjetischen Geschichte. Chruschtschow wollte, das muß betont werden, das diktatorische

Herrschaftssystem nicht abbauen oder von den Zielen des Marxismus-Leninismus abrücken, und es ist immer noch die Frage, was seine Beweggründe waren, um die Kampagne gegen den Stalinismus zu unternehmen. Möglicherweise hatte er bis 1954 das volle Ausmaß des Terrors nicht gekannt und war ehrlich erschrocken, als er die Einzelheiten der Verbrechen Stalins erfuhr. Wahrscheinlich erkannte er auch, daß der Massenterror sich nachteilig auf das Wirtschafts- und Gesellschaftsleben des Landes ausgewirkt hatte, weil er Bürger davon abgehalten hatte, verantwortliche Positionen zu übernehmen oder bei der Arbeit selbst die Initiative zu ergreifen. Gleichzeitig erkannte Chruschtschow wohl, daß seine Aufdeckung der stalinistischen Verbrechen politisches Dynamit war und ihm beträchtliche Statur verleihen würde. Was immer der Grund war, auf dem XX. Parteitag im Februar 1956 hielt er eine vierstündige, streng geheime Rede, in welcher er in erstaunlichen Einzelheiten die Schrecken der dreißiger und vierziger Jahre verdeutlichte, die er Stalin zuschob und diesen des »Personenkults« beschuldigte, der nun zu einem Kardinalfehler mutierte. Trotz seiner Offenheit kam Chruschtschow nicht umhin, zu betonen, daß die Übel der Dreißiger eine Verirrung waren, die die grundsätzliche Richtigkeit des Marxismus-Leninismus, die Lebensfähigkeit des sowjetischen Herrschaftssystems oder seine Überlegenheit gegenüber jeder anderen Regierungsform nicht beeinflußte. Der Parteitag, erklärte er am Ende seiner Rede, »hat die unerschütterliche Einheit unserer Partei, die Geschlossenheit rund um das Zentralkomitee und den festen Willen, die große Aufgabe zu erfüllen, den Kommunismus aufzubauen, mit neuer Stärke offenbart«. Die Delegierten erhoben sich alle und begrüßten diese Anmerkungen mit »stürmischem, langanhaltendem Beifall«.

Nichtsdestoweniger waren die Delegierten auf dem Parteitag von Chruschtschows Rede betroffen, nicht nur, weil sie offenkundig die Größenordnung des Terrors nicht gekannt hatten, sondern auch, weil sie fürchteten, die Enthüllungen würden das Land destabilisieren. Kurz, die Rede schlug ein wie eine Bombe; was sie besonders fesselnd und furchterregend machte, war die Beschreibung des Schreckens, den Stalin selbst in seinen engsten Verbündeten geweckt hatte. Chruschtschow erzählte dem Parteitag, daß N. A. Bulganin, ein Politbüromitglied, der das höchste Amt im Land bekleidete, ihm einst anvertraut hatte, daß niemand, der Stalin besuche, sich sicher fühlen könne: »Es kam vor«, enthüllte Bulganin, »daß ein Mann auf seine Einladung hin als Freund zu Stalin geht. Und wenn er bei Stalin sitzt, weiß er nicht, wohin er danach geschickt wird – nach Hause oder ins Gefängnis.« Die sowjetische Führung traf alle Vorsichtsmaßnahmen, um die Veröffentlichung von Chruschtschows Rede zu verhindern, aber schon nach wenigen Tagen erschien eine übersetzte Fassung in der *New York Times*, und Kopien von ihr zirkulierten unter Parteiaktivisten und der Intelligenzija der Sowjetunion. Es gibt Grund anzunehmen, daß die öffentliche Aufmerksamkeit Chruschtschow nicht unlieb war, obwohl sie ein beträchtliches Maß an Gewissensprüfung unter Kommunisten im Lande und, vielleicht noch mehr, im Ausland hervorrief.

Die Politik der Entstalinisierung nahm verschiedene Formen an. Innerhalb weniger Jahre wurden die meisten Insassen der GULag (viereinhalb Millionen) entlassen, viele Bürger – nach manchen Schätzungen zwischen acht und neun Millionen –, die fälschlich eines Verbrechens angeklagt waren, wurden rehabilitiert, und die Geheimpolizei wurde bedeutend seltener gesehen, obwohl sie ihre Tätigkeit keineswegs einstellte. Die Regierung lockerte ihre Kontrollen auf verschiedene Weise, was zum sogenannten »Tauwetter« führte. Schriftsteller wie Alexander Solschenizyn, Wladimir Dudinzew und einige andere konnten ihre Arbeiten veröffentlichen, auch wenn sie unerfreuliche Seiten der sowjetischen Realität aufdeckten. In der darstellenden Kunst und im Kino tolerierte die Regierung ebenso neue Ausdrucksformen, und beide Bereiche blühten auf. Doch begrenzten die Machthaber den Rahmen des Tauwetters. So konnte Boris Pasternak seinen Roman *Doktor Schiwago*, der sich kritisch mit der Bolschewistischen Revolution auseinandersetzte, in der Sowjetunion nicht herausbringen und sandte ihn zur Veröffentlichung ins Ausland. Dafür wurde er bestraft, indem man ihm 1958 nicht gestattete, den Literaturnobelpreis entgegenzunehmen. Chruschtschow sollte gegen Schriftsteller, die in seinen Augen die sowjetischen Einrichtungen und Werte nicht genügend unterstützten, von Zeit zu Zeit toben und schimpfen. Zuweilen konnte er gegen Künste, die er nicht mochte, besonders Werke der modernen und abstrakten Malerei, bissig reagieren.

Dem russischen Volk kam das Ende der schlimmsten Merkmale des stalinistischen Terrors sehr gelegen, ausländischen Kommunisten ebenso. In Moskau erzählte man sich, daß Jugoslawiens Marschall Tito beim Besuch des Mausoleums, das die mumifizierten Leichname von Lenin und Stalin enthielt, das Gebäude mit einer Hand über dem Auge grüßte, so daß er Lenin, aber nicht Stalin sehen konnte. Die Kampagne gegen Stalins Personenkult erreichte auf dem XXII. Parteitag 1961 einen bizarren Höhepunkt. Bei dieser Gelegenheit ging D. A. Lazurkina, ein langjähriges Parteimitglied, das viele Jahre in einem Zwangsarbeitslager zugebracht hatte, ans Rednerpult, und nachdem sie Lenin, den sie immer »im Herzen tr[ug]«, ihre Verehrung bekundet hatte, gab sie bekannt, sie habe Iljitsch (Lenin) um Rat gefragt, und er habe gesagt: »Es ist mir nicht angenehm, Seite an Seite mit Stalin zu liegen, der der Partei so viele

Schwierigkeiten bereitet hat.« Der Parteitag erließ prompt eine Resolution, in der anerkannt wurde, es sei »unpassend, den Sarkophag, der den Sarg von J. W. Stalin enthält, im Mausoleum zu belassen«, und die weiter seine »ernstliche Verletzung der Geheiße Lenins, seinen Machtmißbrauch, seine massive Unterdrückung ehrenhafter Sowjetmenschen und andere Handlungen in der Zeit des Personenkults« anführte. Am nächsten Tag wurde Stalins Leichnam entfernt und an einer Stelle hinter dem Mausoleum neben der Kremlmauer beigesetzt.

Auch in wirtschaftlichen Angelegenheiten war Chruschtschow ein Reformer. Seit 1953 hatten Sowjetführer miteinander gestritten, wie man die Binnenwirtschaft ankurbeln könne. Mehrere entscheidende Streitpunkte standen auf der Tagesordnung: Sollte die Regierung weiter den Schwerpunkt auf die Entwicklung der Schwerindustrie oder sollte sie größeren Nachdruck auf Landwirtschaftsprodukte und Konsumgüter, die immer noch sehr knapp waren, legen? Wieviel sollte vom Binnenetat dem militärischen Aufbau, der in Anbetracht der Spannungen im Gefolge des Kalten Krieges als notwendig erachtet wurde, gewidmet werden? Diese strittigen Fragen wurden vor dem Hintergrund einer schwerfälligen Ökonomie, der Folge von Stalins unangebrachter Wirtschaftspolitik, der durch den Zweiten Weltkrieg verursachten Verwüstungen und einer 1946/47 durch eine besonders schlimme Dürre hervorgerufenen Hungersnot debattiert. 1949 belief sich das Einkommen der Bauern beispielsweise auf ungefähr 50 Prozent des Standes von 1928, und bis 1953 war es nur auf 60 Prozent dieses Standes geklettert. In der Industrie ging die Erholung in der unmittelbaren Nachkriegszeit schneller vonstatten, aber es gab noch ernste Engpässe. 1951 produzierte die Schuhindustrie noch weniger als ein Paar Schuhe pro Person, und die Qualität war sehr niedrig. Strickwaren blieben ebenfalls knapp, und Kühlschränke und Fernsehgeräte wurden als Luxus betrachtet, den die überwiegende Mehrheit der Bürger sich erst Ende der fünfziger Jahre leisten konnte. Vergleichende Studien haben gezeigt, daß die meisten Menschen in der Sowjetunion 1953 wahrscheinlich in Armut oder am Rande der Armut lebten.

Chruschtschow schlug mehrere Maßnahmen vor, um die Wirtschaftsleistung zu verbessern. Von Mitte 1953 an befürwortete er eine Erhöhung der Weizenproduktion in Südostrußland, Westsibirien und Kasachstan, und Anfang 1954 initiierte er ein sogenanntes »Neulandprogramm«, das die Kultivierung von Landflächen forderte, die bisher brachgelegen hatten oder fünf Jahre und mehr nicht bestellt worden waren. Das sollte ein Mammutunternehmen werden, das zur Bestellung von 130 000 Quadratkilometer Land in solch grundverschiedenen Gegenden wie dem Nordkaukasus, dem Wolgagebiet, Westsibirien, Nordkasachstan, Ostsibirien und dem Fernen Osten führen sollte. Weil sich gegen seinen Plan beträchtlicher Widerstand entwickelte, startete Chruschtschow in Zeitungen, Parteiblättern und öffentlichen Versammlungen eine intensive Kampagne, um das Vorhaben zu fördern. Er bekam schließlich grünes Licht, und die Regierung organisierte den Umzug von über 300 000 jungen Männern und Frauen auf die neuen Höfe, aber die Schwierigkeiten, denen die Pioniere begegneten, waren entmutigend. Zunächst einmal litt der Ackerboden in der Steppe, wie Chruschtschow von Wissenschaftlern gewarnt worden war, durch heiße Winde aus Zentralasien unter Erosion, wodurch man in Kasachstan, wo ein Großteil des Programms durchgeführt werden sollte, auf die Dauer nicht regelmäßig mit guten Ernten rechnen konnte. Zudem hatten die Initiatoren es an vielen Orten versäumt, angemessene Vorbereitungen für die Neuankömmlinge zu treffen, von denen einige, die gezwungen waren, in Zelten zu leben, aufgaben und in einladendere Landesteile wanderten. Alles in allem waren die Ergebnisse von Chruschtschows Agrarpolitik unterschiedlich. Es gab höhere Getreideerträge, aber nicht genug, um den ständigen Mangel zu beseitigen. Eine Lösung des Grundproblems in der sowjetischen Landwirtschaft hätte die Abschaffung der Kollektive und der unzähligen Vorschriften, die auf den Bauern lasteten, erfordert. Ein Bauer, der eine Kuh schlachten wollte, brauchte beispielsweise die schriftliche Genehmigung von nicht weniger als sieben Personen. Aber die Abschaffung der staatlichen Kontrolle, ein Grundprinzip von Stalins Landwirtschaftsprogramm, war für Chruschtschow undenkbar.

Für den Industriesektor schlug Chruschtschow Reformen vor, die fast ebenso verwegen waren wie sein Agrarprogramm. Im Februar 1957 empfahl er die Auflösung der Moskauer Ministerien, welche die Industrie und ihre Vertretung durch an die 100 Räte überwachten, die vor Ort im Lande arbeiteten. Er argumentierte, Verwaltungsbeamte und Direktoren, die in engerem Kontakt mit den Unternehmen stünden, könnten bessere Entscheidungen über industrielle Belange treffen. Das schien ein vernünftiger Gedanke zu sein, aber er allein genügte nicht, um die Produktivität zu steigern oder das Prämiensystem, das chaotisch und ein Produktivitätshindernis war (siehe oben), in vernünftige Bahnen zu lenken. Doch Chruschtschow glaubte, der Sozialismus, wie er ihn kannte, sei die beste Wirtschaftsordnung, die die Menschheit je erdacht habe, und dem Kapitalismus, für den er nur Verachtung übrig hatte, weit überlegen. Das erklärt sein häufiges Auftrumpfen, die Sowjetunion werde in nicht zu ferner Zukunft eine produktivere Wirtschaft haben als der Westen – und einmal erklärte er, dies werde nicht später als 1981 geschehen. Es verdeutlicht auch seine an den Westen gerichtete Adresse aus dem Jahre 1957: »Wir werden euch begraben.« Zu dieser Zeit allgemein als Drohung verstanden, den Westen physisch zu vernichten, sollte sie eigentlich seiner Bestimmtheit Ausdruck verleihen, der Sozialismus werde den Kapitalismus überleben.

Einer wachsenden Zahl innerhalb der politischen Elite erschien Chruschtschow als ein Mann, der von einer Reform zur nächsten hastete, ohne eine klare und vernünftige Zukunftsvision für das Land zu haben. Er befremdete viele Parteiaktivisten, indem er häufig im Land umherreiste oder Verwaltungsbeamte entließ, die ihm in der Durchführung seiner Maßnahmen nicht energisch genug erschienen. Nur eineinhalb Jahre, nachdem er die Parteispitze erklommen hatte, im Juni 1957, verschworen sich einige Präsidiumsmitglieder, die später »parteifeindliche Gruppe um Molotow« genannt wurden, ihn abzusetzen. Die nachfolgenden Intrigen gehören zu den bizarrsten politischen Ereignissen der neueren sowjetischen Geschichte. Daß die Verschwörer genügend Stimmen im Parteipräsidium hatten, um Chruschtschow abzusetzen, war klar, aber der Erste Sekretär gab nicht klein bei. Er teilte dem Präsidium mit, da er vom Zentralkomitee gewählt sei, habe auch nur dies allein die Befugnis, ihn zu entlassen. In der Zwischenzeit hatten Chruschtschows Anhänger Mitglieder des Zentralkomitees überall im Lande wegen des nahe bevorstehenden Putsches in Alarmbereitschaft versetzt und sie aufgefordert, nach Moskau zu eilen. In einem geschickten Schritt entsandte Marschall G. K. Schukow Flugzeuge, die sie in die Hauptstadt brachten. Einige Mitglieder hatten sich schon Zutritt in den Versammlungsraum verschafft, indem sie an die Tür hämmerten. Sie verbanden sich nun mit weiteren 300 Mitgliedern, die von Militärflugzeugen hergebracht worden waren. Dann stimmte das Zentralkomitee dafür, Chruschtschow im Amt zu belassen, wahrscheinlich durch den Wunsch bestimmt, dieser möge seine Politik fortsetzen (die dem einzelnen Mitglied des Zentralkomitees mehr Einfluß als jemals zuvor bescherte), und aus Furcht, seine Niederlage könne die Macht der gefürchteten Geheimpolizei wiederherstellen.

Außenpolitik unter Chruschtschow

Chruschtschow war ein tatkräftiger Führer, aber er war auch pathetisch, unberechenbar, grob, ja flegelhaft, und er war bereit, drastische Schritte zu unternehmen, um sein Ziel zu erreichen. Diese Eigenschaften offenbarten sich häufig in seiner Außenpolitik, in deren Formulierung und Ausführung er eine sehr aktive Rolle spielte. Auf einer Sitzung der Vereinten Nationen 1960 zog er etwa einen Schuh aus und schlug mit ihm auf das Rednerpult, um sein Mißfallen über Äußerungen des britischen Premierministers Harold Macmillan auszudrücken. Chruschtschow war auch ebenso offen wie unnachgiebig in seiner Weigerung, die Kontrolle über die Satellitenstaaten in Osteuropa, die alle zutiefst unzufrieden über die Vorherrschaft der Sowjetunion waren, zu lockern. Als die Ungarn 1956 ihre Unabhängigkeit zu erlangen trachteten, sandte er Truppen und Panzer, um die Rebellion niederzuschlagen. Es wäre aber falsch, Chruschtschow als unerbittlichen Vertreter einer harten außenpolitischen Linie darzustellen. 1955 räumte er eine Marinebasis in Finnland und, wichtiger noch, stimmte einem Friedensvertrag mit Österreich zu, der dazu führte, daß die Sowjetunion und die drei Westmächte ihre Besatzung beendeten und alle ausländischen Truppen aus dem Land abgezogen wurden. Als Gegenleistung gelobte Österreich, neutral zu bleiben und die Sowjetunion mit österreichischen Gütern zu entschädigen.

Im übrigen kann Chruschtschows Außenpolitik auf dem Höhepunkt seiner Macht als aus zwei verschiedenen, ja sogar widersprüchlichen Richtungen bestehend beschrieben werden. Einerseits verfolgte er in Berlin, dem Nahen Osten, Afrika und Lateinamerika eine aggressive Politik mit dem Ziel, den Einfluß des Westens empfindlich zu vermindern; andererseits versuchte er wiederholt, das Verhältnis zu den Vereinigten Staaten zu verbessern. Da der Kapitalismus seiner Ansicht nach zum Untergang verurteilt und seine Ablösung durch den Kommunismus nur eine Frage der Zeit war, schien es ihm unangebracht, die militärische Auseinandersetzung mit den Vereinigten Staaten zu riskieren. Solange er eine solch gemäßigte Politik verfolgte, blieb der Kalte Krieg ein ernstes, aber erträgliches Ärgernis für beide Seiten. Im Sommer 1962 jedoch schlug er aus heute noch unklaren Gründen einen Kurs ein, den man nur als rücksichtslos und abenteuerlich bezeichnen kann und der die Sowjetunion und die Vereinigten Staaten an den Rand eines Atomkriegs brachte.

Mitte Oktober entdeckte ein amerikanisches Aufklärungsflugzeug, daß die Sowjets auf Kuba Abschußrampen für Kurz- und Mittelstreckenraketen installierten, was bedeutete, daß die Vereinigten Staaten der Bedrohung durch einen Nuklearangriff aus kurzer Distanz ausgesetzt sein würden. Die plausibelste Erklärung für diesen waghalsigen Schritt der Sowjets ist, daß Chruschtschow vorhatte, die Raketen als Druckmittel in den bevorstehenden Verhandlungen über einen Friedensvertrag für Deutschland einzusetzen. Die Sowjetunion würde anbieten, die neu installierten Waffensysteme auf Kuba zurückzuziehen, wenn die Amerikaner sich verpflichteten, keine Nuklearwaffen in Deutschland zu stationieren. Offenbar hoffte Chruschtschow auch, sich von Präsident John F. Kennedy das Versprechen zu sichern, die Vereinigten Staaten würden einer atomfreien Zone im Pazifik zustimmen. Für Chruschtschow schien die Verschiffung von Raketen nach Kuba, das 1959 kommunistisch geworden war, nicht übertrieben provokant zu sein. Schließlich hatten die Vereinigten Staaten Nuklearwaffen in der Türkei stationiert, die weniger weit von Rußland entfernt war als Kuba von den Vereinigten Staaten. Chruschtschow war zu der Überzeugung gelangt, daß Kennedy eine zu schwache Persönlichkeit war, um entschlossen zu handeln, und er besonders vorsichtig sein würde, weil Anfang November Kongreßwahlen stattfanden.

Der Sowjetführer verrechnete sich gründlich. Kennedy traf mehrere Maßnahmen, um klarzustellen, daß er keine russischen Raketen auf Kuba dulden werde: Er ließ sich vom Kongreß bevollmächtigen, Reservisten einzuberufen und stellte Kuba anschließend, am 16. Oktober, unter eine »Quarantäne«, die in Wirklichkeit eine Blockade war. Kennedy machte deutlich, daß amerikanische Kriegsschiffe nach russischen Schiffen suchen würden, die für Kuba bestimmt waren, und keinem, das Offensivwaffen an Bord hatte, erlauben würden, in kubanischen Häfen anzulegen. Er gab außerdem zu verstehen, daß die Vereinigten Staaten, sollten die schon auf Kuba befindlichen Atomwaffen nicht schnell beseitigt werden, militärisch dagegen vorgehen würden. Die erste Antwort der sowjetischen Führung auf Kennedys Drohungen war alarmierend: Sie versetzte ihr Land in den Alarmzustand, und für zwei Tage schien der Atomkrieg wirklich möglich zu sein. Am 25. Oktober gab Chruschtschow nach und teilte Kennedy mit, er werde die Raketen zurückziehen, wenn Amerika verspreche, nicht in Kuba einzumarschieren, was, wie der Sowjetführer jetzt sagte, das war, was er die ganze Zeit erreichen wollte.

Der Krieg war abgewendet, aber politisch war die ganze Eskapade für Chruschtschow ein Desaster. Den Kritikern zu Hause, die schon lange sein sprunghaftes Verhalten beklagt hatten, war das kubanische Abenteuer ein weiteres Beispiel seiner »verrückten Vorhaben«. In den vergangenen vier Jahren war er mit einer Reform nach der anderen gekommen, und die Ergebnisse waren bestenfalls halbherzig. Obwohl er beim Abbau des GULag und der Zügelung der Geheimpolizei mitgeholfen hatte, stand die Bevölkerung weiterhin unter strenger Überwachung der Polizei, die von Zeit zu Zeit Bürger, die nichts Schlimmeres getan hatten, als ihrer Unzufriedenheit Ausdruck zu geben, willkürlich verhaftete. Chruschtschows Wirtschaftsreformen hatten ebenfalls nicht das gebracht, was die Leute erwarteten. Gewiß, die Bevölkerung war besser ernährt, und Konsumgüter wie Fernsehgeräte und Kühlschränke waren nun allgemein verfügbar. Man hat geschätzt, daß die Produktion von Konsumgütern in Chruschtschows Amtszeit um 60 Prozent gestiegen ist. Außerdem wurde durch den Abschuß des Satelliten *Sputnik* und Juri Gagarins Weltraumflug, der ersten bemannten Erdumrundung im Weltraum, Rußlands Prestige gesteigert. Aber es gab immer noch manches Gemurre, weil Konsumgüter so knapp waren und ihre Qualität so schlecht, und über den Lebensstandard überhaupt, der niedrig blieb. 1963 brachte eine unerwartet schlechte Ernte vielen Bürgern neue Entbehrungen. Und es gab noch einen weiteren Grund, von Chruschtschow in wachsendem Maße entäuscht zu sein: Seine Neigung, trotz seiner Kritik an Stalin einen neuen Personenkult zu schaffen, mit sich selbst als Mittelpunkt. Seine Fotos erschienen dauernd in der Presse, und mit zunehmender Häufigkeit schlossen Bücher ein Vorwort ein, das seine Errungenschaften als größter Führer des Landes pries. Man sagte ihm nach, daß es ihn überaus gefreut habe, als sein Enkel ihn fragte: »Wer bist du? Der Zar?«

Seine Genossen im Parteipräsidium und im Zentralkomitee freuten sich jedoch nicht und heckten Anfang 1964 eine weitere Verschwörung aus, um ihn abzusetzen. Die wichtigsten Antragsteller waren ein früherer und der gegenwärtige Chef des KGB, A. Scheljepin und W. Semitschastny. Obwohl viele Einzelheiten nach wie vor unklar sind, wissen wir, daß Moskauer Beamte Chruschtschow am 13. Oktober 1964 eine Nachricht auf die Krim schickten, wo er Urlaub machte, und ihn baten, unverzüglich zu einer Präsidiumssitzung in die Hauptstadt zu kommen. Bei seiner Ankunft erkannte er sogleich, daß mehrere Personen, die ihre hohe Stellung seinem Wohlwollen verdankten, sich gegen ihn gewandt hatten und er abgesetzt würde. Ganz wie vor sieben Jahre beharrte er darauf, daß nur das Zentralkomitee die Befugnis habe, ihn zu entlassen, aber diesmal hatten die Konspirateure seinen Einwand vorhergesehen. Das ganze Zentralkomitee war versammelt, und als es am 14. Oktober zusammentrat, legte M. A. Suslow, der Chefideologe und einer der höheren Mitglieder des Präsidiums, Chruschtschow offiziell 15 Fehler zur Last, darunter Rücksichtslosigkeit in auswärtigen Angelegenheiten, schlechte Behandlung von Genossen, Mißerfolge in der Wirtschaftspolitik und diktatorische Führung. Das Komitee stimmte einstimmig in geheimer Abstimmung dafür, ihn aller seiner Ämter zu entheben. Chruschtschow versuchte zurückzuschlagen, erkannte aber die Aussichtslosigkeit seiner Position und gab auf, indem er demütig erklärte: »Ich habe bekommen, was ich verdient habe.« Er durfte sich auf einen Ruhesitz zurückziehen, der ihm erlaubte, bequem zu leben.

Zeit der Stagnation

Die Würdenträger wählten Leonid Breschnew zu Chruschtschows Nachfolger, einen Mann, von dem niemand geglaubt hatte, daß er dafür bestimmt war, das höchste politische Amt der Sowjetunion zu bekleiden. Die Verschwörer verständigten sich nur deshalb auf Breschnew, weil sie annahmen, seine Wahl werde Streit zu vermeiden helfen, da dadurch der Umstand verschwiegen wurde, daß Scheljepin, von dem allgemein vermutet wurde, er habe die größten Chancen auf Chruschtschows Nachfolge, eine Hauptfigur der Verschwörung war. Zu jedermanns Überraschung zeigte Breschnew schnell die politischen Fertigkeiten, die notwendig waren, um nicht nur seine Konkurrenten auszumanövrieren, sondern sich auch noch 18 Jahre an höchster Stelle zu halten.

Breschnew konnte auf keine hervorragende Karriere zurückblicken. Er war ein typischer *Apparatschik* (Parteifunktionär) mit der Gabe, in der Gunst seiner Vorgesetzten zu bleiben. Er trat 1932 im Alter von 26 Jahren in die Partei ein und arbeitete sich stetig nach oben. Chruschtschow, damals Parteiführer in der Ukraine, schätzte besonders Breschnews Loyalität und sorgte für seine schnelle Beförderung. Im Zweiten Weltkrieg diente er als Kommissar an der Süd- und der Ukrainischen Front, und 1950 wurde er Erster Parteisekretär in Moldawien, wo er sich durch rücksichtslose Unterdrückung des »bürgerlichen Nationalismus« der örtlichen Bevölkerung auszeichnete. 1952 berief Stalin ihn ins Parteipräsidium, und als leidenschaftlicher Verfechter des Neulandprogramms erlangte er Anfang der sechziger Jahre Bekanntheit. Weder besonders intelligent noch ein überzeugender Redner, war Breschnew ein fröhlicher und gewinnender Mensch, der eine besondere Fertigkeit entwickelte, Tagesordnungen für Zusammenkünfte festzulegen und sicherzustellen, daß Vorschläge mit einem Minimum an Streit angenommen wurden. Aber er war ebenso ein eitler Mensch, der Untergebene, die ihn nicht angemessen würdigten, bestrafte, indem er sie auf unbedeutende und unerwünschte Stellen schickte. Überzeugt, daß, wie er es nannte, »niemand nur von seinem Gehalt leben kann«, war er schamlos korrupt. Er liebte es, auf großem Fuß zu leben, und hatte eine Schwäche für große ausländische Limousinen, die er eifrig sammelte. Ausländische Würdenträger, die ihn besuchten, machten ihm oft eine zum Geschenk, und er hatte eine kindliche Freude daran, selbst am Steuer eines dieser Wagen zu sitzen. Ein Witz, der in den siebziger Jahren umging, fängt die öffentliche Einstellung gegenüber dem Führer des Landes genau ein. Breschnew nahm seine betagte Mutter mit zu einer Rundreise auf die üppigen Landsitze, wo er seine Wagen hielt und im Luxus schwelgte. Sie blieb still, bis der enttäuschte Breschnew sie schließlich rundheraus fragte, was sie von all diesem Komfort halte. »Es ist sehr schön«, antwortete sie, »aber was passiert, wenn die Kommunisten wieder an die Macht kommen?«

Bald nach Breschnews Tod 1982 sprach man von seiner 18jährigen Regierung sehr treffend als der »Zeit der Stagnation«. Weil es immer noch versuchte, das schmerzhafte Vermächtnis der stalinistischen Unterdrückung zu überwinden und einen angemessenen Lebensstandard für seine Bewohner zu erreichen, konnte sich das Land schwerlich eine längere Periode ohne deutlichen wirtschaftlichen und politischen Fortschritt leisten. Breschnew führte den Massenterror nicht wieder ein, aber nach wenigen Monaten im Amt machte er der Kritik am Personenkult ein Ende, forderte eine bessere Beurteilung von Stalins »Errungenschaften« und fuhr einen harten Kurs gegen alle Dissidenten, deren Zahl nichtsdestoweniger weiter wuchs. Als die Regierung es ablehnte, die Publikation umstrittener Literaturwerke zu billigen, gingen regimekritische Autoren, die in vergangenen Zeiten strenger Unterdrückung im geheimen »für die Schublade« geschrieben hatten, zum *Samisdat* (Selbstverlag) über. Sie reproduzierten ihre Schriften, indem sie Durchschläge anfertigten oder Vervielfältigungsapparate benutzten, und verteilten sie dann von Hand. In einem Schauprozeß wurden die Schriftsteller A. D. Sinjawski und Ju. Daniel im Herbst 1965 zu sieben bzw. fünf Jahren Gefängnis verurteilt, weil sie heimlich Schriften verteilt hatten, welche die offiziellen Regeln, wie die Literatur das Leben in der Sowjetunion wiedergeben sollte, verächtlich gemacht und Stalins Terror satirisch behandelt hatten. Alexander Solschenizyn, der für seine Beschreibung der Arbeitslager schon Berühmtheit erlangt hatte, legte gegen die Zensur und wachsende Repression Protest ein, aber vergeblich. Schließlich wurde Sinjawsky und Daniel die Ausreise erlaubt, und Solschenizyn wurde 1974 kurzerhand aus der Sowjetunion ausgewiesen.

Eine grausamere Strafe für Regimekritiker, die während Breschnews Herrschaft zur Anwendung kam, war ihre erzwungene Einweisung in psychiatrische Kliniken. Diese Praxis wurde wahrscheinlich schon zu Stalins Zeiten angewandt, und nachdem der GULag fast komplett abgebaut war, fand sie bei den Machthabern erneut Anklang, um angebliche Unruhestifter auf wirksame Weise zu behandeln. Personen mit medizinischem Abschluß ließen sich immer finden, um Dissidenten zu untersuchen und bei ihnen etwa »psychomotorische Erregung«, »schleichende Schizophrenie« oder sogar »reformistische Wahnvorstellungen« zu diagnostizieren. In den 20 Jahren von 1962 bis 1983 befanden sich ungefähr 500 Bürger, viele von ihnen Menschenrechtler, in psychiatrischen Kliniken. Daß die Geheimpolizei eine Macht blieb, mit der zu rechnen war, zeigen Statistiken, denen zufolge der KGB 1973 500 000 Mitarbeiter beschäftigte und diese Zahl bis 1986 auf 700 000 angestiegen war.

In der Außenpolitik benutzte Breschnew eher den Vorschlaghammer als das Skalpell. Er war nicht so auftrumpfend und provokant wie Chruschtschow, und er versuchte, formell gute Beziehungen – *détente* – mit den Vereinigten Staaten aufrechtzuerhalten. Aber er zögerte nicht, Gewalt anzuwenden, um das zu verteidigen, was er als vitale Interessen der Sowjetunion betrachtete. Als in der Tschechoslowakei kommunistische Reformer 1968 die Regierung übernahmen und darangingen, einen »Sozialismus mit menschlichem Antlitz« aufzubauen, schwankte Breschnew einige Monate und schickte dann eine Truppenmacht, die die liberale Bewegung niederwalzen sollte. Damals verkündete er die »Breschnew-Doktrin«, bemerkenswert nicht so sehr wegen ihres Inhalts, sondern wegen der Unverblümtheit ihrer Formulierung. Breschnew erklärte, daß die Sowjetunion, wann immer sie der Ansicht sei, Entwicklungen in einem sozialistischen Staat liefen ihren Interessen zuwider, das Recht habe, militärisch zu intervenieren. Die Verkündung dieser Doktrin ließ die Beziehungen zwischen der UdSSR und dem Westen unvermeidlicherweise abkühlen und versetzte reformistischen Tendenzen in Osteuropa wie in der Sowjetunion selbst einen Dämpfer.

Elf Jahre später, 1979, unternahm Breschnew seinen aggressivsten außenpolitischen Schritt. Er befahl, in Afghanistan einzumarschieren, das in einen Bürgerkrieg verstrickt war, weil die Sowjetführer fürchteten, das sozialistische Regime könne seine Macht an moslemische Fundamentalisten verlieren. In gewisser Hinsicht war die Invasion damals eine Anwendung der Breschnew-Doktrin, obwohl Afghanistan nicht zum Sowjetblock gehörte. Der Einmarsch erwies sich jedoch als folgenschwerer Fehler. Die Afghanen setzten sich erbittert zur Wehr, das Gelände war trügerisch, und viele Sowjetverbände kämpften lustlos, weil sie nicht verstehen konnten, warum sie überhaupt im Lande waren. Die Invasion kühlte die Beziehungen zwischen der UdSSR und dem Westen, besonders zu den Vereinigten Staaten, ebenfalls ab. Als Zeichen seiner Mißbilligung der Invasion hinderte Präsident Jimmy Carter die Amerikaner daran, an den Olympischen Spielen 1980 in Moskau teilzunehmen. 1988 zogen sich die sowjetischen Truppen nach einem nutzlosen, mehr als achtjährigen Krieg, der zu einem Patt geführt hatte, zurück, ohne ihre erklärten Ziele erreicht zu haben.

Lange vor dem demütigenden Rückzug steckte die Sowjetunion mitten in einer ernsten innenpolitischen Krise, dem Ergebnis eines wirtschaftlichen Rückgangs und der Inkompetenz ihrer politischen Führung. Seit 1966 hatte die Regierung überschwenglich den Eintritt des Landes ins Stadium des »ausgereiften Sozialismus« gefeiert, aber die wirtschaftlichen Entwicklungszahlen zeigten, daß der Schwung zur Verbesserung des Lebensstandards sich verlangsamt hatte. Einerseits blieb die Regierung bei ihren gewaltigen Militärausgaben, zehneinhalb bis elf Prozent vom Bruttonationalprodukt. Zudem blieb die seit vielen Jahren niedrige Arbeitsproduktivität weiterhin hinter der anderer Industriestaaten zurück. In der Zeit von 1951 bis 1965 lag die Wachstumsrate bei der Produktivität beispielsweise zwischen 40 und 50 Prozent von der amerikanischer Arbeiter. 1963 produzierte jeder Bergmann in den Vereinigten Staaten 14 Tonnen Kohle pro Tag, sein russischer Kollege aber nur 2,1 Tonnen, obwohl der Mechanisierungsgrad in etwa der selbe war.

Es gab mehrere Gründe für die schwache Sowjetökonomie. Die zentrale Planung in Moskau setzte die Preise aller Güter fest, aber sie traf ihre Beschlüsse willkürlich, ohne das Gesetz von Angebot und Nachfrage oder die tatsächlichen Herstellungskosten zu berücksichtigen. Einige Güter und Dienstleistungen waren unsinnig billig und erforderten deshalb hohe Subventionen, welche ihrerseits der rationellsten Zuteilung von Bodenschätzen seitens der Planer im Wege standen. Auch blieb der Preis vieler Waren unverändert, obwohl es eine Inflation gab, welche die Machthaber aus ideologischen Gründen einfach nicht erkennen wollten. Die Lohnskala, ebenfalls zentral festgelegt, schaffte keine Anreize für Arbeiter, sich anzustrengen, um ihre Leistung zu maximieren. Um die Einstellung der Arbeiter zu verstehen, braucht man nur das Los eines ungelernten Arbeiters zu betrachten, der 1964 60 Rubel monatlich verdiente, eine Summe, mit der er sich gerade einmal zwei Paar Schuhe kaufen konnte. Ein Witz, der osteuropäischen Arbeitern zugeschrieben wird, gibt genau die Haltung sowjetischer Arbeiter wieder: »Du [die Regierung] tust so, als ob du uns bezahlst, wir tun so, als ob wir arbeiten.«

Der Landwirtschaftssektor stagnierte in den siebziger Jahren entsprechend. Die Investitionen stiegen in den Jahren von 1965 bis 1980 um nicht weniger als 160 Prozent, während die gesamte Produktion lediglich um 20 Prozent in die Höhe ging. Ein Grund für diese ernüchternde Entwicklung war die schlechte Qualität der Landwirtschaftsmaschinen. In Westsibirien waren beispielsweise nur 15 Prozent der Melkmaschinen einsatzbereit. In anderen Landesteilen waren die Maschinen veraltet und blieben oft stehen. Selbst wenn sie ordnungsgemäß arbeiteten, waren sie ineffizient. Innerhalb der UdSSR herrschte ein solcher Mangel an Lastkraftwagen und Zügen mit Kühlräumen, daß ein wesentlicher Teil der Landwirtschaftserzeugnisse verdarb, bevor er die Märkte erreichte. 1981 berichtete eine sowjetische Zeitung, daß jedes Jahr etwa

620 000 Tonnen Düngemittel wegen mangelhafter Einrichtungen oder aus purer Nachlässigkeit beim Transport verlorengingen.

Auch andere Merkmale der sowjetischen Gesellschaft zeigten den Stillstand an. Das Bevölkerungswachstum verlangsamte sich deutlich. Die jährliche Wachstumsrate aus den fünfziger Jahren, 1,8 Prozent, war in den Achtzigern um mehr als die Hälfte auf 0,8 Prozent gesunken. In den zehn Jahren von 1969 bis 1979 fiel die Lebenserwartung von 69,3 auf 67,7 Jahre. Das Gesundheitssystem war für den größten Teil der Bevölkerung unzulänglich, aber das war nicht der einzige Grund für den Rückgang. Alkoholismus, ein ständiges Problem im Russischen Reich, war auch in der Sowjetunion weit verbreitet. Allein in Leningrad wurden 1979 elf Prozent der Bevölkerung verhaftet, weil sie in der Öffentlichkeit betrunken waren. Man schätzt, daß 1980 50 000 Menschen als Folge des Alkoholismus starben und acht bis neun Prozent des Binneneinkommens wegen Alkoholmißbrauchs verlorengingen. Die montägliche Abwesenheitsquote von Arbeitnehmern in Fabriken und Büros, die sich von einem Wochenende exzessiven Trinkens erholten, war alarmierend hoch.

In einer zentralisierten politischen Struktur können Reformmaßnahmen, die sich diesen Problemen widmen, nur von der Spitze kommen, aber spätestens Mitte der siebziger Jahre war die Sowjetführung außerstande, irgend welche Initiativen zu ergreifen. Breschnew hatte körperlich sichtlich nachgelassen und litt, wie wir heute wissen, unter einigen hinderlichen nervösen Leiden. Verschiedene Schlaganfälle hatten ebenso seine Gangart wie seine Sprechweise in Mitleidenschaft gezogen; oft konnte man ihn kaum verstehen. Anstatt auf den Rat anerkannter Ärzte zu hören, ging er zu einem Kurpfuscher, der ihn mit Arzneien behandelte, die seinen Zustand nur verschlimmerten. Aber an einen Rücktritt verschwendete er keinen Gedanken. Ganz im Gegenteil, er förderte einen neuen Personenkult, der ihn als den *Woshd (Führer)* pries, ein Titel, der vormals Stalin verliehen wurde. Er sammelte einen Orden nach dem anderen; für seine Memoiren, die ein Lohnschreiber verfaßt hatte, wurde ihm sogar der Leninpreis für Literatur verliehen. 1977 wurde auf seine Veranlassung eine neue Verfassung entworfen, was ihm die Ehre zuteil werden ließ, die seit 1936 bestehende Stalinsche Verfassung ersetzt zu haben. Das neue Dokument verkündete die Erreichung einer »reifen sozialistischen Gesellschaft«, führte aber in das politische System des Landes keine Änderungen von Bedeutung ein. Es war sichtlich dazu bestimmt, Breschnews Ego zu schmeicheln.

Für ungefähr 12 Monate ab Ende 1981 war Breschnews Zustand so kritisch, daß er kaum in der Öffentlichkeit erschien, und doch wurde nichts unternommen, um ihn aus dem Amt zu entfernen. Die Mitglieder des Politbüros, die Breschnews Gebrechlichkeit kannten, hätten dafür stimmen können, ihn zu entlassen, aber sie waren zu ängstlich. Die einleuchtendste Erklärung für ihr unverantwortliches Verhalten – schließlich hatte Breschnew den Finger auf dem Atomknopf – ist, daß sie einander zutiefst mißtrauten und den Verlust an Macht und Privilegien fürchteten, wenn ein anderer Generalsekretär wurde. So wählte das Politbüro erst nach Breschnews Tod am 10. November einen neuen Führer, Ju. W. Andropow, viele Jahre lang Leiter des KGB.

Die Wahl schien in verschiedener Hinsicht eine gute zu sein. Andropow war eine hochintelligente Persönlichkeit mit ausgedehnten Erfahrungen in öffentlichen Belangen. Obwohl recht zynisch und entschlossen, das sowjetische Herrschaftssystem zu erhalten, sah er ein, daß das Land unter mehreren Fehlentwicklungen litt und größere Reformen unbedingt erforderlich waren. Er gelobte, der Korruption ein Ende zu setzen und der Gesellschaft neue Disziplin zu bringen, und nahm ausgedehnte Personalwechsel vor, um ehrliche und tatkräftige Leute in die oberen Regierungsränge zu bringen. Aber er war zu alt (69) und zu krank, um eine Reformkampagne zu führen. Er litt an einem ernsten Nierenleiden und war kaum sechs Monate im Amt, als er auch schon häufig bei wichtigen Besprechungen fehlte. Er starb im Februar 1984, nachdem er weniger als 16 Monate als Generalsekretär gedient hatte. Nun ging das Politbüro zum alten Schema über und wählte den 72jährigen K. U. Tschernenko zu seinem Führer. Tschernenko war in jeder Beziehung Mittelmaß und litt an einem Lungenemphysem. Er starb im März 1985 ohne jede nennenswerte Leistung während seiner kurzen Dienstzeit im höchsten Amt des Landes.

Zeit der Reformen

Ungefähr zehn Jahre lang war die UdSSR im Grunde führungslos gewesen, und für viele im Land und im Ausland war die Regierung Gegenstand des Spotts geworden. Zweifellos deswegen, aber ebenso, weil es offensichtlich geworden war, daß man tatkräftige Führung brauchte, um sich mit dem wirtschaftlichen Niedergang und der politischen Unordnung der Nation zu befassen, wählte das Politbüro nun M. S. Gorbatschow, der verhältnismäßig jung (54), intelligent, sehr einnehmend, in der Öffentlichkeitsarbeit erfahren sowie ehrgeizig und energisch war, zum Generalsekretär. Wichtig war auch, daß er weit aufgeschlossener als die meisten sowjetischen Beamten war und wie wenige andere in den oberen Rängen der Regierung verstand, daß das Land in Schwierigkeiten war und neu belebt werden mußte.

Obwohl Gorbatschow 18 Jahre lang zur Führungsspitze der Kommunistischen Partei gehört hatte, argwöhnten nicht wenige, daß er der Mann sein könnte, der die Sowjetunion in eine völlig neue Richtung führte. Er war, wie der Historiker Robert Service es ausdrückte, ein »brillanter Heuchler«; in der Öffentlichkeit vertrat er die Parteilinie, aber in Privatgesprächen mit seiner Familie und engen Freunden hatte er, schon seit den Tagen als Student der Moskauer Staatsuniversität von 1950 bis 1955, seiner Unzufriedenheit mit den Zuständen in seinem Land Ausdruck verliehen, obwohl er nur verschwommene Vorstellungen hatte, wie die Verhältnisse zu verbessern seien. Betrachtet man seine persönlichen Erfahrungen, war seine Vorsicht nicht überraschend. Geboren 1931 in Südrußland in einer Familie, deren Ursprünge als Bauern viele Jahrzehnte zurückreichten, war er sich der Schrecken des Stalinismus wohlbewußt. Einer seiner Großväter war während der Kollektivierung Anfang der dreißiger Jahre verhaftet worden, mehrere Mitglieder seiner Familie waren Opfer der Unterdrückung, und ungefähr ein Drittel der Einwohner von Priwolnoje, dem Dorf, in dem er geboren war, starben ebenfalls Anfang der dreißiger Jahre unmittelbar als Ergebnis der Stalinschen Maßnahmen. Als Junge arbeitete Gorbatschow fleißig auf dem Feld, wofür er 1949 den Orden »Rotes Banner der Arbeit« verliehen bekam. Aber er war auch ein hervorragender Schüler und wurde an der renommierten Juristischen Fakultät der Moskauer Staatsuniversität aufgenommen, die er mit sehr hohen Abschlüssen verließ. Die Juristerei sagte ihm aber nicht zu, und nach wenigen Tagen im Büro der Staatsanwaltschaft Stawropol schlug er die politische Laufbahn ein. Da er ein unermüdlicher und effizienter Arbeiter war, wurde er schnell befördert. 1970 war er Leiter der Stawropoler Gebietsparteiorganisation, und 1978 ging er nach Moskau, wo er Erster Sekretär des Zentralkomitees der Kommunistischen Partei mit der besonderen Aufgabe der Führung der Landwirtschaftsabteilung und der verschiedenen Ministerien war, die sich mit der Landwirtschaft befaßten. In dieser Position wohnte er den Sitzungen des Politbüros bei, war allerdings nicht stimmberechtigt. Mit 47 war er der jüngste Mann in der höchsten Führung des Landes.

Unmittelbar nach Tschernenkos Tod wählten die Mitglieder des Politbüros Gorbatschow einstimmig zum Generalsekretär der Partei und damit zum Führer der Nation. Es gibt aber wenig Zweifel, daß die Politbüromitglieder, wenn sie Gorbatschows Pragmatismus und seine Entschlossenheit, im Bedarfsfall auch weitreichende Reformen in Gang zu setzen, gekannt hätten, ihn niemals zur Führung der Kommunistischen Partei bestimmt hätten. 1985 wußte man, daß er relativ aufgeschlossen war, aber seine Genossen nahmen ihn beim Wort, als er erklärte, er sei dem Marxismus-Leninismus verpflichtet. Um Gorbatschow gerecht zu werden: Er meinte es ernst mit seinen Treuebekenntnissen zu Parteidogmen. 1985 hatte er keine Vorstellung davon, wie schwierig es sein würde, Reformen einzuführen. Noch wußte er zu diesem Zeitpunkt, wie weit zu gehen er bereit sein würde, um seine Ziele zu erreichen.

Die sechs Jahre, in denen Gorbatschow an der Macht war, waren eine außerordentlich verwirrende Periode, in der die öffentliche Stimmung in der Sowjetunion zwischen Optimismus, Angst und Enttäuschung schwankte. Überall auf der Welt warteten Befürworter und Gegner des Kommunismus mit angehaltenem Atem auf die neuesten Verlautbarungen aus dem Kreml. Für beide war eine Streitfrage, die auf zwei Arten gestellt wurde, von größter Wichtigkeit. Konnte der Kommunismus sich selbst reformieren und auf diesem Wege demokratisch werden, ohne den Sozialismus aufzugeben? Oder war der Verfall des kommunistischen Regimes bereits so weit fortgeschritten, daß das ganze System aufgegeben werden mußte, bevor eine leistungsfähigere und anständigere Ordnung geschaffen werden konnte? Dies sind Fragen, die die Wissenschaft noch viele Jahre beschäftigen werden, und es ist unwahrscheinlich, daß sie darüber einen Konsens erlangen wird, weil die Fragen, denen sich Gorbatschow gegenübersah, so komplex waren. In entscheidenden Punkten wußte Gorbatschow während seiner Regierungszeit selbst nicht, wohin er das Land führen wollte, wie sich aus seiner Antwort Ende 1990 auf die Frage eines Reporters ergibt, ob er sich nach rechts bewege: »Tatsächlich bewege ich mich im Kreis.« Teil des Problems war, daß jedesmal, wenn er etwas unternahm, um die Wirtschaft voranzubringen, die Umstände sich weiter verschlechterten. Die Ratschläge, die er von Politikern und Fachleuten erhielt, waren widersprüchlich und verstärkten nur die um sich greifende Verwirrung: Von Vertretern der Rechten wurde er gewarnt, er gehe zu weit und seine Reformpolitik führe zum Chaos; Vertreter der Linken schalten ihn, nicht weit genug zu gehen, und warnten ihn, er werde, wenn er nicht schnell radikale Änderungen einführe, die Gunst und Unterstützung des Volkes, von dem ein großer Teil sich angeblich nach mutigen Schritten sehnte, verlieren.

Zudem scheint Gorbatschow bei all seiner Intelligenz und politischen Versiertheit mit einer Grundregel der Politik nicht vertraut gewesen zu sein, die Alexis de Tocqueville zuerst formuliert hat, »... daß der gefährlichste Moment für eine schlechte Regierung im allgemeinen der ist, in dem sie auf Reformen setzt.« Es kam ihm nicht in den Sinn, daß seine Reformen in der sowjetischen

Gesellschaft eine Kettenreaktion auslösen könnten, die zu kontrollieren er nicht in der Lage wäre. So überraschte es ihn, daß seine Vorschläge, besonders, wenn sie radikaler wurden, unter den nationalen Minderheiten und in Osteuropa Protestbewegungen auslösten, Bewegungen, die beim Zusammenbruch der Sowjetunion keine geringe Rolle spielten. Dann waren da unvorhersehbare Unglücke wie etwa die Reaktorkernschmelze in Tschernobyl im April 1986 und die Erdstöße in Armenien 1988. Bei beiden machte die Regierung eine schlechte Figur, so daß das Vertrauen in ihre Kompetenz weiter abnahm. Am Ende hatte Gorbatschow mit persönlichen Rivalitäten und Verrat zu kämpfen, Faktoren, die von Historikern oft übersehen werden, aber eine mächtige Wirkung auf den Lauf der Ereignisse haben können. Wenn man all diese unlösbaren Probleme betrachtet, dann scheint es so, als ob es Gorbatschow bestimmt gewesen war, zu scheitern, und der Sowjetunion, zusammenzubrechen. Das aber würde das Verständnis der Geschichte des Landes von 1985 bis 1991 zu sehr simplifizieren. Ein kompliziertes Zusammenspiel verschiedener Faktoren ist der Grund für das letztendliche Ergebnis, das niemand vorhersehen konnte, als Gorbatschows Regierungszeit begann.

Gorbatschows erste Initiative war maßvoll, aber auch unklug. Andropows Beispiel folgend, startete er eine Kampagne gegen den Alkoholismus, die einen doppelten Zweck hatte: die wirtschaftliche Produktivität zu verbessern und ein gesellschaftliches Problem zu überwinden, das ernstzunehmende Dimensionen angenommen hatte. Die Regierung senkte die Spirituosenproduktion empfindlich, wies die Polizei an, das Verbot der Wodkaerzeugung in den eigenen vier Wänden (*Samogon*) zu verschärfen, schränkte den Verkauf von Alkoholika in Restaurants ein und führte eine allgemeine Kampagne gegen den Branntweingenuß. Diese Maßnahmen führten zu einem Rückgang des Alkoholkonsums und zu einer Verbesserung der Volksgesundheit. Aber die schädlichen Folgen überwogen diese positiven Errungenschaften. Sehr viele Alkoholiker verlegten sich auf Industriealkohole wie Brennspiritus und Frostschutzmittel zur Alkoholherstellung, die von schlechter Qualität und oft schädlich waren. Die Regierung verstand nicht, daß Alkoholismus kein Grund, sondern ein Symptom für persönliches Unwohlsein ist und nur durch ein langes und sorgfältiges Therapieprogramm und persönliche Beratung wirksam bekämpft werden kann. Auch stellte sich heraus, daß der Regierung durch den Rückgang der Alkoholproduktion in drei Jahren nicht weniger als 28 Milliarden Rubel Einkünfte verlorengingen, die sie in Zeiten wirtschaftlichen Niedergangs schlecht entbehren konnte. Und die Anti-Alkoholismuskampagne bewirkte keine Verbesserung der Produktivität. Nach drei Jahren wurde die Kampagne stillschweigend eingestellt.

Gorbatschows Initiativen in politischen und kulturellen Belangen waren vielversprechender und sicher auch dauerhafter. 1986, als er seinen Linksschwenk begann, machte er sich die Politik der *Glasnost* zu eigen, ein verschwommener Begriff, der wörtlich »Öffentlichkeit« und »Offenheit« bedeutete, aber schnell eine Vielzahl von Sinngehalten annahm. Ursprünglich scheint Gorbatschow wenig mehr vorgehabt zu haben, als die Regierung mitteilsamer und selbstkritischer in der Wiedergabe von Informationen zu machen. Aber es dauerte nicht lange, bis das vorsichtige Vorgehen zugunsten einer offiziellen Tolerierung der Verbreitung von Meldungen und Meinungen zu einer ganzen Reihe strittiger Fragen aufgegeben wurde. Ab 1988 behandelten Zeitungen, Zeitschriften und Fernsehen Themen, die jahrzehntelang ein Tabu gewesen waren, darunter den stalinistischen Terror, Zensur, Umweltverschmutzung, Korruption, Verbrechen, die Mängel im Gesundheitsdienst und die Intrigen in höchsten Kreisen der Staatsgewalt. Erzählungen und Romane, auch solche von Autoren, die zur Emigration gezwungen worden waren, wurden nun frei publiziert, und Filme durften auch von den Schattenseiten des sowjetischen Lebens handeln. Wissenschaftler, die sich nicht nach der Parteilinie richteten, konnten ihre Arbeiten veröffentlichen, auch wenn sie so weit gingen, Lenin zu kritisieren, der von Gorbatschow und seinen Genossen weiterhin verehrt wurde. Im Dezember 1986 lud Gorbatschow persönlich Andrei Sacharow, einen Wissenschaftler, dem der Nobelpreis verliehen und der wegen seines Kampfes um die Menschenrechte nach Gorki verbannt worden war, ein, nach Moskau zurückzukehren, wo er schnell der Führer der demokratischen Bewegung wurde. Als ein Ergebnis von *Glasnost* durchlief das kulturelle und politische Leben der Sowjetunion einen fundamentalen Wandel, und die öffentliche Begeisterung für diesen Wandel schien grenzenlos.

Glasnost war schließlich Teil eines größeren Reformunternehmens, das Gorbatschow *Perestroika* (Umbau) taufte, ein Begriff, der ebenfalls nie klar definiert wurde. Als er ihn zum erstenmal gebrauchte, im Mai 1985, sagte er nur: »Offensichtlich müssen wir alle uns einem Umbau unterziehen, wir alle ... Jedermann muß sich neue Vorgehensweisen zu eigen machen und verstehen, daß uns kein anderer Weg zur Verfügung steht.« Alexander Jakowlew, ein loyaler und hochintelligenter Befürworter Gorbatschows, betrachtete *Perestroika* als moralischen Begriff, als eine Bewegung, um Bürger anzuregen, schöpferische und verantwortungsbewußte Menschen zu werden. Der Begriff wurde jedoch in kurzer Zeit zur Parole, einem Allerweltsbegriff zur Umwandlung der Sowjetgesellschaft. Bar jeder klar definierten Bedeutung, konnte er eingesetzt werden, um eine große Auswahl wirtschaftlicher, gesellschaftlicher und politischer

Veränderungen zu rechtfertigen. Als Gorbatschow von zögerlichen zu gemäßigten und dann zu radikalen Reformen überging, verteidigte er sie alle im Namen der *Perestroika*.

Wirtschaftskrise

Gorbatschows drängendstes Problem war die Wirtschaftsleistung, die sich weiter verschlechterte, nachdem er die Regierungsgeschäfte übernommen hatte. In Industrie wie Landwirtschaft sank die Wachstumsrate stetig. Die Bauernhöfe brachten nicht genug Nahrungsmittel hervor, und ein Fünftel der »Kalorienaufnahme« mußte importiert werden, und dies in Zeiten wachsender Budgetdefizite. Das Unvermögen der Industrie, mit dem technologischen Fortschritt mitzuhalten, der die Produktivität in Westen stark erhöhte, beeinflußte nicht nur den Lebensstandard der Einwohner des Landes nachteilig, sondern ließ in der Regierung auch Befürchtungen aufkommen, die militärische Stärke ihres Staates falle hoffnungslos hinter die des Westens zurück.

1990, in Gorbatschows fünftem Jahr im Amt, verschlimmerte sich die Wirtschaftskrise dramatisch. Innerhalb eines Jahres sank das Nettoinlandsprodukt um neun Prozent. Die Preise stiegen steil an, einige Hauptartikel wie Milch, Tee, Kaffee und Seife waren schwer zu bekommen, und in zahlreichen Regionen führten die Machthaber ein Rationierungssystem ein. In einem verzweifelten Versuch, die Produktivität zu fördern, beschritt Gorbatschow den Weg, die Arbeiter ihre eigenen Direktoren wählen zu lassen, aber mit negativem Erfolg, weil die neuen Direktoren, ihren Untergebenen verpflichtet, die Löhne stark erhöhten, was die Inflation weiter anheizte. Die Regierung versuchte auch eine Vielzahl anderer Wirtschaftsreformen wie die Duldung eines privaten (kapitalistischen) Sektors im Dienstleistungsbereich und im kleinen Maßstab auch in der Industrie oder die Lockerung der zentralen Lohnkontrolle, aber diese Maßnahmen griffen nicht, teilweise deshalb, weil viele Beamte, die gegen Gorbatschows Pläne waren, sie schlichtweg unter den Tisch fallen ließen. Dann begann Gorbatschow über die Bildung einer »sozialistischen Marktwirtschaft« zu reden, eine widersprüchliche Vorstellung, deren Bedeutung er nicht erklären konnte und die keine praktischen Konsequenzen hatte.

Gorbatschow suchte den Rat hochbefähigter Volkswirtschaftler, die fast übereinstimmend rieten, die Regierung solle die zentralisierte Kontrolle der Wirtschaft ebenso wie die Einschränkung des Privateigentums und der Privatinitiative aufgeben. Im September 1990 überreichte eine Kommission unter der Leitung des angesehenen Wirtschaftswissenschaftlers Stanislaw Schatalin der Regierung ein detailliertes Wirtschaftsreformprogramm, bekannt als der »500-Tage-Plan«, um das Land vom Sozialismus wegzuführen und ein System freien Unternehmertums zu bilden. Das Vorhaben schloß sogar die Formulierung von 21 Gesetzestexten ein, die die Legislative passieren sollten, um die grundlegenden Vorschriften für eine neue Wirtschaft zu schaffen. Niemand kann sicher sein, daß Schatalins Programm gegriffen hätte, aber es wurde allgemein als die beste Aussicht für das Land betrachtet, die ökonomische Krise zu überwinden, die sich in eine Katastrophe zu verwandeln drohte. Gorbatschow schien das Programm zu favorisieren, und die Möglichkeit, es zu übernehmen, war vielversprechend, aber er bekam, wie so oft, wenn es galt, eine größere Entscheidung zu treffen, kalte Füße. Wahrscheinlich war er für solch einen schnellen Rückzug von seinen ideologischen Überzeugungen nicht gerüstet; er sah sich immer noch als Marxist-Leninist und befürwortete einen »Sozialismus mit menschlichem Gesicht«. Es kann auch sein, daß er fürchtete, Schatalins Vorgaben seien einfach zu radikal und würden so heftigen Widerstand hervorrufen, daß sich die Lage nur noch mehr verschlechterte. Er schwenkte jetzt scharf nach rechts und entließ mehrere seiner aufopfernsten reformgesinnten Helfer. In seinen öffentlichen Verlautbarungen kehrte er zur alten kommunistischen Phraseologie zurück.

Gorbatschows Unvermögen, die Wirtschaft wiederzubeleben, beeinträchtigte seine anderen Leistungen, die eindrucksvoll waren. Noch nie in der Geschichte der UdSSR hatte sich die Bevölkerung solcher Freiheit erfreut wie Ende der achtziger Jahre. Gleich wichtig war die Bildung einer ganzen Reihe politischer Einrichtungen, die der Grundstock einer echten demokratischen Ordnung zu sein schienen. Gorbatschow war allmählich, Schritt für Schritt, vorgegangen, aber im politischen Bereich war er kühn und waghalsig. Er schuf eine neue politische Struktur, die den Bürgern ein größeres Mitspracherecht in nationalen Angelegenheiten gab. Ein Kongreß der Volksdeputierten mit 2250 Mitgliedern wurde gewählt und sollte jährlich zusammentreten und die Regierungsexekutive überwachen. Der Kongreß wiederum sollte einen Obersten Sowjet mit 542 Vertretern wählen, der sich zweimal im Jahr treffen und als Legislative dienen sollte, mehr oder weniger wie ein Parlament der Länder des Westens. Aber nur zwei Drittel der Mitglieder des Kongresses der Volksdeputierten sollten direkt vom Volk gewählt werden. Ein Drittel seiner Mitglieder sollte von »gesellschaftlichen Organisationen« wie den Gewerkschaften und der Kommunistischen Partei ausgesucht werden. Der Oberste Sowjet sollte seinen Vorsitzenden wählen, der vermutlich auch der Generalsekretär der Kommunistischen Partei werden würde, der Posten, den Gorbatschow innehatte. Nach Artikel 6 der Verfassung von 1976 war die Kommunistische Partei »der Kern des politischen Systems und aller staatlichen und öffentlichen Organisationen«, und Gorbatschow war nicht bereit, die Partei ihres Status vollständig zu berauben. Er blieb der Sowjetunion als Arbeiterstaat verpflichtet, in dem die Kommunisten sich bedeutender politischer Vorrechte erfreuen sollten.

Dennoch waren die Sitzungen des Kongresses der Volksdeputierten über die gesamte Zwei-Wochen-Periode von Ende Mai bis Anfang Juni 1989 im ganzen Land mit gewaltiger Aufregung aufgenommen worden. Um kein Mißverständnis aufkommen zu lassen, die Wahlen waren nicht im westlichen Wortsinn »demokratisch«. Es waren nicht nur viele Sitze für besondere Organisationen reserviert, sondern in über 20 Prozent der Wahlkreise erschien nur ein Name auf dem Stimmzettel, und anderswo gab es Unregelmäßigkeiten, die sicherstellten, daß der kommunistische Kandidat siegte. Nicht überraschend errangen die Konservativen – d. h. Parteiaktivisten, die gegen Gorbatschow waren – eine sichere Mehrheit der Sitze. Andererseits gingen an die 90 Prozent der in Frage kommenden Wähler zur Abstimmung, und nicht wenige kommunistische Beamte fielen bei der Wahl durch. Eine beträchtliche Anzahl der Abgeordneten waren Reformer, unter ihnen der nun allseits verehrte Andrei Sacharow, und am wichtigsten war, daß die Beratungen im Fernsehen übertragen wurden. Die Völker der Sowjetunion und viele außerhalb des Landes saßen gebannt in ihren Sesseln, in Erstaunen darüber, mit welcher Offenheit die Abgeordneten Fragen stellten und die Führung kritisierten. Es gab zahlreiche Verweise auf die brutalen Unterdrückungsmaßnahmen während der Stalinära, die Aktivitäten der Geheimpolizei, die Umweltkatastrophen, den deutsch-sowjetischen Pakt, gar nicht zu erwähnen die Fragen über den luxuriösen Lebensstil Gorbatschows und anderer Spitzenfunktionäre. Sacharow trat für eine grundlegende politische Änderung ein: die Kommunistische Partei sollte nicht länger ein Machtmonopol haben. Gorbatschow wurde in ein neues Amt, zum Vorsitzenden des Obersten Sowjet, gewählt, die führende Position im Staate; ein Titel, der bald in »Präsident« umgewandelt wurde. Den Posten des Generalsekretärs der Kommunistischen Partei behielt Gorbatschow.

Doch seine Hoffnung, die politischen Reformen, die er in Gang gesetzt hatte, würden ihm, weitreichend, wie sie waren, eine Atempause verschaffen, um die Wirtschaft wiederzubeleben und Stabilität zu schaffen, sollte bald zunichte gemacht werden. Der Druck, der von der Linken auf ihn ausgeübt wurde, hielt an, und im März 1990 machte er in der Durchführung eines Wandels, der nichts weiter als die Autorität der Kommunistischen Partei untergraben sollte, einen Sprung nach vorn. 73 Jahre hatte sie, ungeachtet einiger Hemmnisse, allein die Macht in der Sowjetunion ausgeübt. Nun wurde der Artikel 6 der Verfassung, welcher der Partei diese Macht garantierte, geändert und die Macht in die Hände des Staates gelegt. In mancherlei Beziehung krönte dies Gorbatschows Leistung, da es der Sowjetunion die Möglichkeit eröffnete, sich zu einer pluralistischen Demokratie zu entwickeln.

Aber zu der Zeit wurde Gorbatschow von beiden Seiten belagert, wild angegriffen von der Rechten wie der Linken. Der Anführer der Linken war Boris Jelzin, ein extravaganter, impulsiver Politiker, der seine Spuren als hart durchgreifender Parteifunktionär in Swerdlowsk (früher und jetzt wieder Jekaterinburg) hinterlassen hatte. 1986 hatte Gorbatschow Jelzin in die Hauptstadt geholt, wo er als Erster Sekretär des Moskauer Stadtparteikomitees fortfuhr, zahlreiche Funktionäre wegen Korruption zu entlassen. Jelzin gab sich populistisch, fuhr oft im Bus in der Stadt umher, besuchte Fabriken, Büros, Restaurants; auf seinen unzähligen Touren fragte er die Bürger, welche Dienstleistungen verbessert werden sollten. Seine Popularität stieg rasch, und je mehr sie stieg, desto kühner und taktloser drängte er Gorbatschow, radikalere Reformen durchzuführen. Im Oktober 1987 entließ Gorbatschow Jelzin, der auch von seiner Stellung als Kandidat des Politbüros zurücktrat. Er übernahm nun den vergleichsweise niedrigen Posten des stellvertretenden Leiters des Staatlichen Aufbaukomitees, und es schien, als sei seine Karriere zu einem schmählichen Ende gekommen.

Aber Jelzin wollte unbedingt rehabilitiert werden. Dazu trieb ihn nicht nur sein Ehrgeiz, sondern auch die Entschlossenheit, sich für seine Niederlage durch Gorbatschow zu rächen. Die beiden Männer wurden erbitterte Konkurrenten, und für die nächsten vier Jahre spielte der Streit zwischen ihnen beim Ende der Sowjetunion eine Hauptrolle. Mitte 1988 kündigte Jelzin auf dem XIX. Parteitag unerwartet an, fast das gesamte Programm Gorbatschows zu unterstützen, und bat demütig darum, wieder als Parteiführer eingesetzt zu werden. Nach einer scharfen Attacke durch den Rechten Jegor Ligatschew bescherte der Parteitag Jelzin eine weitere demütigende Niederlage, indem er entschied, ihm seinen Parteiposten nicht zurückzugeben. Unverzagt beschloß Jelzin, seine politische Karriere wiederaufzunehmen, indem er sein Schicksal mit der demokratischen Opposition gegen Gorbatschow verband und sich im Frühjahr 1990 zur Wahl in den Volkskongreß der Russischen Sozialistischen Föderativen Sowjetrepublik (RSFSR), der größten Einzelrepublik der Sowjetunion, aufstellen ließ, ein Schritt, der eine Verlagerung seiner politischen Loyalität von der Sowjetunion nach Rußland anzeigte. Innerhalb weniger Monate war Jelzin zum Sprecher des Obersten Sowjet gewählt, und ein Jahr später, im

Juni 1991, gewann er die russische Präsidentenwahl. Er hatte nun seine eigene Machtbasis und war, zuverlässigen Meinungsumfragen zufolge, in der Sowjetunion bedeutend populärer als Gorbatschow.

Politischer Zusammenbruch

In der Zwischenzeit hatte das Sowjetreich damit begonnen, sich aufzulösen, ein Vorgang, der Gorbatschows Geschick und seine Bereitschaft zu friedlichen Reformen auf die äußerste Probe stellte. Gorbatschow widmete sich mit Hingabe der Bewahrung der Sowjetunion und des Sozialismus und unternahm in beider Interesse jede erdenkliche Anstrengung. Zu seiner Ehre muß jedoch gesagt werden, daß er es ablehnte, im großen Rahmen Gewalt anzuwenden, um das Reich zu bewahren oder selbst die Macht zu behalten. Er hatte ja noch die dazu notwendigen Kräfte unter seinem Kommando und war bei Gelegenheit auch nahe daran, hart durchzugreifen, hielt sich am Ende aber zurück. Seine Selbstbeherrschung wird von Historikern bestimmt als eine seiner bewundernswertesten Führungseigenschaften in Erinnerung behalten werden.

Von 1989 an fielen die Länder des Ostblocks – Polen, die DDR, Bulgarien, Rumänien, Ungarn und die Tschechoslowakei –, die formal unabhängig, aber in Wirklichkeit Vasallenstaaten der Sowjetunion waren, ab, erklärten sich für unabhängig und verwarfen den Kommunismus, ohne daß die Russen versuchten, sie mit Gewalt davon abzuhalten. Doch das war nicht alles. Seit 1987 waren die Nationalbewegungen in verschiedenen Gebieten der UdSSR immer bestimmter aufgetreten. Zuerst forderten sie die Autonomie, aber bald steigerten sie ihre Ansprüche und riefen nach wirklicher Unabhängigkeit. Im November 1988 verkündete der estnische Oberste Sowjet beispielsweise, er habe die Befugnis, gegen in Moskau erlassene Gesetze sein Veto einzulegen. Zwei Monate später protestierte Litauen offiziell gegen die Anwesenheit sowjetischer Streitkräfte auf seinem Territorium. Beide Staaten erklärten, daß Russisch nicht länger die offizielle Staatssprache sein sollte. Innerhalb eines Jahres hatten sich nationalistische Bewegungen, die Autonomie oder weitestgehende Selbstverwaltung forderten, in praktisch jeder Region des Landes ausgebreitet, darunter Republiken, die kulturell und sprachlich eng an Rußland angeschlossen waren wie die Ukraine und Weißrußland. Um die Auflösung des Landes zu verhindern, leitete Gorbatschow im April 1991 eine Wiederannäherung mit Jelzin ein, um sich dessen Unterstützung für einen neuen Einigungsvertrag zu sichern, der den einzelnen Republiken in Wirtschafts- und politischen Angelegenheiten eine größere Autonomie als bisher gewähren, aber die Sowjetunion als geeinten Staat weiterhin bewahren sollte. Ein förmlicher Vertrag zwischen den Republiken, der die neue Vereinbarung besiegelte, sollte am 20. August unterschrieben werden.

Rasend vor Wut, traten Vertreter einer harten Linie innerhalb der Führung der Kommunistischen Partei in Aktion. Zuerst griffen sie Gorbatschow so heftig an, daß dieser sich bereit erklärte, als Generalsekretär zurückzutreten. Nur auf die dringlichen Bitten seiner Anhänger hin ließ er sich bewegen, es sich noch einmal zu überlegen. Dann aber machten die Falken ihren verwegensten Schritt: Sie inszenierten einen Staatsstreich, um Gorbatschow abzusetzen. Die Geschehnisse rund um das Komplott würden die perfekte Handlung für eine komische Oper abgeben. Selbst das Vorspiel des Streiches ist verblüffend. Mitte 1991 warnte James Baker, der amerikanische Außenminister, Gorbatschow, ein Staatsstreich stehe nahe bevor, aber dieser setzte sich über die Mitteilung kaltlächelnd hinweg. Er konnte nicht glauben, daß die Männer, die er politisch überlistet hatte, in der Lage waren, ihn zu entmachten. Im August ging er in seine Datscha im Dorf Foros am Schwarzen Meer in Urlaub.

Am 18. August erhielt er unerwarteten Besuch von vier hohen Beamten, die angeordnet hatten, alle Telefonverbindungen Gorbatschows zu unterbrechen. Ohne Zeit mit Formalitäten zu verschwenden, baten die vier Männer Gorbatschow, die Macht seinem Vizepräsidenten, G. Janajew, zu übergeben, der unverzüglich den Notstand verkünden werde, damit die Machthaber die Ordnung wiederherstellen und, wie man voraussetzte, den Einigungsvertrag rückgängig machen könnten. Danach werde Gorbatschow sein Amt als Staatsoberhaupt zurückerhalten. Der Präsident wies das Ansinnen zurück, und sein Trotz zahlte sich aus, weil die Verschwörer unglaublich unfähig und obendrein noch ängstlich waren. Sie hatten es versäumt, auch nur einen der Führer zu verhaften, die wahrscheinlich gegen ihren Plan waren, und auch keinen Versuch unternommen, die Kontrolle über Fernsehstationen zu übernehmen oder sich vor Straßenprotesten zu schützen. Die Pressekonferenz, die sie abhielten, um die Nation von ihrem Vorgehen zu unterrichten, war ein Fiasko. Weit davon entfernt, ein Präsident zu sein, war Janajew ein nervöses Wrack, das nicht aufhören konnte, mit seinen Fingern herumzuspielen. Ein anderer Verschwörer, Valentin Pawlow, war zu betrunken, um sich auf der Pressekonferenz blicken zu lassen. Der erste Auftritt der Regierung flößte nicht gerade Vertrauen in die Fähigkeit der Verschwörer ein, das Land zu regieren, geschweige denn in Zeiten der Krise die Ordnung wiederherzustellen.

Für Jelzin war der Staatsstreich eine goldene Chance, Mut und Verpflichtung zu grundlegenden Reformen zu demonstrieren. In einer unvergeßlichen Geste kletterte er auf einen Panzer, der vor dem Weißen Haus stand, dem Gebäude, das der Sitz des Obersten Sowjets der RSFSR und das Hauptquartier des Widerstands gegen den Staatsstreich geworden war, und gelobte vor einer großen Menschenmenge, den Verschwörern eine Niederlage beizubringen. Damit wurde Jelzin sofort zum Nationalhelden. Dann versetzte die Armee den Verschwörern einen schlimmen Schlag, als sie ihnen ihre Unterstützung verweigerte. Am Mittag des 21. August, gerade drei Tage nachdem er inszeniert worden war, war der Staatsstreich im Sande verlaufen.

Nach seiner Rückkehr nach Moskau beging Gorbatschow mehrere grobe Fehler, die Jelzin in die Hände spielten. Er weigerte sich, die Kommunistische Partei zu kritisieren, obwohl eine ganze Anzahl ihrer Führer sich dem Staatsstreich entweder angeschlossen oder ihm ihren Segen gegeben hatte. Viele von ihnen traten nun von ihren Ämtern zurück, doch Gorbatschow ersetzte sie überraschenderweise durch Personen, die denen, die mit Jelzin vor dem Weißen Haus gestanden hatten, ein Greuel waren. Jelzins Prestige stieg unvermeidlich an, und er wußte, wie er punkten konnte. Er behandelte Gorbatschow mit Verachtung, gelobte Unterstützung für eine Marktwirtschaft, erklärte die Unabhängigkeit Rußlands von der Sowjetunion und erkannte die Unabhängigkeit der anderen Republiken an. Die Sowjetunion zerfiel in 15 getrennte Staaten, eine Entwicklung, die zwei Jahre früher selbst Kennern überall auf der Welt als kaum möglich erschienen wäre.

Um die historische Bedeutung des Zusammenbruchs der Sowjetunion würdigen zu können, lohnt es, sich das Schicksal anderer mächtiger Reiche zu vergegenwärtigen. Das Römische Reich, das spanische Weltreich, das Britische Empire – sie alle verschwanden, aber sie alle hatten länger Bestand als das Sowjetreich; sie waren über Jahrzehnte, wenn nicht Jahrhunderte im Niedergang begriffen. Und alle hinterließen sie bleibende Spuren in den Ländern, die sie beherrscht hatten. Das Römische Reich zum Beispiel bestand vom 1. Jhd. v. Chr. bis 476 n. Chr., etwa 500 Jahre, und seine Periode des Niedergangs umfaßte etwa 140 Jahre. Im Osten überdauerte die »römische« Herrschaft bis 1453. Sein Vermächtnis im Rechtswesen, in Kunst und Literatur ist zu bekannt, um näher erläutert werden zu müssen. Das spanische Weltreich überdauerte etwa vom späten 15. Jahrhundert bis ins 17. Jahrhundert, und seine kulturelle und politische Wirkung auf die beiden Amerika war sehr bedeutend und ist noch sehr gut sichtbar. Das Britische Empire bestand vom 17. bis zum 20. Jahrhundert und verschwand allmählich über einen Zeitraum von vielen Jahrzehnten. Sein kultureller und politischer Einfluß war selbstverständlich gewaltig.

Im Unterschied dazu bestand das Sowjetreich – politisch, ökonomisch, gesellschaftlich und kulturell so verschieden vom kaiserlichen Rußland, daß es eine neue politische Ordnung bildete – bloß 74 Jahre, und die Sowjetunion beherrschte Osteuropa gerade einmal 45 Jahre. Die Hinterlassenschaften der Sowjetunion waren große Unzufriedenheit in den ehemals kommunistischen Staaten, leidenschaftlicher Haß der unterdrückten Völker gegen die Russen und gewalttätige ethnische Konflikte. Es ist unwahrscheinlich, daß viele der Nachfolgestaaten der Sowjetunion viel vom Sowjetsystem, seiner Wirtschaft, Politik oder Kultur, bewahren werden. Wie konnte es geschehen, daß ein riesiges Reich, das ungeheuer mächtig zu sein schien, sich kaum sechs Jahre, nachdem die Regierung die Reform eingeleitet hatte, auflöste und so wenige positive Spuren hinterließ? Boris Jelzin hat 1992 eine Erklärung abgegeben, die eine Antwort andeutet: »Die Welt kann vor Erleichterung aufseufzen. Das Götzenbild des Kommunismus, das überall gesellschaftlichen Streit, Feindseligkeit und beispiellose Brutalität verbreitete, das der Menschheit Angst einflößte, ist zusammengebrochen.« Ein Historiker mag Jelzins Erklärung berechtigterweise genauer fassen, indem er darauf hinweist, daß der Kommunismus versagt hat, weil er von Anbeginn an eine utopische und somit unerreichbare Vorstellung war, die von gewissenlosen Ideologen stümperhaft umgesetzt wurde.

Die Präsidentschaft von Boris N. Jelzin

Als Präsident der neuerdings unabhängigen Russischen Föderation setzte Jelzin sich eine so großartige und komplizierte Aufgabe, daß man im nachhinein vernünftigerweise bezweifeln kann, ob er jemals eine realistische Erfolgschance hatte. Er beabsichtigte, Rußland sofort von einem autoritären Staat, in dem die Wirtschaft in Staatsbesitz war und zentral gelenkt wurde, in eine Demokratie zu verwandeln, in der Privatunternehmen überwogen. Das sollte in einem Land ohne tiefverwurzelte Traditionen der Volksbeteiligung an der Regierung erreicht werden, ohne die gesetzlichen und wirtschaftlichen Einrichtungen, die das Rückgrat des Kapitalismus bilden, und ohne eine gesicherte Basis mit den Grundsätzen der Demokratie oder den Gepflogenheiten des Kapitalismus vertrauter Bürger. Kein Land hatte jemals in kurzer Zeit den Übergang vom autoritären Kollektivismus zu freiem Unternehmertum und Volksherrschaft durchgemacht, und obwohl es zahlreiche Pläne gab, wie es weitergehen sollte, konnte niemand auf relevante Beispiele verweisen.

Selbst unter den besten Umständen wären die Erfolgsmöglichkeiten zweifelhaft gewesen, aber die Bedingungen im Rußland von 1991 waren mit unlösbaren Problemen überfrachtet. Die wahrscheinlich ernstesten waren die Mängel der politischen Führung. Jelzin fehlte nicht einfach nur die Erfahrung, mit den vorliegenden Aufgaben fertig zu werden. Er war ein äußerst sprunghafter Mensch, der offenbar keine festen Überzeugungen hatte. Einmal ein loyaler Kommunist, wechselte er von Reformbegeisterung zum Populismus; dann schwor er dem Kommunismus ganz ab und erklärte seine Vorliebe für Demokratie und Marktwirtschaft. Aber einmal an der Macht, kam er für sich selber zu der Überzeugung, daß das russische Volk einen starken Herrscher wünschte. Er wurde nun mehr und mehr autoritär und ging so weit, die Rolle eines »Vaters der Nation« anzunehmen und sich wie »Zar Boris« aufzuführen. Zur Überraschung selbst seiner engsten Verbündeten sollte er von sich in der dritten Person als »der Präsident« reden und knappe Befehle in der Manier eines Monarchen oder Diktators erteilen. Jelzin war auch ein innerlich unruhiger Mensch, der unter tiefen Depressionen litt und deswegen irgendwann einmal für Wochen die Öffentlichkeit meiden sollte. Dem Alkohol verfallen, sollte er sich gelegentlich in der Öffentlichkeit in Schlangenlinien bewegen. Und dann gab es längere Abschnitte, in denen Jelzin so ernsthaft erkrankt war, daß er seine amtlichen Funktionen nicht erfüllen konnte. Von mehreren Herzanfällen niedergestreckt, ließ er sich Ende 1996 fünf Bypässe legen. In diesen Zeiten des Unwohlseins war niemand gesetzlich ermächtigt, seinen Platz einzunehmen, denn der Verfassungstext enthielt keine Vorkehrung, wer regieren sollte, wenn der Präsident nicht arbeitsfähig war. Die sich bekämpfenden Fraktionen in seinem Gefolge, eifrig darauf bedacht, ihre Vorrechte zu verteidigen, sollten sich in geschickten, aber nicht immer erfolgreichen Versuchen vereinigen, des Präsidenten Gebrechlichkeit zu verheimlichen.

Die meiste Zeit lagen die Fraktionen sich in den Haaren, wie mit der rapide im Niedergang befindlichen Wirtschaft, der Schaffung neuer politischer und sozialer Einrichtungen und den immer lauter werdenden Forderungen nach Unabhängigkeit für Bevölkerungsminderheiten wie den Tschetschenen umzugehen sei. Jelzin, ein brillanter politischer Taktiker, war in endlose Intrigen verstrickt und versuchte eine Gruppe gegen die andere auszuspielen, bevor er zu einer Entscheidung kam, aber diese Art der Regierung war unergiebig.

Jelzins drängendste Herausforderung war die Wirtschaft, die schon viele Jahre stagnierte und für Gorbatschow ein großes Hindernis dargestellt hatte. Entschlossen, die Unschlüssigkeit seines Vorgängers zu vermeiden, machte Jelzin sich die radikalen, als »Schocktherapie« bekannten Vorschläge seines neuernannten Wirtschafts- und Finanzministers Jegor Gaidar zu eigen. Die

Absicht war, schnell und plötzlich eine Reihe grundlegender Reformen einzuführen, die die sozialistische Wirtschaft kurzfristig abschaffen und diese durch eine auf Grundlage der Marktmechanismen funktionierende ersetzen sollten. Jelzin war von der Durchführbarkeit dieses Plans überzeugt und verglich Gaidar mit einem Arzt, der einen gelähmten Patienten behandelt, indem er ihn aus dem Bett zerrt und zum Laufen zwingt. Am 1. Januar 1992 kündigte die Regierung an, daß die Preiskontrollen mit dem 2. Januar aufgehoben seien, um dem Markt zu erlauben, die Warenpreise festzulegen. Gaidar warnte vorsorglich, es werde eine gewisse Inflation geben; er schätzte, die Preise könnten um 100 Prozent steigen. Seine Beurteilung war höchst fehlerhaft: In zwei Monaten stiegen die Preise um das Zehnfache. Aber das war noch nicht alles. Die Industrieproduktion sank rapide, der Wert des Rubel fiel dramatisch, und die Arbeitslosigkeit wuchs mit rasender Geschwindigkeit.

Während der Gaidar-Reform gab es kurze Phasen wirtschaftlicher Erholung. 1996 wurde beispielsweise als gutes Jahr betrachtet, weil die Inflationsrate nur bei etwa 20 Prozent lag. Aber alles in allem war dem russischen Volk seit 1992 ein hartes Los beschieden. Ein paar Zahlen sprechen für sich. Ende 1992 lebte zum Beispiel ein Drittel der 148 Millionen Bürger des Landes unter der Armutsgrenze. Millionen Werktätiger – nach einer verläßlichen Schätzung drei Viertel von ihnen – erhielten ihren Lohn nicht pünktlich, manchmal betrug die Verzögerung Monate. Viele Stadtbewohner konnten sich nur ernähren, weil sie kleine Grundstücke hatten, auf denen sie Kartoffeln und Gemüse zogen. In weiten Teilen des Landes hatte sich der Tauschhandel eingebürgert. Rußlands Gesundheitssystem ist ein Chaos. In den vier Jahren von 1990 bis 1994 sank die Lebenserwartung der Männer von 65 auf 58 und die der Frauen von 75 auf 71 Jahre. Indem sie die Preiskontrolle aufhoben, führten Gaidar und Jelzin eine notwendige Reform durch, aber ohne ausreichende Vorbereitung. Ein freier Markt kann nicht ohne eine gesetzliche Ordnung, ein leistungsfähiges Bankensystem, einen Börsenmarkt und eine Öffentlichkeit, die an einen einigermaßen geregelten Wettbewerb gewöhnt ist, auskommen. Keine dieser Grundvoraussetzungen war in Rußland gegeben, und damit war die Initiative der Regierung zum Scheitern verurteilt.

Dem zweiten Aspekt von Gaidars Wirtschaftsprogramm, der Privatisierung, erging es auch nicht besser. Wieder war seine Überlegung vernünftig, aber die Durchführung seiner Reform höchst mangelhaft. Ab Oktober 1992 stellte die Regierung unter der Leitung von Anatoli Tschubais, einem rücksichtslosen und geschickten Administrator, Bürgern zum Ankauf von Staatsunternehmen Gutscheine, von denen jeder 10 000 Rubel wert war, zur Verfügung. Aber in Zeiten einer hohen Inflation waren 10 000 Rubel schnell eine geringfügige Summe, und der Durchschnittsbürger wußte herzlich wenig über Börsen oder wie man eine Fabrik oder ein Geschäft betreibt. Zudem war der ganze Privatisierungsprozeß von Korruption geprägt. Das hatte zur Folge, daß eine relativ kleine Gruppe ehemaliger Direktoren von Sowjetfirmen Eigentümer riesiger Unternehmen und gelegentlich gewaltiger Konzerne wurde. Eine Nation, die sich nur wenige Jahre früher gepriesen hatte, keine kapitalistische Ausbeuterklasse zu haben, hatte nun genau diese, und viele Reiche stellten ihren Wohlstand vulgär zur Schau.

Es besteht jedoch kein Zweifel, daß die Privatisierung das russische Wirtschaftssystem schnell und grundlegend änderte. Innerhalb von vier Monaten war nahezu ein Drittel aller Handels- und Dienstleistungsunternehmen in Privathand, und die Gesamtzahl der Betriebe in Privatbesitz erreichte fast die Millionengrenze. Zwei Jahre später, 1994, beschäftigten Privatunternehmen in Rußland nahezu 40 Prozent der Arbeitnehmer, ein erstaunlich schneller Wandel in der Wirtschaft des Landes. Die Läden waren nun mit besseren Waren bestückt, als es sie unter dem Kommunismus je gegeben hatte. Die Hauptnutznießer der Privatisierung von Staatsunternehmen waren die sogenannten »Oligarchen«, weil sie einen enormen Einfluß auf die Politik der Regierung ausübten. Einige von ihnen bekleideten hohe Posten in Jelzins Regierung oder seinem Gefolge.

Abgeordnete der beiden Kammern des Parlaments, dem Obersten Sowjet und dem Kongreß der Volksdeputierten, kritisierten das Wirtschaftsprogramm der Regierung mit Leidenschaft. Der Sprecher des Obersten Sowjet, Ruslan Chasbulatow, war anfänglich ein großer Anhänger Jelzins, entfremdete sich ihm aber bald, teils, weil er die Maßnahmen des Präsidenten nicht guthieß, aber auch, weil er selbst auf die Präsidentschaft Rußlands hoffte. Unter dem Sowjetsystem wäre solch eine offene Rivalität zwischen dem Führer der Legislative und der Exekutive undenkbar gewesen, aber nun, da Rußland so etwas Ähnliches wie ein parlamentarisches System hatte, bestand die Herausforderung für politische Führer darin, ein funktionierendes Verhältnis zwischen Exekutive und Legislative zu schaffen. Das ist niemals einfach, war aber besonders schwierig in Rußland, das keine Tradition für den Machtausgleich zwischen den beiden Regierungsgewalten hatte. Es gab ja auch keine Tradition unabhängiger politischer Parteien mit klaren Programmen, die den Überlegungen in der gesetzgebenden Körperschaft ein gewisses Maß an Geschlossenheit und Disziplin verleihen konnten. Obwohl die verschiedenen Gruppierungen im Parlament, von denen keine sich einer Mehrheit in der Kammer erfreuen konnte, ein Festhalten an spezifischen Programmen verkündeten und besondere gesellschaftliche oder wirtschaftliche Interessen vertraten, waren sie größtenteils lockere Zusammenschlüsse, die für alle Zwecke und Absichten die Meinungen ihrer Führer vertraten. Darüber hinaus wechselten einzelne Mitglieder der Kammer ihre Loyalität ziemlich leicht, womit sie den Gesetzgebungsprozeß nur noch mehr komplizierten.

Politische Spannungen

Ein immerwährendes Problem in Jelzins neunjähriger Regierung war es, eine Mehrheit für seine gesetzgeberischen Anträge zu bekommen. Aus Neigung und weil er sich so vielen Krisen gegenübersah, wünschte Jelzin per Dekret zu regieren. Der Kongreß der Volksdeputierten von Rußland hatte ihm im Oktober 1991 in der Tat die Vollmacht für Notverordnungen erteilt, um seine wirtschaftlichen Maßnahmen per Dekret verfügen zu können, aber als die Wirkung der Reformen offensichtlich wurde, überlegte die Legislative es sich noch einmal. Spätestens Mitte 1992 sollte sie dem Präsidenten keine *carte blanche* mehr geben und die Reformmaßnahmen der Regierung eine nach der anderen ablehnen. Die Bühne für eine Auseinandersetzung, die mit einem schrecklichen Rückschlag für die weitere Entwicklung der demokratischen Einrichtungen in Rußland endete, war bereitet.

Das Zerwürfnis zwischen Parlament und Präsident dauerte ungefähr ein Jahr. Um die Blockade aufzuheben, entschloß sich Jelzin im September 1993 zu dem drastischen Schritt, die Auflösung der Legislative anzuordnen. Er kündigte an, die Wahl einer neuen Legislative werde im Dezember stattfinden, wenn auch ein Referendum über eine von den Machthabern entworfene neue Verfassung abgehalten werde, und er werde in der Zwischenzeit aus eigener Machtvollkommenheit regieren. Das Präsidentschaftsdekret Nr. 1440, das diese Maßnahmen verkündete, trieb den Konflikt auf die Spitze. Nur Stunden nach der Veröffentlichung des Dekrets entließ das Parlament seinerseits Jelzin aus seinem Amt, indem es Alexander Rutzkoi zum Präsidenten der Russischen Föderation wählte. Rutzkoi war der Vizepräsident, aber seit Anfang 1992 hatte er immer energischer Jelzins Politik bekämpft, und wegen seines Ruhms als General und seines Charismas nahm ihn die Opposition, die sich aus Kommunisten und Ultranationalisten zusammensetzte, als einen Mann wahr, der es mit dem Präsidenten aufnehmen konnte. Um Rutzkois Wahl sicherzustellen, beriefen die Führer des Parlaments im Weißen Haus eine Notsitzung des Zehnten Kongresses der Volksdeputierten ein und wiesen ihre Anhänger aus der Bürgerschaft an, die Waffen zu erheben, um das Weiße Haus zu verteidigen.

Jelzins Antwort war die Ausrufung des Notstands in Moskau. Er befahl den Streitkräften, das Gebäude mit Panzern zu umstellen. Die Kampfhandlungen begannen am 2. Oktober. Zwei Tage später schossen die Panzer in das Gebäude hinein, verursachten beträchtlichen Schaden und zahlreiche Todesfälle. Nach wenigen Stunden ergaben sich diejenigen, die sich im Weißen Haus verschanzt hatten. Rutzkoi und andere politische Führer wurden verhaftet. Es war ein Ereignis von großer Tragweite, das den guten Ruf von Jelzin und der Opposition trübte. Beide hatten einen Leichtsinn an den Tag gelegt, der dem Land ernstlich geschadet hatte. Wie eine führende Historikerin der Jelzinzeit, Lilia Schewtsowa, festhielt, »zerstörte [der Zusammenstoß] das lange bestehende Tabu, in politischen Kämpfen in Moskau rohe Gewalt anzuwenden«.[19]

Nun gab die Regierung eine neue Verfassung heraus, die im Dezember in einem Referendum angenommen wurde. Obwohl sie eine Zweikammerlegislative, die Staatsduma und den Föderationsrat, vorsah, verlagerte sich die Machtbalance klar zum Vorteil des Präsidenten, der, wie viele es nannten, ein »Superpräsident« mit erweiterter Machtbefugnis wurde, die in mancher Beziehung jener der Zaren glich. Nach der Verfassung sollte der Präsident nicht allein als Staatsoberhaupt und Garant der Grundrechte dienen, sondern auch den Ministerpräsidenten und alle Minister ernennen. Beim Ministerpräsidenten mußte die Duma zustimmen, aber wenn sie die Wahl des Präsidenten dreimal zurückwies und der Regierung zweimal in drei Monaten das Vertrauen absprach, konnte der Präsident die Legislative auflösen. Gleichzeitig war es äußerst schwer, den Präsidenten abzusetzen. Das konnte nur bewerkstelligt werden, wenn man ihm nachwies, Hochverrat oder einige andere Verbrechen begangen zu haben, und selbst dann waren die Ja-Stimmen von zwei Dritteln der Abgeordneten beider Kammern, des obersten Gerichtshofs und des Verfassungsgerichts notwendig. Und alle diese Schritte zur Absetzung des Präsidenten mußten in der kurzen Zeit von neun Tagen, nachdem man über die Anschuldigungen in der Duma zuerst abgestimmt hatte, abgeschlossen sein.

Trotz seines Sieges hatte Jelzin immer noch keine Ruhe, denn bei der Wahl der Abgeordneten in die neue Legislative erlitt er eine herbe Niederlage. Von den 450 Sitzen in der Staatsduma verfügte der Block unter Führung des Kommunisten Gennadi Sjuganow über 103 Sitze, und die ultranationalistische und rechtsorientierte Liberaldemokratische Partei Rußlands unter dem unberechenbaren und exzentrischen Wladimir Schirinowski hatte 64 Sitze errungen. Jegor Gaidars Partei, »Rußlands Wahl«, die Bewegung, die am stärksten geneigt war, Jelzin zu unterstützen, gewann lediglich 66 Sitze. Von den verbleibenden etwa 200 Abgeordneten betrachteten sich über 120 als unabhängig, und den Rest teilten sich vier weitere Parteien. Mit solch einer komplizierten Sitzverteilung war es unwahrscheinlich, daß die Regierung die Unterstützung der Legislative finden würde, die sie für eine wirkungsvolle Regierungsarbeit brauchte.

Auch in der Behandlung eines besonders empfindlichen Problems konnte die Regierung keine politische Unterstützung finden, als im Nordkaukasus die autonome Republik Tschetschenien, Heimat von etwa 1,2 Millionen Einwohnern, versuchte, die Unabhängigkeit zu erlangen. Die Tschetschenen, zutiefst dem sunnitischen Zweig des Islam verpflichtet, haben eine lange Geschichte des Widerstands gegen die russische Vorherrschaft, die bis ins 19. Jahrhundert zurückgeht. 1991 machte Jelzins Regierung General Dschokar Dudajew, der Offizier der Sowjetarmee gewesen war, mit der Erwartung zum Führer der Tschetschenischen Republik, daß er der Russischen Föderation treu bleiben werde. Aber er verkündete rasch, für die Unabhängigkeit zu sein, die er im November 1991 auch formell erklärte. Zuerst reagierte Jelzin nicht auf Dudajews Schritt, vielleicht, weil er von anderen Dingen in Beschlag genommen war. Aber Ende 1994 beschloß der Präsident, Tschetschenien nicht weiter in die Unabhängigkeit treiben zu lassen. Die Russische Föderation war nicht im gleichen Maße ein multinationaler Staat wie die Sowjetunion, aber 18 Prozent der Bevölkerung waren keine Slawen. Wenn den Tschetschenen erlaubt worden wäre, einen eigenen Staat auszurufen, auf welcher Grundlage hätte die Regierung dann andere Republiken davon abhalten können, diesem Beispiel zu folgen? In acht Regionen der Russischen Föderation wurden Autonomie- oder Unabhängigkeitsbewegungen zunehmend lautstärker. Aber Tschetschenien war Rußland noch aus einem anderen Grund wichtig. Durch die Region sollte eine Ölpipeline gebaut werden, um große Mengen Öl von den Feldern am Kaspischen Meer zum Schwarzmeerhafen Noworossijsk zu befördern, und Rußland erwartete, an dieser Maßnahme viele Millionen Dollar zu verdienen. Finanziell bereits in verzweifelten Nöten, war die Regierung nicht bereit, diese Einnahmen zu gefährden.

Ende November 1994 marschierte eine kleine Schar Freiwilliger, die der russische Geheimdienst zusammengestellt hatte, in der Erwartung auf Grosny, die Hauptstadt Tschetscheniens, Dudajew nach wenigen Tagen abzusetzen. Das war nur die erste von vielen Fehleinschätzungen der russischen Regierung und ihrer Militärbefehlshaber. Die Tschetschenen schlugen die Freiwilligentruppe rasch in die Flucht, eine Niederlage, die Jelzin als persönliche Kränkung auffaßte. Am 2. Dezember begann, was sich, mit einigen Unterbrechungen, zu einer blutigen, langdauernden Auseinandersetzung auswachsen sollte, die bei den Tschetschenen entsetzliche Leiden verursachte. Zweimal war Grosny langanhaltenden Luftangriffen und dem Einmarsch russischer Truppen ausgesetzt. Schätzungen zufolge haben allein in den ersten zwei Jahren 60 000 Tschetschenen ihr Leben verloren, und ein Großteil der Stadt wurde in Trümmer gelegt. Aber auch die Russen erlitten viele Verluste – etwa 25 000 Menschen –, und die Armee stellte sich zur Erschütterung vieler Bürger als eine undisziplinierte, schlecht ausgerüstete Streitmacht heraus, die nicht einmal ein kleines Land besiegen konnte, das Beamte als Zufluchtstätte für Banditen und Terroristen verunglimpften.

Eine stattliche Zahl Tschetschenen war in der Tat mit kriminellen Handlungen verschiedener Art befaßt, und bei mehreren Gelegenheiten begingen tschetschenische Untergrundkämpfer Grausamkeiten, die in Rußland leidenschaftlich verurteilt wurden. Am 14. Juni 1995 besetzten 200 Untergrundkämpfer beispielsweise ein Krankenhaus in Südrußland, mehr als 100 Meilen von Tschetschenien entfernt, und nahmen 2000 Patienten als Geiseln, nachdem sie 20 Polizeioffiziere getötet hatten. Als russische Soldaten versuchten, das Krankenhaus zu stürmen, gelang es den Tschetschenen, die Angriffe zurückzuweisen, zum Teil, weil sie Patienten, darunter schwangere Frauen, als Schilde benutzten. Erst als der Ministerpräsident, W. Tschernomyrdin, auf der Bildfläche erschien, gelangten die Russen mit den Untergrundkämpfer zu einer Vereinbarung, die Geiseln freizulassen. Zu diesem Zeitpunkt betrug die Gesamtzahl der Toten auf beiden Seiten 120. Der offizielle Krieg endete im August 1996, als General A. Lebed mit den Tschetschenen einen Vertrag abschloß, in dem ihnen die »politische Autonomie« verliehen wurde, ein Begriff, so vage, daß viele Kommentatoren richtig voraussagten, der Konflikt werde in der einen oder anderen Weise wiederaufgenommen. Außerhalb Rußlands, aber selbst innerhalb des Landes, wurden Jelzin und die Regierung wegen des Krieges weitgehend verurteilt. In einer öffentlichen Meinungsumfrage im Januar 1996 erklärten nur 18 Prozent der Befragten, Jelzin wählen zu wollen, obwohl der Gegenkandidat Sjuganow war, der Führer der im Wiederaufbauprozeß befindlichen Kommunisten, den 33 Prozent der Wähler bevorzugten. Jelzins politische Laufbahn schien an ihr Ende gekommen zu sein.

Aber der Mann war zäher, als alle dachten. Mitte 1996 besiegte er Sjuganow trotz schlechter Umfragewerte, einer neuen Erkrankung, die ihn an den Rand des Todes brachte, und einer immer noch im Niedergang befindlichen Wirtschaft im zweiten Durchgang. In den ersten sechs Monaten dieses Jahres hatte die Regierung es fertiggebracht, nur 60 Prozent der fälligen Steuern einzukassieren, die Inflation war gestiegen, die Regierungsangestellten hatten wieder längere Zeit auf ihr Gehalt warten müssen, und das Bruttosozialprodukt war um weitere vier Prozent gefallen. Man kann nicht behaupten, daß Jelzins Wiedergeburt in der Wahl ein erbauliches Ereignis war, das sich auf die russische Demokratie wohltuend ausgewirkt hätte. Er gewann, weil eine kleine Gruppe reicher Oligarchen riesige Geldsummen für seinen Wahlkampf spendete und die von den Anhängern des Präsidenten beherrschten Medien vage Anschuldigungen brachten, daß die Kommunisten planten, die Wahl zu beeinflussen, und viele noch vor dem Gedanken zurückschreckten, einen Kommunisten als Führer zu haben. Eine häufig gehörte Meinung war: »Der Präsident ist ein Lügner, aber die Kommunisten sind viel schlimmer.« Sjuganow gewann 40,31 Prozent der Stimmen, und Jelzin hielt sich mit der dünnen Mehrheit von 53,82 Prozent im Amt.

Die Präsidentschaft von Wladimir Putin

Die nächsten drei Jahre vergingen für die Russen wie zuvor, aber nur mühsam. Im August 1998 taumelte das Land am Rand des finanziellen Zusammenbruchs, nachdem die Regierung unter Bruch ihres eigenen Versprechens den Rubel plötzlich um 50 Prozent abwertete und ihre Schulden nicht bediente. Jelzins Gesundheit verschlechterte sich einmal mehr, und für lange Zeiträume konnte er seine Aufgaben als Präsident nicht erfüllen. Anschuldigungen, Leute in seinem Gefolge und seiner Familie bereicherten sich gesetzwidrig selbst, untergruben das öffentliche Vertrauen in die Regierung und das gesamte politische System immer weiter.

Im August 1999 nahm Jelzin einen weiteren Ministerwechsel vor, der jedermann überraschte. Er ernannte Wladimir Putin, einen unbekannten Bürokraten, zum Ministerpräsidenten, der fünfte, der diese Stelle in 17 Monaten besetzte. Putin, 47 Jahre alt, hatte die meiste Zeit seines Erwachsenenlebens beim Geheimdienst zugebracht und mehrere Jahre als Spion in Ostdeutschland gearbeitet. Nach dem Zusammenbruch der Sowjetunion ging er in seine Geburtsstadt St. Petersburg zurück, wo er unter dem Reformisten Anatoli Sobtschak eine hohe Stelle in der örtlichen Verwaltung bekleidete und zum stellvertretenden Bürgermeister befördert wurde. 1996 begann er für Präsident Jelzin zu arbeiten und gelangte rasch in Jelzins inneren Zirkel, die »Familie«. Als er Ministerpräsident wurde, wußte man nicht viel über seine politischen

Ansichten oder Fertigkeiten. »Weit davon entfernt, ein Charismatiker zu sein«, lautete ein Zeugnis, »hat er ein ausdruckslos maskenhaftes Gesicht, lächelt kaum und spricht leise.« Nach allen Darstellungen unternahm er die bewußte Anstrengung, nicht mit einer besonderen politischen Gruppierung in Verbindung gebracht zu werden. Mit dem liberalen Reformern stand er auf gutem Fuß, aber er war auch ein leidenschaftlicher Patriot, entschlossen, Rußlands Prestige wiederherzustellen. Eine seiner ersten öffentlichen Verlautbarungen hob seine Absicht hervor, hart mit Tschetschenien umzuspringen, wo die Kämpfe wiederaufgenommen worden waren. Was Rußlands künftigen Kurs betraf, war Putin ausgesprochen wenig kreativ. Er favorisierte die Marktwirtschaft, aber gleichzeitig bestand er darauf, daß sie den russischen Verhältnissen angepaßt sein müsse. »Wir können nur auf eine würdige Zukunft rechnen«, erklärte er, »wenn wir es schaffen, die Prinzipien einer Marktwirtschaft mit den Realitäten Rußlands natürlich zu verbinden.« Dazu sagte er, der Staat müsse »stark« und »fürsorglich« sein. Die Frage, ob dies dem Land förderlich sei, schien für ihn unwichtig zu sein. Die Traditionen Rußlands konnten nicht einfach fallengelassen werden. »[Sie] existieren und bleiben für uns bestimmend. Sie sollten in Betracht gezogen werden, besonders in der Sozialpolitik.« Rußland, beharrte Putin weiter, werde in absehbarer Zukunft nicht den Vereinigten Staaten oder Großbritannien ähneln, wenn es dies überhaupt jemals tue. »Russische Demokratie«, sagte er, »wird niemals das liberale Modell des Westens kopieren.« Und weiter behauptete er, daß in Rußland »ein starker Staat eine Garantie der Freiheit und keine Bedrohung für sie ist«.

Am 31. Dezember 1999 machte Jelzin eine weitere überraschende Ankündigung. Er trat zurück und ernannte Putin zum stellvertretenden Präsidenten, womit er ihm einen klaren Vorteil für die für den März 2000 angesetzte Wahl verschaffte, drei Monate vor dem Ende von Jelzins Amtszeit. Seine Gesundheit spielte bei Jelzins plötzlichem Rücktritt zweifellos eine Rolle, aber es wurde auch viel spekuliert, daß Putin versprochen habe, gegen Jelzins Familie oder Entourage nicht wegen Korruption zu ermitteln.

Putins wurde mühelos zum Präsidenten gewählt, und er hat der russischen Politik seinen Stempel aufgedrückt. Während der Vorarbeiten zu diesem Buch, Anfang 2001, schien die Aussicht für Rußland nicht vielversprechend. Die schreckliche Verfassung der Wirtschaft wurde in einer Artikelreihe der *New York Times* über den Zustand des nationalen Gesundheitssystems beleuchtet. Jedes Jahr sterben etwa 20 000 Krebspatienten, weil sie es sich nicht leisten können, die notwendigen Medikamente zu kaufen, und weitere 200 000 Menschen, die an Diabetes leiden, können sich kein Insulin leisten. Die Lebenserwartung, die allgemein als ein »Barometer für die Gesundheit einer Gesellschaft« betrachtet wird, sank 1999 jeden Monat, und ihr Durchschnitt beträgt jetzt für Männer und Frauen 65,9 Jahre, zehn Jahre weniger als in den Vereinigten Staaten. Im vergangenen Jahrzehnt ist die Sterblichkeitsrate um ein Drittel angestiegen, und es wird geschätzt, daß die Gesamtbevölkerung Rußlands von 145,6 Millionen auf 121 Millionen sinken könnte, wenn der gegenwärtige Trend anhält. Die Wirtschaft ist im Verlauf des vergangenen Jahres stabil geblieben, aber auf einer sehr niedrigen Produktivitätsstufe. Ein großer Teil von ihr liegt noch in Trümmern, ein hoher Prozentsatz der Bevölkerung lebt noch in Armut, und es gibt keine Anzeichen einer ernstgemeinten Reformkampagne zur Belebung der Produktion.

Die politischen Aussichten sind gleichfalls düster. Als Abkömmling einer der unheimlichsten sowjetischen Einrichtung, des Geheimdienstes, scheint Putin sein Mißtrauen gegen die freiheitliche Demokratie nicht abgelegt zu haben und in mancher Hinsicht zu einem Führungsstil nach sowjetischem Muster zurückgekehrt zu sein. Nach einer Explosion in dem Atom-Unterseeboot *Kursk*, die alle 118 Mann der Besatzung tötete, machte die russische Admiralität, die keine durch Russen begangene Fehler anzuerkennen bereit war, beispielsweise eine Kollision mit einem ausländischen Schiff für den Unfall verantwortlich, obwohl zwei pensionierte russische Kommandanten darauf beharrten, daß ein Zusammenstoß das Unglück nicht verursacht haben konnte. Putins Regierung versuchte auf verschiedene Weise, zwei nationale Fernsehsender, welche die Kühnheit besaßen, die Machthaber zu kritisieren, einzuschüchtern. Am bedrohlichsten ist vielleicht, daß die Regierung versucht hat, ihre Macht zu vergrößern, indem sie die regionaler Führungskräfte einschränkte. Putin hat sieben neue Regionaladministratoren ernannt, denen je ein früherer KGB- oder Armeegeneral vorgesetzt ist, um eine stärkere Kontrolle über die abgelegenen Gebiete des Landes zu übernehmen. Nachdem ein tschetschenisches Sonderkommando Ende 1999 in Dagestan einmarschiert war, nahm die russische Führung den Krieg gegen Tschetschenien mit einer Serie verheerender Militäroffensiven wieder auf. Die Furcht, daß Putin das Land in ein Herrschaftssystem nach Sowjetmuster zurückversetzt, die von russischen Liberalen und ausländischen Kommentatoren häufig angesprochen wird, mag sich als übertrieben herausstellen, aber für Rußlands wirtschaftliche und politische Einrichtungen besteht in naher Zukunft wenig Grund zum Optimismus.

Was können wir jetzt, zehn Jahre, nachdem er mitgeholfen hat, die Sowjetunion zu zerstören, und versprochen hat, in der frisch in die Unabhängigkeit entlassenen Russischen Föderation Demokratie und einen freien Markt aufzubauen, über Jelzins Vermächtnis sagen? Auf diese Frage kann eine einfache Antwort aus dem Grunde nicht zufriedenstellen, weil seine Maßnahmen widersprüchliche Impulse zum Antrieb hatten. Jelzin behielt die demokratische Verfahrensweise, die in den letzten Jahren von Gorbatschows Amtszeit als Generalsekretär der Kommunistischen Partei eingeführt worden war, bei, aber er tat wirklich nichts, um Einrichtungen zu schaffen, die diese Verfahrensweise fortleben ließen und dem Volk die Notwendigkeit verdeutlichten, sie beizubehalten. Er schuf keine Rechtssicherheit, unter seiner Leitung billigte die Verfassung dem Präsidenten mehr Macht zu, als einer Demokratie zuträglich ist, und er gewährte der Bildung politischer Parteien, die einer der Rettungsanker der Demokratie sind, keine Unterstützung. Mehr noch untergrub seine Nachsicht gegenüber korrupten Beamten das Vertrauen in die Demokratie, wie es auch die häufigen Hinweise taten, der Präsident wolle auf Wahlen verzichten. Andererseits hat sich in Rußland die Vorstellung durchgesetzt, politische Streitigkeiten durch Wahlen zu entscheiden. Was diese jedoch unvollkommen macht, ist, daß sie Beobachter und überzeugte Demokraten auszuschließen scheinen. Zudem ist der Geheimdienst in der Behandlung Oppositioneller nicht in seine Praktiken zu Sowjetzeiten zurückgefallen. Die Presse und andere Medien sind relativ frei geblieben, freier gewiß als in der Zeit von 1917 bis etwa 1986. Man kann Rußland nicht eine »Demokratie« in dem Sinne nennen, wie er im Westen verstanden wird, aber man kann auch nicht sagen, daß das politische System des Landes ganz einfach autoritär, noch viel weniger totalitär, ist.

In der Außenpolitik ist Jelzins Vermächtnis ebenfalls zwiespältig. In Tschetschenien verfolgte er eine rücksichtslose Politik, die viel Blutvergießen und den Einsatz dringend benötigter Ressourcen zur Folge hatte, und das Ergebnis ist bestenfalls unbestimmt. Aber in seinen Beziehungen mit anderen früheren Sowjetrepubliken war seine Regierung ziemlich friedfertig. Es wurden keine aufwendigen Anstrengungen unternommen, sie mit Rußland wiederzuvereinigen. In Rußlands Beziehungen zum Westen, und besonders zu den Vereinigten Staaten, hat es einige gespannte Momente wegen Fragen wie der Aufnahme osteuropäischer Staaten in die NATO gegeben, aber es gab keine größeren Zusammemstöße und selbstverständlich keinen, der zum Krieg hätte führen können. Dies ist keine geringfügige Sache, weil Rußland trotz seiner Armut noch Tausende Atomwaffen hat und deshalb als eine Macht angesehen werden muß, mit der zu rechnen ist.

Die Wirtschaft hat eine radikale Änderung von einer hochzentralisierten Struktur, in der Privatbesitz eine minimale Rolle spielte, zu einer dezentralisierten durchlaufen, in der die meisten Firmen in Privatbesitz sind. Aber diese

Umwandlung hat einen schrecklichen Preis gefordert: steilen wirtschaftlichen Niedergang. Die Warenproduktion ist stark zurückgegangen, viele Menschen sind verarmt, und die Moral der Nation hat einen Tiefpunkt erreicht. Wenige Wirtschaftswissenschaftler wagen es, vorherzusagen, wann die Wirtschaft sich fangen und einen Aufschwung beginnen wird, obwohl viele der Überzeugung sind, daß die Marktwirtschaft am Ende für allgemeinen Wohlstand sorgen wird.

Um diese Darstellung der russischen Geschichte abzuschließen, scheint es angebracht, aufs neue eine Frage zu berühren, die oft im Mittelpunkt der Überlegungen von politischen Führern und Intellektuellen Rußlands stand und die auf der ersten Seite von Kapitel 1 aufgeworfen wurde: Ist Rußland Teil des Westens oder gehört es kulturell zum Osten? Lilia Schewtsowa, eine Kennerin der Präsidentschaft Jelzins, bietet eine nuancierte Antwort auf die Frage, die die Vieldeutigkeit des Status quo im heutigen Rußland wiedergibt. Die Superpräsidentschaft, die Jelzin geschaffen hat, behauptet sie, »folgt dem historischen byzantinischen Regierungsmodell des Landes, in dem alle Macht in einem Führer zusammengefaßt ist – Zar, Generalsekretär, Präsident –, der zum Symbol für die Nation und ebenso zu ihrem Gebieter wie zum Garanten ihrer Stabilität wird. Im Gegensatz zur westlichen politischen Tradition, in der die Macht auf rationalen Einrichtungen und Vorstellungen gegründet ist, hat die byzantinische Tradition die Macht immer mit etwas Geheiligtem, Irrationalem und Persönlichem besetzt. Der Herrscher wurde gleichzeitig als Vater der Nation betrachtet, allgegenwärtig und keiner anderen Person oder Einrichtung verantwortlich.« Stalin, fährt Frau Schewtsowa fort, »war die vollständige Verkörperung der byzantinischen Tradition des Irrationalen, Geheimnisvollen und Verachtens der Gesellschaft«. Obwohl »die Vergangenheit Rußland immer noch gefangen hält« und es zu früh sei, definitiv zu bestimmen, ob das Land in der Lage sein werde, diese Umschlingung abzuschütteln, legten die Veränderungen der vergangenen 15 Jahre nahe, daß »Rußland allmählich die Notwendigkeit begreift, das byzantinische Kapitel seiner Geschichte endlich zu schließen.« Aber es wird noch einige Zeit, vielleicht Jahrzehnte dauern, bevor wir wissen, ob die westliche Tradition der Freiheit der persönlichen und privaten Unternehmung in Rußland tiefe Wurzeln schlägt und dem Land die Grundvoraussetzungen für eine stabile Demokratie verschafft.

Anmerkungen

1. Meine Behandlung der Geographie und Ökonomie Rußlands gilt für das Russische Reich bis 1917 und die Sowjetunion bis 1991. In diesem Jahr wurde das Land in 15 Einzelstaaten aufgeteilt.
2. Zur Auseinandersetzung dieser Schule mit ihren Gegnern siehe Nicholas V. Rjasanowski »The Norman Theory of the Origin of the Russian State«, *Russian Review*, 7 (1947), S. 96-110.
3. B.D. Grekow *Kiev Rus*, Übers. Y. Sdobnikow (Moskau 1959); W.W. Mawrodin »Osnownije momenty rasvitija russkogo gosudarstwa do XIII v« [Die Grundphasen in der Entwicklung des russischen Staates zum 18. Jahrhundert], *Westnik Leningradskogo Universiteta*, 3 (1947), S. 84; S.W. Juschkow *Istorija gosudarstwa i prawa SSSR* [Die Geschichte von Staat und Recht der UdSSR] (Moskau 1947], Bd. 1.
4. W.O. Kljutschewsky *A History of Russia*, Übers. C.J. Hogarth (New York 1960), Bd. 1, S. 239-93; M. N. Pokrowsky *History of Russia from the Earliest Times to the Rise of Commercial Capitalism*, Übers. und Hg. J. D. Clarkson und M. R. M. Griffith (New York 1931), Bd. 1.
5. Kljutschewski, op. cit., Bd. 3, S. 57.
6. W.J. Sergejewitsch *Russkija juridekheskija drewnosti* [Russische juristische Altertümer], 3 Bde. (St. Petersburg, 1900-03).
7. Jerome Blum *Lord and Peasant in Russia from the Ninth to the Nineteenth Century* (Princeton 1961), *passim*; Kljutschewsky, op. cit.; Bd. 2, S. 219-41.
8. Es ist schwierig zu bestimmen, wieviel Land der Durschschnittsbauer genau hatte. Einer Untersuchung in zwanzig Provinzen zufolge »hatte [Ende des 18. Jahrhunderts] jeder männliche Obrok-Bauer durchschnittlich 13,5 Desjatinen einschließlich 4 Desjatinen Ackerland, und jeder männliche Barschtschina-Bauer hatte 10,6 Desjatinen einschließlich drei Desjatinen Ackerland«.Blum, op. cit., S. 528, für mehr Einzelheiten s. S. 528-35.
9. Eugene V. Tarle *Napoleon's Invasion of Russia, 1812* (London 1942), S. 231.
10. Ibid. S. 393.
11. Um mehr über die Staatsbauern – zu der Zeit mehr als 40 Prozent der Bevölkerung – zu erfahren, siehe Kapitel 6, S. 120-22.
12. Um mehr über die russische Leibeigenschaft zu erfahren, siehe Kapitel 3, S. 61/62.
13. Um mehr über den *Mir* zu erfahren, siehe Kapitel 3, S. 63.
14. I. M. Aronson *Troubled Waters. The Origins of the 1881 Anti-Jewish Pogroms in Russia* (Pittsburgh 1990); John D. Klier und Shlomo Lambroza (Hg.) *Pogroms: Anti-Jewish*

Violence in Modern Russian History (Cambridge 1991); Louis Greenberg *The Jews in Russia* (New Haven 1951), Bd. 2, S. 19-26.

15. Abraham Ascher *P. A. Stolypin: The Search for Stability in Late Imperial Russia* (Stanford, CA, 2001), S. 376-86; A. Ja. Awrech *Stolypin i tretija duma* [Stolypin und die Dritte Duma] (Moskau 1968), S. 367-406; Richard Pipes *The Russian Revolution* (New York 1990), S. 190.

16. E. H. Carr *The Bolshewik Revolution, 1917-1923* (New York, 1951-61), Bd. 1, S. 115.

17. Das russische Akronym für »Hauptverwaltung der Arbeitslager zur Umerziehung«, ein lockerer Bezug auf das Strafsystem unter Stalin.

18. Robert Conquest *The Great Terror: A Reassessment* (New York 1990), S. 484-89. Für eine andere Einschätzung der Opferzahlen siehe J. Arch Getty und Roberta T. Manning (Hg.) *Stalinist Terror: New Perspectives* (Cambridge 1993), S. 11-13.

19. Lilia Schewtsowa *Yeltsin's Russia: Myths and Reality* (Washington 1999), S. 91.

Bibliographie

Neben den in den Anmerkungen zitierten Werken sind hier aus dem englischen Original nur die Übersichtswerke in englischer Sprache aufgeführt. Die weiterführende Literatur zu einzelnen Epochen läßt sich von hier aus bibliographieren.

Clarkson, J. D. *History of Russia.* New York, 1969.

Florinsky, M. T. *Russia. A History and an Interpretation,* 2 Bde. New York, 1955.

Freeze, G. L. (Hrsg.) *Russia. A History.* New York, 1997.

Hosking, G. *Russia and the Russians.* Cambridge, MA, 2001.

– ders. *Russia: People and Empire, 1552-1917.* Cambridge, MA, 1997.

Kljuchewski, V. O. *A History of Russia,* 2 Bde., übersetzt von C. J. Hogarth. New York, 1911-1931, ²1960.

Pipes, R. E. *Russia under the Old Regime.* New York, 1974.

Raeff, M. (Hrsg.) *Russian Intellectual History. An Anthology.* New York, 1966.

Riasanowsky, N. V. *A History of Russia,* 6. Aufl., New York 1999.

Seton-Watson, H. *The Russian Empire, 1801-1917.* Oxford 1967.

Vernadsky, G. A *History of Russia,* 5 Bde. New Haven, 1943-1969.

Für einen schnellen Einstieg in deutscher Sprache:

Pipes, Richard. *Russland vor der Revolution.* München, 1984.

– ders. *Die Russische Revolution.* Berlin, 1992.

Schröder, Hans Henning. *Industrialisierung und Parteibürokratie in der Sowjetunion.* Wiesbaden, 1988. [Forschungen zur Osteuropäischen Geschichte 41]

Stökl, Günther. *Russische Geschichte.* Stuttgart, 1961 (und öfter).

Register

ATLANTISCHER
OZEAN

Europäisches
Nordmeer

Spitzbergen

GROSS-
BRITANNIEN
Nordsee

NORWEGEN

SCHWEDEN

Barents-
see

Franz-Josef-
Land

Nowaja Semlja

DÄNEMARK
Oslo

DEUTSCH-
LAND
Kopenhagen
Berlin

Stockholm

O s t s e e

FINNLAND

Tallinn
Helsinki

Karasee

LETT-
LAND
LITAUEN
POLEN
Warschau

Kaunas

Riga

EST-
LAND

Minsk

WEISS-
RUSSLAND

Moskau

Ob

Kiew
UKRAINE
MOLDAWIEN
Chisinau

Dnjepr

Don

Wolga

RUSSISCHE F

Ob

Schwarzes
Meer

Ural

Irtysch

TÜRKEI

GEORGIEN
Tiflis
ARMENIEN
Erewan
ASERBAIDSCHAN

Kaspisches Meer

KASACHSTAN

Aral-
see

Balchaschsee

SYRIEN

Baku

Euphrat

Tigris

Bagdad

TURKMENISTAN

Syr-Darja

USBEKISTAN

Ashgabat
Teheran

Amu-Darja

Bischkek
Taschkent

KIRGISTAN

KUWAIT

IRAN

Duschanbe
TADSCHIKISTAN

Kabul

SAUDI-
ARABIEN

AFGHANISTAN PAKISTAN

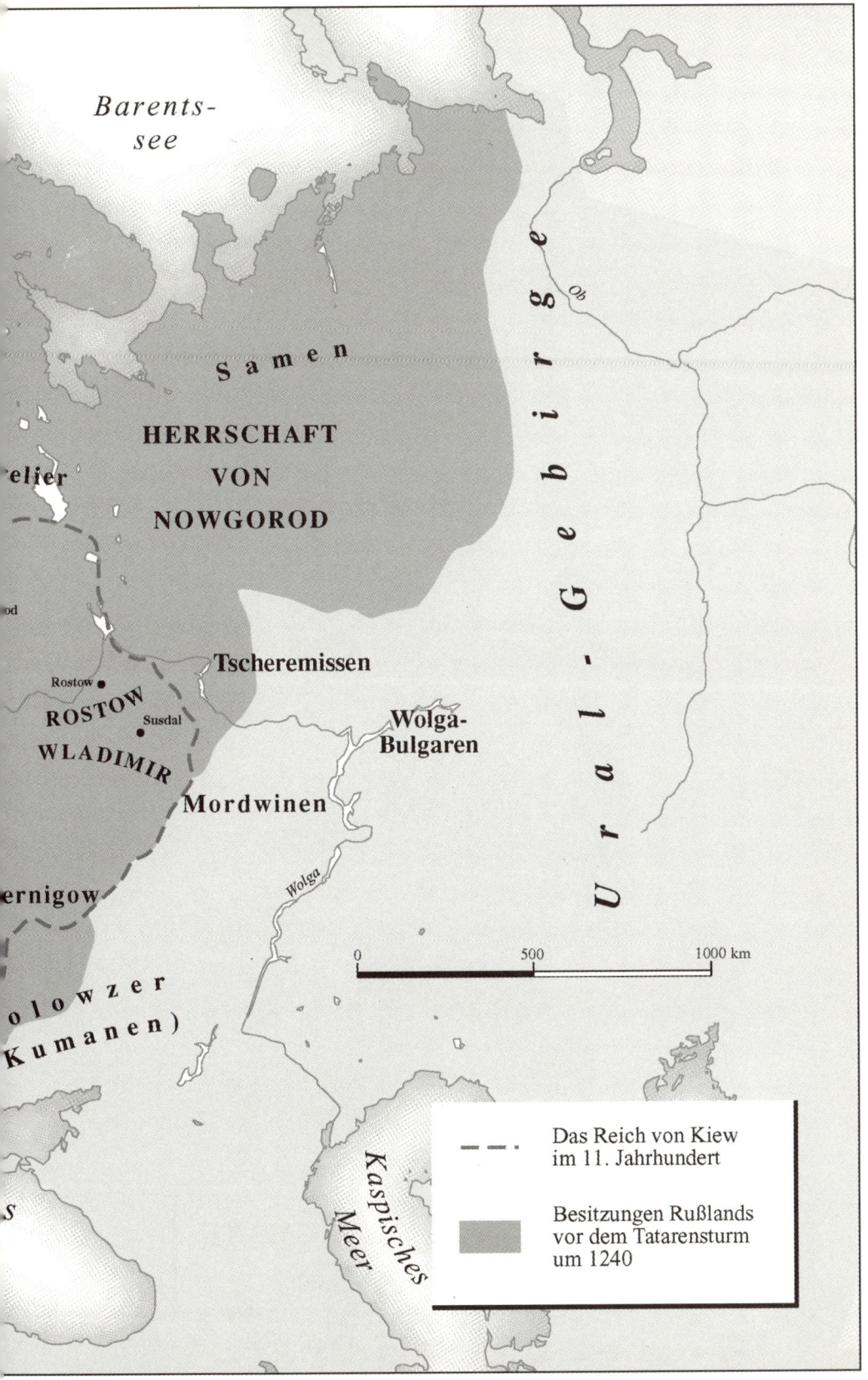